最新财会系列教材
IXIN CAIKUAI XILIE JIAOCAI

CAIWU GUANLI

财务管理

（第四版）

丁元霖 主编

立信会计出版社
LIXIN ACCOUNTING PUBLISHING HOUSE

图书在版编目(CIP)数据

财务管理 / 丁元霖主编. —4 版. —上海：立信会计出版社，2020.4

ISBN 978 - 7 - 5429 - 6469 - 4

Ⅰ.①财… Ⅱ.①丁… Ⅲ.①财务管理—教材 Ⅳ.①F275

中国版本图书馆 CIP 数据核字(2020)第 067859 号

策划编辑　蔡莉萍
责任编辑　蔡莉萍
封面设计　南房间

财务管理(第四版)
Caiwu Guanli

出版发行　立信会计出版社
地　　址　上海市中山西路 2230 号　　邮政编码　200235
电　　话　(021)64411389　　传　　真　(021)64411325
网　　址　www.lixinaph.com　　电子邮箱　lixinaph2019@126.com
网上书店　http://lixin.jd.com　　http://lxkjcbs.tmall.com
经　　销　各地新华书店

印　　刷　上海天地海设计印刷有限公司
开　　本　787 毫米×960 毫米　1/16
印　　张　23.25
字　　数　490 千字
版　　次　2020 年 4 月第 4 版
印　　次　2020 年 4 月第 1 次
印　　数　1—3100
书　　号　ISBN 978 - 7 - 5429 - 6469 - 4/F
定　　价　47.00 元

最新财会系列教材编写说明

为了满足高等财经类专业教学的需要，我们在立信会计出版社的支持下，出版了最新财会系列教材。该套教材包括：《会计学基础》《财务会计》《成本会计》《税务会计》《财务管理》和《管理会计》共六本，并同步出版了与教材相配套的习题与解答书。

本套丛书的特点是：理论联系实际，深入浅出，通俗易懂；遵循循序渐进的原则，合理安排各门学科的教学内容，详略得当；教材之间既衔接紧密，又保持相对独立；各本教材的主要内容均由丁元霖执笔编写，连贯性好，系统性强；能根据会计改革的需要，不断地修订、充实、更新教材内容。这些特点使本套丛书深受读者欢迎。

目前，《财务会计》一书已出了九版，印数达 36.60 万册；《会计学基础》一书已出了五版，印数达 10.81 万册；《成本会计》一书已出了四版，印数达 6.08 万册；《财务管理》一书也已出了四版，前三版印数达 5.03 万册。总之，这套书的市场效应和社会效应都相当好。其中，《财务会计》荣获华东地区大学出版社第七届优秀教材、学术专著二等奖，并被评为 2011 年度全行业优秀畅销品种；《管理会计》一书荣获华东地区大学出版社第八届优秀教材、学术专著一等奖。

丁元霖

2019 年秋

第四版前言

本书自初版以来，承蒙广大读者厚爱，已出了3版，印刷了7次，连同本书的前身《中级财务管理》，共印刷了13次，印数已达5.03万册。

近年来，财务管理的内容有了新的发展。为了体现教材的先进性，我们对本书进行了第三次修订，即为现在的第四版。与本书配套的《财务管理习题与解答》一书也将进行修订。

本书全面、系统地阐述了财务管理的含义、内容、特点和环节；财务管理的目标、原则和环境；资金时间价值和风险价值；筹资管理、综合资金成本、杠杆效应和资本结构；项目投资和证券投资；营运资金和收益分配；财务分析和企业并购、重整与清算。

这次修订对内容作了必要的增删，修订后本书除了保持原有的特点外，结构更趋合理，内容也更趋完善。本书的特点是内容新颖、重点突出、详略得当，注重理论联系实际，注重基本理论，注重基本技能和基本方法的训练，做到深入浅出，通俗易懂。

本书第一、第二章由刘芳源修订；第三至第十章由丁元霖修订；刘芳源、应红梅、刘骥、石厚云、马洪照、孙伟桓、刘健源、丁辰和吴峥参加了思考题与习题的修改和整理工作。

由于编者水平有限，疏漏之处在所难免，恳请广大读者多提批评与建议，以利于今后改进。读者可以通过电子信箱 dingyuanlin @ hotmail. com 与作者联系。

编　者

2019 年秋

初 版 前 言

为了满足高等财经院校对财务管理教学的需要,我们编写了这本《财务管理》教材。

本书曾以《中级财务管理》书名出版,多年以来,《中级财务管理》一书深受广大读者欢迎,已印刷了6次,印数达2.5万册。

近年来,随着会计改革的不断深入和财务管理水平的不断提高,为了使本书的内容跟上会计变革的需要,使其具有前瞻性,作者对《中级财务管理》一书内容进行了修订,并将其更名为《财务管理》。

本书全面、系统地阐述了市场经济条件下现代财务管理的理论与实务,结构合理、内容新颖、注重理论联系实际,并具有前瞻性。本书的各章均附有思考题和习题,以便于教师教学和学生学习。

《财务管理》是会计教材体系中的骨干教材,是《财务会计》的后续教材。本书除了可作为高等财经院校的教材外,还可以作为会计师考试的参考书和企业领导以及企业经济管理人员自学参考用书。

为了便于教学工作,与本书配套的《财务管理习题与解答》也已由立信会计出版社出版。

本书第一、第二章由丁辰编写;第三、第四、第五、第六、第七、第八、第九、第十章由丁元霖编写;思考题及习题由刘芳源、潘桂群、傅秋菊和吴峥编写。全书由丁元霖主编并定稿。

由于编者水平有限,疏漏之处在所难免,恳请广大读者多提批评与建议,以利于今后改进(可以通过电子信箱 dingyuanlin@hotmail.com 与作者联系)。

编　者

2004年11月

目　录

第一章　总　　论

第一节　财务管理概述

一、财务管理的含义

财务管理是指企业组织财务活动，协调、处理财务关系的一项综合性的经济管理工作。它是企业管理的一个重要的组成部分。

（一）财务活动

财务活动是指企业在生产经营过程中的资金运动。

1. 企业的资金　　资金是指企业在生产经营过程中财产物资价值的货币表现。货币表现是指能以货币进行计量和交换。

资金是以不同的形态存在于企业的。从工业企业来看，以货币表现的固定资产价值形态称为固定资金；以货币表现的材料价值形态称为储备资金；以货币表现的在产品价值形态称为生产资金；以货币表现的产成品价值形态称为商品资金。而货币本身是一种特殊的商品，因此货币的资金形态被称为货币资金。

资金是企业生存和发展的物质基础，其实质是再生产过程中运动着的价值。

2. 企业的资金运动　　资金运动是指企业的资金不断地周转、补偿、增值和积累的过程。在市场经济条件下，资金运动是一种客观存在的经济现象，货币资金既是企业资金运动的起点，又是企业资金每次循环周转的终点。

企业的资金运动具体表现为：在企业设立时，必须通过吸收直接投资或发行股票、债券及向金融机构借款等手段向投资者及债权人筹集一定数额的现金，这称为企业的权益资金或债务资金，表现为货币资金。商业企业通过购买阶段购进商品，货币资金转化为商品资金；通过销售阶段销售商品，收回货币，商品资金又转化为货币资金。工业企业则通过投资活动购建厂房、生产设备等，将货币资金转化为固定资金，并通过购买阶段购进原材料，将货币资金转化为储备资金；通过生产阶段，原材料被生产工人领用，经生产设备加工后，转变为在产品，固定资金的一部分和储备资金，发生的直接人工费用、制造费用就转化为生产资金；产品加工完毕后，生产资金又转化为商品资金；最后通过销售阶段，销售产品收回货币，商品资金又转化为货币资金。无论是商业企业还是工业企业，届时重新收回的货币资金，除了补偿以前的支出外，还得到了增值。增值中的一部分以税金的形式交纳给国库和以股利的形式分配给投资者，这部分资金要退出企业的资金周转;增值的另一部分以盈余公积和未分配利润的形式留存企业,作为企业的积累,并可以继续参与企业的资金周转。

因此,企业的资金运动归纳起来可以分为资金筹集、资金投放、资金营运和资金分配四个阶段,它以价值形式综合地反映着企业的再生产过程。工业企业资金运动的具体过程如图表 1－1 所示。

此外,企业也可以将货币资金购买股票、债券,将资金投放在有价证券上,在出售股票、债券后,收回货币资金,并获取对外投资收益。

(二) 财务关系

财务关系是指企业在组织财务活动过程中与有关各方所发生的经济关系。企业的生产经营活动是整个社会再生产活动的重要组成部分,伴随着生产经营活动而发生的一系列财务活动,必然会与国民经济各有关部门、单位发生经济关系,其主要表现在以下七个方面。

1. 企业与投资者之间的财务关系　它是指企业的投资者向企业投入资金,企业向其投资者支付投资报酬所形成的经济关系。企业的投资者应按照投资合同、协议、章程中的约定,履行出资义务,以便及时形成企业的资本。投资者向企业投入资本后,就成了企业的所有者。因此投资者拥有参与企业经营管理的权利、分享企业税后利润的权利以及对企业的净资产所享有分配权,并有承担企业亏损和破产的责任。企业运用资本开展生产经营活动所实现的净利润应按投资者的出资比例或合同、协议以及章程的规定,向其分派股利或税后利润,因此企业与投资者之间的财务关系,体现着所有权的性质,反映了经营权与所有权之间的关系。

2. 企业与债权人之间的财务关系　它是指企业向债权人借入资金,并按债务合同的规定归还本金和支付利息所形成的经济关系。企业除了运用资本开展生产经营活动外,还需要向银行等金融机构借入资金,或通过发行债券向社会公众借入资金,以扩大生产经营规模,获取更大的经济效益。企业在借入的资金到期时,要按期向债权人归还本金,并按约定的利率支付借款或债券的利息。此外,企业在进行采购材料、商品等经济活动时,往往会运用供应商提供的商业信用进行赊购,企业应按照对方提供的信用条件,及时向债权人清偿账款。因此,企业与其债权人之间的财务关系,体现着债务与债权的关系。

3. 企业与受资者之间的财务关系　它是指企业以购买股票或直接投资的形式向其他企业投资所形成的经济关系。随着市场经济的不断深入,企业经营规模和经营范围的不断扩大,这种关系将会越来越广泛。企业向其他单位投资,应按约定履行出资义务,并依据其出资份额参与受资者的经营管理和利润分配。如果对受资者拥有控制权,不仅可以获得投资收益,还可以控制受资者的重大经营决策。因此,企业与受资者之间的财务关系,体现着所有权性质的投资与受资的关系。

图表1-1

工业企业资金运动程序

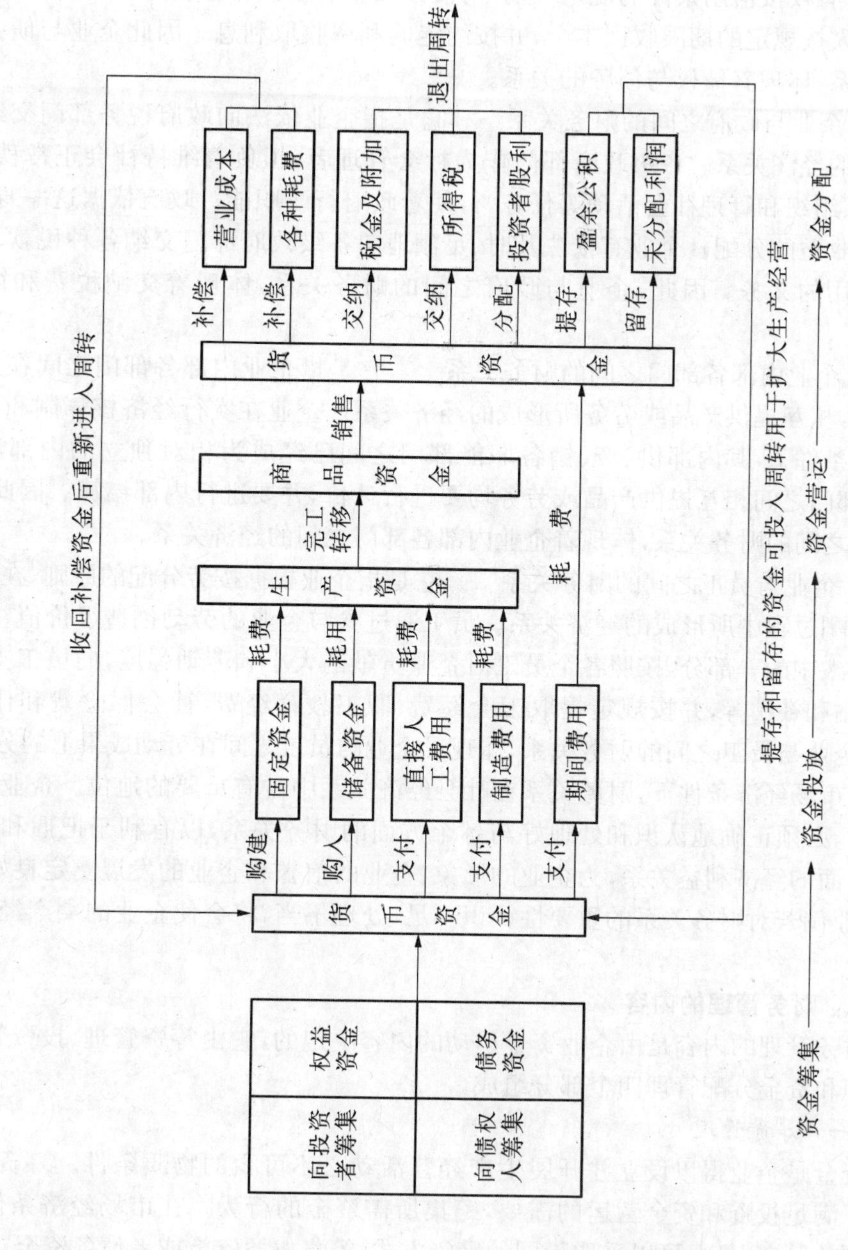

4. 企业与债务人之间的财务关系　　它是指企业以向购货方提供商业信用、对外投资购买债券等形式将资金出借给其他单位所形成的经济关系。企业赊销商品提供商业信用后，有权按信用条件的规定日期，向债务人收取账款。企业将资金购买债券后，有权向债务人按规定的期限收回本金，并按约定的利率收取利息。因此企业与债务人之间的财务关系，体现着债权与债务的关系。

5. 企业与政府之间的财务关系　　它是指企业依法向政府税务部门交纳各种税款所形成的经济关系。各级政府部门作为社会管理者，担负着维持社会正常秩序、保卫国家安全、组织和管理社会活动等任务，行使着政府行政职能。政府依据这一身份，无偿参与企业收益的分配。企业有依法及时、足额地向各级政府部门交纳各种税款及教育费附加等费用的义务。因此，企业与政府之间的财务关系，体现着交纳税费和征收税费的关系。

6. 企业内部各部门之间的财务关系　　它是指企业内部各部门之间在生产经营各环节中，相互提供产品或劳务所形成的经济关系。企业在实行经济核算制和内部经营责任制的条件下，其内部供、产、销各职能部门之间已经成为相对独立的内部经济核算单位，各部门之间相互提供产品或劳务均要进行计价，并要进行内部结算。因此，企业内部各部门之间的财务关系，体现着企业内部各部门之间的经济关系。

7. 企业与员工之间的财务关系　　它是指企业根据按劳分配的原则，在向员工支付劳动报酬过程中所形成的经济关系。员工通过参与企业的劳动创造了价值，企业将生产经营收入中的一部分，按照各个员工对企业贡献的大小和劳动强度，向员工支付工资、奖金、津贴和补贴等，并按规定提取工会经费、职工教育经费、社会保险费和住房公积金。因此，企业与员工之间的财务关系，体现了企业与员工之间在劳动成果上的分配关系。

在市场经济条件下，财务关系在社会经济关系中占有重要的地位。企业在生产经营活动中，必须正确地认识和处理好与各个方面的财务关系，以有利于把握和完善企业与各个方面的经济利益关系，为企业的形象、企业的信誉和企业的发展奠定良好的基础；反之，企业倘若对财务关系的重要性认识不足，处理不当，将会使企业的生产经营活动陷于困境。

二、财务管理的内容

财务管理的内容是由企业资金运动的内容决定的，它由筹资管理、投资管理、营运资金管理和资金分配管理四个部分组成。

（一）筹资管理

资金是企业得以设立并开展生产经营活动必不可少的物质条件。筹资活动是指企业为了满足投资和资金营运的需要，筹集所需资金的行为。在市场经济条件下，企业面对不同的筹资渠道，可以采取不同的筹资方式，筹集权益资金或者债务资金。

然而，企业从不同渠道采用不同方式筹资，其资金成本和使用期限是不同的，所承受的风险也各异。因此，企业在筹资过程中，要根据企业战略发展的需要和投资计划、资金营运计划来确定各个时期企业总体的筹资规模，以保证投资活动和资金营运活动所需要的资金；同时，要通过筹资渠道、筹资方式的选择，合理地确定资本结构，降低资金成本和筹资风险，提高企业价值，并应加强筹资工作的日常管理。

（二）投资管理

投资活动是指企业根据项目资金需要投出资金的行为。企业投资可分为广义投资和狭义投资两种。

广义投资包括对外投资和内部投资。对外投资是指企业投资购买其他公司的股票、债券，或与其他企业联营等投资于企业外部的项目；内部投资是指企业购置固定资产、无形资产和流动资产等投资于企业内部的项目。

狭义投资仅指对外投资。

企业的投资活动形成了企业的各种资产，这些资产在企业经营活动中发挥着不同的作用，从而为企业获取利润。但是，任何投资活动都有风险，而不同的投资项目的风险和报酬是不同的，因此，企业在投资过程中，必须考虑投资规模，以确保获取最佳投资效益；同时还必须通过投资方向和投资方式的选择，来确定合适的投资结构，提高投资效益，降低投资风险。

（三）营运资金管理

营运资金是指为满足企业日常营业活动的需要而垫支的资金。企业在日常生产经营活动中，会发生一系列的资金收付行为。首先，企业需要采购材料或商品，从事生产和经营活动，还要支付工资费用、制造费用和期间费用；其次，企业将产品或商品销售后，取得收入，收回资金；再次，当资金不能满足企业经营需要时，还需要采取短期借款方式来筹集资金。这些由日常经营活动而引起的财务活动称为营运资金活动。

在一定时期内，营运资金周转速度越快，资金的利用效率就越高，企业就能生产更多的产品或销售更多的商品，取得更多的收入，获取更多的利润。因此，企业需要确定营运资金的持有政策、合理的营运资金的融资政策以及合理的营运资金的管理策略。

（四）资金分配管理

企业通过投资活动和资金的营运活动取得了收入，并实现了资金的增值。企业所取得的收入在补偿了成本、期间费用，交纳了税金后，剩余下来的部分是净利润，应依据有关法律和企业章程的规定进行分配。分配有广义分配和狭义分配之分。广义的分配是指对企业的收入进行分割和分配的行为；狭义的分配仅指对企业净利润分配的行为。

企业在分配时，一定要从全局出发，正确处理企业利益与国家利益和投资者利益之间的关系。首先，要及时、足够地交纳各种税金；其次，要按规定提取法定盈余公积和任意盈余公积；再次，向投资者分派股利或利润，以维护投资者的利益；最后，企业为了留有余地，还应留存一部分未分配利润。

三、财务管理的特点

财务管理主要是运用价值形式对企业的财务活动及其所体现的财务关系实施管理，它是企业管理的重要组成部分，它主要具有以下四个特点。

(一) 综合性强

财务管理是一项综合性的管理工作，它主要是运用价值形式对企业的生产经营活动进行全面的管理，将企业的一切物质条件、生产经营过程及其结果，都全面地加以规划、管理和控制，并科学地进行综合分析，针对出现的情况和问题，能及时地采取相应的措施，调节有关的活动，以有效地改善生产经营，提高企业的经济效益。

(二) 灵敏度高

财务管理能迅速反映企业的生产经营状况。在企业的生产经营管理中，各种决策是否正确，经营是否得法，技术是否先进，产销是否顺畅，耗费是否合理等均能迅速地在企业财务指标中反映出来。财务管理部门通过财务指标的计算、整理和分析，就能掌握企业各方面的信息，并向企业领导层反映，使其能及时掌握企业生产经营的动态。

(三) 涉及面广

财务管理涉及企业内部的各个部门。因为企业中涉及资金的业务活动是财务管理部门的管理范围，而企业的各个部门开展生产经营活动时，必然会发生资金运动，从而引起资金的增减变动，因此，每个部门均会因资金的收入或资金的运用而与财务管理部门发生联系，财务管理部门应指导各个部门合理使用资金和节约资金支出，使企业的资金保持正常的周转。

(四) 时效性强

企业通过财务管理获取的财务信息，应及时地以财务报告的形式传达给各有关部门。因为在商品经济高度发达的社会，市场变化迅猛异常，企业之间存在着激烈的竞争，因此，企业领导层及企业内部各部门、投资者和债权人对财务信息时效性的要求也越来越高。

四、财务管理环节

财务管理环节是指财务管理的工作步骤与一般工作程序。通常，企业财务管理包括以下六个环节。

(一) 财务预测

财务预测是指根据企业财务活动的历史资料，考虑现实的要求和条件，对企业未来的财务活动作出较为具体的预计和测算的过程。财务预测可以测算各项生产经营方案的经济效益，为决策提供可靠的依据；可以预计财务收支的发展变化情况，以确定经营目标；可以测算各项定额和标准，为编制计划、分解计划指标服务。

财务预测的方法主要有定性预测法和定量预测法。定性预测法是指利用直观材料，依靠个人的主观判断和综合分析能力，对事物未来的状况和趋势作出预测的方法。定量预测法是指根据变量之间存在的数量关系建立数学模型来进行预测的方法。

（二）财务计划

财务计划是指根据企业整体战略目标和规划，结合财务预测的结果，对财务活动进行规划，并以指标形式落实到每一计划期间的过程。财务计划主要通过指标和表格，以货币形式反映在一定的计划期内企业生产经营活动所需要的资金及其来源、财务收入和支出，财务成果及其分配的情况。

确定财务计划指标的方法一般有平衡法、因素法、比例法和定额法等。

（三）财务预算

财务预算是指根据企业财务战略、财务计划和各种预测信息，确定预算期内各种预算指标的过程。它是财务战略的具体化，是财务计划的分解和落实。

财务预算的方法通常包括固定预算与弹性预算、增量预算与零基预算、定期预算和滚动预算等。

（四）财务决策

财务决策是指企业按照财务战略目标的总体要求，利用专门的方法对各种备选方案进行比较和分析，并从中选出最佳方案的过程。财务决策是财务管理的核心，决策的成功与否直接关系到企业的兴衰成败。

财务决策主要包括确定决策目标、提出备选方案和选择最优方案等步骤。

确定决策目标是指以预测的资料为基础，结合企业总体经营的部署和国家宏观经济的要求，根据企业的实际情况，确定企业决策项目应实现的目标。提出备选方案是指根据确定的决策目标和企业搜集、整理的各种资料，结合市场状况，设计出各种可能采取的方案，并分析评价每一个方案的得失和利弊。选择最优方案是指对提出的各个备选方案，采取合适的决策方法，从中选出一个最佳的行动方案。

财务决策的方法主要有两类。一类是经验判断法，是根据决策者的经验来判断和选择的方法。常用的有淘汰法、排队法和归类法等；另一类是定量分析法，是应用决策论的定量方法进行方案的确定、评价和选择的方法。常用的有优选对比法、数学微分法、线性规划法、概率决策法和效用决策法等。

（五）财务控制

财务控制是指利用有关的信息和特定手段，对企业的财务活动施加影响或调节，以便实现计划所规定的财务目标的过程。

财务控制的方法主要有前馈控制、过程控制和反馈控制等。

（六）财务分析

财务分析是指根据企业财务报表等有关信息资料，采用专门的方法，系统分析和评价企业的财务状况、经营成果、现金流量以及未来趋势的过程。财务分析既是对已完成的财务活动的总结，也是财务预测的前提，在财务管理的循环中起着承上启下的作用。

财务分析的方法主要有对比分析法、比率分析法和因素分析法等。

第二节　财务管理的目标

一、财务管理目标的含义和观点

财务管理目标是指企业财务管理活动所希望实现的结果。它是评价企业理财活动是否合理有效的基本标准，是企业财务管理工作的行为导向，是财务人员工作实践的出发点和归宿。财务管理目标制约着财务工作运行的基本特征和发展方向。不同的财务管理目标，会产生不同的财务管理运行机制。因此，科学地设置财务管理目标，对优化理财行为、实现财务管理的良性循环具有重要的意义。

因此，财务管理目标的设置，必须要与企业整体发展战略相一致，符合企业长期发展战略的需要，体现企业发展战略的意图。此外，财务管理目标还应具有相对稳定性和层次性。

相对稳定性是指随着一定的政治、经济环境的变化，财务管理目标可能会发生变化，人们对财务管理目标的认识也会不断深化，如在我国计划经济体制下，财务管理是围绕国家下达的产值指标来进行的，那时的财务管理目标可以看做是“产值最大化”；改革开放初期，企业经营活动的中心从关注产值转变为关注利润，这时的财务管理目标就是“利润最大化”。尽管如此，财务管理目标仍然是财务管理的根本目的，是与企业长期发展战略相匹配的。因此，在一定时期内，财务管理目标应保持相对稳定。

财务管理目标的层次性则是指对总目标的分解，即将企业财务的总目标分解到企业的各个部门，形成部门目标，甚至再进一步分解到班组和岗位。通常，财务管理目标的分解应该与企业战略目标的分解同步进行，以保证财务管理目标的落实与企业战略目标的落实相一致。

企业财务管理目标有以下几种具有代表性的观点。

（一）利润最大化

持“利润最大化”观点的人认为，利润是企业在一定期间全部收入抵补全部支出的差额，是企业新创造的财富。它从一定程度上反映出企业经济效益的高低和对社会贡献的大小。同时，利润是企业补充资本，扩大经营规模的源泉。因此，以追逐利润最大化作为财务管理的目标。

利润最大化财务管理目标的优点是：进行经济核算，加强管理，改进技术，提高劳动生产率，降低产品成本。这些措施都有利于企业资源的合理配置，有利于企业整体经济效益的提高。

但是，利润最大化的财务管理目标存在以下的缺点。① 没有考虑利润实现时间和资金时间价值。例如，一个企业 5 年内每年获利 100 万元，另一个企业前 4 年每年获利 50 万元，第 5 年获利 320 万元，究竟哪一个企业更符合财务管理目标，很难作出正确的判断。② 没有反映创造的利润与投入资本之间的关系。例如，同样获利 100 万元，一个企业投入资本 600 万元，另一个企业投入资本 750 万元，如果不与投入的资本数额联系起来，对两个企业经营的好与差就难以作出正确的判断。③ 没有考虑风险问题。不同的行业具有不同的风险，同等利润值在不同的行业中的意义也各不相同。例如，风险较高的高科技企业与风险相对较低的制造业企业无法进行比较，既使同一行业的两个企业同样投入 600 万元，本年都获利 100 万元，一个企业获利的 75%已转化为现金，另一个企业仅就其获利的 40%转化为现金，两个企业坏账损失率均为 5‰。如果不与所承担风险的大小联系起来，对两个企业经营的好与差就难以作出正确的判断。④ 可能导致企业短期财务决策倾向影响企业长远发展。企业往往会优先考虑年度利润指标的完成情况，而忽视科技开发、产品开发、人才开发、生产安全、技术装备水平和履行社会责任等，从而导致企业的短期财务决策行为，影响了企业的长远发展。

（二）股东财富最大化

持“股东财富最大化”观点的人认为，投资者设立企业的目的是使自己获得尽可能多的财富。这种财富表现为股票价格。在上市公司，股东财富是由其所持有的股票数量和股票市场价格决定的，在股票数量一定时，股票价格达到最高，股东财富也就最大。

股东财富最大化财务管理目标的优点。① 考虑了风险因素。因为股票价格会对风险作出较敏感的反应。② 能避免企业短期财务决策倾向。因为不仅目前的利润会影响股票价格，预期未来的利润也会对股票价格产生重要影响。③ 对于上市公司，股东财富最大化目标比较容易量化，便于考核和奖惩。

但是，股东财富最大化财务管理目标存在以下缺点。① 只适用于上市公司。因为非上市公司无法像上市公司那样随时获得公司股价，难以应用。② 股价受到多种因素的影响，特别是受到企业外部因素的影响，因此，股价不能完全、准确地反映企业的财务管理状况。③ 仅强调股东利益，忽略了其他相关者的利益。

（三）企业价值最大化

持“企业价值最大化”观点的人认为，投资者设立企业的重要目的是创造尽可能多的财富。这种财富首先表现为企业价值。企业价值是指企业所有者权益和债权人权益的市场价值，它是企业所能创造的预计未来现金流量的现值，反映了企业潜在或者预期的盈利能力和成长能力。未来现金流量的现值包含了资金的时间价值和风险价值两个方面的因素。因为未来现金流量的预测包含了不确定性和风险因素，而现金流量的现值是以资金的时间价值为基础对现金流量进行折现计算出来的。

企业价值最大化要求企业通过采用最优的财务政策，充分考虑资金时间价值和风险与报酬的关系，在保证企业长期稳定发展的基础上，使企业总价值达到最大。

企业价值最大化财务管理目标的优点。① 考虑了取得报酬的时间，并用资金时间价值的原理进行了计量。② 考虑了风险与报酬的关系，将风险限制在企业可以承受的范围内。③ 将企业长期、稳定的发展和持续的盈利能力放在首位，能克服企业在追求利润上的短期财务决策倾向。④ 用价值代替价格，避免过多外界市场因素的干扰，有效地规避了企业的短期行为。

但是，企业价值最大化财务管理目标存在以下的缺点。① 企业价值过于理论化，不易操作。尽管上市公司股票价格的变动在一定程度上揭示了企业价值的变化，但是，股价是多种因素共同作用的结果，特别是在资本市场效率低下的情况下，股票价格很难反映企业的价值。② 对于非上市公司，只有对企业进行专门的评估才能确定其价值，而在评估企业的资产时，由于受评估标准和评价方式的影响，难以做到客观和准确。

（四）相关者利益最大化

持“相关者利益最大化”观点的人认为，在市场经济中，股东作为企业所有者，在企业中拥有最高的权力，并承担着最大的义务和风险。但是，债权人、企业经营者、员工、客户、供应商和政府也为企业承担着风险。因此，企业的利益相关者不仅包括股东，还包括债权人、企业经营者、员工、客户、供应商和政府。那么，在确定企业财务管理目标时，应考虑这些相关利益群体的利益。

相关者利益最大化财务管理目标的具体内容。① 强调风险与报酬的均衡，将风险限制在企业可以承受的范围内。② 强调股东的首要地位，并强调企业与股东之间的协调关系。③ 强调对企业经营者的监督和控制，建立有效的激励机制，以使企业战略目标的顺利实施。④ 关心本企业普通职工的利益，培养职工长期努力为企业工作。⑤ 不断加强与债权人的关系，培养可靠的资金供应者。⑥ 关心客户的长期利益，以便保持销售收入的长期稳定增长。⑦ 加强与供应商的协作，遵守承诺，讲究信誉。⑧ 保持与政府部门的良好关系。

相关者利益最大化财务管理目标的优点。① 有利于企业长期稳定发展。这一目标注重企业在发展过程中考虑并满足各利益相关者，避免了只站在股东的角度进行财务决策可能导致的一系列问题。② 体现了合作共赢的价值理念，有利于实现企业经济效益和社会效益的统一。企业在寻求其自身的发展和利益最大化过程中，由于兼顾了债权人等各利益相关者的利益，就会依法经营和管理，正确处理各种财务关系，自觉维护和确实保障国家、集体以及社会公众的合法权益。③ 它是一个多元化、多层次的目标体系，较好地兼顾了各利益主体的利益。这一目标可使企业各利益主体相互作用、相互协调，并在使企业利益、股东利益达到最大化的同时，也使其他利益相关者利益达到最大化。④ 体现了前瞻性和现实性的统一。企业作为利益相关者之一，有其一套评价指标，如未来企业报酬贴现值；股东的评价指标可以使用股票市价；债权人可以寻求风险最小，利息最大；员工可以确保工资福利；政府可考虑社会效益等。不同的利益相关者有各自的要求，只要合理合法、互利互惠、相互协调，就能实现所有相关者利益最大化。

相关者利益最大化是企业财务管理最理想的目标。由于该目标过于理想化且无法操作，因此本书后述内容仍采用企业价值最大化作为财务管理目标。

二、利益冲突的协调

将企业价值最大化目标作为企业财务管理目标的首要任务就是要协调相关利益群体的关系，化解其利益冲突。协调相关利益群体的利益冲突，要把握的原则是：力求企业相关利益者的利益分配均衡，也就是减少各相关利益群体之间的利益冲突所导致的企业总体收益和价值的下降，使利益分配在数量上和时间上达到动态的协调平衡。

（一）所有者与经营者之间的利益冲突与协调

1. 所有者与经营者之间的利益冲突　在现代企业中，所有者一般比较分散，经营者一般不拥有占支配权地位的股权，他们只是所有者的代理人，所有者期望经营者代表他们的利益工作，实现所有者财富最大化；而经营者则有其自身的利益考虑。对经营者来说，他们所得到的利益来自所有者。在西方国家，这种所有者支付给经营者的利益被称为享受成本。但问题的关键不是享受成本的多少，而是在增加享受成本的同时，是否更多地提高了企业价值。因而，经营者和所有者的主要矛盾就是经营者希望在提高企业价值和股东财富的同时，能更多地增加享受成本；而所有者和股东则希望以较小的享受成本支出带来更高的企业价值或股东财富。

2. 所有者与经营者之间利益冲突的协调　为了解决所有者与经营者之间的利益冲突，所有者通常采取将经营者的报酬与绩效相联系的办法，并辅之以一定的监督措施。

（1）解聘　这是一种通过所有者来约束经营者的办法。所有者对经营者予以监督，如果经营者未能使企业价值达到最大，就解聘经营者，经营者会为了避免被解聘而努力工作，以实现财务管理目标。

（2）接收　这是一种通过市场来约束经营者的办法。如果经营者决策失误、经营不力，未能采取一切有效措施使企业价值提高，该企业就可能被其他企业强行接收或吞并，经营者也会相应被解聘。因此，经营者为了避免被接受或被吞并，必须采取一切措施，努力实现财务管理目标。

（3）激励　这是指所有者将经营者的报酬与其绩效挂钩，以使经营者自觉采取能满足企业价值最大化的措施。激励有以下两种基本方式。

A. 股票期权方式　这是指允许经营者以约定的价格购买一定数量的公司股票，股票市场价格高于约定价格的部分就是经营者所得的报酬。经营者为了获取更大的股票涨价益处，就必然会主动采取能够提高股价的行动，从而增加所有者的财富。

B. 绩效股方式　这是指公司运用每股收益、净资产收益率等指标来评价经营者的绩效，视其绩效大小给予经营者数量不等的股票作为报酬。如果经营者的经营绩效未能达到规定目标时，经营者将丧失原先持有的部分绩效股。这种方式不仅使经营者为了多得绩效股而不断采取措施提高公司的经营绩效，而且也使经营者为了使每股市价最大化，而采取各种措施使股票市价稳定上升，从而增加所有者的财富。

（二）所有者与债权人之间的利益冲突与协调

1. 所有者与债权人之间的利益冲突　债权人将资金借给企业的目的是到期收回本金，并按约定的利率收取利息；企业借款的目的是为了扩大经营，将其投入有风险的生产经营项目，两者的目的并不一致。债权人事先知道借出资金是有风险的，并将这种风险的相应报酬纳入利率。但是，一旦资金以借款形式到了企业，债权人就失去了控制权。

所有者为了自身的利益，可能通过经营者而损害债权人的利益。其常用的方式有以下两种：① 所有者不经债权人的同意，投资比债权人预期风险要高的新项目，倘若高风险的项目一旦成功，超额利润由所有者独享；倘若投资失败，企业无力偿债，债权人与所有者将共同承担由此而造成的损失，这对债权人来说风险与收益是不对称的。② 所有者为了提高企业的利润，不征得现有债权人的同意而要求经营者发行新债券或举借新债，使企业的负债比率提高，相应增加了偿债风险，致使老债券或老债务的价值降低。尤其是对不能转让的债券或其他借款，债权人不能出售债权来摆脱困境，处境更为不利。

2. 债权人与所有者之间利益冲突的协调　债权人为了防止其利益受到损害，协调与所有者之间的利益冲突，通常可以采取以下措施。① 限制性借债。即在借款合同中加入限制性的条款，如规定借款的用途、借款担保条款和借款信用条件，规定不得举借新债或限制举借新债的数额等。② 收回借款或停止借款。即当债权人发现企业有侵蚀其债权的动机时，采取收回债权或不给企业提供新的借款，以保护自身的权益。

三、企业的社会责任

企业的社会责任是指企业在谋求所有者权益最大化以外所负有的维护和增进社会利益的义务。企业的社会责任主要有以下五个方面。

1. 对员工的责任　企业除了有向员工支付劳动报酬的法律责任外，还负有为员工提供安全的工作环境、职业教育等保障员工利益的责任。

2. 对债权人的责任　债权人是企业的重要利益相关者，企业应依据合同的约定以及法律的规定对债权人承担相应的义务，保障债权人的合法权益。

3. 对消费者的责任　企业的价值实现，最终取决于消费者的选择，企业应重视对消费者承担的社会责任。其主要有确保产品质量，保障消费安全；诚实守信，确保消费者的知情权；提供完善的售后服务，及时为消费者排忧解难。

4. 对社会公益的责任　它是指企业应承担扶贫济困和发展慈善事业的社会责任，表现为企业对不确定的社会群体进行帮助。捐赠是其最主要的表现形式，此外还包括招聘残疾人，让缺乏就业竞争力的人到企业工作等。

5. 对环境和资源的责任　它是指企业既要承担保护环境和维护自然和谐的责任，又要承担可持续发展与节约资源的责任。

第三节 财务管理体制

企业财务管理体制是指协调企业利益相关主体之间财务关系的基本规则和制度安排。它是构建企业财务管理制度的基础和框架。

一、企业财务管理体制的类型

企业财务管理体制按企业的集权程度不同,可分为以下三种类型。

(一)集权型财务管理体制

集权型财务管理体制是指企业总部对各下属企业的所有财务管理决策都进行集中统一,各下属企业没有财务决策权,企业总部财务部门不但参与决策和执行决策,在特定情况下还直接参与各下属企业的执行过程的体制。下属企业一般是指非法人企业(如分公司)或者企业总部全资或者控股的企业。

集权型财务管理体制的优点是,由企业总部统一决策和部署,企业内部可以充分展现其一体化管理的优势,利用企业的人才、智力、信息资源,有利于降低资金成本和风险损失,使决策的统一化、制度化得到有力的保障。其缺点是,集权过度会使各下属企业缺乏主动性、积极性,丧失活力,也可能因为决策程序相对复杂而失去适应市场的弹性,丧失市场机会。

(二)分权型财务管理体制

分权型财务管理体制是指企业将财务决策权与管理权完全下放到各下属企业,各下属企业只需对一些决策结果报请企业总部备案的体制。

分权型财务管理体制的优点是,发挥了下属企业经营的灵活性和积极性,有利于分散经营风险。其缺点是,企业缺乏整体协调管理,无法发挥企业的整体优势;下属企业各自为政,从而可能导致资金管理分散、资金成本增大、费用失控。

(三)集权与分权相结合型财务管理体制

集权与分权相结合型财务管理体制又称混合型财务管理体制,是指企业总部对下属企业在所有重大问题的决策与处理上实行高度集权,各下属企业则对日常经营活动具有较大的自主权。

集权与分权相结合型财务管理体制以企业发展战略和经营目标为核心,将企业内重大决策权集中于企业总部,而赋予各下属企业自主经营权。其主要特点是,在制度上,企业总部应制定统一的内部管理制度,明确财务权限及收益分配方法,各下属企业应遵守执行,并根据自身的特点予以补充;在管理上,利用企业的各项优势,对部分权限集中管理;在经营上,各下属企业围绕企业发展战略和经营目标,在遵守企业统一制度的前提下,可自主制定生产经营的各项决策。

集权与分权相结合型财务管理体制吸收了集权型和分权型两种财务管理体制的优

点，避免了两者各自的缺点，从而具有较大的优越性。

二、集权与分权的选择

企业的财务特征决定了分权的必然性，而企业的规模效益、风险防范又要求集权。集权与分权各有特点，各有利弊。

从聚合资源优势，贯彻实施企业发展战略和经营目标的角度，集权型财务管理体制显然是最具保障力的，但是要采用集权型财务管理体制，除了企业管理高层必须具备高度的素质能力外，在企业内部还必须有一个能及时、准确地传递信息的网络系统，并通过信息传递过程的严格控制以保障信息的质量，这样集权型财务管理体制的优势才有充分发挥的可能性。但与此同时，与信息传递及过程控制有关的成本问题也会随之产生。另外，随着集权程度的提高，集权型财务管理体制的复合优势可能会不断强化，但各下属企业或组织机构的积极性、创造性与应变能力却可能在不断地削弱。

分权型财务管理体制实质上是将决策管理权不同程度地下放到比较接近信息源的各下属企业或组织机构，这样，就可以在很大程度上缩短信息传递的时间，减小信息传递过程中的控制问题，从而节约了信息传递与过程控制等的相关成本，并能提高信息的决策价值与利用效率。但随着权力的分散，就会产生企业管理目标的换位，这是采用分权型财务管理体制通常无法完全避免的代价。集权型或分权型财务管理体制的选择，本质上体现着企业的管理政策，是企业基于环境约束与发展战略考虑顺势而定的权变性策略。

依托环境预期与战略发展规划，要求企业总部必须根据企业的不同类型、发展的不同阶段以及不同阶段的战略目标取向等因素，对不同财务管理体制及其权力的层次结构作出相应的选择与安排。

财务决策权的集中与分散没有固定的模式，同时选择的模式也不是一成不变的。财务管理体制的集权和分权，需要考虑企业与各下属企业之间的资本关系和业务关系的具体特征，以及集权与分权的"成本"和"利益"。作为实体的企业，各下属企业之间往往具有某种业务上的联系，特别是那些实施纵向一体化战略的企业，要求各下属企业之间保持密切的业务联系。各下属企业之间业务联系越密切，就越有必要采用相对集中的财务管理体制。反之，则相反。如果说各下属企业之间业务联系的必要程度是企业有无必要实施相对集中的财务管理体制的一个基本因素，那么，企业与各下属企业之间的资本关系特征则是企业能否采取相对集中的财务管理体制的一个基本条件。只有当企业掌握了各下属企业一定比例有表决权的股份(如50%以上)之后，企业才有可能通过指派较多董事去有效地影响各下属企业的财务决策，也只有这样，各下属企业的财务决策才有可能相对"集中"于企业总部。

事实上，考虑财务管理体制的集中与分散，除了受制于以上两点外，还取决于集中与分散的"成本"和"利益"差异。集中的"成本"主要是各下属企业积极性的损失和财务决策效率的下降;分散的"成本"主要是可能发生的各下属企业财务决策目标及财务行为与企业整体财务目标的背离以及财务资源利用效率的下降。集中的"利益"主要是容易使企业财务目标协调和提高财务资源的利用效率;分散的"利益"主要是提高财务决策效率和调动各下属企业的积极性。

三、企业财务管理体制的设计原则

企业财务管理体制的设定或变更应当遵循以下四项原则。

(一)与现代企业制度的要求相适应的原则

现代企业制度是一种产权制度,它是以产权为依托,对各种经济主体在产权关系中的权利、责任和义务进行合理、有效的组织、调节的制度安排,它具有"产权清晰、责任明确、政企分开、管理科学"的特征。

企业内部相互间关系的处理应以产权制度安排为基本依据,企业作为各下属企业的股东,根据产权关系享有作为终极股东的基本权利,特别是对下属企业资产的受益权、管理者的选择权、重大事项的决策权等。但是,企业各下属企业往往不是企业的分支机构或分公司,其经营权是其行使民事责任的基本保障,它以自己的经营与资产对其盈亏负责。

企业与各下属企业之间的产权关系确认了两个不同主体的存在,这是现代企业制度,特别是现代企业产权制度的根本要求。按照现代企业制度的要求,企业财务管理体制必须以产权管理为核心,以财务管理为主线,以财务制度为依据,体现现代企业制度特别是现代企业产权制度管理的思想。

(二)明确企业对各下属企业管理中的决策权、执行权和监督权三者分立原则

现代企业要做到科学管理,必须从决策与管理程序上做到科学、民主,因此,决策权、执行权与监督权三权分立的制度必不可少。这一管理原则的作用就在于加强决策的科学性与民主性,强化决策执行的刚性和可考核性,强化监督的独立性和公正性,从而形成良性循环。

(三)明确财务综合管理和分层管理思想的原则

现代企业制度要求财务管理是一种综合管理、战略管理。具体如下所述。① 从企业整体角度对企业的财务战略进行定位。② 对企业的财务管理行为进行统一规范,做到高层的决策结果能被低层战略经营单位完全执行。③ 以制度管理代替个人的行为管理,从而保证企业管理的连续性。④ 以现代企业财务分层管理思想指导具体的管理实践。

(四)与企业组织体制相对应的原则

企业组织体制大体上有 U 型组织、H 型组织和 M 型组织三种形式。U 型组织仅存在于产品简单、规模较小的企业,实行管理层级的集中控制;H 型组织是企业集团的组织形式,子公司具有法人资格,分公司则是相对独立的利润中心。随着社会的发展,H 型组织已被 M 型组织所替代。M 型组织由三个相互关联的层次组成。第一个层次是由董事

会和经理班子组成的总部，它是企业的最高决策层。它既不像U型组织那样直接从事各下属企业的日常管理，又不像H型组织那样基本上是一个空壳。它的主要职能是战略规划和关系协调。第二个层次是由各职能部门和支持、服务部门组成的。其中，计划部是企业战略研究和执行部门，它应向企业总部提供经营战略的选择和相应配套政策的方案，指导各下属企业根据企业的整体战略制定中长期规划和年度的业务计划。企业的财务是由总部控制的，负责整个企业的资金筹措、运作和税务安排。第三个层次是围绕企业的主导或核心业务，相互依存又相互独立的各下属企业，每个下属企业又是一个U型结构。因此，M型组织集权程度较高，突出整体优化，具有较强的战略研究、实施功能和内部关系协调能力。它是目前国际上大的企业管理体制的主流形式。

四、集权与分权相结合型财务管理体制的内容

集权与分权相结合型财务管理体制是当前国际上大公司管理体制的主流形式。其核心内容是企业总部应做到制度统一、资金集中、信息集成和人员委派。具体内容有以下11项。

1. 集中制度制定权　企业总部根据国家法律、法规和《企业会计准则》、《企业财务通则》的要求，结合企业自身的实际情况和发展战略及管理的需要，制定统一的财务管理制度，并在全企业范围内统一施行。各下属企业只有制度执行权，而无制度制定和解释权。但各下属企业可以根据自身需要制定实施细则和补充规定。

2. 集中筹资、融资权　资金筹集是企业资金运动的起点，为了使企业内部筹资风险最小，筹资成本最低，应由企业总部统一筹集资金，各下属企业有偿使用。企业总部对各下属企业追踪现金使用情况，由各下属企业按规定时间向企业总部报送现金流量表，该现金流量表动态地反映下属企业现金增减变动情况，企业总部据以分析各下属企业资金存量是否合理。遇有部分下属企业资金存量过多，运用不畅，而其他下属企业又急需资金时，企业总部可调动资金，并应支付利息。企业内部应严禁各下属企业之间放贷，如需临时拆借资金，并且所需拆借资金额在规定金额之上的，应报总部批准。

3. 集中投资权　企业对外投资必须遵守效益性、分散风险性、安全性、整体性及合理性的原则。无论企业总部还是各下属企业的对外投资都必须经过立项、可行性研究、论证、决策的过程，其间除专业人员外，必须有财务人员参加。财务人员应会同有关专业人员，通过仔细调查了解，开展可行性分析，预测今后若干年内市场变化趋势及可能发生风险的概率，以及投资该项目的建设期、投资回收期、投资回报率等，写出财务报告并报送领导参考。

4. 集中用资、担保权　企业总部应加强资金使用安全性的管理，对大额资金拨付要严格监督，建立审批手续，并严格执行。因为各下属企业财务状况的好坏关系到企业所投资本的保值和增值，同时各下属企业因资金受阻导致盈利能力下降，会降低企业的投资回报率。因此，各下属企业用于经营项目上的资金，要按照经营规划范围使用，用于资本项目上的资金支付，应履行企业规定的报批手续。

企业内部对外担保权应归企业总部管理，未经批准，各下属企业不得为外企业提供担保。企业内部各下属企业相互担保，应经企业总部同意。企业总部为各下属企业提供担保应制定相应的审批程序，可由下属企业与银行签订贷款协议。企业总部为各下属企业进行贷款担保，同时要求下属企业向企业总部提供"反担保"，以保证资金合理使用并按时归还，使贷款得到监控，防止引起信用风险。

5. 集中固定资产购置权　各下属企业需要购置固定资产必须说明理由，提出申请报企业总部审批，经批准后方可购置。各下属企业不得自行用于资本性支出。

6. 集中财务机构设置权　各下属企业财务机构设置必须报企业总部批准，财务人员由企业总部统一招聘，财务负责人由企业总部统一委派。

7. 集中收益分配权　企业内部应统一分配制度，各下属企业应客观、真实、及时地反映其财务状况及经营成果。对于各下属企业收益的分配，法律、法规有明确规定的按规定分配，剩余部分由企业总部本着长远利益与现实利益相结合的原则，确定分配与留成比例。各下属企业的留存收益原则上可自行分配，但应报企业总部备案。

8. 分散经营自主权　各下属企业负责人主持本企业的生产经营管理工作，组织实施年度经营计划，决定生产和销售，研究和考虑市场周围的环境，了解和注意同行业的经营情况及战略措施，按所规定的时间向企业总部汇报生产管理工作情况。对突发的重大事件，要及时向企业总部汇报。

9. 分散人员管理权　各下属企业负责人有权任免下属管理人员，有权决定员工的聘用和辞退，企业总部原则上不应干预，但其财务负责人的任免应报经企业总部批准或由企业总部统一委派。

10. 分散业务定价权　各下属企业所经营的业务均不相同。因此，业务的定价应由各下属企业经营部门自行拟订，但必须遵循加速资金周转，保证经营质量，提高经济效益的原则。

11. 分散费用开支审批权　各下属企业在经营活动中必然会发生各种费用，各下属企业在遵守财务制度的原则下，由其负责人批准各种合理的用于企业经营管理的费用开支。

第四节 财务管理的环境

财务管理环境又称理财环境，是指对企业财务活动和财务管理产生影响作用的企业内外各种条件的统称。

财务管理环境对企业的财务活动有重大的影响，企业只有在理财环境的各种因素的作用下实现财务活动的协调平衡，才能生存和发展。研究理财环境有助于正确地制定理财策略。财务管理的环境主要包括技术环境、经济环境、金融环境和法律环境。

一、技术环境

技术环境是指财务管理得以实现的技术手段和技术条件。技术环境决定着财务管理的效率和效果。企业进行财务管理所依据的会计信息是通过会计系统提供的，占企业经济信息总量的60%～70%。

目前我国正全面推进会计信息化工作，正在建立、健全会计信息化法规体系和会计信息化标准体系，全力打造会计信息化人才队伍。基本实现大型企业单位会计信息化与经营管理信息化的融合，进一步提升企业单位的管理水平和风险防范能力，做到数出一门，资源共享，便于不同信息使用者获取、分析和利用。随着企业会计信息化的全面推进，必将促使企业财务管理的技术环境进一步完善和优化。

二、经济环境

经济环境是指企业进行财务活动的宏观经济状况。它在影响财务管理的各种外部环境中是最重要的。经济环境的内容十分广泛，它包括：经济体制、经济周期、经济发展水平、宏观经济政策和通货膨胀水平等。

（一）经济体制

我国目前实行市场经济体制，企业是"自主经营、自负盈亏"的经济实体，有独立的经营权，同时也有独立的理财权。企业可以从其自身需要出发，合理确定资本需要量，然后去市场上筹集资金，再将筹集的资金投放到高效益的项目上获取更大的收益。最后将收益根据需要和可能进行分配，保证企业财务活动自始至终根据自身条件和外部环境作出各种财务管理决策，并组织实施。

（二）经济周期

在市场经济条件下，经济的发展与运行带有一定的波动性，通常经历复苏、繁荣、衰退和萧条几个阶段的循环，从而形成了经济周期。

我国的经济发展与运行也呈现其特有的周期特征。曾经历过若干次从投资膨胀、生产高涨到控制投资、紧缩银根和正常发展的过程，从而促进了经济的持续发展。企业的筹资、投资和资金营运及分配等理财活动都会受到这种经济波动的影响。例如，在银根紧缩时期，社会资金短缺、利率上升，企业的筹资活动会遇到困难，进而会影响企业正常的生产经营活动。此外，由于国际经济交流与合作的发展，西方经济周期影响也会不同程度地波及我国。因此，企业财务管理人员必须认识到经济周期对企业财务活动的影响，掌握在经济发展波动中的理财本领。

（三）经济发展水平

企业的财务管理水平是和经济发展水平密切相关的，经济发展水平越高，财务管理水平也越好。财务管理水平的提高，将推动企业降低成本、改进效率，提高效益，从而促进经济发展水平的提高；而经济发展水平的提高，将改变企业的财务战略、财务理念、财务管理模式和财务管理的方法手段,从而促进企业财务管理水平的提高。财务管理应当以经济发展水平为基础,以宏观经济发展目标为导向,从业务工作角度保证企业经营目标和经营战略的实现。

(四)宏观经济政策

国家的宏观经济政策将直接影响企业的财务活动。我国经济体制改革的目标是建立社会主义市场经济体制,以进一步解放和发展生产力。在这个总目标下,我国已经并正在进行财税体制、金融体制、外汇体制、外贸体制、计划体制、价格体制、投资体制、社会保障制度和会计准则体系等的各项改革。所有这些改革措施,深刻地影响着我国的经济生活,也深刻地影响着我国企业的发展和财务活动的运行,如财税政策会影响企业的资本结构和投资项目的选择等;金融政策中货币的发行量、信贷规模都能影响企业投资的资金来源和投资的预期收益;价格政策会影响资金的投向和投资回收期及预期收益;企业会计准则体系的改革会影响会计要素的确认和计量,进而对企业财务活动的事前预测、决策以及事后的评价产生影响等。可见,经济政策对企业财务活动的影响是很大的。因此,财务管理人员必须把握经济政策,更好地为企业的经营理财活动提供服务。

(五)通货膨胀水平

通货膨胀对企业财务活动的影响是多方面的。具体如下所述。① 引起资金占用的大量增加,从而增加企业的资金需求。② 引起企业利润虚增,造成企业资金由于利润分配而流失。③ 引起利润上升,加大企业的权益资金成本。④ 引起有价证券价格下降,增加企业的筹资难度。⑤ 引起资金供应紧张,增加企业的筹资困难等。

为了减轻通货膨胀对企业造成的不利影响,企业应当采取措施予以防范。在通货膨胀初期,货币面临着贬值的风险,届时企业进行投资可以避免风险,实现资本保值;与供应商签订长期购货合同,以减少物价上涨造成的损失;取得长期负债,保持资金成本的稳定。在通货膨胀持续期,企业可以采用比较严格的信用条件,减少企业债权;调整财务政策,防止和减少企业资金流失等。

三、法律环境

市场经济是以法律规范和市场规则为特征的经济。法律和政府法规为企业经营活动规定了活动空间,也为企业在相应空间内自由经营提供了法律上和制度上的保护。影响财务管理的法律环境因素主要有以下三项。

(一)企业组织形式

企业是市场经济的主体,不同类型的企业所适用的法律有所不同。了解企业的组织形式,有助于企业财务管理活动的开展。企业按其组织形式不同可分为以下三类。

1. 独资企业　这是指依法设立的、由一个自然人投资,财产为投资人个人所有,投资人以其个人财产对企业债务承担无限责任的经营实体。独资企业的特点如下所述。① 只有一个出资者。② 出资人对企业债务承担无限责任。③ 独资企业不作为企业所得税的纳税主体，其收益纳入所有者的其他收益，一并计算交纳个人所得税。

独资企业具有结构简单、容易开办、利润独享、限制较少等优点。但也存在出资者负有无限偿债责任；个人财力有限，企业往往会因信用不足、信息不对称而存在筹资障碍等缺点。

2. 合伙企业　这是指依法设立的、由合伙人订立合伙协议，共同出资、合伙经营、共享收益、共担风险，并对本企业债务承担无限连带责任的营利组织。合伙企业的特点如下所述。① 有2个以上的合伙人，并且都是具有完全民事行为能力，依法承担无限责任的人。② 有书面合伙协议，合伙人依照合伙协议享有权利，承担责任。③ 有各合伙人实际缴付的出资，合伙人可以用货币、实物和无形资产或者其他属于合伙人的合法财产及财产权利出资。④ 有关合伙企业改变名称、向企业登记机关申请办理变更登记手续、处分不动产或财产权利和聘任企业经营管理人员等重要事务，均须经全体合伙人一致同意。⑤ 合伙企业的利润或亏损，由合伙人按照合伙协议约定的比例分配或分担；合伙协议未作约定的，由各合伙人平均分配或分担。⑥ 各合伙人对合伙企业债务承担无限连带责任。

合伙企业具有开办容易、信用相对较好的优点，但也存在责任无限、权力不易集中、决策过程较长等缺点。

3. 公司　公司是指依照公司法登记设立的、以其全部法人财产，依法自主经营、自负盈亏的企业法人。公司享有由股东投资形成的全部法人财产权，依法享有民事权利，承担民事责任。公司股东作为出资者享有资产收益、参与重大决策和选择管理者等权利，并以其出资额或所持股份为限对公司承担有限责任。我国的公司分为有限责任公司和股份有限公司两类。

（1）有限责任公司　这是指由50个以下股东出资设立的、每个股东以其所认缴的出资额为限对公司承担责任的企业法人。在我国可以设立国有独资公司，它是指国家单独出资，由国务院或者地方人民政府授权本级政府国有资产监督管理机构履行出资人职责的有限责任公司。有限责任公司的特点如下所述。① 公司的资本总额不分为等额的股份。② 公司向股东签发出资证明书。③ 公司股份的转让有较严格的限制。④ 股东的人数不得超过规定的限额。⑤ 股东以其出资比例享受权利、承担义务。⑥ 股东以其出资额为限对公司债务承担有限责任。

（2）股份有限公司　这是指由2人以上200人以下发起人依法设立的、每个股东以其认购的股份为限对公司承担责任的企业法人。股份有限公司的特点是：① 公司的资本划分为股份，每一股的金额相等。② 公司的股份采取股票形式，股票是公司签发的证明股东所持股份的凭证。③ 同股同权，同股同利。④ 股东可以依法转让持有的股份。⑤ 筹资能力强。⑥ 股东以其所持股份为限对公司债务承担有限责任。

由于公司的股东对公司的债务仅承担有限责任，而且公司可以通过发行股票、债券迅速筹集到大量的资金,这两大优点使公司这一组织形式得到西方大企业的普遍采用,我国的大中型企业主要也是采取这一组织形式,本书阐述的财务管理主要是指公司的财务管理。

（二）税法

1. 税收的意义与种类　　税收是指国家为了行使其职能,按照法律预先规定的标准,凭借政治权力向企业和个人征收的税款。它是国家参与国民收入分配和再分配的一种形式,是国家参与经济管理,实行宏观调控的重要手段之一。税收具有强制性、无偿性和固定性三个特征。

国家财政收入的主要来源是企业交纳的税金,而国家财政状况和财政政策,对企业的资金供应和税收负担有着重要的影响;国家各种税种的设置、税率的调整,具有调节生产经营的作用。国家税收制度是企业财务管理的重要外部条件。财务人员应当熟悉国家税收法律的规定,不仅要了解各种税种的计征范围、计征依据和税率,而且还要了解差别税率的制定精神和减税、免税的原则规定,使企业的财务决策适应税收政策的导向,合理安排资金投放,以取得最佳经济效益。

税收按征税的对象不同可分为流转税类、收益税类和其他税类。

(1) 流转税类　　企业交纳的流转税主要有增值税、消费税、城市维护建设税和关税。

增值税是指对在我国境内销售货物或者加工、修理修配劳务(简称劳务),以及销售服务、无形资产、不动产进口货物的单位和个人,就其销售货物或者劳务,销售服务、无形资产、不动产的增值额和货物进口金额计算征收的税款。消费税是指在我国境内从事生产和进口特定消费品的单位和个人,就其销售额(量)或进口额(量)计算征收的税款。城市维护建设税是指在我国境内交纳增值税、消费税和营业税的单位和个人就其实际交纳的增值税和消费税为计税依据而征收的税款。关税是指在我国境内从事进出口货物和物品的单位和个人,就其进出口额征收的税款。

(2) 收益税类　　企业交纳的收益税是企业所得税。

企业所得税是指对我国境内的企业和其他取得收入的组织的生产经营所得和其他所得而征收的税款。

(3) 其他税类　　企业交纳的其他税主要有印花税、车船税、城镇土地使用税和房产税。

印花税是指对经济交往中书立、使用、领受具有法律效力的凭证的单位和个人征收的税款。车船税是指在我国境内的车辆、船舶的所有人或者管理人征收的税款。城镇土地使用税是指以城镇土地为征税对象,对拥有土地使用权的单位和个人征收的税款。房产税是指以房产为征税对象,依据房产价格或房产租金收入向房产所有人或经营人征收的税款。

2. 税法的含义与要素

税法是由国家机关制定的调整税收征纳关系及其管理关系的法律规范总称。我国税法的构成要素主要包括下列内容。

(1) 征税人　它是指代表国家行使征税职责的国家税务机关,包括国家各级税务机关、海关和财政机关。

(2) 纳税义务人　它是指税法上规定的直接负有纳税义务的单位和个人。

(3) 课税对象　它是指税法规定的课税目的物,即国家对什么事物征税。课税对象是区别不同税种的重要依据和标志。课税对象按其课税范围划分为:以应税产品的增值税为对象进行课税;以应税货物经营收入为对象进行课税;以提供劳务取得的收入为对象进行课税;以特定的应税行为为对象进行课税;以应税财产为对象进行课税;以应税资源为对象进行课税。

(4) 税目　它是指某一税种的具体征税项目。税目具体反映某一单项税法的适用范围。

(5) 税率　它是指应纳税额与课税对象之间的比率。税率是计算税额的尺度,是税法中的核心要素。我国现行税率主要有比例税率、定额税率和累进税率三种。

(6) 纳税环节　它是指税法对商品从生产到消费的整个过程所选择规定的应纳税环节。

(7) 计税依据　它是指计算应纳税金额的根据。

(8) 纳税期限　它是指纳税人按税法规定在发生纳税义务后,应当向国家交纳税款的时限。

(9) 纳税地点　它是指交纳税款的地方。纳税地点一般为纳税人的住所地,也有规定在营业地、财产所在地或特定行为发生地的。

(10) 减税免税　它是指税法对特定的纳税人或征税对象给予鼓励和照顾的一种优待性规定。我国税法的减免税的内容主要有起征点、免征额和减免规定。

(11) 法律责任　它是指纳税人存在违反税法行为所应承担的法律责任,包括由税务机关或司法机关所采取的惩罚措施。

(三) 财务法律规范

财务法律规范主要是指《企业财务通则》和《企业财务通则》,它是企业进行财务活动,实施财务管理的基本规范。经国务院批准,由财政部发布的《企业财务通则》,于1994年7月1日起施行。2006年12月,财政部又颁布了修改后的《企业财务通则》,它对企业财务管理体制、资金筹集、资产营运、收益分配和重组清算等问题作出了规定。

此外,与企业财务管理有关的其他经济法律规范还有证券法律规范、结算法律规范和合同法律规范等。财务管理人员要熟悉这些法律规范,在守法的前提下,完成财务管理的职能,实现企业的财务管理目标。

四、金融环境

企业从事投资和经营活动需要资金,而资金的取得,除了权益资金外,主要从金融机构和金融市场取得。金融政策的变化必然影响企业的筹资、投资和资金运营活动。因此，金融环境是企业主要的环境因素。影响财务管理的主要金融环境因素有金融机构、金融工具、金融市场和利率等。

（一）金融机构

社会资金从资金供应者转移到资金需求者的途径主要是通过金融机构。我国的金融机构可分为银行业金融机构和其他金融机构。

1. 银行业金融机构　　它是指经营存款、放款、汇兑、储蓄等金融业务，承担信用中介的金融机构。银行的主要职能是充当信用中介、充当企业之间的支付中介、提供信用工具、充当投资手段和充当国民经济的宏观调控手段。我国银行主要包括商业银行和政策性银行。商业银行是指以营利为主要目标的金融机构。有大型的商业银行，如中国工商银行、中国农业银行、中国银行和中国建设银行；也有中小型的商业银行，如交通银行、深圳发展银行、中信银行、华夏银行、上海浦东发展银行、北京银行、上海银行等。政策性银行是指由政府设立的，以贯彻国家产业政策、区域发展政策为目的，不以营利为目的的金融机构。它主要有国家开发银行、中国进出口银行和中国农业发展银行。

2. 其他金融机构　　它主要有以下五种。① 保险公司，主要经营保险业务，包括财产保险、责任保险、保证保险和人身保险。② 信托投资公司，主要是以受托人的身份代人理财，包括经营资金和财产委托、代理资产保管、金融租赁、经济咨询和投资等。③ 证券机构，是指从事证券业务的机构，包括证券公司、证券交易所和登记结算公司。证券公司的主要业务是推销政府债券、企业债券和股票，代理买卖和自营买卖已上市流通的各类有价证券，参与企业收购兼并，充当企业理财顾问等；证券交易所的主要业务是提供证券交易的场所和设施，制定证券交易的业务规则，接受上市申请并安排上市，组织、监督证券交易，对会员和上市公司进行监管等；登记结算公司的主要业务是办理股票交易所有权转移时的过户和资金的结算。④ 财务公司，是指由企业集团内部各成员单位入股，向社会募集中长期资金，为企业技术进步服务的金融股份有限公司。它的业务被限定在本集团内，不得从企业集团之外吸收存款，也不得对非集团单位和个人贷款。⑤ 金融租赁公司，是指办理筹资租赁业务的公司。其主要业务有动产和不动产的租赁、转租租赁和回租租赁。

（二）金融工具

金融工具是指融通资金双方在金融市场上进行资金交易、转让的工具。借助于金融工具，资金从供给方转移至需求方。

1. 金融工具的基本特征　　金融工具具有以下四个基本特征。

（1）期限性　　它是指金融工具的发行人通常规定了偿还期，即规定债务人在必须全部归还本金之前的时间。

（2）流动性　　它是指金融工具在必要时迅速转变为现金而不致遭受损失的能力。

(3) 风险性　它是指购买金融工具的本金和预定收益有遭受损失的可能性，通常包括信用风险和市场风险两个方面。

(4) 收益性　它是指持有金融工具所能够带来的一定收益。

2. 金融工具的分类　金融工具可分为基本金融工具和衍生金融工具。常见的基本金融工具有货币、票据、债券、股票等。衍生金融工具是指在基本金融工具的基础上，通过特定技术设计形成的新的融资工具，如各种远期合约、互换、掉期等。

(三) 金融市场

1. 金融市场的意义、功能与要素　金融市场是指资金供应者和资金需求者双方通过一定的金融工具进行交易而融通资金的场所。

金融市场的功能主要有：为企业融资和投资提供了场所，可以帮助企业实现长短期资金转换，引导资金流向和流量，提高资金效率。

金融市场的要素主要有：资金供应者和资金需求者、金融工具、交易价格和组织方式。

从企业财务管理角度来看，金融市场作为资金融通的场所，是企业向社会筹集资金的必要条件。因此，财务管理人员必须熟悉金融市场的各种类型和管理规则，有效地利用金融市场来组织资金的筹措和进行资本投资等活动。

2. 金融市场的分类　金融市场主要有以下三种不同的分类。

(1) 按融资的期限分类　可分为货币市场和资本市场。

货币市场是指以期限1年以内(含1年)的金融工具为媒介，进行短期资金融通的市场。其主要特点有：融资期限短；融资的目的是满足短期资金周转的需要；所交易的金融工具有较强的货币性。

资本市场是指以期限1年以上的金融工具为媒介，进行长期性资金交易活动的市场。其主要特点有：融资期限长；融资的目的是满足长期投资性资本的需要，扩大生产能力；资金借贷量大；收益较高但风险也较大。

(2) 按金融工具的属性分类　可分为基础性金融市场和金融衍生品市场。

基础性金融市场是指以基础性金融产品为交易对象的金融市场，如商业票据、企业债券和企业股票的交易市场。

金融衍生品市场是指以金融衍生产品为交易对象的金融市场。金融衍生产品是一种金融合约，其价值取决于一种或多种基础资产或指数，合约的基本种类包括远期、期货、互换、掉期和期权，以及具有远期、期货、互换、掉期和期权中一种或多种特征的结构化金融工具的交易市场。

(3) 按金融市场的功能分类　可分为发行市场和流通市场。

发行市场又被称为一级市场，是指新发行金融工具的市场，这类市场主要处理金融工具的发行与最初购买者之间的交易。

流通市场又被称为二级市场，是指现有金融工具的交易场所。这类市场主要处理现有金融工具转让和变现的交易。

（四）利率

利率是指利息占本金的百分比。从资金的借贷关系看，利率是一定时期运用资金资源的交易价格。资金作为一种特殊商品，以利率为价格标准的融通，实质上是资源通过利率实行的再分配。因此，利率在资金分配及企业财务决策中起着重要的作用。

1. 利率的分类　　利率主要有以下两种不同的分类。

（1）按利率之间的变动关系分类　　可分为基准利率和套算利率。

基准利率又称基本利率，是指在多种利率并存的条件下起决定作用的利率。起决定作用是指这种利率变动，其他利率也相应地变动。因此，了解基准利率水平的变化趋势，就能了解全部利率的变化趋势。基准利率是中国人民银行对商业银行贷款的利率。

套算利率是指在基准利率确定后，各金融机构根据基准利率和借贷款项的特点而换算出来的利率。例如，某金融机构规定，贷款 AAA 级、AA 级、A 级企业的利率，应分别在基准利率基础上加 0.5%、1%、1.5%，加总后计算所得的利率为套算利率。

（2）按利率与市场资金供求情况的关系分类　　可分为固定利率和浮动利率。

固定利率是指在借、贷期限内固定不变的利率。受通货膨胀的影响，实行固定利率会使债权人利益受到损害。

浮动利率是指在借、贷期限内可以调整的利率，在通货膨胀条件下采用浮动利率，可使债权人减少损失。

2. 利率的计算公式　　在金融市场上，利率是资金使用权的价格。作为金融市场参与者的企业，要想利用金融市场为自己服务，还必须了解金融市场上利率的决定因素。利率的高低主要是由供给与需求来决定的，此外还受到经济周期、通货膨胀、国家货币政策、国家财政政策、国际经济政治关系和国家利率管制程度等的影响。因此，资金的利率通常由纯利率、通货膨胀补偿率和风险收益率三个部分组成，其计算公式如下：

$$\text{利率} = \text{纯利率} + \text{通货膨胀补偿率} + \text{风险收益率}$$

纯利率是指无通货膨胀、无风险情况下的社会平均资金利润率；通货膨胀补偿率是指为弥补通货膨胀造成货币实际购买力下降的损失而要求提高的利率；风险收益率包括违约风险收益率、流动性风险收益率和期限风险收益率。其中，违约风险收益率是指为了弥补因债务人无法按时还本付息带来的风险而要求提高的利率；流动性风险收益率是指为了弥补因债务人资产流动性差带来的风险而要求提高的利率；期限风险收益率是指为了弥补因偿债期长带来的风险而要求提高的利率。

财务管理人员最好能可靠地预测未来的利率，在其上升时使用长期资金来源，在其下降时使用短期资金来源。但是，利率是很难预测的，这就需要合理搭配长短期资金来源，使企业在任何利率的环境中都能发展壮大。

思考题

一、简答题

1. 什么是财务关系？其主要表现在哪些方面？

2. 试述财务管理的内容和特点。

3. 什么是财务管理环节？它包括哪些方面？

4. 财务管理目标有哪几种观点？分述各种观点存在的缺陷。

5. 试述所有者与经营者之间的利益冲突与协调。

6. 试述企业财务管理体制的设计原则。

7. 什么是财务管理环境？对企业财务活动影响大的有哪些财务管理环境？

8. 试述经济环境包括的内容。

9. 什么是税法？谈谈税法构成的要素。

10. 什么是金融市场？试述金融市场的分类。

11. 利率由哪几个部分组成？分述其各个组成部分的定义。

二、名词解释题

财务管理　财务活动　资金运动　财务预测　财务预算　财务决策　财务控制　财务分析　金融工具　利率

三、是非题

1. 财务管理的内容是由企业资金运动的内容决定的，它由筹资管理、投资管理、资金收入和资金分配管理四个部分组成。

2. 财务管理具有综合性强、灵敏度高、涉及面广和时效性强的特点。　（　）

3. 所有者激励经营者的方式有股票期权方式和发放高额奖金方式两种。　（　）

4. 财务预测、财务预算、财务决策、财务控制和财务分析等方法构成了一个完整的财务管理环节。　（　）

5. 财务控制是指利用有关信息和特定手段，对企业财务活动进行调节，以便实现计划所规定的财务目标的过程。　（　）

6. 影响财务管理的法律环境因素主要有税法、财务法律规范和企业组织形式。　（　）

7. 金融市场是指资金供应者和资金需求者双方通过一定的金融工具进行交易而融通资金的场所。　（　）

8. 利率由纯利率、通货膨胀率和风险收益率组成。　（　）

四、单项选择题

1. 以________作为企业财务管理目标是目前最合理的财务管理目标。

A. 利润最大化　B. 相关者利益最大化　C. 企业价值最大化　D. 股东财富最大化

2. 进行________采用的方法有平衡法、因素法、比例法和定额法。

A. 财务预测　B. 财务预算　C. 财务计划　D. 财务决策

3. ________是指根据财务活动的历史资料，考虑现实的要求和条件，对企业未来的财务活动作出较为具体的预计和测算的过程。

A. 财务预测 B. 财务决策 C. 财务预算 D. 财务分析

五、多项选择题

1. 资金运动是指企业的资金不断地________的过程。

A. 周转 B. 补偿 C. 增值 D. 积累

2. 所有者为了解决与经营者之间的矛盾，采取的办法与措施有________。

A. 解聘 B. 续聘 C. 接收 D. 激励

3. 财务管理环境中主要包括经济环境、________。

A. 技术环境 B. 政治环境 C. 法律环境 D. 金融环境

4. 财务管理的经济环境包括经济周期、宏观经济政策、________等内容。

A. 经济发展水平 B. 通货膨胀水平 C. 经济条件 D. 经济体制

5. 金融工具具有流动性、________等基本特征。

A. 灵活性 B. 收益性 C. 风险性 D. 期限性

6. 金融市场的要素主要有资金供应者、资金需求者、________等。

A. 金融工具 B. 交易价格 C. 组织方式 D. 衍生金融工具

第二章　资金时间价值和风险价值

第一节　资金时间价值

一、资金时间价值概述

资金时间价值是指一定量的资金在不同时点上的价值量的差额。也就是说，资金由于投放与收回的时间不同所产生的差额。

企业的资金在生产经营过程中的不同时点上具有不同的价值。例如，当企业有闲置资金 10 000 元存入银行，如果年利率为 10%，1 年期满时，企业可以从银行取得 11 000 元，这增值的 1 000 元，就是存入银行 10 000 元资金 1 年的资金时间价值。同样，企业将资金购买生产经营所需要的各种资源，然后生产出新的产品，实现了价值的转移，并创造出新的价值，从而完成了一次资金周转，给企业带来收益，使资金得以增值。资金周转的次数越多，企业获得的收益就越高，资金的增值额也就越大。随着时间的延续，资金总量在周转中按几何级数的增长，使得资金具有时间价值。

因此，资金时间价值是资金进入社会再生产过程后的价值增值，是资金所有者让渡资金使用权而参与社会财富分配的一种形式。倘若将一笔资金作为储藏手段保存起来，随着时间的推移，它是不会增值的。

资金时间价值代表着无风险和无通货膨胀条件下的社会平均资金利润率。由于竞争，市场经济中各部门投资的利润率趋于平均化。每个企业在选择投资项目时，至少要取得社会平均利润率，否则企业将会投资于其他的项目或其他的行业。所以，资金时间价值成为评价投资方案的基本标准。因此，财务管理在资金的筹集、投放、使用和收回等各个方面都应考虑资金时间价值这一因素，以提高财务决策的质量。

二、资金时间价值的计算

由于资金随着时间的延续而增值，现在的 1 元与将来的 1 元经济价值不相等，因此，不同时间资金的收付不能直接进行比较，需要将它们换算到相同的时间基础上，才能进行大小的比较和比率的计算。因为资金随着时间延续而增值的过程与利息的增值在数量上相似，所以，在计算资金时间价值时广泛地使用了计算利息的各种方法。

计算利息的方法有单利和复利两种。单利是指每期都按初始本金计算利息，当期利息不能转入下期本金计息的方法。复利是指以本金和以前计算期累计利息的总和作为计息基础，前期的利息在下一期并入本金一起计息的方法。

（一）单利终值和现值的计算

终值又称将来值，是指现在一定量的资金折算到未来某一时点所对应的金额。由于终值由本金和利息两部分组成，因此它也被称为本利和。例如，有现金 100 元，存入银行，年利率为 10%，分别计算第 1 年至第 3 年各年年末的单利终值如下：

$$100\text{元}1\text{年后的终值} = 100 \times (1 + 10\% \times 1) = 110(\text{元})$$

$$100\text{元}2\text{年后的终值} = 100 \times (1 + 10\% \times 2) = 120(\text{元})$$

$$100\text{元}3\text{年后的终值} = 100 \times (1 + 10\% \times 3) = 130(\text{元})$$

因此，单利终值的计算公式如下：

$$F = P \cdot (1 + i \cdot n)$$

公式中　F 表示终值；

P 表示本金或现值；

i 表示利率（折现率），通常指每年利息与本金之比；

n 表示计息期数，通常以年为单位。

现值又称本金，它是指未来某一时点上的一定量的资金折算到现在所对应的金额。现值可以用倒求本金的方法计算，即由终值求现值，这一过程被称为贴现。贴现所用的利率被称为贴现率或折现率。例如，年贴现率为 10%，则第 1 年至第 3 年，各年年末 100 元的现值计算结果如下：

$$1\text{年后}100\text{元的现值} = 100 \times \frac{1}{1 + 10\% \times 1} = 90.91(\text{元})$$

$$2\text{年后}100\text{元的现值} = 100 \times \frac{1}{1 + 10\% \times 2} = 83.33(\text{元})$$

$$3\text{年后}100\text{元的现值} = 100 \times \frac{1}{1 + 10\% \times 3} = 76.92(\text{元})$$

因此，单利现值的计算公式如下：

$$P = F \cdot \frac{1}{1 + i \cdot n} = \frac{F}{1 + i \cdot n}$$

（二）复利终值和现值的计算

复利计算方法是指每经过一个计息期，要将该期所派生的利息加上本金后再计算利息的逐期滚动计算的方法。计息期是指相邻两次计息间隔的天数。这种方法会对资金使用期限的长短产生更大的影响，因此资金时间价值通常采用复利计算。

1. 复利终值的计算　　复利终值是指一定量的资金按复利折算到未来某一时点时所对应的金额。

例如，现在有资金 100 元，如果年贴现率为 10%，则第 1 年至第 3 年，各年年末的复利终值如下：

100 元 1 年后的终值 $= 100 \times (1+10\%) = 110$(元)

100 元 2 年后的终值 $= 100 \times (1+10\%) \times (1+10\%) = 121$(元)

100 元 3 年后的终值 $= 100 \times (1+10\%) \times (1+10\%) \times (1+10\%) = 133.10$(元)

因此，复利终值的计算公式如下：

$$F = P \cdot (1+i)^n$$

【例】 武宁公司向银行借入 200 000 元，期限 4 年，年利率为 8%，复利计息，计算 4 年后应归还的本利和如下：

$$F = 200\,000 \times (1+8\%)^4 = 200\,000 \times 1.360\,5 = 272\,100\text{(元)}$$

上列公式中，$(1+i)^n$ 称为复利终值系数。为了便于计算，可查阅复利终值系数表(见附录一)，以取得相应的系数。

2. 复利现值的计算　复利现值是指未来一定量的资金按复利折算到现在所对应的金额，或者说是为了取得将来一定的本利和，现在所需要的本金。

例如，如果年利率为 10%，计算第 1 年至第 3 年各年年末的 100 元的现值如下：

1 年后 100 元的现值 $= 100 \times \dfrac{1}{1+10\%} = 90.91$(元)

2 年后 100 元的现值 $= 100 \times \dfrac{1}{(1+10\%) \times (1+10\%)} = 82.64$(元)

3 年后 100 元的现值 $= 100 \times \dfrac{1}{(1+10\%) \times (1+10\%) \times (1+10\%)} = 75.13$(元)

因此，复利现值的计算公式如下：

$$P = F \cdot \frac{1}{(1+i)^n} = F \cdot (1+i)^{-n}$$

【例】 安兴公司的投资项目 4 年后可取得收入 600 000 元，年收益率为 12%，复利计息，计算其收入的现值如下：

$$P = 600\,000 \times (1+12\%)^{-4} = 600\,000 \times 0.635\,5 = 381\,300\text{(元)}$$

上列公式中，$(1+i)^{-n}$ 称为复利现值系数，为了便于计算，可查阅复利现值系数表(见附录二)，以取得相应的系数。

(三) 名义利率与实际利率

名义利率是指每年复利次数超过一次的年利率。在实际应用中，复利的计息期间是多种多样的，除了有年度外，还有半年度、季度、月度和日。例如，债券有按半年计息的；抵押贷款有按月计息的；银行、非银行金融机构之间拆借资金有按日计息的。这些每年复利多次的年利率只是形式上的利率，因此被称为名义利率。而实际发生的利息要大于按规定利率计算的利息，这就存在一个实际利率的问题，实际利率是指每年只复利一次的年利率。

对于1年内多次复利的情况，有两种计算时间价值的方法。

一种是将名义利率调整为实际利率，然后按实际利率计算时间价值。实际利率的计算公式如下：

$$i=\left(1+\frac{r}{m}\right)^{m}-1$$

公式中 i 表示实际利率；

r 表示名义利率；

m 表示每年复利次数。

【例】 华生公司借入3年期长期借款300 000元，年利率为10%，半年复利计息一次。计算该公司到期共支付的本息如下：

$$i=\left(1+\frac{10\%}{2}\right)^{2}-1=10.25\%$$

$$F=P\cdot(1+i)^{n}$$

公式中 n 表示计息年次。

$$F=300\,000\times(1+10.25\%)^{3}=402\,028.69(\text{元})$$

以上计算的结果表明，华生公司3年期300 000元借款共支付本息402 028.69元。

采用这种方法将名义利率调整为实际利率，计算结果往往带有小数点，不便于直接查表计息。

另一种方法是不计算实际利率，而是相应调整有关指标，其计算公式如下：

$$F=P\cdot\left(1+\frac{r}{m}\right)^{m\cdot n}$$

【例】 仍用上例中的资料，计算300 000元3年期长期借款到期共支付的本息如下：

$$F=300\,000\times\left(1+\frac{10\%}{2}\right)^{2\times 3}=402\,028.69(\text{元})$$

（四）年金终值和现值的计算

年金是指一定时期内每次等额收付的系列款项。年金的形式多种多样，有折旧费、租金、保险费、养老金、等额分期收款、等额分期付款以及零存整取或整存零取储蓄等。年金按其每次收付款项的时点不同，可分为普通年金、即付年金、延期年金和永续年金等。

在年金中,系列等额收付的间隔期间只需要满足“相等”的条件,间隔期间可以是1年,也可以不是1年。

1. 普通年金终值和现值的计算　普通年金又称后付年金,是指在一定时期内,每期期末等额收付系列款项的年金。

(1) 普通年金终值　它是指一定时期内,每期期末等额收付系列款项的复利终值之和,它是每笔年金的本息终值的总和。例如,每年年末存款100元,如要年利率为10%,其3年终值的计算原理如图表2-1所示。

图表2-1

普通年金终值计算原理

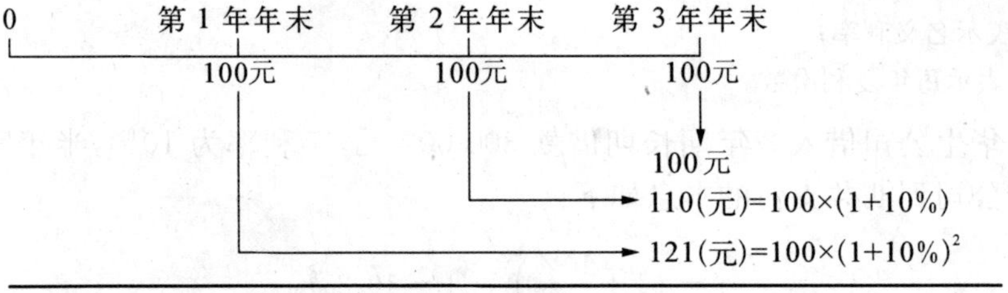

100元年金3年的终值=331元

为了便于计算,列示普通年金终值的计算公式如下:

$$F = A \cdot \frac{(1+i)^n - 1}{i} = A \cdot (F/A,\ i,\ n)$$

公式中　F 表示年金的终值;

A 表示年金;

i 表示利率;

n 表示期数。

【例】 东方公司每年年末向银行借款200 000元,年利率为10%,计算其第4年年末应归还的本息(终值)如下:

$$F = 200\,000 \times \frac{(1+10\%)^4 - 1}{10\%} = 200\,000 \times 4.641\,0 = 928\,200(\text{元})$$

上列公式中,$\frac{(1+i)^n - 1}{i}$ 称为年金终值系数。为了便于计算,可查阅年金终值系数表(见附录三),以取得相应的系数。

(2) 偿债基金的计算　偿债基金是指为了在约定的未来某一时点清偿某笔债务或

积聚一定数额的资金而必须分次等额形成的存款准备金。偿债基金的计算实际上是已知普通年金终值的情况下，求年金 A，其计算公式如下：

$$A = F\Big/\frac{(1+i)^n-1}{i} = F\cdot\frac{i}{(1+i)^n-1}$$

公式中，$\frac{i}{(1+i)^n-1}$ 称为偿债基金系数，它实质上是年金终值系数的倒数，记作 $(A/F,\ i,\ n)$。

【例】 东方工厂在第 3 年年末要偿还长期借款的本金和利息1 000 000元，故准备建立偿债基金。银行存款的年利率为 10%，复利计息。计算企业从第 1 年起，每年年末应存入银行的金额。其计算结果如下：

$$A = 1\,000\,000 \div \frac{(1+10\%)^3-1}{10\%}$$

查年金终值系数表，得 $\frac{(1+10\%)^3-1}{10\%} = 3.312\,1$

则 $$A = \frac{1\,000\,000}{3.312\,1} = 301\,923.25(\text{元})$$

(3) 普通年金现值　它是指在一定时期内，每期期末等额收付系列款项的复利现值之和。它是每笔年金的本金和利息现值的总和。例如，每年年末存款 100 元，如果年利率为 10%，其 3 年现值的计算原理如图表 2－2 所示。

为了便于计算，列示普通年金现值的计算公式如下：

$$P = A\cdot\frac{1-(1+i)^{-n}}{i} = A\cdot(P/A,\ i,\ n)$$

公式中　P 表示年金现值。

图表 2－2

普通年金现值计算原理

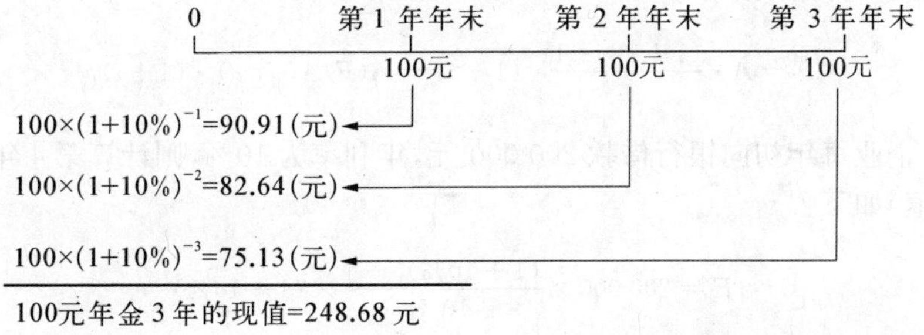

【例】 南方公司将在 4 年中的每年年末取得投资收益 200 000 元，年收益率为 14%，计算其 4 年中所取得的投资收益的现值如下：

$$P = 200\,000 \times \frac{1-(1+14\%)^{-4}}{14\%} = 200\,000 \times 2.913\,7 = 582\,740(\text{元})$$

上列公式中，$\frac{1-(1+i)^{-n}}{i}$ 称为年金现值系数。为了便于计算，可查阅年金现值系数表(见附录四)，以取得相应的系数。

(4) 年资本回收额　　它是指在约定的年限内等额回收初始投入资本或清偿所欠债务的金额。年资本回收额的计算实际上是已知普通年金现值 P，求年金 A。其计算公式如下：

$$A = P \cdot \frac{i}{1-(1+i)^{-n}}$$

公式中 $\frac{i}{1-(1+i)^{-n}}$ 表示资本回收系数，它实质上是年金现值系数的倒数，记作$(A/P, i, n)$。

【例】 沪光公司向银行借款 1 000 000 元，年利率为 10%，在 5 年内，每年年末等额归还，计算每年应归还银行借款本息的金额如下：

$$A = 1\,000\,000 \times \frac{10\%}{1-(1+10\%)^{-5}} = 1\,000\,000 \times \frac{1}{3.790\,8} = 263\,796.56(\text{元})$$

2. 预付年金终值和现值的计算　　预付年金又称即付年金，是指在一定时期内，每期期初等额收付系列款项的年金。

(1) 预付年金终值　　它是指在一定时期内，每期期初等额收付系列款项的复利终值之和。在 n 期内，预付年金是指在每期期初等额收付的年金，而普通年金是指在每期期末等额收付的年金。这样，预付年金利息收付的期数将比普通年金多一期。那么在计算预付年金终值时，可以先计算出 n 期普通年金终值，然后将其乘以 $(1+i)$ 即可，因此预付年金终值的计算公式如下：

$$F = A \cdot \frac{(1+i)^n - 1}{i} \cdot (1+i) = A(F/A, i, n) \cdot (1+i)$$

【例】 企业每年初向银行借款 200 000 元，年利率为 10%，则计算第 4 年年末应归还的本息(终值)如下：

$$F = 200\,000 \times \frac{(1+10\%)^4 - 1}{10\%} \times (1+10\%)$$

或
$$= 200\,000 \times (P/A, 10\%, 4) \times (1+10\%)$$

$$= 20\,000 \times 4.641\,0 \times (1+10\%) = 1\,021\,020(\text{元})$$

(2) 预付年金现值　它是指在一定时期内，每期期初等额收付系列款项的复利现值之和。在 n 期内，预付年金是指在每期期初等额收付的年金，而普通年金是指在每期期末等额收付系列款项的年金。这样，在计算预付年金现值时，将其与普通年金相比较，由于第一期的期初数不需要折现，因而比普通年金少一期。那么在计算预付年金现值时，可以先计算出普通年金现值，然后将其乘以 $(1+i)$ 即可，所以预付年金现值的计算公式如下：

$$P = A \cdot \frac{1-(1+i)^{-n}}{i} \cdot (1+i) = A \cdot (P/A,\ i,\ n) \cdot (1+i)$$

【例】 远东公司融资租入设备一套，在 4 年中，每年年初支付租金 50 000 元，年利率为 10%，则计算其 4 年中支付设备租金的现值如下：

$$P = 50\,000 \times \frac{1-(1+10\%)^{-4}}{10\%} \times (1+10\%)$$

或

$$= 50\,000 \times (P/A,\ 10\%,\ 4) \times (1+10\%)$$

$$= 50\,000 \times 3.169\,9 \times (1+10\%) = 174\,344.50(\text{元})$$

3. 递延年金终值和现值的计算　递延年金又称延期年金，它是指在一定时期内，最初若干期每期期末没有收付款项，而以后若干期每期期末等额收付系列款项的年金。

递延年金终值是指在一定时期内最初若干期每期期末没有收付款项，而以后若干期每期期末等额收付系列款项的复利终值之和。由于递延年金终值在最初若干期没有收付款项，而以后若干期每期期末等额收付系列款项的复利终值之和就是普通年金终值，所以递延年金终值的计算公式与普通年金终值相同，不再重述。

递延年金现值是指在一定时期内，最初若干期(如 m 期)每期期末没有收付款项，而以后若干期(如 n 期)每期期末等额收付系列款项的复利现值之和。其计算公式如下：

$$P = A \cdot \frac{1-(1+i)^{-n}}{i} \cdot (1+i)^{-m} = A \cdot (P/A,\ i,\ n) \cdot (P/F,\ i,\ m)$$

公式中　P 表示递延年金现值；

A 表示 n 年每期期末等额收付的款项；

i 表示年利率；

n 表示收付款项的期数；

m 表示没有收付款项的期数。

【例】 昆仑股份有限公司第 1 年年末有一投资项目，从第 4 年年末至第 10 年年末每年可得收益 100 000 元，年利率为 10%，则计算其收益在第 1 年年末的现值如下：

$$P = 100\,000 \times \frac{1-(1+10\%)^{-7}}{10\%} \times (1+10\%)^{-3}$$

$$= 100\,000 \times 4.868\,4 \times 0.751\,3 = 365\,762.89(\text{元})$$

4. 永续年金现值的计算　永续年金是指无限期地每期等额收付系列款项的年金。永续年金终值由于期限无止境，因此无法计算。

永续年金现值是指无限期地每期期末等额收付系列款项的复利现值之和。其计算公式如下：

$$P = \frac{A}{i}$$

公式中　P 表示永续年金现值；

A 表示无限期地每期期末等额收付的款项；

i 表示年利率。

【例】 光明股份有限公司持有浦江股份有限公司的优先股100 000股，每年年末可获得优先股股利 25 000 元，年利率为 10%，则计算该公司优先股股利收入的现值如下：

$$P = \frac{25\,000}{10\%} = 250\,000(\text{元})$$

第二节　风险与风险报酬

一、风险概述

（一）风险的意义

风险是指在一定条件下和一定时期内可能发生的各种结果的变动程度。资金时间价值是指在没有风险和通货膨胀条件下的社会资金平均利润率。但是在财务活动中，风险是客观存在的，在这种情况下，人们只能事先估计采取某种行动可能导致的结果，以及每种结果出现的可能性，而行动的真正结果究竟会怎样，事先不能确定。

风险是某项行动本身的不确定性，具有客观性。例如，投资国债，其收益的不确定性很小；如果投资股票，则收益的不确定性就大得多。这种风险是在一定条件下的风险，企业在什么时间、购买哪一种或哪几种股票、分别购买多少，其风险是不同的。企业一旦作了决定并予以实施后，风险大小是无法改变的。因此，特定行动的风险大小是客观存在的，而企业是否愿意去冒险，以及愿意冒多大的风险，这是可以选择的，是主观决定的。

风险的大小会随着时间的延续而变化，它是一定时期内的风险。比如，某个投资项目的成本，我们事先对它的预计可能不很准确，越接近完工则预计越准确。随着时间的延续，投资行动的不确定性将逐渐缩小，投资行动完成，其结果也就完全肯定了。因此，风险仅仅是一定时期内的风险。

但是风险和不确定性是有区别的，风险是指人们事先可以知道所有可能的结果，以及每种结果出现的概率。不确定性是指人们事先不知道所有可能的结果，或者虽然知道所有可能的结果，但不知道这些结果可能出现的概率。比如，企业试制一种新产品，事先只能知道该种产品试制的结果只有成功和失败两种，但不知道这两种结果出现的可能性的大小。因此，试制新产品属于不确定性问题而非风险问题。

然而在实际工作中，风险和不确定性很难区分。风险问题的概率往往不能准确知道，而不确定性问题也可以估计出概率。因此，实际工作中对风险和不确定性不作区分，都作为风险问题处理，将风险理解为可测定概率的不确定性。概率的测定有两种：一种是客观概率，是指根据大量历史的实际数据推算出来的概率；另一种是主观概率，是指在没有大量实际资料的情况下，人们根据有限资料和经验合理估计的概率。

风险可能给企业带来超出预期的收益，也可能给企业带来超出预期的损失。通常，企业对意外损失的关切程度要强于对意外收入的关切程度，因此，人们在研究风险时，往往侧重于减少损失，主要从不利的方面来考察风险，经常将风险看成是不利事件发生的可能性。从财务管理的角度来看，风险主要是指无法达到预定报酬的可能性。

（二）风险的类别

从个别理财主体的角度看，风险可分为市场风险和企业特有风险两类。

1. 市场风险　　它是指那些对所有企业产生影响的因素所引起的风险，如战争、自然灾害、经济衰退、通货膨胀和高利率等。这类风险涉及所有的企业，不能通过多元化投资来分散，因此这类风险又被称为不可分散风险或系统风险。

2. 企业特有风险　　它是指发生于个别企业的特有事件所造成的风险，如罢工、新产品开发失败、失去销售市场和诉讼失败等。这些事件是随机发生的，产生的风险可以通过多元化投资来分散，即发生于一家企业的不利事件可以被其他企业的有利事件所抵消，因此这类风险又被称为可分散风险或非系统风险。

从企业本身的角度看，按风险形成的原因不同，可将企业特有风险进一步分为经营风险和财务风险两大类。

（1）经营风险　　它是指因生产经营活动方面的原因给企业盈利带来的不确定性。企业生产经营活动的许多方面均会受到来源于企业外部和内部各种因素的影响，具有很大的不确定性。

经营风险主要来自以下三个方面。① 供应方面。是指由于原材料供应地的政治经济情况变动、运输路线改变、原材料价格变动、新材料和新设备的出现等因素带来的供应方面的风险。② 生产方面。是指由产品生产方向不对、产品更新时期掌握不好、产品质量不合格、新产品和新技术开发试验失败以及生产组织不合理等因素带来的生产方面的风险。③ 销售方面。是指由新的竞争对手、消费者爱好发生变化、市场上出现更好的替代品、销售决策失误、产品推销不力以及货款回笼不及时等因素带来的销售方面的风险。企业生产经营活动中的这些风险，均会引起利润或利润率的高低变化。

（2）财务风险　它是指因举债而给企业财务成果带来的不确定性。由于它是筹资决策带来的风险，因此又称筹资风险。

企业负债经营，全部资金中除了权益资金外，还有一部分债务资金，这会对权益资金的盈利能力产生影响；同时，债务资金需要还本付息，一旦企业无力偿付到期债务，就会陷入财务困境，甚至会导致破产。当企业息税前资金利润率高于债务资金利率时，使用债务资金获得的利润补偿了利息支出外还有剩余，从而提高了权益资金利润率；反之，当企业息税前资金利润率低于债务资金利率时，则需动用权益资金的一部分利润，来支付使用债务资金获得的利润不足支付利息支出的差额，从而降低了权益资金利润率。由于受各种因素的影响，企业息税前资金利润率和债务资金利率的差额具有不确定性。债务资金比例大，风险程度就会随之增大。

因此，企业应加强对财务风险的管理，确定一个合理的资金结构，维持适当的负债水平。企业既要充分利用负债经营这一手段获取财务杠杆收益，提高权益资金的盈利能力，又要注意防止过度负债而加大财务风险，避免陷入财务困境。

二、风险衡量

企业的财务活动和经营管理活动总是处于一定的风险之中，任何经济预测的准确性都是相对的，因此，正视风险并将风险程度予以量化，进行较为准确的衡量，就成为企业财务管理中的一项重要工作。风险衡量需要考虑概率、期望值和离散程度等方面的因素。

（一）概率及概率分布

1. 概率　它是指用百分数或小数来表示随机事件发生的可能性及出现某种结果可能性大小的数值。随机事件是指在完全相同的条件下可能发生也可能不发生，既可能出现这种结果、又可能出现那种结果的事件。用 X 表示随机事件，X_i 表示随机事件的第 i 种结果，P_i 为出现该种结果的相应概率。若 X_i 出现，则 $P_i=1$；若 X_i 不出现，则 $P_i=0$。同时，所有可能结果出现的概率之和必定等于 1。因此概率必须符合下列两个要求：① $0\leqslant P_i\leqslant 1$ 。② $\sum_{i=1}^{n} P_i=1$ 。

2. 概率分布　它是指将随机事件各种可能的结果全部按一定的规则进行排列，同时列出结果出现的相应概率。

【例】 华新公司投资 50 万元，生产丙产品，投产后预计会出现销量好、销量一般和销量差三种情况。预测这三种情况的年收益额分别为 8 万元、6 万元和 3 万元。出现这三种情况的概率分别为 0.3、0.5 和 0.2。编制市场预测和预期收益概率分布表如图表 2-3所示。

图表 2-3

市场预测和预期收益概率分布表

市场情况	年收益额(万元)X_i	概率 P_i
销量好	8	0.3
销量一般	6	0.5
销量差	3	0.2
合　计	—	1.0

（二）期望值

期望值是指一个概率分布中的所有可能的结果，以各自相应的概率为权数计算的加权平均值。它反映随机变量取值的平均化，通常用符号 $\overline{E}$ 表示。其计算公式如下：

$$\overline{E}=\sum_{i=1}^{n}X_iP_i$$

【例】 根据图表 2-3 中的资料，计算丙产品投产后预期年收益额的期望值如下：

$$\overline{E}=8\times0.3+6\times0.5+3\times0.2=6(\text{万元})$$

期望值反映预计收益的平均化，在各种不确定性因素（本例中假定只有市场情况因素影响产品收益）的影响下，它代表着投资者的合理预期。

（三）离散程度

离散程度是用以衡量风险大小的统计指标。通常情况下，离散程度越大，风险就越大；反之，离散程度越小，风险就越小。反映随机变量离散程度的指标主要有标准离差和标准离差率。

1. 标准离差　它是指反映概率分布中各种可能结果对期望值的偏离程度。它通常用符号 σ 表示，其计算公式如下：

$$\sigma=\sqrt{\sum_{i=1}^{n}(X_i-\overline{E})^2\cdot P_i}$$

【例】 根据图表 2-3 的资料和上例计算的结果，计算丙产品预期年收益额和期望年收益的标准离差如下：

$$\sigma=\sqrt{(8-6)^2\times0.3+(6-6)^2\times0.5+(3-6)^2\times0.2}$$

$$=\sqrt{1.2+0+1.8}=1.732\,1(\text{万元})$$

标准离差是以绝对数衡量决策方案的风险程度。在期望值相同的情况下，标准离差越大，风险就越大；反之，标准离差越小，则风险就越小。

2. 标准离差率　它是指标准离差与期望值的比率。它通常用符号 q 表示，其计算公式如下：

$$q=\frac{\sigma}{E}$$

标准离差率是以相对数衡量决策方案的风险程度。标准离差是绝对数指标，只适用于期望值相同的决策方案风险程度的比较。对于期望值不同的决策方案，评价和比较其各自的风险程度只能借助于标准离差率这一相对数值。在期望值不同的情况下，标准离差率越大，风险就越大；反之，标准离差率越小，风险就越小。

【例】 根据前两例计算的结果，计算丙产品预期年收益额的标准离差率如下：

$$q=\frac{1.732\,1}{6}=0.288\,7$$

通过上述方法将决策方案的风险加以量化后，决策者就可据此作出决策。对于单个方案，决策者可根据其标准离差(率)的大小，将其与设定的可接受的这项指标最高限值对比，看前者是否低于后者，然后作出取舍。对于多个方案择优时，决策者的行动准则应选择低风险高收益的方案。

三、风险报酬

企业的财务活动和经营管理活动总是处于或大或小的风险之中，任何经济预测的准确性都是相对的，预测的时间越长，不确定的程度就越高。因此，为了简化决策分析工作，在短期财务决策中通常不考虑风险因素，而在长期财务决策中，必须考虑风险因素。

风险和报酬的基本关系是风险越大，要求的报酬率就越高。对于各个投资项目来说，其风险大小是不同的，在投资报酬率相同的情况下，人们都会选择风险小的项目投资，结果竞争使其风险增加，报酬率下降。所以，高风险的项目必须有高的报酬，否则就没有人投资；而低报酬的项目必须风险很低，否则也没有人投资。风险和报酬的这种联系，是市场竞争的结果。

投资者进行风险投资的目的是获取风险报酬。风险报酬又称风险收益，它通常用相对数风险报酬率表示。风险报酬率是指投资者因冒风险进行投资而要求获得的超过资金时间价值率和通货膨胀率的那部分额外报酬率。因此，投资者进行投资所期望的投资报酬率由无风险报酬率和风险报酬率两个部分组成，其计算公式如下：

期望投资报酬率＝无风险报酬率＋风险报酬率

无风险报酬率＝资金时间价值率＋通货膨胀率

风险报酬率＝风险报酬斜率×风险程度

由于国债到期肯定能收回本利，因此，通常将投资同期限国债的利率作为无风险报酬率。

风险程度通常由标准离差率反映。风险报酬斜率又称风险报酬系数，它取决于全体投资者的风险回避态度，可以通过统计方法来测定。如果愿意承担风险者多，风险报酬斜率就小；反之，如果愿意承担风险者少，则风险报酬斜率就大。风险报酬斜率通常由投资者根据经验并结合其他因素加以确定。

现将风险与报酬的关系列示如图表 2－4 所示。

图表 2－4

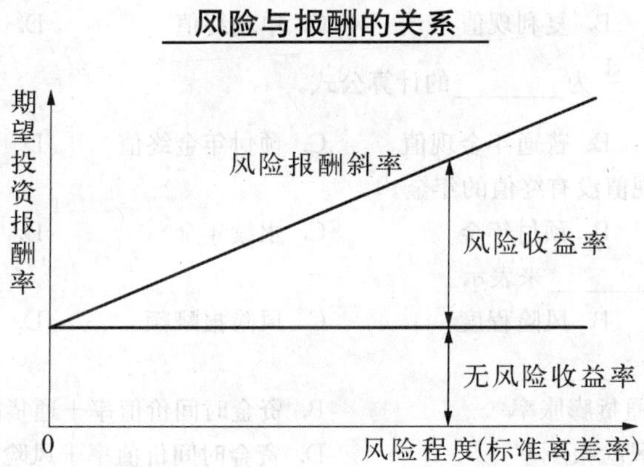

思　考　题

一、简答题

1. 什么是资金时间价值？它有哪些作用？
2. 什么是年金？它有哪几种？分别说明各种年金的定义。
3. 什么是风险？试述它与不确定性的关系。
4. 试述风险的分类及各种风险的定义。
5. 风险衡量要考虑哪些因素？分述各种因素的定义。
6. 试述风险与报酬的基本关系。
7. 什么是风险报酬率？它是怎样计算的？

二、名词解释题

单利　复利　终值　现值　名义利率　实际利率　标准离差　标准离差率

三、是非题

1. 资金时间价值是资金进入社会再生产过程后的价值增值，是资金所有者让渡资金使用权而参与社会财富分配的一种形式。（　）

2. 复利是指以本金和前期利息的总和作为计息基础，前期的利息在下一期并入本金一起计息的

方法。（ ）

3. 在利率相同的情况下，用名义利率计算的利息大于用实际利率计算的利息。（ ）

4. 企业建立偿债基金时，可以通过年金现值的计算公式，倒算每年存入的年金。（ ）

5. 从财务管理的角度来看，风险是指在一定的条件下和一定的时期内可能发生的各种结果的变动程度。（ ）

6. 对于多个投资方案，无论各方案的期望值是否相同，标准离差率最大方案必定是风险最大的。（ ）

四、单项选择题

1. $P=F\cdot(1+i)^{-n}$ 为________的计算公式。

A. 复利终值　　B. 复利现值　　C. 单利终值　　D. 单利现值

2. $F=A\cdot\frac{(1+i)^n-1}{i}$ 为________的计算公式。

A. 普通年金终值　　B. 普通年金现值　　C. 预付年金终值　　D. 预付年金现值

3. ________是只有现值没有终值的年金。

A. 普通年金　　B. 预付年金　　C. 永续年金　　D. 递延年金

4. 风险报酬通常用________来表示。

A. 风险报酬斜率　　B. 风险程度　　C. 风险报酬额　　D. 风险报酬率

5. 期望投资报酬率=________。

A. 无风险报酬率+通货膨胀率　　B. 资金时间价值率+通货膨胀率

C. 无风险报酬率+风险报酬率　　D. 资金时间价值率+风险报酬率

五、多项选择题

1. 企业在资金的筹集、________时都应考虑资金时间价值。

A. 收回　　B. 投放　　C. 使用　　D. 退出

2. 名义利率的计息期有年度、________等。

A. 半年度　　B. 季度　　C. 月度　　D. 日

3. 从个别理财主体的角度看，风险可分为________。

A. 市场风险　　B. 经营风险　　C. 财务风险　　D. 企业特有风险

4. ________是用以衡量风险大小的指标。

A. 概率　　B. 期望值　　C. 标准离差　　D. 标准离差率

实 务 题

习 题 一

一、目的　练习终值和现值的计算。

二、资料

1. 浦光工厂有关长期借款情况。

长期借款金额(元)	借款年限(年)	年利率(%)
240 000	3	10
360 000	4	11
500 000	5	12

2. 浦光工厂若干年后有关收入情况。

收入金额(元)	收入日期	年利率(%)
660 000	3 年后	10
810 000	4 年后	11
998 000	5 年后	12

3. 浦光工厂购入 4 年期国债 270 000 元,年利率为 8%,半年复利计息一次。

三、要求

1. 根据"资料 1",分别就单利和复利计算终值。
2. 根据"资料 2",分别就单利和复利计算现值。
3. 根据"资料 3",计算该厂 4 年期满收到的本利和。

习 题 二

一、目的 练习普通年金及预付年金终值和现值的计算。

二、资料

1. 各企业每年年末长期借款的情况如下:

企业	长期借款金额(元)	借款年限(年)	年利率(%)
甲	120 000	3	10
乙	180 000	4	11
丙	250 000	5	12

2. 各企业在若干年后需要偿还长期借款本息如下:

企业	偿还长期借款本息额(元)	偿还日期	年利率(%)
子	360 000	3 年后	10
丑	580 000	4 年后	11
寅	720 000	5 年后	12

3. 各企业若干年年末取得投资收益如下：

企业	每年投资收益(元)	收益年限(年)	年利率(%)
午	120 000	3	10
己	180 000	4	11
庚	250 000	5	12

4. 各企业每年应等额偿还长期借款本息的借款情况如下：

企业	长期借款金额(元)	借款年限(年)	年利率(%)
子	600 000	4	9
卯	840 000	5	10

三、要求

1. 根据“资料 1”，分别计算各企业长期借款的终值。

2. 根据“资料 2”，分别计算各企业为建立偿债基金每年年末应存入银行的金额。

3. 根据“资料 3”，分别计算各企业投资收益的现值。

4. 根据“资料 4”，分别计算各企业每年年末应归还的银行借款本息额。

5. 若“资料 1”“资料 3”中各企业是属于每年年初长期借款或投资收益的情况，则分别计算各企业长期借款的终值和投资收益的现值。

习 题 三

一、目的 练习延期年金现值和永续年金现值的计算。

二、资料

1. 各企业第 1 年年末的投资项目的收入情况如下所述。

(1) 甲企业从第 2 年年末至第 8 年年末每年可得收益 40 000 元。

(2) 乙企业从第 3 年年末至第 10 年年末每年可得收益 60 000 元。

(3) 丙企业从第 4 年年末至第 12 年年末每年可得收益 72 000 元。年利率为 10%。

2. 各企业分别持有其他公司的优先股情况如下：

(1) 子企业持有甲公司优先股 20 000 股，每年年末可获股利25 000 元。

(2) 丑企业持有乙公司优先股 15 000 股，每年年末可获股利19 800 元。

(3) 寅企业持有丙公司优先股 22 000 股，每年年末可获股利30 800 元。年利率为 10%。

三、要求

1. 根据“资料 1”，计算各企业收益在第 1 年年末的现值。

2. 根据“资料 2”，计算各企业优先股股利收入的现值。

习 题 四

一、目的 练习期望值的计算与风险的衡量。

二、资料 泰北公司有甲、乙两个投资项目的投资额均为 45 万元，其市场预测和预期收益概率分布表如图表 2-5 所示。

图表 2-5

市场预测和预期收益概率分布表

市场情况	甲投资项目		乙投资项目	
	年收益额(万元)	概　率	年收益额(万元)	概　率
销量好	9	0.2	8	0.3
销量一般	5	0.5	4	0.4
销量差	2	0.3	2	0.3
合　计	—	1.0	—	1.0

三、要求

1. 分别计算甲、乙投资项目的期望值。
2. 分别计算甲、乙投资项目的标准离差。
3. 分别计算甲、乙投资项目的标准离差率。
4. 根据计算结果对投资项目作出选择。

第三章 筹资管理

第一节 筹资概述

一、筹资的动机

筹资是指企业为了满足经营活动、投资活动、资本结构管理和其他需要，运用一定的筹资方式，通过一定的筹资渠道筹措和获取所需资金的财务活动。资金是企业的“血液”，是企业设立、生存和发展的物质基础，是企业开展生产经营活动的基本前提。而企业每次具体的筹资活动，往往受到各种动机的驱动，通常有以下有以下四个动机。

（一）创立性筹资动机

创立性筹资动机是指企业设立时，为取得资本金并形成开展经营活动的基本条件而产生的筹资动机。资金是企业能够设立并开展生产经营活动的先决条件。根据我国《公司法》《合伙企业法》和《个人独资企业法》等相关法律规定，企业在设立时都要求有符合企业章程规定的全体股东认缴的出资额。企业创建时，要按照企业的生产经营规模核定长期资本和流动资金的需要量，以备购建厂房、设备和安排铺底流动资金，形成企业的生产经营能力。因此，就需要筹措权益资本，权益资本不足的部分，可以筹集银行借款等债务资金予以解决。

（二）支付性筹资动机

支付性筹资动机是指企业为了满足经营业务活动的正常波动所形成的支付需要而产生的筹资动机。企业在开展经营活动过程中，经常会出现超出维持正常经营活动资金需求的季节性、临时性的交易支付需要，如购进大批量的原材料、提前偿还银行借款和发放股东股利等。这就需要除了正常经营活动的资金投入外，还要通过经常的临时性筹资来满足经常活动的正常波动需求，以维持企业的支付能力。

（三）扩张性筹资动机

扩张性筹资动机是指企业为扩大经营规模或对外投资需要而产生的筹资动机。企业进行简单再生产所需要的资金是稳定的。当企业具有良好的发展前景，处于成长期，需要扩大再生产，扩张经营规模、开展对外投资时，就需要大量地追加筹资，这就会产生扩张性筹资动机。

（四）调整性筹资动机

调整性筹资动机是指企业因调整资本结构而产生的筹资动机。企业产生调整性筹资动机的原因有以下两个。一个是优化资本结构,合理利用财务杠杆效应。当企业债务资本比例太高,有较大财务风险时,可以通过筹资增加权益资本;当企业权益资本比例太高,企业的资本成本负担较重时,可以通过筹资增加债务资本,以达到调整、优化资本结构的目的。另一个是偿还到期债务,进行债务结构内部调整,如企业流动负债比例太大,近期偿还债务压力较大时,可以通过举借长期债务来偿还部分短期债务。

调整性筹资的目的是为了调整资本结构,不会增加企业的资本总额。

二、筹资渠道和方式

(一) 筹资渠道

筹资渠道是指筹措资金的来源方向与通道,体现着资金的来源与流量。认识和了解各种筹资渠道及其特点,有利于企业充分开拓和正确利用筹资渠道。目前企业筹资渠道通常有下列七个方面。

1. 国家财政资金　　它是指有权代表国家投资的政府部门或机构,以国有资产向企业投资而形成的资金。为了控制和掌握关系国家安全和国民经济命脉的重要行业和关键领域,支持和引导非国有经济发展,国家财政需要以各种形式向企业投入资金。因此,国有及国有控股企业的国家财政资金在企业的各种资金来源中更是占有特殊的地位。

2. 银行信贷资金　　它是指从各专业银行信贷部门借入的资金。银行信贷资金有居民储蓄、单位存款等经常性的资金源泉,它是企业资金筹集的重要渠道。我国向企业提供贷款的银行分为商业性银行和政策性银行两大类。商业性银行是以营利为目的,从事信贷资金投放的金融机构,它主要为企业提供各种商业贷款。政策性银行是为特定企业提供政策性贷款的金融机构。

3. 非银行金融机构资金　　它是指从经中国人民银行批准成立的金融资产管理公司、信托投资公司、财务公司、金融租赁公司等金融机构借入的资金。非银行金融机构所提供各种金融服务,既包括信贷资金的投放,也包括物资的融通,这类金融机构的资金力量比商业银行小,且业务受限制较多,一般起辅助贷款的作用。

4. 资本市场资金　　它是指企业通过在资本市场发行股票或者债券筹集的资金。它是股份有限公司资金筹集的主要渠道。

5. 其他单位或个人资金　　它是指其他单位或者个人,可能会因业务关系、投资需求、商业信用等原因,直接向企业提供的权益资金或者债务资金。

6. 外商资金　　它是指企业依法通过直接或者间接方式,利用外商的资金。我国经济融入世界经济后,来自境外投资者的各类资金日益增多,外商资金将会成为企业资金筹集的一大渠道。

7. 自身积累资金　　它是指企业在经营过程中自身积累的资金。包括从净利润中提取的法定盈余公积、任意盈余公积和留存的未分配利润等。这些资金无须企业通过一定的方式去筹集，而是直接由企业内部自动生成的，是企业稳定的资金来源。

（二）筹资方式

筹资方式是指企业筹措资金所采用的具体形式。目前企业筹资方式通常有下列七个方面。

1. 吸收直接投资　它是指企业以投资合同、协议等形式定向地吸收国家法人单位和自然人资金的一种筹资方式。它适用于非股份制公司筹集权益资本。

2. 发行股票　它是指股份有限公司根据我国《公司法》的规定，通过发行股票筹集权益资金的一种资金筹集的方式。与吸收直接投资方式相比较，这种方式下，股份有限公司可以将其所需筹集的权益资金划分为较小的计价单位，如1元、0.1元等面值的股票，这就为社会不同阶层的投资者进行投资提供了便利。股票具有可以在证券市场上流通转让的特点。

3. 向金融机构借款　它是指企业根据借款合同从银行或非银行金融机构取得资金的一种筹资方式。它既能筹集长期资金，也能筹集短期融通资金；既能筹集人民币资金，也能筹集外币资金，具有灵活方便的特点。它是企业债务筹资的主要方式。

4. 发行债券　它是指企业通过发行公司债券取得资金的一种筹资方式。公司制法人均可以发行公司债券。公司债券是指公司依照法定程序发行的，约定还本付息期限，标明债权债务关系的有价证券。

由于企业将所需筹措的债务资金划分为许多较小的计价单位，如500元、1 000元等不同票面价值的债券，这样就为社会不同阶层就其愿意投入的投资额进行投资提供了方便，因此发行债券是企业债务筹资的一种方式。与金融机构借款相比较，它具有可以向法人单位和自然人发行，也可以在金融市场上流通转让的特点。

5. 融资租赁　它又称资本租赁或财务租赁，是指企业与租赁公司签订租赁合同，从租赁公司取得租赁物资产，通过对租赁物的占用、使用而取得资金的一种筹资方式。融资租赁方式是以融通资金为目的，通过租赁信用关系，直接取得实物资产，快速形成生产经营能力，然后通过向出租方分期支付租金方式偿还资产的价款。它是企业筹措长期债务资金的一种方式。

6. 商业信用　商业信用是指企业在商品或劳务交易中，与其他单位之间因延期付款或者预收货款形成的借贷信用关系。延期付款和预收货款是在商品交易或者劳务供应中因付款与取货或服务在时间上的差异而产生的信用行为，从而为企业提供了筹措短期资金的机会。随着社会主义市场经济的发展，商业信用成为企业之间加强竞争力的重要手段。商业信用具体可分为下列三种方式。

（1）应付账款　它是指由赊购商品或服务后，形成的商业信用。企业取得商品或服务后，在支付账款之前，等于筹措到了一笔短期借入资金。

（2）应付票据　它是指企业根据购销合同，向卖方开出并承兑的商业汇票，从而延期付款而形成的商业信用。商业汇票的付款期限通常为1～3个月,最长不得超过6个月。商业汇票按其承兑人的不同,可分为商业承兑汇票和银行承兑汇票两种。商业承兑汇票是指由出票人(收款人或付款人)签发,经付款人承兑的票据;银行承兑汇票是指由出票人(收款人或付款人)签发,并经其开户银行承兑的票据。应付票据在购进商品时签发并承兑,因此在兑付货款前成为企业筹措短期资金的又一种方式。

(3) 预收账款　　它是指企业按照合同或协议约定,在交付商品或提供服务之前向购买方预收部分或全部账款而形成的商业信用。对于生产周期长、售价高的商品,如船舶、建筑物等,企业通过向订货人预收货款,形成了短期借入资金。

7. 留存收益　　留存收益是指企业按照规定从净利润中提取的盈余公积和未分配利润。通过留存收益筹措资金也就是企业将留存收益转化股东对企业追加投资的过程,它是企业筹措权益资金的一种重要方式。

(三) 筹资渠道与筹资方式的对应关系

筹资渠道解决的是资金来源的问题,筹资方式则解决通过何种方式取得资金的问题。它们之间既有联系,又相互区别。同一渠道的资金可以采用不同的筹资方式,如其他单位资金的筹资渠道,既能通过吸收直接投资方式取得,也能通过融资租赁、利用商业信用等多种方式取得。同样一种资金筹资的方式,也可以从多种筹资渠道取得资金,如采用吸收直接投资资金筹资方式,既能从国家财政资金的渠道取得资金,也能从其他单位资金、外商资金等多种渠道取得资金。因此,企业在筹资时,应实现两者的合理选择和有机的结合。

三、筹资的原则

企业在筹资时,应当遵循以下四项基本原则。

(一) 筹措合法原则

筹措合法原则是指企业筹资要遵循国家法律、法规,合法筹措资金。企业的筹资活动不仅为其生产经营活动提供了资金来源,也会影响投资者的经济利益,影响着社会经济秩序。因此,企业筹资必须遵循国家的相关法律、法规,依法履行法律、法规和投资活动约定的责任,维护各方的合法权益。

(二) 规模适当原则

规模适当原则是指企业筹资的规模应当与其生产经营的资金需要量相一致。企业在筹资时,要合理地预测资金的需要量,既要避免因资金筹集不足,影响生产经营的正常进行,又要防止资金筹集过多,造成资金闲置。

(三) 取得及时原则

取得及时原则是指企业要合理安排筹资时间,及时取得资金。企业在筹资时,必须按照资金时间价值的原理和计算方法,以及资金需求的具体情况,合理安排筹资时间,适时获取所需要的资金,使资金筹集与资金投放在时间上相衔接,避免过早地筹措资金,造成资金投放前的闲置;避免筹措资金的滞后,贻误资金投放的有利时机。

（四）来源经济原则

来源经济原则是指企业要充分利用各种筹资渠道,选择经济可行的资金来源。企业筹措资金,必然要付出资金成本的代价,这就给企业的资金使用提出了最低成本的要求。不同的筹资渠道和筹资方式所取得的资金,其资金成本是有差异的。因此,企业需要对不同来源的资金成本,选择筹资渠道和筹资方式,力争降低筹资成本。

（五）结构合理原则

结构合理原则是指企业筹资管理要综合考虑各种筹资方式,优化资本结构。企业筹资要综合考虑股权资金和债务资金的关系、长期资金与短期资金的关系,合理安排资本结构,保持适当的偿债能力,以防范企业财务危机。

四、筹资的类型

企业筹资可以有不同的分类方式。按筹资所取得资金的性质不同,可分为股权筹资和债务筹资;按所筹资的来源范围不同,可分为内部筹资和外部筹资;按所筹资金供企业使用的期限不同,可分为长期筹资和短期筹资。

（一）股权筹资和债务筹资

1. 股权筹资　企业股权筹资取得的是股权资本,股权资本是指股东投入的、企业依法长期拥有并能够自主调配运用的资本。股权资本是企业股东的投资额及其增值中留存企业的部分,是股东在企业中享有权益和承担责任的依据。它由实收资本或股本,资本公积、盈余公积和未分配利润组成。

股权资本具有以下三个特点。① 法定性。为了确认法人资格,企业设立、变更和注销都必须进行工商注册登记,其中股权资本的投入和增减是主要登记事项。一经登记,注册资本和实收资本就不得随意变更,股东以其出资额享有的权益和承担的责任,经由工商行政管理机关登记注册后,才正式得到法律的承认。② 主动性。股权资本是股东为实现特定目标而主动、自愿投入企业的,不同于债务资本。③ 永久性。除了企业清算、转让股权等特殊情形,股东不得随意从企业收回股权资本。即企业可以无限期地占用股东的出资,股东只能以利润分配、转让股权等法定形式取得投资回报。

(2) 出资的最低限额及期限　根据我国《公司法》的规定,从 2006 年 1 月 1 日起,设立公司实行折衷的授权资本制,即投资者必须认定全部注册资本,但可以按照法律和公司章程的规定,分期交纳。相应地,为了保护投资人和债权人的合法权益,维持企业正常生产经营,我国《公司法》对投资者出资的最低限额与资金到位期限作了规定和限制。

有限责任公司注册资本的最低限额为人民币 3 万元,公司全体股东的首次出资额不得低于注册资本的 20%,也不得低于法定注册资本的最低限额,其余部分由股东自公司成立之日起 2 年内缴足。一人有限责任公司的注册资金最低限额为人民币 10 万元,股东应当一次足额交纳公司章程规定的出资额。

股份有限公司的设立分为发起设立和募集设立两种方式。发起设立是指由发起人认购公司应发行的全部股份而设立公司。募集设立是指由发起人认购公司应发行股份的一部分,其余股份向社会公开募集或者向特定对象募集而设立公司。股份有限公司注册资本的最低限额为人民币500万元,申请上市的股份有限公司股本总额不少于人民币3 000万元。股份有限公司采取发起设立方式设立的,公司全体发起人的首次出资额不得低于注册资本的20%,其余部分由发起人自公司成立之日起2年内缴足;股份有限公司采取募集方式设立的,发起人认购的股份不得少于公司股份总数的35%。

2. 债务筹资　　企业债务筹资取得的是债务资本。债务资本是指企业依法筹集的、按合同规定向债权人取得的、依约使用并按期偿还的资本。企业的债务资本有长期借款、应付债券和长期应付款等。

债务资本具有以下三个特点。① 契约性。企业取得债务资本通常需要签订书面合同,明确借、贷双方的权利和责任。② 暂时性。企业对债务资本仅在合同规定的期限内享有使用权,并有按期还本付息的义务。③ 风险性。企业可以利用债务资本发挥财务杠杆作用,但是,当企业发生经营失利时,就不能按时履行偿债义务,这时,不但企业的信誉受到损害,而且还会引发财务危机,使企业面临诉讼乃至破产的威胁。

（二）内部筹资和外部筹资

1. 内部筹资　　它是指企业通过利润留存而形成的筹资来源。内部筹资数额大小主要取决于企业可供分配利润的多少和利润分配政策,内部筹资通常不需花费筹资费用,从而降低了资本成本。

2. 外部筹资　　它是指企业向外部筹措资金而形成的筹资来源。外部筹资通常采用发行股票、发行债券、银行借款、商业信用等。外部筹资除商业信用外,都要花费筹资费用,从而提高了筹资成本。

（三）长期筹资和短期筹资

1. 长期筹资　　它是指企业筹措的、使用期限在1年以上的资本。长期筹资所形成的长期资本是企业长期、持续、稳定地进行生产经营活动的基础。长期资本主要用于购建固定资产、取得无形资产、对外长期投资及产品和技术的研发等。长期资本通常采用发行股票、发行长期债券、长期借款、吸收直接投资和融资租赁等筹资的方式,它具有使用期长、资本成本较高的特点。

2. 短期筹资　　它是指企业筹措的、使用期限在1年以内的资金①。短期筹资所形成的短期资本,主要用于企业的流动资产和资金日常周转。短期资金通常采用短期借款、发行短期债券和利用商业信用等筹资方式,它具有使用期短、资金成本较低和对短期

① 筹资期限在一年以内(含一年)归还的款项,称为债务资金。筹资期限在一年以上归还的款项称为债务资本,也能称为债务资金。

经营影响大的特点。

第二节　资金需要量的预测

科学合理地预测资金需要量是企业进行筹资决策的前提，只有这样，才能使筹集的资金既能保证生产经营活动的需要，又不会产生不合理的闲置。资金需要量预测的方法，主要有定性预测法、比率预测法和资金习性预测法。

一、定性预测法

定性预测法是指利用直观的资料，依靠个人的经验和主观分析以及判断能力，来预测未来资金需要量的方法。这种方法通常在企业缺乏完整和准确的历史资料的情况下被采用的。其预测过程是：首先，由熟悉财务情况和生产经营情况的专家，根据过去所积累的经验，进行分析判断，提出预测的初步意见；然后，通过召开座谈会或发出各种表格等形式，对上述预测的初步意见进行修正补充。这样，经过一次或几次反复以后，得出预测的最终结果。

定性预测法是十分有用的，但它们不能揭示资金需要量与有关因素之间的数量关系。

二、比率预测法

比率预测法是依据财务比率与资金需要量之间的关系，预测未来资金需要量的方法。能用于资金预测的比率较多，如存货周转率、应收账款周转率等，但最常用的是资金与销售额之间的比率。

销售额比率法是指以资金与销售额的比率为基础，预测未来资金需要量的方法。

应用销售额比率法预测资金需要量时，是以两个假定为前提的：一是企业的部分资产和负债与销售额同比例变化；二是企业各项资产、负债和所有者权益结构已达到最优。销售比率法的计算公式如下：

$$\text{对外资金筹集需要量}=\frac{A}{S}(\Delta S)-\frac{B}{S}(\Delta S)-SPE$$

或

$$=\frac{\Delta S}{S}(A-B)-SPE$$

公式中　A 表示随销售额变化的资产（变动资产）；

B 表示随销售额变化的负债（变动负债）；

S 表示基期销售额；

ΔS 表示销售的变动额；

P 表示销售净利率；

E 表示留存收益比率；

$\frac{A}{S}$表示变动资产占基期销售额的百分比；

$\frac{B}{S}$表示变动负债占基期销售额的百分比。

应用销售额比率法预测资金需要量通常要经过：确定随销售额变动而变动的资产和负债项目及这些项目的余额占销售的百分比；确定需要增加的资金数额；根据有关财务指标的约束条件，确定需要追加的对外资金筹集数额这三个步骤。

【例】 华昌公司2018年资产负债表如图表3-1所示。

图表3-1

资产负债表

2018年度　　　　单位：万元

资　　产	期末余额	负债和所有者权益	期末余额
货币资金	330.00	短期借款	630.00
应收票据	435.00	应付票据	315.00
应收账款	450.00	应付账款	447.00
存货	1 920.00	其他应付款项①	708.00
固定资产净额	1 865.00	应付债券	900.00
		实收资本	1 750.00
		留存收益	250.00
资产总计	5 000.00	负债和所有者权益总计	5 000.00

该公司2018年度销售额为6 000万元，销售净利率为7.5%，股利支付率为70%。公司现有生产能力尚未饱和，增加销售不需追加固定资产投资。经预测，2019年公司的销售额将增加到6 900万元，企业销售净利率和股利分配政策不变，确定其对外资金筹集的金额。

（1）确定随销售额变动而变动的资产和负债项目及这些项目的余额占销售额的百分比　分析计算如下所述。

该公司的资产负债表中，资产方因为销售额的增长需要占用较多的存货，发生较多的应收票据和应收账款，导致货币资金需求的增加，而固定资产保持不变；负债和所有者权益方应付票据、应付账款和其他应付款项也会随着销售额的增加而增加，但实收资本、应付债券和短期借款等不会自动增加。公司的利润如不全部分配出去，留存收益也会有适当增加。确定随销

① 系应付职工薪酬、应交税费 应付股利等项目的总称。

售额增加而自动增加的项目，根据上列资产负债表余额，通过编制销售额比率计算表计算这些项目的余额占销售额的百分比如图表 3 - 2 所示。

图表 3 - 2

销售额比率计算表

金额单位：万元

资　　产	期末余额	占销售额百分比	负债和所有者权益	期末余额	占销售额百分比
货币资金	330	5.50%	短期借款	630	—
应付票据	435	7.25%	应付票据	315	5.25%
应收账款	450	7.50%	应付账款	447	7.45%
存货	1 920	32.00%	其他应付款项	708	11.80%
固定资产净额	1 865	—	应付债券	900	—
			实收资本	1 750	—
			留存收益	250	—
合　计	5 000	52.25%	合　计	5 000	24.50%

(2) 确定需要增加的资金数额　　具体分析如下：

图表 3 - 2 显示：销售收入每增加 100 元，必须增加资产 52.25 元，但同时增加了 24.50 元负债，两者相抵后需增加资金 27.75 元。那么该公司的销售额从 6 000 万元增加到 6 900 万元，增加了 900 万元，按照 27.75%的比例可预测将增加249.75万元的资金需求。

(3) 根据有关财务指标的约束条件，确定需要追加的对外筹资数额　　具体分析如下：

在该公司 249.75 万元的资金需求中，有的是可以通过企业内部来筹集的。该公司 2011 年净利润为 450 万元 (6 000×7.5%)，股利支付率为 70%，留存收益率为 30%，那么就有 135 万元净利润被留存下来。减去这一因素后，确定需要追加对外资金筹集金额 114.75 万元。

根据前例资料，用公式预测华昌公司 2019 年对外资金筹集需要量如下：

$$
\begin{aligned}
\text{对外资金筹集需要量} &= \frac{6\,900-6\,000}{6\,000}\times[(5\,000-1\,865)-(315+447+708)]-6\,000 \\
&\quad \times 7.5\% \times (1-70\%) = 114.75(\text{万元})
\end{aligned}
$$

三、资金习性预测法

资金习性预测法是指根据资金习性预测未来资金需要量的方法。资金习性是指资金的变动与产销量(或业务量)变动之间的依存关系。按照资金习性,可以将资金区分为不变资金、变动资金和半变动资金。

不变资金是指在一定的产销量范围内,不受产销量变动的影响而保持固定不变的资金。它包括为维持营业而占用的最低数额的货币资金,原材料的保险储备,必要的成品储备,以及厂房和机器设备等固定资产占用的资金。

变动资金是指随产销量(或业务量)的变动而同比例变动的资金。它包括直接构成产品实体的原材料和外购件等占用的资金。此外,在最低储备以外的货币资金、存货和应收账款等也具有变动资金的性质。

半变动资金是指虽然受产销量(或业务量)变化的影响,但不成同比例变动的资金,如辅助材料所占用的资金。半变动资金可以采用一定的方法被分解为不变资金和变动资金两部分。

资金习性预测法有两种形式:一种是根据资金占用总额与产销量的关系来预测资金需要量;另一种是采用先分项后汇总的方式预测资金需要量。

资金习性预测法预测资金需要量的计算公式如下:

$$y = a + bx$$

公式中 x 表示产销量为自变量;

y 表示资金占用量(或需要量)为因变量;

a 表示不变资金;

b 表示单位产销量所需变动资金。

公式中的不变资金和单位产销量所需变动资金的数值,可以采用高低点法或回归直线法取得。

1. 高低点法　资金预测的高低点法是指根据企业一定期间资金占用的历史资料,按照资金习性原理和 $y = a + bx$ 直线方程式,选用最高收入期和最低收入期的资金占用量之差,与这两个收入期的销售额之差进行对比,先求 b 值,再代入原直线方程,求出 a 的值,从而推测资金需要量的方法。其计算公式如下:

$$b = \frac{\text{最高收入期资金占用量} - \text{最低收入期资金占用量}}{\text{最高销售额} - \text{最低销售额}}$$

$$a = \text{最高收入期资金占用量} - b \times \text{最高销售额}$$

或

$$a = \text{最低收入期资金占用量} - b \times \text{最低销售额}$$

【例】 静安公司历年销售额与资金占用量之间的关系如图表 3-3 所示。

图表 3 - 3

历年销售额与资金占用量表

单位：万元

项　目	2014 年	2015 年	2016 年	2017 年	2018 年
销售额(x)	17 500	18 800	20 500	22 400	25 000
资金占用额(y)	4 000	4 300	4 660	5 080	5 560

预计 2019 年销售额为 28 000 万元，预测该年的资金需要量如下：

$$\text{每元销售额占用变动资金}(b)=\frac{5\,560-4\,000}{25\,000-17\,500}=0.208$$

$$\text{销售额占用不变资金总额}(a)=5\,560-0.208\times 25\,000=360(\text{万元})$$

$$\text{预测 2019 年资金需要量}(y)=360+0.208\times 28\,000=6\,184(\text{万元})$$

高低点法简便易行，在企业资金变动趋势比较稳定的情况下较为适宜。

2. 回归直线法　它是指根据若干期业务量(产销量)与资金占用量的历史资料，运用最小平方法原理计算不变资金和单位业务量变动资金，进而预测资金需要量的方法。其计算公式如下：

$$a=\frac{\sum x_i^2\sum y_i-\sum x_i\sum x_iy_i}{n\sum x_i^2-\left(\sum x_i\right)^2}$$

$$b=\frac{n\sum x_iy_i-\sum x_iy_i}{n\sum x_i^2-\left(\sum x_i\right)^2}=\frac{\sum y_i-na}{\sum x_i}$$

公式中　x_i表示第 i 期的业务量(或产销量)；

y_i表示第 i 期的资金占用量；

n 表示计算的期数。

【例】 大华公司 2015—2018 年产销量与资金占用量如图表 3 - 4 所示。

图表 3 - 4

产销量与资金需要量变化表

项　目	2015 年	2016 年	2017 年	2018 年
产销量(x)(单位：万只)	120	160	140	180
资金占用量(y)(单位：万元)	725	915	840	990

根据上列资料编制产销量与资金需要量预测分析表如图表 3－5 所示。

图表 3－5

产销量与资金占用量预测分析表

年 度	产销量(x) (单位：万只)	资金占用量(y) (单位：万元)	xy	x^2
2015	120	725	87 000	14 400
2016	160	915	146 400	25 600
2017	140	840	117 600	19 600
2018	180	990	178 200	32 400
$n=4$	$\sum x=600$	$\sum y=3\,470$	$\sum xy=529\,200$	$\sum x^2=92\,000$

(1) 计算　　将上表的数据代入上列公式计算如下：

$$a=\frac{\sum x^2\sum y-\sum x\sum xy}{n\sum x^2-\left(\sum x\right)^2}=\frac{92\,000\times 3\,470-600\times 529\,200}{4\times 92\,000-600^2}=215(\text{万元})$$

$$b=\frac{\sum y-na}{\sum x}=\frac{3\,470-4\times 215}{600}=4.35(\text{万元})$$

(2) 大华公司 2019 年预计产销量　　大华公司预计 2019 年产销量为 240 万只。

将预计产销量及上列计算的结果代入 $y=a+bx$ 公式，预测 2019 年资金需要量如下：

$$y=215+4.35\times 240=1\,259(\text{万元})$$

运用回归直线法应具备以下两个条件：一是资金需要量与业务量之间确实存在着线性关系；二是企业至少需要连续 3 年以上的历史资料。这是一种计算结果最准确的方法。

第三节　资金成本及其对筹资决策的影响

一、资金成本的含义

资金成本是指企业为筹集和使用资金而支付的代价。它由资金使用成本和筹资成本两部分组成。

资金使用成本又称资金占用费，是指企业在资金使用过程中因占用资金而支付给出资者的费用。它主要包括资金时间价值和投资风险报酬。由于资金是一种特殊的商品，有价值和使用价值，它能使生产经营活动顺利地进行，并在生产经营过程中得到增值。因此，任何出资者均不会将资金无偿地转让给企业使用，因为资金一旦转让出去等于失去了获得一定收益的机会。而企业通过筹资后，取得了资金的价值和使用价值，从而获得了运用资金不断增值的能力，这就要求企业使用资金而获得的收益必须与资金所有者共同享有。由资金所有者享有的部分就是企业的资金使用成本，资金使用成本主要有支付给股东的各种股利和向债权人支付的各种利息。资金使用成本是资金成本的主要内容。

筹资成本是指企业在筹资过程中为获取资金而支付的费用。它主要有委托金融机构代理发行股票和债券的发行费用；银行借款时支付的手续费等。筹资成本是在筹资时一次支付的，在用资过程中不再发生。

二、资金成本的一般计算方法

资金成本可以用绝对数表示，但通常用相对数资金成本率表示。

资金成本率是指资金使用成本与筹资净额的比率，其计算公式如下：

$$资金成本率=\frac{资金使用成本}{筹资总额-筹资成本}$$

三、资金成本对筹资决策的影响

资金成本是企业选择资金来源、拟定筹资方案的依据。不同的资金来源，具有不同的成本。为了以较少的支出取得企业所需要的资金，就必须分析各种资金成本的高低，并加以合理配置。资金成本对企业筹资决策的影响主要有以下四点。

（一）资金成本是影响企业筹资总额的重要因素

随着资金筹集数额的增加，资金成本不断变化。当企业筹资数额很大，资金的边际成本超过企业承受能力时，企业便不能再增加筹资数额。因此，资金成本是限制企业筹资数额的一个重要因素。

（二）资金成本是企业选择资金来源的基本依据

企业的资金可以从许多方面来筹集，就长期借款来说，可以向商业银行借款，也可以向保险公司或其他金融机构借款，还可向政府申请借款，企业的筹资究竟选用哪种来源，首先要考虑的因素就是资金成本的高低。

（三）资金成本是企业选用筹资方式的参考标准

企业可以利用的筹资方式是多种多样的，在选用筹资方式时，需要考虑的因素很多，但必须考虑资金成本这一经济标准。

（四）资金成本是确定最优资本结构的主要参数

不同的资本结构，会给企业带来不同的风险和成本，从而引起股票价格的变动。在确定最优资本结构时，考虑的因素主要有资金成本和财务风险。

资金成本并不是企业筹资决策中所要考虑的唯一因素。企业筹资还要考虑财务风险、资金期限、偿还方式和限制条件等。但资金成本作为一项重要的因素，直接关系到企业的经济效益，是筹资决策时需要考虑的一个首要的问题。

第四节 股权筹资

股权筹资是指企业通过吸收直接投资、发行股票和内部积累等方式筹集的资金。

一、吸收直接投资

（一）吸收直接投资中的出资方式

企业在采用吸收直接投资方式筹集资金时，投资者可以用货币资产、厂房、机器设备、原材料、土地使用权和无形资产等作价出资。现分别说明如下。

1. 以货币资产出资　　以货币资产出资是吸收直接投资中一种最重要的出资方式。有了货币资产，便可获取其他物质资源。因此，企业应尽量动员投资者采用货币资产方式出资。吸收直接投资中所需投入现金的数额，取决于投入的实物和工业产权之外尚需多少资金来满足创建公司的开支和日常周转需要。我国《公司法》规定，公司全体股东或者发起人的货币资产的出资额不得低于公司注册资本的30%。

2. 以实物资产出资　　以实物资产出资就是投资者以厂房、建筑物和设备等固定资产和原材料、燃料、商品产品等流动资产所进行的投资。一般来说，企业吸收的实物资产投资应符合如下条件。① 确为企业生产、经营和研发等活动的需要。② 技术性能良好。③ 作价公平合理。

实物资产出资中的实物作价，可以由出资各方协商确定，也可以聘请专业资产评估机构评估确定。国有及国有控股企业接受其他企业的非货币资产出资，需要委托有资格的资产评估机构进行资产评估。

3. 以土地使用权出资　　土地使用权是指土地经营者对依法取得的土地在一定期限内有进行建筑、生产经营或其他活动的权利。土地使用权具有相对的独立性，在土地使用权存续期间，包括土地所有者在内的其他任何人和单位，不能任意收回土地和非法干预使用权人的经营活动。企业吸收土地使用权投资应符合以下条件。① 适合企业生产、经营和研发等活动的需要。② 地理和交通条件适宜。③ 作价公平合理。

4. 以工业产权出资　　以工业产权出资是指投资者以专有技术、商标权、专利权等无形资产所进行的投资。通常企业吸收的工业产权应符合以下条件。① 能帮助研究、开发和生产出新的高科技产品。② 能显著改进现有产品的性能、质量，提高生产效率。③ 能帮助企业降低原材料、燃料和动力的消耗。④ 作价公平合理。

企业在吸收工业产权投资时应特别谨慎，认真进行技术时效性分析和财务可行性研究。因为以工业产权投资实际上是将有关技术资本化了，将技术的价值固定化了。而技术具有很强的时效性，会因其不断老化落后而导致价值不断减少甚至完全丧失，风险较大。

5. 以特定债权出资　特定债权是指企业依法发行的可转债权以及按照国家有关规定可以转作股权的债权。企业可以将特定债权转为股权的情形主要有以下几方面。① 上市公司依法发行的可转换债券。② 金融资产管理公司持有的国有及国有控股企业债权。③ 企业实行公司制改建时，经银行以外的其他债权人协商同意，可以按照有关协议和企业章程的规定，将其债权转为股权。④ 国有企业的境内债权人将持有的债权转给外国投资者，企业通过债转股改组为外商投资企业等。

（二）吸收直接投资的程序

企业吸收其他单位的直接投资，一般要遵循如下程序：

1. 确定资金筹集数量　吸收直接投资一般是在企业开办时所使用的一种资金筹集方式。企业在经营过程中，如果发现权益性资本不足，也可以采用吸收直接投资的方式筹集资本，但在吸收直接投资之前，都必须确定所需资本的数量，以利于正确筹集所需资本。

2. 寻找投资单位　企业在吸收直接投资之前，需要做一些必要的宣传，以便使出资单位了解企业的经营状况和财务情况，有目的地进行投资。这将有利于企业在比较多的投资者中寻找最合适的合作伙伴。

3. 协商投资事项　寻找到投资单位后，双方便可进行具体的协商，以便合理确定投资的数量和出资方式。在协商过程中，企业应尽量说服投资者以现金方式出资。如果投资者的确拥有较先进的适用于企业的固定资产和无形资产等，也可以用实物、工业产权和土地使用权进行投资。

4. 签署投资协议　双方经初步协商后，如没有太大异议，便可进一步协商。这里关键问题是以实物投资、工业产权投资和土地使用权投资的作价问题，这是因为投资的报酬和风险的承担都是以由此确定的出资额为依据的，双方应按公平合理的原则协商定价。如果争议比较大，可聘请有关资产评估的机构来评定。当出资数额和资产作价确定后，便可签署投资的协议或合同，以明确双方的权利和责任。

5. 共享投资利润　出资各方有权对企业进行经营管理。但如果投资者的投资占企业资金总额的比例较低，则一般投资者并不参与经营管理，他们最关心的还是其投资报酬问题。因此，企业在吸收投资以后，应按合同中的有关条款，从实现利润中对吸收的投资支付报酬。投资报酬是企业利润的一个分配去向，也是投资者利益的体现，企业要妥善处理，以便与投资者保持良好关系。

（三）吸收直接投资的成本

吸收直接投资成本是指企业因吸收直接投资而支付给直接投资者的代价。吸收直接投资成本除不需考虑筹资费用外，其计算方法与后面将阐述的发行普通股资金筹集的成本基本相同。

（四）吸收直接投资的优缺点

1. 吸收直接投资的优点　吸收直接投资有以下三个优点。

（1）有利于尽快形成生产能力　吸收直接投资不仅可以取得一部分货币资金，还能够直接获得所需要的先进设备和先进技术，有利于公司尽快形成生产能力和开拓市场。

（2）容易进行信息沟通　吸收直接投资的投资者比较单一，股权没有社会化、分散化，投资者甚至于直接担任公司管理层职务，公司与投资者易于沟通。

（3）有利于降低财务风险　吸收直接投资可以根据公司的经营状况向投资者支付报酬，公司经营状况好，可以向投资者多支付一些报酬；公司经营状况不好，就可不向投资者支付报酬或少支付报酬，可灵活处理，所以财务风险较小。

2. 吸收直接投资的缺点　吸收直接投资有以下两个缺点。

（1）资金成本较高　采取吸收直接投资方式筹集资金所需负担的资金成本较高，特别是在公司经营状况较好和盈利较多时，更是如此。因为向投资者支付的报酬是根据其出资的数额和公司实现利润的比例来计算的。

（2）公司控制权集中，不利于公司治理　采用吸收直接投资方式筹资，投资者通常会要求获得与投资数额相适应的经营管理权。当某个投资者的投资额比例较大时，则该投资者对企业的经营管理就会有较大的控制权，容易损害其他投资者的利益。

（3）不易进行产权交易　吸收直接投资由于没有证券为媒介，因此不利于产权交易，难以进行产权转让。

二、发行股票

股份有限公司筹集权益资本是采取发行股票的方式。股票是指股份有限公司为筹集股权资本而发行的有价证券，是公司签发的证明股东持有公司股份的书面凭证。

（一）股票的分类

股份有限公司可以根据资金筹集的需要，发行各种股票。股票有多种不同的分类方法，主要有以下两种。

1. 按股东的权利和义务不同分类　可分为普通股股票和优先股股票。

（1）普通股股票　简称普通股，是指股份有限公司发行的代表着股东享有平等的权利、义务，不加特别限制的，股利不固定的股票。通常股份有限公司只发行普通股股票。

（2）优先股股票　简称优先股，是指股份有限公司发行的，比普通股股东具有一定优先权的股票。这种优先权主要体现在股利分配优先权和分取剩余财产优先权上。

2. 按发行对象和上市地区的不同分类　可分为A种股票、B种股票、H种股票和N种股票。

(1) A种股票　它是指由我国境内公司发行，境内上市交易，以人民币标明票面金额，并以人民币认购和交易的股票。

(2) B种股票　它是指由我国境内公司发行，境内上市交易，以人民币标明票面金额，以外币认购和交易的股票。

(3) H种股票　它是指由我国境内公司发行，注册地在内地，在香港上市的股票。

(4) N种股票　它是指由我国境内公司发行，注册地在内地，在纽约上市的股票。

(二) 普通股股东的权利

普通股股东是指普通股股票的持有人，其通常具有以下五项权利。

1. 公司管理权　普通股股东具有对公司的管理权。主要有重大决策参与权、经营者选择权、财务监控权、公司经营的建议和质询权以及股东大会召集权等方面。

2. 收益分享权　普通股股东有权通过股利分派的方式获取公司的净利润。利润分配的方案由股东大会决定。每一个会计年度由董事会根据公司的盈利数额和财务状况来决定分发股利的多少并经股东大会批准通过。

3. 股份转让权　普通股股东有权将其所持有的股票出售或转让。股东出让股票的原因可能有以下三个方面。

(1) 对公司的选择　有的股东由于与管理层的意见不一致，又没有足够的力量对管理层进行控制，便出售其持有的股票。

(2) 对报酬的考虑　有的股东认为现持有的股票的报酬低于所期望的报酬，便出售现持有的股票，寻求更有利的投资机会。

(3) 对资金的需求　有的股东由于一些原因需要大量现金，不得不出售其持有的股票。

4. 优先认股权　当公司增发普通股股票时，原有的股东有权按持有公司股票的比例，优先认购本公司增发股票的权利。这主要是为了使现有股东保持其原来在公司股份中所占的百分比，以保证他们的控股权。

5. 剩余财产要求权　当公司解散和清算时，普通股股东对剩余财产有要求权。但是，公司破产清算时，财产的变价收入，首先要用来清偿债务，其次支付优先股股东，最后才能分配给普通股股东。所以，在破产清算时，普通股股东实际上很少能分到剩余财产。

(三) 普通股股票的发行

普通股股票的发行是利用股票筹集资金的一个最重要问题，现简介如下：

1. 普通股股票发行的目的　明确普通股股票发行的目的，是股份公司决定发行方式、发行程序和发行条件的前提。股份公司发行股票，总的来说是为了筹集资金，但具体来说有以下三种目的。

(1) 设立新的股份公司　股份公司成立时，通常以发行普通股股票的方式来筹集资金并进行经营。

(2) 扩大经营规模　已设立的股份公司为不断扩大生产经营规模，也需通过发行普通股股票来筹集所需资金。通常，人们称此类发行为增资发行。如果拟发行的股票在核定资本的额度内，只需经董事会批准；如果超过了核定资本额度，则需召开股东大会重新核定资本额。在核定的资本额度内增资发行，董事会通过之后，还要呈报政府有关机构，办理各种规定的手续。

(3) 其他目的　其他目的的普通股股票发行通常与资金筹集没有直接联系，如发放股票股利。

2. 股票发行的条件　股份有限公司发行股票必须具备一定的发行条件，在取得发行资格，并在办理必要手续后才能发行。现对我国股票发行的条件作适当说明。

(1) 新设立股份有限公司申请公开发行股票的条件　新设立的股份有限公司申请公开发行股票应当符合下列条件。① 生产经营符合国家产业政策。② 发行普通股限于一种，同股同权、同股同利。③ 在募集方式下，发起人认购的股份不少于公司拟发行股份总数的35%。④ 发起人在最近3年内没有重大违法行为。⑤ 证监会规定的其他条件。

(2) 国有企业改组设立股份有限公司申请公开发行股票的条件　国有企业改组设立股份有限公司除应当符合上述情况下的各种条件外，还应当符合下列条件。① 发行日的前一年年末，净资产在总资产中所占比例不低于30%，无形资产在净资产中所占比例不高于20%，但证监会另有规定的除外。② 最近3年连续盈利。③ 国有企业改组设立股份有限公司公开发行股票的，国家拥有的股份在公司拟发行股本总额中所占的比例，由国务院或国务院授权的部门规定。④ 必须采取募集方式。

(3) 股份有限公司增资公开发行股票的条件　股份有限公司增资公开发行股票必须具备下列条件。① 前一次发行的股份已募足，并间隔1年以上。② 公司在最近3年内连续盈利，并可向股东支付股利。③ 公司在最近3年内财务会计文件无虚假记载。④ 公司预期利润率可达同期银行存款利率。

3. 普通股股票发行的基本程序　我国公开发行普通股股票的基本程序如下所述。① 公司作出发行股票决议。② 公司做好发行股票的准备工作，编写必备的文件资料和获取有关的证明材料。③ 提出发行股票的申请。④ 有关机构进行审核。⑤ 签署承销协议。⑥ 公布招股说明书。⑦ 按规定程序招认股份。⑧ 认股人交纳股款。⑨ 向认股人交割股票。⑩ 选举或改选董事会成员和监事会成员。

4. 普通股股票发行的方式　普通股股票发行方式是指股份有限公司通过哪种途径将公司的股票投入市场，取得股本的方法。按发行的方式不同可分为公开间接发行方式和非公开直接发行方式两种。

(1) 公开间接发行方式　它是指股份有限公司通过中介机构向社会公众公开发行股票的方式。采用募集设立方式成立的股份有限公司，向社会公开发行股票时，必须由有资格的证券经营中介机构，如证券公司、信托投资公司等承销。这种方式的发行范围广、发行对象多，易于足额筹集资本。公开发行股票还有利于提高公司的知名度，扩大其影响力，但公开间接发行方式，审批手续复杂严格，发行成本高。

(2) 非公开直接发行方式　它是指股份有限公司只向少数特定对象直接发行股票，而不需要中介机构承销的方式。采用发起人设立方式成立和向特定对象募集方式发行新股的股份有限公司，向发起人和特定对象发行股票，采用直接将股票销售给认购者的自销方式。这种发行方式弹性较大，企业能够控制股票的发行过程，节省发行费用。但发行范围小，不易及时足额筹集资本，发行后股票的变现性差。

5. 普通股股票发行的价格　股票发行价格是指股份有限公司在发行股票募集资金时公开将股票出售给投资者所采用的价格。

1) 确定股票发行价格的因素　股份有限公司为了使资本筹集工作的顺利进行，必须合理地确定股票发行价格，届时要考虑以下五项因素。

(1) 市盈率　它是指每股股票价格与每股净收益的比率。它反映了股票价格与股票收益之间的关系。股份有限公司股票发行价格通常是根据其每股的净利润额，乘以一个参考市盈率确定的，因此在参考市盈率一定的情况下，股份有限公司每股的净利润额越高，其相应的发行价格也越高；反之，则其发行价格就越低。

(2) 每股净资产　因为股份有限公司的净资产归股东所有，因此每股净资产是确定股票价格的因素之一，每股所含的净资产越多，其发行价格也越高；反之，则其发行价格就越低。

(3) 公司的行业特征　公司生产经营的行业发展前景越好，就意味着公司未来的盈利能力就越高，其发行价格也就越高；反之，则越低。

(4) 公司在同行业中的地位　公司在同行业中生产技术水平和经营管理水平以及公司的信誉，也影响着其股票发行价格的高低。

(5) 股票市场状况　股份有限公司股票的发行和流通是通过股票市场完成的，因此股票市场上股票的供求关系、投机操作、市场规律及主管机关的限制行为均会影响股票发行价格的高低。

2) 股票发行价格的种类　股份有限公司在不同时期、不同状态的股票，可采用不同价格发行，其发行价格通常有等价、市价和中间价三种。

(1) 等价　等价又称平价，是指股份有限公司以股票的面值作为股票的发行价格。其特点是简便易行，容易及时募足资本。但由于没有针对股票市场价格波动水平及时合理地确定股票发行价格，因而公司不能取得溢价收益。等价发行股票通常在公司设立时采用。

(2) 市价　市价又称时价，是指股份有限公司以原发行股票的现行市场价格作为股票的发行价格，结果可能溢价发行，也可能折价发行。溢价发行是指按超过股票的面值发行股票，折价发行是指按低于股票的面值发行股票。我国相关法律规定股票不能折价发行。按市价发行股票的特点是既能稳定股票市场价格,又能获得溢价收益,这部分收益,形成资本公积。按市价发行股票通常在公司增资时采用。

(3) 中间价　中间价是指股份有限公司以股票的票面价格和市场价格的中间值作为股票的发行价格。很显然,中间价兼具等价和市价的特点。按中间价发行股票通常在公司增资时向原股东配股时采用,因此不会改变原有股东的构成。这种发行价格实质上是将市场价格与票面价格的差额一分为二,一部分形成股东收益,归股东所有;另一部分形成资本公积,归公司所有。

(四) 股票上市

股票上市是指股份有限公司公开发行的普通股股票经批准在证券交易所进行挂牌交易。经批准在交易所上市交易的普通股股票称为上市股票。普通股股票获准上市交易的股份有限公司简称为上市公司。我国相关法律规定,普通股股东转让其股份,即普通股股票流通必须在依法设立的证券交易场所进行。

1. 股票上市的目的　股票上市作为一种有效的筹资方式,对公司的成长起着重要的作用。发达国家的绝大部分发展迅速的公司都选择了上市。然而,股票上市也会给公司带来一些负面影响,因此,在作出股票上市的决定前,公司管理者应该非常慎重地考虑,并且应该尽可能向专家或有过类似经历的企业家进行咨询,以便作出的决策能够达到预期目的。

1) 股票上市可为公司带来的益处　它主要表现在以下五个方面。

(1) 便于筹措新资金　证券市场是资本商品的买卖市场,证券市场上有众多的资金供应者。同时,由于股票上市经过政府机构的审查批准,并接受严格的管理,执行股票上市和信息披露的规定,所以容易吸引社会资本投资者。公司上市后,还可以通过增发、配股、发行可转换债券方式进行再融资。

(2) 促进股权流通和转让　股票上市后,便于投资者购买,提高了股权的流动性和股票的变现能力,便于投资者认购和交易。

(3) 便于确定公司的价值　公司股票上市后,股票的交易价格就是对公司价值的市场评价,因此便于确定公司的价值。同时,市场交易价格也能够为收购兼并等资本运作提供询价基础。

(4) 提高公司的知名度以吸引更多客户　上市公司为社会所知,一般被认为经营优良,这会给公司带来良好的声誉,从而吸引更多的客户,扩大公司的销售。

2) 股票上市对公司产生的不利影响　它主要表现在以下四个方面。

(1) 会暴露公司的商业机密　国家证券管理部门要求上市公司将其财务状况、经营成果和现金流量等会计信息以及各种重要的经济信息向社会公众公开,容易暴露公司的商业机密。

(2) 限制经理人员操作的自由度　公司上市后其所有重要决策都需要经董事会讨

论通过，有些对企业至关重大的决策则需全体股东投票决定。股东们通常以公司盈利、分红和股价等来判断经理人员的业绩，这些压力往往使得企业经理人员注重短期效益而忽略长期效益。

(3) 上市成本高且手续复杂　股票上市成本包括：资产评估费用、股票承销佣金、律师费、注册会计师费、材料印刷费和登记费等。这些费用的具体数额取决于每一个企业的具体情况、整个上市过程的难易程度和上市数额等因素，上市成本高。并且股票上市须向国务院证券监督管理部门报送上市所需要的相关文件，经其审核批准，手续复杂。

(4) 公司将负担较高的信息披露成本　公司上市后尚需花费一些费用为证券交易所和股东等提供资料，聘请注册会计师和律师等，公司将负担较高的信息披露成本。

2. 股票上市的决策　股份有限公司为了实现股票上市的目标，并使股票上市后进行正常交易，以吸引更多的投资者，其除了要满足证券交易所对股票上市的要求外，还要做好股利决策、股票上市方式决策和股票上市时机决策。

1) 股利决策　它包括股利水平决策和股利分派方式决策。

(1) 股利水平决策　倘若公司支付股东股利水平较高，虽增强了公司发行股票的吸引力，但却加重了公司的财务负担；倘若公司支付股东股利水平较低，虽然公司的财务负担不重，却降低了公司发行股票的吸引力，公司将难以筹措到足够的资金。这就要求公司的在作股利水平决策时，在发行股票的吸引力与公司财务负担能力之间作出科学合理的选择。

(2) 股利分派方式决策　股利分派方式主要有现金股利和股票股利。通常公司在现金充裕时选择分派现金股利，在现金欠缺时选择分派股票股利。

2) 股票上市方式决策　股票上市方式主要有公开发售和买壳上市。

(1) 公开发售　这是上市公司通常采用的方式。公开发售既能吸引新股东参与投资，扩充公司资本，又便于原股东出售其所持有的一部分股票，以收回现金。

(2) 买壳上市　这种方式又称反向收购法，是指股份有限公司通过收购较小的上市公司股票，取得控股权后，再进行扩股，将股份有限公司的资产注入上市公司，并可向现有股东及愿意成为新股东的投资者配售新股，为公司筹集资金。

3) 股票上市时机决策　股份有限公司为了使股票一上市就能赢得较高的市场评价，就必须选择最佳的上市时机。通常，证券交易所要求上市公司必须公布股票上市日前的 6 个月的财务报表。因此，上市的时机应选择在公布的 6 个月期间的财务报表，能反映出公司良好的经营业绩，并能显示今后的发展前景。这样，能使上市公司在潜在的投资者的心目中树立起很好的形象，等到股票上市时才会对投资者有吸引力。

3. 股票上市的暂停、终止与特别处理　股份有限公司的股票获准上市流通后，必须仍然保持其符合上市的条件，否则将会被暂停上市、终止上市或特别处理。

(1) 股票上市的暂停　根据我国相关法律规定，上市公司有下列情形之一的，由国务院证券管理部门决定暂停其股票上市。① 公司股本总额、股权分布等发生变化，不再具备上市条件。② 公司不按规定公开其财务状况，或者对财务报表做虚假记载。③ 公司有重大违法行为。④ 公司最近 3 年连续亏损。

公司在规定的暂停上市期限内，消除了股票暂停上市的原因后，可以申请重新上市。若上列第“②”、第“③”种情形在规定的期限内未能消除，将会被终止上市。

（2）股票上市的终止　根据我国相关法律规定，上市公司有下列情形之一的，由国务院证券管理部门决定终止其股票上市。① 公司不按规定公开其财务状况，或者对财务报表做虚假记载，暂停上市后仍未能消除的。② 公司有重大违法行为，暂停上市后仍未能消除的。③ 公司决议解散、被行政主管部门依法责令关闭的。④ 公司被宣告破产的。

（3）股票上市的特别处理　根据我国相关法律规定，上市公司出现财务状况或其他状况异常的，其股票交易将被交易所特别处理。财务状况异常是指有下列情形之一的，由国务院证券管理部门决定其股票特别处理。① 最近 2 个会计年度的审计结果显示的净利润为负值。② 最近 1 个会计年度的审计结果显示其股东权益低于注册资本。③ 最近 1 个会计年度经审计的股东权益扣除注册会计师和有关部门不予确认的部分后，低于注册资本。④ 注册会计师对最近 1 个会计年度的财务报告出具无法表示意见或否定意见的审计报告。⑤ 最近一份经审计的财务报告对上年度利润进行调整，导致连续 2 个会计年度亏损。⑥ 经交易所或中国证券监督交易委员会认定为财务状况异常的。

其他状况异常是指自然灾害、重大事故等导致生产经营活动基本中止，公司涉及的可能赔偿金额超过公司净资产的诉讼等情况。

在上市公司的股票交易被实行特别处理期间，其股票交易遵循下列规则。① 股票报价日涨跌幅限制为 5%。② 股票名称改为原股票名前为“ST”。③ 上市公司的中期报告必须经过审计。

（五）引入战略投资者

1. 战略投资者的含义与基本要求　我国在新股发行中引入了战略投资者，允许战略投资者在公司发行新股中参与配售。战略投资者是指与发行人具有合作关系或有合作意向和潜力，与发行公司业务联系紧密并欲长期持有发行公司股票的法人。通常认为战略投资是能够通过帮助公司融资、提供营销与销售支持的业务，或者通过个人关系增加投资价值的公司或者个人投资者。

作为战略投资者的基本要求如下所述。① 要与公司的经营业务联系紧密。② 要出于长期投资的目的而较长时期地持有股票。③ 要具有相当的资金实力，且持股数量较多。

2. 引入战略投资者的作用　主要有以下四个方面。

1）提升公司形象，提高资本市场认同度　战略投资者往往都是实力雄厚的境内外大公司、大集团，他们对公司股票的认购，是对公司潜在未来价值的认可和期望。

2）优化股权结构，健全公司法人治理　战略投资者在公司占一定股权份额并长期持股，能够分散公司控制权，战略投资者参与公司管理，能够改善公司治理结构。战略投资者不仅带来了资金和技术，而且还带来了先进的管理水平和优秀的管理团队。

3）增强了公司的核心竞争力　战略投资者往往都有较好的实业基础，能够带来先进的工艺技术和广阔的产品营销市场，并致力于长期投资合作，能够促进公司产品结构和产业结构的调整升级，有助于形成产业集群，整合公司的经营资源。

4）提高了公司的融资效率　战略投资者具有较强的资金实力，并与发行人签订有关配售协议，长期持有发行人股票，能够给新上市的公司提供长期稳定的资本，帮助上市公司用较低的成本融得较多的资金，提高了公司的融资效率。

（六）普通股资金的成本

普通股资金的成本就是普通股投资的必要报酬率，其测算方法有以下三种。

1. 股利折现模型　股利折现的基本公式如下：

$$P_0=\sum_{t=1}^{n}\frac{D_t}{(1+K_c)^t}$$

公式中　P_0 表示普通股筹资净额，即发行价格扣除发行费用后的金额；
D_t 表示普通股第 t 年股利；
K_c 表示普通股投资必要收益率，即普通股资金成本率。

运用股利折现模型测算普通股资金成本，因具体股利政策不同而分为以下两种。

（1）公司采取固定股利政策　当公司采取固定股利政策时，每年将分派固定数额的现金股利，其计算公式如下：

$$\text{普通股资金成本}=\frac{\text{每年固定股利}}{\text{普通股筹资金额}\times(1-\text{普通股筹资费用率})}\times 100\%$$

【例】 开源股份公司发行普通股股票，每股发行价为 14 元，筹资费用率为 2%，预计每年发放现金股利 1.42 元，计算该普通股的资金成本如下：

$$\text{普通股资金成本}=\frac{1.42}{14\times(1-2\%)}=10.35\%$$

（2）公司采取固定股利增长率政策　当公司采取固定股利增长率政策时，则计算公式如下：

$$\text{普通股资金成本}=\frac{\text{第一年预计股利}}{\text{普通股筹资金额}\times(1-\text{普通股筹资费率})}\times 100\%+\text{股利固定增长率}$$

【例】 大同股份公司发行的普通股股票，每股发行价格为 16 元，筹资费用率为 2%。第 1 年每股发放现金股利 1.60 元，预计以后每年增长 3%，计算该普通股的资金成本如下：

$$普通股资金成本=\frac{1.60}{16\times(1-2\%)}+3\%=13.20\%$$

2. 资本资产定价模型　它是指普通股投资的必要报酬率等于无风险利率加上风险报酬率。其计算公式如下：

$$K_c=R_f+\beta(R_m-R_f)$$

公式中　R_f 表示无风险利率；

R_m 表示市场报酬率或市场投资组合期望收益率；

β 表示某公司股票收益率相对于市场投资组合期望收益率的变动幅度。

当整个证券市场投资组合的收益率增加1%时，如果A公司股票的收益率增加2%，那么其股票的β值为2；如果B公司股票的收益率上升0.5%，则其股票的β值为0.5。

【例】 天成股份公司普通股股票的β值为2，无风险利率为6.6%，市场投资组合的期望收益率为10%，计算其普通股的资金成本如下：

$$普通股资金成本=6.6\%+2\times(10\%-6.6\%)=13.40\%$$

3. 无风险利率加风险溢价法　它是指普通股投资的必要报酬率等于无风险利率加上风险溢价。由于普通股股东的求偿权在债权之后，因此持有普通股股票的风险要大于持有债权的风险。这样，股票持有人就必然要求一定的风险补偿。通常，运用一段时期的统计数据，可以测算出某公司普通股股票期望收益率超出无风险利息的大小，即测算出风险溢价。无风险利率通常采用同期国债收益率。采用普通股资金成本无风险利率加风险溢价法计算普通股资金成本的公式如下：

$$K_c=R_f+R_p$$

公式中　R_p 表示风险溢价。

【例】 华昌股份公司普通股的风险溢价预测程度为8.4%，而无风险利率为5.1%，计算其普通股的资金成本如下：

$$普通股资金成本=5.1\%+8.4\%=13.5\%$$

（七）普通股筹资的优缺点

股份有限公司为筹集资金而发行的普通股，与发行公司债券、银行借款等其他筹资方式相比较，有其优缺点，现分述之。

1. 普通股筹资的优点　普通股筹资主要有以下四个优点。

(1) 所有权与经营权相分离，有利于公司自主经营管理　公司通过对外发行股票筹资，公司的所有权与经营权相分离，分散了公司的控制权，有利于公司自主管理、自主经营。普通股筹资的股东众多，公司日常经营管理事务主要由公司的董事会和经理层负责。

(2) 能增强公司的社会声誉，促进股权流通和转让　　普通股筹资使股东大众化，为公司带来了广泛的社会影响。特别是上市公司的股票流通性强，有利于市场确认公司的价值。普通筹资以股票作为媒介，便于股权的流通和转让，便于吸收新的投资者。

(3) 财务风险小　　股权资本不需在企业正常营运期内偿还，不存在还本付息的财务风险。此外，公司可以根据其经营状况和业绩的好与差，以及现金流量的具体情况，向投资者支付报酬，资本成本的负担比较灵活。

(4) 筹资限制较少　　利用优先股或债券筹资，通常有许多限制，这些限制往往会影响公司经营的灵活性，而利用普通股筹资则没有这种限制。

2. 普通股筹资的缺点　　普通股筹资主要有以下三个缺点。

(1) 资金成本高　　由于普通股股东的投资风险大，股东相应要求较高的投资回报，而债务资金的债权人风险较小，作为对其回报的利息支出较低；普通股股利是从税后利润中支付的，而利息支出是在税前列支的；普通股股票的发行费用也比其他筹资方式高，因此普通股的资金成本高。

(2) 容易分散公司的控制权　　通过发行普通股新股，增加新股东，将会影响原有的股权结构，分散对公司的控制权。控制权的变更，必然要影响公司管理层的人事变动和决策效率，影响公司的正常经营。

(3) 披露公司信息成本较高　　普通股股东有了解公司经营业务、财务状况、经营成果和现金流量的权利，而普通股股东多而分散，公司常常要公开披露这些信息，成本较高。

三、留存收益筹资

(一) 留存收益筹资的渠道

1. 盈余公积　　它是指企业有指定用途的留存净利润，是根据我国《公司法》的规定，从净利润中提取的积累资金。它包括法定盈余公积和任意盈余公积。

2. 未分配利润　　它是指未限定用途的留存利润。这里有两层含义：一是这部分利润没有分配给企业的股东；二是这部分净利润尚未指定用途。

(二) 留存收益资金的成本

留存收益是由公司税后利润形成的，属于权益资本，它是企业资金的一个重要来源。企业留存收益等于股东对企业进行的追加投资，股东对于这部分投资，与以前交给企业的股本一样，要求获得与普通股等价的报酬。因此，留存收益也要计算其资金成本。留存收益资金成本的计算方法与普通股基本相同，但不需要考虑筹资费用。

1. 在普通股股利固定的情况下，留存收益资金成本的计算　　计算公式如下：

$$\text{留存收益资金成本} = \frac{\text{每年固定股利}}{\text{普通股筹资金额}} \times 100\%$$

2. 在普通股股利逐年固定增长的情况下，留存收益资金成本的计算　计算公式如下：

$$留存收益资金成本 = \frac{第1年预期股利}{普通股筹资金额} \times 100\% + 股利年增长率$$

【例】 长阳公司普通股目前每股股价为 10 元，去年每股股利为1 元，股利固定 1 年增长率为 3%，计算其今年留存收益的资金成本如下：

$$留存收益资金成本 = \frac{1 \times (1 + 3\%)}{10} \times 100\% + 3\% = 13.3\%$$

（三）留存收益筹资的优缺点

1. 留存收益筹资的优点　留存收益筹资主要有以下三方面优点。

（1）资金成本比普通股低　因为用留存收益筹资，不发生筹资费用，资金成本比普通股低。

（2）能保持普通股股东的控制权　用留存收益筹资，不需对外发行股票，由此增加的权益资本不会改变企业的股权结构，不会稀释原有股东的控制权。

（3）增强公司的信誉　留存收益筹资增加了企业可支配的现金流，既能解决企业经营发展的需要，又能提高企业的举债能力。

2. 留存收益筹资的缺点　留存收益筹资主要有以下两方面缺点。

（1）筹资金额有限　留存收益最大的筹资金额是当年的留存收益和历年留存收益余额之和。其往往受到某些股东的限制，要求支付的股利率维持在一定的水平上。留存收益过多，股利支付过少，可能会影响到今后的外部筹资。

（2）资金使用受制约　留存收益中的有些项目的使用，如法定盈余公积等，受到国家有关规定的制约。

第五节　债务筹资

债务资本是企业通过长期借款，发行长期债券和融资租赁等方式筹集的资金。

一、长期借款

（一）长期借款的种类

长期借款有多种不同的分类标准，它主要有以下两种分类标准。

1. 按照用途不同分类　可分为固定资产投资借款、更新改造技改借款、研发和新产品研制借款及小型技术措施借款等。

（1）固定资产投资借款　它是指企业因从事固定资产新建、改建和扩建等项目需要而向银行借入的款项。

(2) 更新改造技改借款　它是指企业因对原有的设备进行技术改造项目需要而向银行借入的款项。

(3) 研发和新产品研制借款　它是指企业在研究、使用新技术，研制新产品和推广应用科技成果过程中因资金不足而向银行借入的款项。

(4) 小型技术措施借款　它是指企业因小型技术措施需要而向银行借入的款项。

2. 按照有无担保分类，可分为信用借款和担保借款。

1) 信用借款　它是指企业完全凭其良好的信用为依据而取得的借款。通常只有生产经营好、经济实力强、社会信誉高的企业才能取得这种借款。

2) 担保借款　它是指企业以一定财产或第三方承诺在不能偿还借款时，按约定承担一般保证责任或连带保证责任而取得的借款。担保借款按担保的形式不同，又可分为以下三种。

(1) 保证借款　它是指企业以第三方作为保证人承诺在借款人不能偿还借款时，按约定承担一定保证责任或连同责任而取得的借款。

(2) 抵押借款　它是指企业以自己或第三方的财产作为抵押物而取得的借款。企业提供的抵押物，必须是易于保管和变卖的金融资产或实物资产。银行对抵押物估价后确定抵押抵扣率。当借款不能按期偿还时，银行有权处理抵押物，并享有优先受偿权。

(3) 质押借款　它是指企业以自己或第三方的动产或财产权利作为质押物而取得的借款。当借款人不能按期偿还时，银行有权以该动产或财产权利折价或者以拍卖、变卖的价款优先受偿。

(二) 长期借款的程序

企业取得长期借款通常有以下五个步骤。

1. 企业提出借款申请　企业需要向银行借入长期借款，必须填写《借款申请书》，列明借款金额、借款期限、借款用途、偿还能力及还款方式等内容，送交银行，并提供下列资料。① 借款人及保证人的基本情况。② 财政部门或会计师事务所核准的上年度财务报告。③ 原有的不合理借款的纠正情况。④ 抵押物清单及同意抵押的证明，保证人拟同意保证的有关证明文件。⑤ 项目建议书和可行性报告。⑥ 贷款银行认为需要提交的其他资料。

2. 银行审查借款申请　银行接到企业的申请后，要对企业的申请进行审查，审查的内容主要有企业的信用等级、财务状况、盈利的稳定性、发展前景和借款投资项目的可行性等，并核实抵押物和保证人的情况，测定贷款风险。

3. 银企签订借款合同　借款合同是规定借贷各方权利和义务的契约，其内容分基本条款和限制条款。限制条款又有一般性限制条款、例行限制条款和特殊限制条款之分。基本条款是借款合同必须具备的条款。限制条款是为了降低贷款机构的贷款风险而对借款企业提出的限制条件。它不是借款合同的必备条款。

借款合同的基本条款包括：借款种类、借款用途、借款金额、借款利率、借款期限、还款资金来源及还款方式和保证条款及违约责任等。

借款合同的一般性限制条款通常包括：对企业流动资金保持量的规定、对企业支付现金股利的限制、对企业资本性支出规模的限制和对企业借入其他长期债务的限制等。

借款合同的例行限制性条款通常包括：企业定期向贷款机构报送财务报表、企业不准在正常情况下出售大量资产、企业要及时偿付到期债务、禁止企业贴现应收票据或转让应收账款和禁止以资产作其他承诺的担保或抵押等。

借款合同的特殊性限制条款通常包括：贷款专款专用、要求企业主要领导购买人身保险和要求企业主要领导在合同有效期内担任领导职务等。

4. 企业取得借款　双方签订借款合同后，贷款银行要按合同的规定按期发放贷款，这样企业就能取得相应的资金。贷款人不按合同约定按期发放贷款的，应偿付违约金；借款人不按合同的约定用款的，也应偿付违约金。

5. 企业还本付息　企业应按借款合同的规定按时、足额归还借款本息。通常贷款银行会在长期借款到期1个月之前，向借款企业发送还本付息通知单。企业在接到还本付息通知单后，要及时筹备资金，按期还本付息。如果企业不能按期归还借款，应在借款到期前向银行申请贷款展期，但能否展期，由贷款银行根据具体情况决定。

（三）长期借款资金的成本

长期借款的资金成本包括借款利息和筹资费用。由于借款利息计入税前成本费用，抵减了部分所得税，从而降低了资金成本。因此，长期借款资金成本的计算公式如下：

$$\text{长期借款资金成本} = \frac{\text{年利息} \times (1 - \text{所得税税率})}{\text{长期借款筹资总额} \times (1 - \text{长期借款筹资费用率})} \times 100\%$$

【例】 临江公司从银行借入长期借款600万元，该借款期限3年，年利率为7.2%，每年付息一次，到期一次还本，筹资费用率为1‰，所得税税率为25%。计算长期借款资金成本如下：

$$\text{长期借款资金成本} = \frac{600 \times 7.2\% \times (1 - 25\%)}{600 \times (1 - 1‰)} = 5.41\%$$

由于长期借款的筹资费用很低，也可以忽略不计，则其资金成本计算公式可以简化如下：

$$\text{长期借款资金成本} = \text{借款利率} \times (1 - \text{所得税税率})$$

（四）长期借款的偿还方式

长期借款的偿还方式主要有以下四种。

1. 定期支付利息，到期一次偿还本金　这是一种最具有代表性的长期借款的偿还方式。这种方式由于利息是分期支付的，企业平时压力较小，但长期借款到期后，偿还本金的压力较大。

2. 定期等额偿还　　这种偿还方式的优点是减轻了到期一次偿还本金的压力。但是由于可供企业使用的借款金额会逐期减少,因此会提高企业使用借款的实际利率。

3. 平时逐期偿还小额本利,期末偿还余下的大额部分　　这种偿还方式综合了前两种偿还方式的优缺点。

4. 到期一次还本付息　　这种偿还方式的优点是平时不需要还本付息,有利于企业合理安排资金,改善现金流转状况,但到期偿还本息的压力大。

企业应根据实际情况,与银行协商,合理地选择长期借款的偿还方式。

(五) 长期借款筹资的优缺点

1. 长期借款筹资的优点　　长期借款筹资主要有以下三个优点。

(1) 筹资速度快　　发行各种证券筹集长期资金所需时间一般较长。做好证券发行的准备,如印刷证券和申请批准等,以及证券的发行都需要一定的时间。而银行借款与发行证券相比,一般所需的时间较短,可以迅速地获取资金。

(2) 资金成本低　　就目前我国情况来看,利用长期借款所支付的利息比发行债券所支付的利息低,另外,也无须支付大量的发行费用。

(3) 借款弹性好　　企业与银行可以直接接触,可通过直接商谈来确定借款的时间、数量和利息。在借款期间,如果企业情况发生了变化,也可与银行进行协商,修改借款的数量和条件。借款到期后,如有正当理由,还可延期归还。

2. 长期借款筹资的缺点　　长期借款筹资主要有以下三个缺点。

(1) 财务风险较大　　企业举借长期借款,必须定期还本付息,在经营不利的情况下,可能会产生不能偿付的风险,甚至会导致破产。

(2) 限制条款较多　　企业与银行签订的借款合同中,一般都有一些限制性条款,如定期报送有关报表和不准改变借款用途等,这些都制约了企业的生产经营和借款的作用。

(3) 筹资数额有限　　银行一般不愿借出巨额的长期借款。因此,利用银行筹资都有一定的上限。

二、发行债券

(一) 公司债券的种类

公司债券有多种不同的分类标准,现分别予以阐述。

1. 按照公司债券是否记名分类　　可分为记名公司债券和不记名公司债券。

(1) 记名公司债券　　它是指在债券存根簿上注明债券的金额、利率、偿还期限、发行日期、编号,以及债券持有人的姓名或名称、住所的债券。对于这种公司债券,公司只对记名人偿本付息,债权人凭印鉴支取本金和利息。记名公司债券的转让,由持券人以背书等方式进行,并在公司持券人名册上更换受让人的姓名或名称及住所。

(2) 不记名公司债券　它是指在债券存根簿上注明债券的金额、利率、偿还期限、发行日期及编号，未注明债券持有人的姓名或名称及住所的债券。对于这种公司债券，公司凭券还本付息，通常采取剪票付息方式。不记名公司债券的转让，是由债券持有人在依法设立的证券交易所将债券交付给受让人后，即发生转让的效力。

2. 按照公司债券能否转换为股票分类　可分为可转换公司债券和不可转换公司债券。

(1) 可转换公司债券　它是指股份有限公司发行的规定可以在一定时期内按照事先约定的价格或比例转换为公司普通股股票的债券。债券持有人有自由地选择转换与否的权利。

(2) 不可转换公司债券　它是指公司发行的不能转换为发行公司股票的债券。

3. 按照公司债券有无抵押担保分类　可分为信用债券、抵押债券和担保债券。

(1) 信用债券　它又称无担保债券，是指发行公司没有任何担保，完全凭信用发行的债券。公司发行信用债券往往有许多限制条件，这些限制条件中最重要的是反抵押条款，该条款禁止公司将其财产抵押给其他债权人。由于信用债券没有担保，因此，只有历史悠久、信誉良好的公司才能发行这种债券。

(2) 抵押债券　它是指公司以一定的财产作抵押而发行的债券。当公司没有足够的资金偿还债券时，债权人可将抵押品拍卖以获取资金。抵押债券按抵押物品的不同又可分为不动产抵押债券、设备抵押债券和证券抵押债券。

(3) 担保债券　它是指公司以一定保证人作担保而发行的债券。当企业没有足够的资金偿还债券时，债权人可要求保证人偿还。我国《企业债券发行与转让管理办法》规定，保证人应是符合我国《担保法》的企业法人，且应同时具备以下条件。① 净资产不能低于被保证人拟发行债券的本息。② 近3年连续盈利，且有良好的业绩前景。③ 不涉及改组、解散等事宜或重大诉讼案件。④ 中国人民银行规定的其他条件。

(二) 债券的发行

1. 债券发行的条件　我国的公司发行债券，应当符合我国《公司法》和《证券法》规定的发行条件。

2. 债券的发行程序　公司发行债券通常有以下四个步骤。

(1) 作出发行债券的决议或决定　发行债券筹资，首先要作出发行债券的决议或决定。决议或决定的具体内容包括：债券的发行总额、票面金额、发行价格、募集办法、债券利率、偿还日期和偿还方式等内容。

(2) 提出发行债券的申请　公司作出发行债券的决议或决定后，应当立即向有关部门提出申请。根据我国《公司法》的规定，公司申请发行债券由国务院证券管理部门审批。

公司向国务院证券管理部门提出发行公司债券的申请时，应当提交下列文件。① 公司注册登记证明。② 公司章程。③ 公司债券募集办法。④ 公司的资产评估报告和验资报告。

(3) 公告债券募集办法　　发行公司债券的申请经批准后，公开向社会发行债券，应当向社会公告债券募集办法。根据我国《公司法》的规定，公司债券募集办法中应当载明本次发行债券总额和债券面额、债券利率、还本付息的期限与方式、债券发行的起止日期、公司净资产额、已发行而尚未到期的公司债券总额和债券的承销机构等事项。

公司若发行可转换公司债券，还应在债券募集办法中规定具体的转换办法。

(4) 发行债券募集资金　　公司发出债券募集公告后，开始在公告所定的期限内发行债券，募集资金。

公司债券的发行方式有私募发行和公募发行两种。私募发行又称直接发行，是指发行公司将债券直接发售给特定的债券投资者。特定的投资者可分为两类：一类是个人投资者，如企业职工；另一类是机构投资者，如大的金融机构。公募发行又称间接发行，是指发行公司委托承销团在证券市场上向非特定的广大投资者公开发行债券。承销团由数家证券公司或投资银行组成。根据我国公司债券发行的相关法律规定，公司发行债券须采取公募发行方式，届时由公司与承销团签订债券发行的承销协议。承销方式有代销和包销两种。代销是指由承销团代为推销债券，在约定的期限内未售出的余额可退还发行公司，承销团不承担发行风险。包销是指由承销团先购入发行公司拟发行的全部债券，然后再售给社会上的投资者，如果约定期限内未能全部售出，余额由承销团全部认购。

由承销机构发售债券时，投资者直接向其付款购买，承销机构代为收取债券款、交付债券。然后，承销机构向发行公司办理债券款的结算。

在公司发行的债券上，必须载明公司名称、债券票面金额、利率、偿还期限等事项，并由董事长签名、公司盖章。

公司对发行的债券还应置备公司债券存根簿予以登记。其意义一方面在于起公示作用，使股东、债权人可以查阅了解，且便于有关机关监督。另一方面便于公司随时掌握债券的发行情况。公司发行记名债券的，应在公司债券存根簿上记明债券持有人的姓名或名称及住所；债券持有人取得债券的日期；债券编号、债券的总额、票面金额、利率、还本付息的期限和方式；债券的发行日期。公司发行无记名债券的，应在公司债券存根簿上记明债券的总额、利率、偿还期限和方式、发行日期及债券的编号。

(三) 债券的还本付息

1. 债券的偿还　　债券偿还按其实际发生与规定到期日之间的关系不同，可分为到期偿还、提前偿还与滞后偿还三种方式。

(1) 到期偿还　　它是指当债券到期后还清债券所载明的义务。到期偿还又分为分批偿还和一次偿还两种。

（2）提前偿还　　它又称提前赎回或收回，是指在债券尚未到期之前就予以偿还。只有在企业发行债券的契约中明确规定了有关允许提前偿还的条款，企业才能提前偿还。提前偿还所支付的价格通常要高于债券的面值，并随到期日的临近而逐渐下降。具有提前偿还条款的债券可使企业融资有较大的灵活性。当企业资金有结余时，可提前赎回债券；当预测利率下降时，也可以提前赎回债券，然后以较低的利率发行新债券。

赎回有强制性赎回、选择性赎回和通知赎回三种形式。

强制性赎回是指要保证公司拥有一定的现款来减少其固定负债，从而减少利息的支出，能够提前还债的一种赎回方式。强制性赎回有偿债基金和赎债基金两种形式。

偿债基金主要是为分期偿还未到期债券而设。它要求发行人在债券到期前陆续偿还债务，因而缩短了债务的有效期限，同时分散了还本付息的压力。这样，在某种程度上减少了违约的风险。但另一方面，在市场看好时（如市场价格高于面值），强制性赎回使投资人遭受损失，举债公司要给予补偿，通常的办法是提高赎回价格。

赎债基金同样是举债人为提前偿还债券设立的基金，与偿债基金不同的是，赎债基金是债券持有人强制举债公司收回债券的基金。赎债基金只能从二级市场上购回自己的债券，其主要任务是支持自己的债券在二级市场上的价格。

选择性赎回是指举债公司在债券到期前有选择赎回全部或者部分债券的权利。选择性赎回的利息率略高于其他同类债券。

通知赎回是指举债公司在到期日前准备赎回债券时，要提前一段时间向债券持有人发出赎债通知，告知赎回债券的日期和条件的一种赎回方式。债券持有人有权将债券在通知赎回日期之前售回举债公司，债券持有人的这种权利称为提前售回优先权。

在通知赎回中，债券持有人还有一种提前售回选择权，这是指债券持有人有权选择在债券到期前某一个或某几个指定日期，按指定价格将债券售回举债公司的权利，它和选择性赎回的选择主体正好相反。

（3）滞后偿还　　它是指债券在到期日之后偿还的一种赎回方式。这种偿还条款一般在发行时便订立，主要是给予持有人以延长持有债券的选择权。滞后偿还有转期和转换两种形式。

转期指将较早到期的债券换成到期日较晚的债券，实际上是将债务的期限延长。常用的方法有两种：一是直接以新债券兑换旧债券；二是用发行新债券得到的资金来赎回旧债券。

转换是指股份有限公司发行的债券可以按一定的条件转换成本公司的股票。

2. 债券的付息　　债券的付息主要表现在利息率的确定、付息频率和付息方式三个方面。利息率的确定有固定利率和浮动利率两种形式。付息频率主要有按年付息、按半年付息、按季付息、按月付息和一次性付息五种。付息方式有两种：一种是采取现金、支票或汇款的方式;另一种是息票债券方式。

（四）债券的资金成本

债券的资金成本包括利息和筹资费用,而利息具有减税效应。债券的筹资费用较高,它包括申请发行债券的手续费、债券注册费、印刷费、上市费和推销费等。债券资金成本的计算公式如下:

$$债券资金成本=\frac{年利息\times(1-所得税税率)}{债券筹资金额\times(1-债券筹资费用率)}\times 100\%$$

【例】 东海公司等价发行债券的总面值1 000万元,期限3年,票面年利率为8.1%,每年付息一次,发行费率为2.5%,所得税税率为25%,计算债券资金成本如下:

$$债券资金成本=\frac{1\,000\times 8.1\%\times(1-25\%)}{1\,000\times(1-2.5\%)}=6.23\%$$

（五）债券筹资的优缺点

1. 债券筹资的优点　　债券筹资主要有以下四个优点。

(1) 资金成本较低　　由于债券的利息在税前列支,与支付股东股利相比较,可以享受税收上的利益,况且债券的发行费用较低,因此债券的资金成本比股票的资金成本要低。

(2) 保持对公司的控制权　　由于债券的持有人没有参与公司决策管理的权利,因此不会影响原有投资者对公司的控制权。

(3) 可以发挥财务杠杆作用　　由于债券的利息固定,从而可以将多获取的收益分配给股东,增加其财富;或者留存于公司,以扩大生产经营,从而发挥财务杠杆作用。

(4) 筹资容易成功　　由于债券投资风险小而收益稳定,且发行面广,容易为众多投资者接受,因此筹资容易成功。

2. 债券筹资的缺点　　债券筹资主要有以下三个缺点。

(1) 筹资风险大　　由于债券要按期付息,到期还本,当公司生产经营失利时,仍必须履行偿债义务,因此会给公司带来更大的困难,甚至导致公司破产。

(2) 限制条件多　　发行债券的契约中往往会有一些限制条款,这种限制比长期借款、融资租赁多,而且严格,可能会影响企业的正常发展和以后的筹资能力。

(3) 筹资金额有限　　公司利用债券筹资,有一定的限度,当公司的负债比率超过一定程度后,债券筹资的成本要迅速上升,有时甚至会发行不出去。

三、融资租赁

（一）融资租赁的特点

1. 必须事先提出申请　　融资租赁必须由承租人向出租人提出正式申请,然后由出租人融通资金购进设备,出租给承租人使用。

2. 租赁期限较长　融资租赁设备的租赁期根据规定不得低于设备使用寿命的50%。

3. 租赁合同稳定　在租赁期内，承租企业必须按合同规定支付租赁设备的租金，非经双方同意，中途不得任意解约，以维护双方的权益。

4. 有优先购置租赁设备权　在租赁期满后，承租人有优先选择购置租赁设备的权利。也可以采取续租方式，或者将租赁设备退还给出租人。

5. 负责租赁设备的维修保养　在租赁期内通常由承租人负责租赁设备的维修与保养。

（二）融资租赁的形式

根据融资租赁的业务特点不同，融资租赁可分为以下三种形式。

1. 直接租赁　它是指承租人直接向出租人租入所需要的设备，并支付租金的租赁形式。这是最常用的形式。直接租赁的出租人主要是制造厂商、租赁公司。除了制造厂商外，其他出租人都是从制造厂商购买设备出租给承租人。

2. 售后租回　它是指由承租人将自己拥有的设备卖给出租人，然后再将其租回使用的租赁形式。届时设备的售价相当于市价。采用这种形式，企业既能保持原有设备的使用权，又能使这些设备所占用的资金转变为急需的现金。当然，在这一期间，承租人要支付租金，并失去了设备的所有权。从事售后租回的出租人为租赁公司等金融机构。

3. 杠杆租赁　它是指出租人只垫支购进设备所需现金的小部分，其大部分现金则以该设备为担保向资金出借者贷款，然后将购进的设备出租给承租人的租赁形式。从承租人的角度看，这种租赁与其他租赁形式并无区别，同样是按合同的规定，在租赁期内定期支付定额租金，取得设备的使用权。而这种租赁对于出租人却不同，它除了充当出租人，收取租金外，还要充当借款人，要偿还债务，同时拥有了设备的所有权。由于租赁收益大于借款成本，出租人从而获取财务杠杆利益，因此，这种形式的租赁被称为杠杆租赁。其通常用于金额大的设备项目。

（三）融资租赁的程序

1. 选择租赁公司　企业决定采用融资租赁方式筹取某项设备时，需了解各个出租人的经营范围、业务能力以及与其他金融机构的关系和资信情况，取得出租人的融资条件和租赁费率等资料，并加以比较，从而择优选定。

2. 办理租赁委托　企业选定出租人后，便可向其提出申请，办理委托。届时筹资企业需填写《租赁申请书》，说明所需设备的具体要求，同时还要提供企业的财务状况文件，包括资产负债表、利润表和现金流量表等。

3. 签订购货协议　由承租人与出租人的一方或双方合作组织选定设备制造厂商，并与其进行技术与商务谈判，签署购货协议。

4. 签订租赁合同　租赁合同系由承租人与出租人签订，它是租赁业务的重要法律文件。融资租赁合同的内容主要有以下几方面。① 合同说明：主要明确合同的性质、当事人身份、合同签订的日期等。② 名词解释：释义合同中重要名词以避免歧义。③ 租赁设备条款：详细列明租赁设备的名称、规格型号、数量、技术性能、交货地点及使用地点等。④ 租赁设备交货、验收和税款、费用条款。⑤ 租期和起租日期条款。⑥ 租金支付条款：规定租金的构成、支付方式和货币名称。这些内容通常以附表形式列作合同附件。

5. 办理验货与投保　承租人收到租赁设备，要进行验收。验收合格签发交货及验收证书并提交给出租人，出租人据以向厂商支付设备价款。同时，承租人向保险公司办理投保事宜。

6. 支付租金　承租人按合同规定的租金数额和支付方式等，向出租人支付租金。

7. 处理租赁期满的设备　融资租赁合同期满时，承租人应按租赁合同的规定，实行退租、续租或留购。租赁期满的设备通常都以低价卖给承租人或无偿赠送给承租人。

（四）融资租赁租金的计算

在租赁筹资方式下，承租人要按合同规定向出租人支付租金。租金的数额和支付方式对承租人的未来财务状况具有直接的影响，这也是租赁筹资决策的重要依据。

1. 融资租赁设备租金的构成　融资租赁设备的租金包括设备价款和租息两部分，其中租息又可分为出租人的融资成本和租赁手续费等。

（1）设备价款　它是租金的主要内容，由设备的买价、运杂费和途中保险费等构成。

（2）融资成本　它是指出租人为购买租赁设备所筹资金的成本，即设备租赁期间的利息。

（3）租赁手续费　它包括出租人承办租赁设备的销售费用和一定的盈利。租赁手续费的高低一般无固定标准，可由承租人与出租人协商确定。

2. 租金的支付方式　租金的支付方式也影响到租金的计算。租金通常采用分次支付的方式，具体又可分为以下几种类型：

（1）按支付时期的长短分　可分为年付、半年付、季付和月付等方式。

（2）按支付时期先后分　可分为先付租金和后付租金两种。先付租金是指在期初支付；后付租金是指在期末支付。

（3）按每期是否等额支付分　可分为等额支付和不等额支付两种。

3. 租金的计算方法　融资租赁设备的租金计算主要采用等额年金法。它是指将利率与手续费率综合成折现率，运用年金现值的计算原理，计算每次支付租金的方法。

（1）后付租金的计算　后付租金可以采用年资本回收额的计算公式，即将设备的价款乘以资本回收系数（也就是年金现值系数的倒数），计算每年年末应支付租金的金额。

【例】 华声公司2019年1月1日向租赁公司融资租入生产设备一套，价款200 000元，租赁期为5年，到期后设备归华声公司所有。为了保证租赁公司弥补融资成本及相关的手续费，并有一定的盈利，双方商定，采用15%折现率，租金每年年末支付一次。计算其每次支付的租金如下：

$$A = 200\,000 \times \frac{15\%}{1-(1+15\%)^{-5}}$$
$$= 200\,000 \times \frac{1}{3.352\,2} = 59\,662.31(\text{元})$$

(2) 先付租金的计算　先付租金可以运用即付年金现值的计算公式，倒算每年年初应支付租金的金额。

【例】 上例中，华声公司2019年1月1日向租赁公司租入的生产设备，如租金每年年初支付一次，则计算其每次支付的租金如下：

$$A = 200\,000 \times \frac{15\%}{1-(1+15\%)^{-5}} \times (1+15\%) = 200\,000 \times \frac{1}{3.352\,2 \times (1+15\%)}$$
$$= 51\,880.27(\text{元})$$

(五) 融资租赁筹资的优缺点

1. 融资租赁筹资的优点　融资租赁筹资主要有以下五个优点。

(1) 筹资速度快　由于融资租赁是筹资与设备购置同时进行，可以缩短设备的购置安装时间，因此该方式有利于企业迅速形成生产能力。

(2) 限制条款少　融资租赁不像债券和长期借款那样都订有相当多的限制条款，限制条款较少。

(3) 设备淘汰风险小　当今科学技术在迅速发展，固定资产更新周期日趋缩短。企业设备陈旧过时的风险很大，多数融资租赁协议都规定由出租人承担设备陈旧过时的风险，从而减少了设备淘汰风险。

(4) 财务风险小　由于租金在租赁期内分摊，不用到期归还大量本金，可适当减低企业不能偿付的风险。

(5) 税收负担轻　由于租金在税前列支，因此可以享受税收上的利益。

2. 融资租赁筹资的缺点　融资租赁筹资主要有以下两个缺点。

(1) 资金成本较高　由于企业支付的租金包括设备的买价、租赁期间的利息和手续费，并要考虑租赁公司承担的风险，因此融资租赁资金成本较高。

(2) 难以对设备进行技术改造　融资租赁合同规定承租人不得对设备进行改装，因此未经租赁公司同意，承租人不得擅自对设备进行技术改造。

第六节　短期债务筹资

一、短期借款

短期借款是指企业向银行或其他金融机构借入的期限在1年以内的借款。

（一）短期借款的种类和取得

1. 短期借款的种类　短期借款按照偿还方式的不同，可分为一次性偿还借款和分期偿还借款；按照利息支付方式的不同，可分为收款法借款、贴现法借款和加息法借款；按照有无担保的不同，可分为信用借款和担保借款。我国目前的短期借款按照目的和用途的不同，主要可分为生产周转借款、临时借款和结算借款。企业在申请借款时，应根据各种借款的条件和需要加以选择。

2. 短期借款的取得　企业举借短期借款，首先必须提出申请，经审查同意后，借贷双方签订借款合同，注明借款的用途、金额、利率、期限、还款方式和违约责任等；然后企业根据借款合同办理借款手续，借款手续完毕后，企业就能取得借款。

（二）短期借款的信用条件

按照国际通行做法，银行发放短期借款往往带有一些信用条件，主要有以下六项。

1. 信贷限额　它是指银行对借款人规定的无担保贷款的最高额。信贷限额的有效期限通常为1年，但根据情况也可延期1年。一般来讲，企业在批准的信贷限额内，可随时使用银行借款。但是，银行并不承担必须提供全部信贷限额的义务。如果企业信誉恶化，即使银行曾同意过按信贷限额提供贷款，企业也可能得不到借款。这时，银行不会承担法律责任。

2. 周转信贷协定　它是指银行具有法律义务的承诺提供不超过某一最高限额的贷款协定。在协定的有效期内，只要企业的借款总额未超过最高限额，银行必须满足企业任何时候提出的借款要求。企业享用周转信贷协定，通常要就贷款限额的未使用部分付给银行一笔承诺费，这是银行向企业提供此项贷款的一种附加条件。

【例】 沪光工厂向银行申请周转信贷限额为1 600万元，期限1年，承诺费率为5‰。借款企业年度内使用了1 200万元，计算其应向银行支付的承诺费如下：

$$应付承诺费 = (1\,600 - 1\,200) \times 5‰ = 2(万元)$$

周转信贷协定的有效期通常超过1年，但实际上贷款每几个月发放一次，所以这种信贷具有短期和长期借款的双重特点。

3. 补偿性余额　它是指银行要求借款企业在银行中保持按贷款限额或实际借用额的一定百分比（一般为10%～20%）计算的最低存款余额。从银行的角度讲，补偿性余额可降低贷款风险，以补偿遭受的贷款损失。对于借款企业来讲，补偿性余额则提高了借款的实际利率。实际利率的计算公式如下：

$$实际利率=\frac{名义借款金额\times 名义利率}{名义借款金额\times(1-补偿性余额比例)}=\frac{名义利率}{1-补偿性余额比例}$$

【例】 天成公司向银行借款50万元，期限1年，年利率为9%。银行要求维持贷款限额10%的补偿性余额，计算该笔借款的实际利率如下：

$$实际利率=\frac{9\%}{1-10\%}=10\%$$

4. 借款抵押　它是指申请借款企业以有价证券或其他财产作为抵押品，向银行提出申请，经银行批准后取得的短期借款。

银行向财务风险较大的企业或对其信誉不太有把握的企业发放贷款，有时需要有抵押品担保，以减少自己蒙受损失的风险。短期借款的抵押品经常是借款企业的办公楼和厂房等。银行接受抵押品后，将根据抵押品的价值决定贷款金额，一般为抵押品价值的30%～90%。这一比例的高低，取决于抵押品的变现能力和银行的风险偏好。抵押借款的成本通常高于非抵押借款，这是因为银行主要向信誉好的客户提供非抵押贷款，而将抵押贷款看成是一种风险投资，故而收取较高的利率；同时银行管理抵押贷款要比管理非抵押贷款困难，为此往往另外收取手续费。

企业向贷款人提供抵押品，会限制其财产的使用和将来的借款能力。

5. 偿还条件　银行向企业发放的贷款，都会规定还款的期限，我国金融制度规定，贷款到期后仍无能力偿还的，作为逾期贷款处理，届时银行要照章加收逾期罚息。

6. 以实际交易为贷款条件　当企业发生经营性临时资金需求，向银行申请贷款以求解决时，银行则以企业将要进行的实际交易作为贷款基础，单独立项，单独审批，最后作出决定并确定贷款的相应条件和信用保证。

（三）短期借款利率及其支付的方法

1. 短期借款利率　短期借款利率有以下三种。

(1) 优惠利率　它是指银行向资产实力雄厚、经营状况好的企业贷款时收取的名义利率，它是贷款利率的最低限。

(2) 浮动优惠利率　它是指随其他短期利率的变动而浮动的优惠利率，即随市场条件的变化而随时调整变化的优惠利率。

(3) 非优惠利率　它是指贷款给一般企业时收取的高于优惠利率的利率。这种利率通常在优惠利率的基础上加一定的百分比计算而成。非优惠利率与优惠利率之间差距的大小，由借款企业的信誉、与银行的往来关系及当时的信贷状况所决定。

2. 借款利息的支付方法　通常借款企业可以用三种方法支付银行借款利息。

(1) 收款法　它是指在借款到期时向银行支付利息的方法。银行向工商企业发放的贷款大都采用这种方法收息。

(2) 贴现法　它是指银行向企业发放贷款时,先从本金中扣除利息部分后,而到期时借款企业则要偿还贷款全部本金的一种计算方法。采用这种方法,企业可利用的贷款额只有本金减去利息部分的差额,因此贷款的实际利率高于名义利率。贴现法的实际贷款利率的计算公式如下:

$$\text{贴现贷款实际利率} = \frac{\text{利息}}{\text{贷款金额} - \text{利息}} \times 100\%$$

【例】 东风公司向银行借款200 000元,期限1年,年利率为9%,利息18 000元,按照贴现法付息,计算该项借款的实际利率如下:

$$\text{实际利率} = \frac{18\,000}{200\,000 - 18\,000} \times 100\% = 9.89\%$$

(3) 加息法　它是指银行发放分期等额偿还贷款时采用的利息收取方法。在分期等额偿还贷款的情况下,银行要将根据名义利率计算的利息加到贷款本金上,计算出贷款的本息和,要求企业在贷款期内分期偿还本息之和的金额。由于贷款分期均衡偿还,借款企业实际上只平均使用了贷款本金的半数,却支付全额利息。这样,企业所负担的实际利率便高于名义利率大约1倍。

【例】 捷利工厂向银行借款300 000元,期限1年,年利率为6%,分12个月等额偿还本息。计算该项借款的实际利率如下:

$$\frac{300\,000 \times 6\%}{300\,000 \div 2} \times 100\% = 12\%$$

(四) 企业对银行的选择

我国目前有众多的银行和非银行金融机构向企业提供贷款,企业可以在各贷款机构之间进行选择,以取得最有利的贷款。企业在选择银行时,主要是选用适当的借款种类、借款成本和借款条件。此外,还应考虑以下四项因素。

1. 银行对贷款风险的政策　通常银行对其贷款风险有着不同的政策,有的倾向于保守,只愿承担较小的贷款风险;有的富于开拓,敢于承担较大的贷款风险。

2. 银行对企业的态度　不同银行对企业的态度各不一样。有的银行肯积极地为企业提供建议,帮助分析企业潜在的财务问题,有着良好的服务,乐于为具有发展潜力的企业发放大量贷款。在企业遇到困难时帮助其渡过难关;也有的银行很少提供咨询服务,在企业遇到困难时一味地为清偿贷款而施加压力。

3. 贷款的专业化程度　一些大银行设有不同的专业部门,分别处理不同类型、不同行业的贷款。企业与这些拥有丰富专业化贷款经验的银行合作,会更多地受益。

4. 银行的稳定性　稳定的银行可以保证企业的借款不致中途发生变故。银行的稳定性取决于它的资本规模、存款水平波动程度和存款结构。通常资本雄厚、存款水平波动小和定期存款比重大的银行稳定性好;反之,则稳定性差。

(五) 短期借款筹资的优缺点

1. 短期借款筹资的优点　短期借款筹资主要有以下两个优点。

(1) 筹资速度快　由于短期借款的条件和手续比长期筹资简单,筹资速度快,能在较短的时间内取得资金。

(2) 筹资的弹性大　短期借款的数额及借款时间弹性较大,企业可以在需要资金时借入,在资金充裕时还款,便于企业灵活安排。

2. 短期借款筹资的缺点　短期借款筹资主要有以下两个缺点。

(1) 筹资风险大　由于短期借款在短期内要归还,在筹资数额较大的情况下,如果企业资金调度不周,就可能无力按期偿付本金和利息,就会有被迫破产的风险。

(2) 资金成本较高　短期借款与其他短期筹资方式相比较,资金成本较高,尤其是在补偿性余额和附加利率情况下,实际利率将高于名义利率。

二、商业信用

商业信用是指在商品交易中由于预收货款或延期付款所形成的企业间的借贷关系。其实质是商品运动与货币运动相脱离后所出现的一种债权债务关系。

(一) 商业信用的条件

商业信用的条件是指销货人对付款时间和现金折扣所作的具体规定,主要有以下三种形式。

1. 预收货款　它是指企业在销售商品时,要求买方在卖方发出货物之前支付货款的情形。一般用于以下两种情况:① 企业已知买方的信用欠佳。② 销售生产周期长、售价高的产品。在这种信用条件下,销货单位可以得到暂时的资金来源,购货单位则要预先垫支一笔资金。

2. 延期付款,但不涉及现金折扣　它是指企业购买商品时,卖方允许企业在交易发生后一定时期内按发票金额支付货款的情形,如“net 45”,是指在 45 天内按发票金额付款。这种条件下的信用期间一般为 30～60 天,但有些季节性的生产企业可能为其顾客提供更长的信用期间。在这种情况下,买卖双方存在商业信用,买方可因延期付款而取得资金来源。

3. 延期付款,但早付款可享受现金折扣　在这种条件下,买方若提前付款,卖方可给予一定的现金折扣,如果买方不享受现金折扣,则必须在一定时期内付清账款。例如,“1/10、1/20、n/30”便属于这种信用条件。应用现金折扣的目的主要是为了加速账款的收回。现金折扣一般为发票金额的 1%～5%。

在这种条件下,双方存在信用交易。买方若在折扣期内付款,则可获得短期的资金来源,并能得到现金折扣;若放弃现金折扣,则可在稍长时间内占用卖方的资金。

(二) 现金折扣成本的计算

在采用商业信用形式销售产品时,为促使购买单位尽早付款,销货单位往往会规定一些信用条件,这主要包括现金折扣和付款期间两部分内容。如果销货单位提供现金折扣,购买单位应尽量争取获得这项折扣,因为放弃现金折扣的成本很高。放弃现金折扣成本的计算公式如下:

$$放弃现金折扣成本=\frac{现金折扣百分比}{1-现金折扣百分比}\times\frac{360}{信用期-折扣期}\times 100\%$$

【例】 长城公司购进材料一批,信用条件为"2/10、n/30"。这一信用条件意味着企业如在 10 天以内付款,可享受 2% 的现金折扣;若不享受现金折扣,货款应在 30 天内付清。计算其放弃现金折扣成本如下:

$$放弃现金折扣成本=\frac{2\%}{1-2\%}\times\frac{360}{30-10}\times 100\%=36.73\%$$

计算结果显示,只要企业的筹资成本不超过 36.73%,就应当在第 10 天付款。

(三) 商业信用筹资的优缺点

1. 商业信用筹资的优点　　商业信用筹资主要有以下三个优点。

(1) 筹资便利　　商业信用在商品交易中产生,属于一种自然筹资,不需办理各种复杂的筹资手续,灵活方便。

(2) 资金成本低　　商业信用多数是由对方免费提供的,只有在采用带息票据或在信用条件下企业放弃现金折扣时,才发生资金成本,因此其资金成本低。

(3) 限制条件少　　商业信用筹资比其他方式条件宽松,不必提供抵押品,限制条件少。

2. 商业信用筹资的缺点　　商业信用筹资主要有以下两个缺点。

(1) 筹资期限太短　　商业信用的期限通常以天和月计算,显得太短。

(2) 需随时进行资金的调度和安排　　商业信用筹资的发生和归还次数频繁,企业需要随时进行资金的调度和安排。

三、短期融资券

(一) 短期融资券的含义和特征

短期融资券是指企业依照我国《短期融资券管理办法》的条件和程序,在银行间债券市场发行和交易并约定在一定期限内还本付息的有价证券。它是企业筹措短期资金的直接融资方式。

我国短期融资券具有以下六个特征。① 发行人为非金融企业。② 它是一种短期债券,期限不超过 365 天。③ 发行利率(价格)由发行人和承销商协商确定。④ 发行对象为银行间债券市场的机构投资者,不向社会公众发行。⑤ 实行余额管理,待偿还融资券余额不超过企业净资产的40%。⑥ 可以在全国银行间债券市场机构投资者之间流通转让。

（二）短期融资券的种类

短期融资券按发行方式不同，可分为经纪人代销的融资券和直接销售的融资券两种。

1. 经纪人代销的融资券　它又称间接销售的融资券，是指先由发行人卖给经纪人，然后由经纪人再卖给投资者的融资券。经纪人主要有银行、信托投资公司和证券公司等。企业委托经纪人发行融资券，要先支付一定数额的手续费。

2. 直接销售的融资券　它是指发行人直接销售给最终投资者的融资券。直接发行融资券的公司通常是经营金融业务的公司或自己有附属金融机构的公司，它们有自己的分支网点，有专门的金融人才。因此，有力量自己组织推销工作，从而节约了间接发行的手续费。

（三）短期融资券的发行

1. 短期融资券发行的条件　通常只有实力雄厚、资信程度很高的大企业才有资格发行短期融资券。在我国，短期融资券的发行必须符合《短期融资券管理办法》中规定的发行条件。

2. 短期融资券的发行程序　共有以下五个程序。① 公司作出发行短期融资券的决策。② 办理发行短期融资券的信用评级。③ 向有关审批机构提出发行申请。④ 审批机关对企业提出的申请进行审查和批准。⑤ 正式发行短期融资券，取得资金。

（四）短期融资券筹资的优缺点

1. 短期融资券筹资的优点　短期融资券筹资主要有以下三个优点。

（1）短期融资券的资金成本较低　在西方，短期融资券的利率加上发行成本，通常要低于银行的同期贷款利率。但在我国，目前由于短期融资券市场刚刚建立，还不完善，因而有时会出现短期融资券的利率高于银行借款利率的情况。

（2）短期融资券筹资数额比较大　通常银行不会向企业发行巨额的短期借款，因此，银行短期借款常常面临着数额的限制，而发行短期融资券的数额往往较大，可以筹集更多的资金。

（3）发行短期融资券可以提高企业信誉和知名度　由于能在货币市场上发行短期融资券的都是著名的大公司，因而一个公司如果能发行自己的短期融资券，说明该公司有较好的信誉；同时，随着短期融资券的发行，公司威望和知名度也大大提高。

2. 短期融资筹资的缺点　短期融资券筹资主要有以下三个缺点。

（1）发行短期融资券的风险较大　短期融资券到期必须归还，一般不会有延期的可能。如果到期不归还，会对企业的信誉等产生较严重的后果，因此，风险较大。

（2）发行短期融资券的弹性比较小　只有当企业的资金需求达到一定数量

时才能使用短期融资券；如果数量较小，则会加大单位资金的资金成本。另外，短期融资券一般不能提前偿还，即使企业资金比较充裕，也要到期才能还款。

(3) 发行短期融资券的条件比较严格　并不是任何企业都能发行短期融资券，必须是信誉好、实力强和效益高的企业才能使用，而一些小企业或信誉不够好的企业则不可能利用短期融资券来筹集资金。

四、应收账款转让

(一) 应收账款转让的含义及种类

1. 应收账款转让的含义　应收账款转让是指企业将应收账款出让给银行等金融机构以获取资金的一种筹资方式。应收账款转让筹资数额一般为应收账款扣减以下项目后的余额。① 允许客户在付款时扣除的现金折扣。② 贷款机构扣除的准备金、利息费用和手续费。其中，准备金是指因在应收账款收回过程中可能发生销货退回和折让等而保留的扣存款。

2. 应收账款转让的种类　应收账款转让按其是否具有追索权分，可分为附加追索权的应收账款转让和不附加追索权的应收账款转让两种。

(1) 附加追索权的应收账款转让　它是指企业将应收账款转让给银行等金融机构，在有关应收账款到期无法从债务人处收回时，银行等金融机构有权向转让应收账款的企业追偿，或者按照协议规定，企业有义务按照约定从银行等金融机构回购部分应收账款，应收账款的坏账风险由企业承担。

(2) 不附加追索权的应收账款转让　它是指企业将应收账款转让给银行等金融机构，在有关应收账款到期无法从债务人处收回时，银行等金融机构不能向转让应收账款的企业追偿，应收账款的坏账风险由银行承担。

(二) 应收账款转让筹资的优缺点

1. 应收账款转让筹资的优点　应收账款转让筹资主要有以下两个优点。

(1) 及时回笼资金，避免企业因赊销造成的现金流量不足　通过应收账款转让筹资，企业可以及时地收回销售商品和提供劳务的资金，增加现金流，缓解因应收账款带来的资金紧张程度，从而避免企业因赊销造成的现金流量不足的问题。

(2) 降低坏账损失风险　应收账款转让时，银行等金融机构均要掌握购货方的资信情况，而银行等金融机构只对有相当资信度的应收账款提供资金。所以，应收账款转让在一定程度上保证了账款的安全，防止了坏账的发生。

2. 应收账款转让筹资的缺点　应收账款转让筹资主要有以下两个缺点。

(1) 资金成本较高　应收账款转让筹资的手续费和利息都很高，从而增加了企业的资金成本。

(2) 限制条件较多　应收账款转让时，贷款机构对转让的应收账款和转让应收账款的公司都有一定的条件限制，不符合条件的，不接受转让。

五、短期资金与长期资金的组合策略

根据收益和风险之间的同向变动关系，通常将短期资金与长期资金的组合策略分为平稳型资金组合策略、积极型资金组合策略和保守型资金组合策略三种。在研究短期资金与长期资金的组合策略前，需要先对流动资产和流动负债作进一步的分析。

（一）流动资产和流动负债的分类

1. 流动资产的分类　按照流动资产的不同用途，可分为临时性流动资产和永久性流动资产。

（1）临时性流动资产　它是指受季节性或者周期性影响的流动资产。例如，季节性存货、销售和经营旺季（如商品流通业的销售旺季在节日期间等）的应收账款。

（2）永久性流动资产　它是指为了满足企业长期稳定的资金需要，即使处于经营低谷时也必须保留的流动资产。

2. 流动负债的分类　按照流动负债形成的方式不同，可分为临时性负债和自发性负债。

（1）临时性负债　它是指为了满足临时性流动资金需要所发生的负债。例如，商业零售企业春节前为满足节日销售需要，超量购入货物而举借的债务；食品制造企业为了赶制季节性食品，大量购入某种原料而发生的借款等。

（2）自发性负债　它是指直接产生于企业持续经营中的负债。例如，商业信用筹资和日常运营中产生的其他应付款，以及应付职工薪酬、应付利息和应交税费等。

（二）平稳型资金组合策略

平稳型资金组合策略又称配合型资金组合策略，是指企业的负债结构与企业资产的寿命周期相对应的组合策略。这种策略的特点是：对于临时性流动资产，运用短期资金（临时性负债）来满足其资金需要；对于永久性流动资产和长期资产（统称为永久性资产，下同），则运用长期资金（包括长期负债、自发性负债和权益资本）来满足其资金需要。平稳型资金组合策略下资金与资产的配合如图表3－6所示。

图表3－6

平稳型资金组合策略下资金与资产的组合

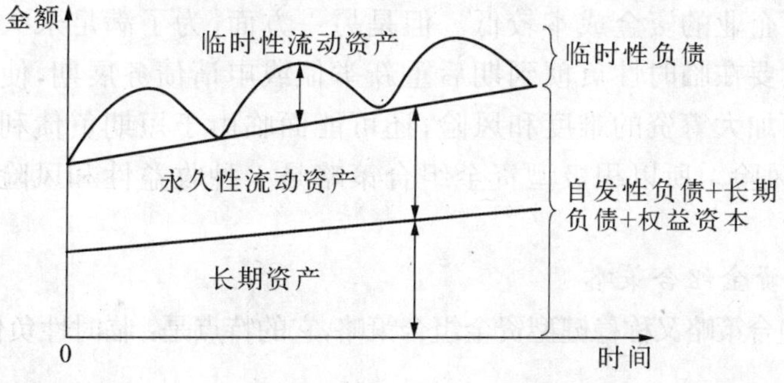

平稳型资金组合策略要求企业临时负债筹资计划严密，实现资金的占用时间与负债的偿还时间配合。在经营性淡季和低谷阶段，企业除了自发性负债以外，没有其他流动负债；只有在对临时性流动资产的需求达到高峰时，企业才举借各种临时性债务。

这种资金组合策略的基本思想是将资金占用与负债偿还的时间相配合，以降低企业不能偿还到期债务的风险和尽可能降低债务的资金成本。但是，事实上由于资产使用寿命的不确定性，往往达不到资产与负债的完全配合。一旦企业生产经营高峰期内的销售不理想，未能取得销售现金收入，便会发生偿还临时性负债的困难。因此，平稳型资金组合策略是一种理想的、对企业有着较高资金使用要求的资金组合匹配策略。

（三）积极型资金组合策略

积极型资金组合策略又称激进型资金组合策略，它的特点是：临时性负债不但融通临时性流动资产的资金需要，还解决部分永久性资产的资金需要。在积极型资金组合策略下，临时性负债在企业全部资金来源中所占比重大于在平稳型资金组合策略下的比重。该筹资策略下资金与资产的配合如图表3－7所示。

图表3－7

平稳型筹资组合策略下资金与资产的组合

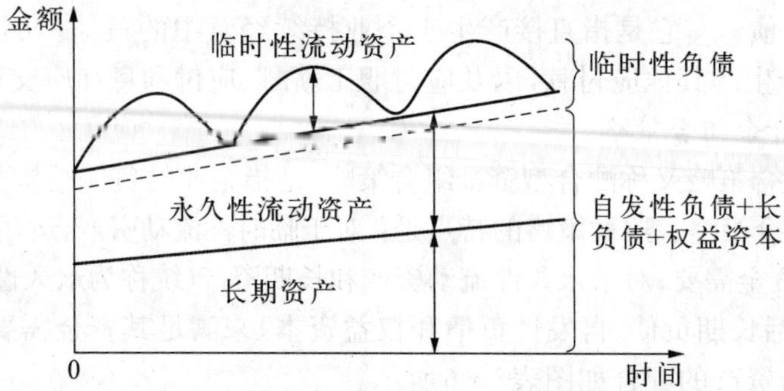

在积极型资金组合策略下，由于临时性负债（如短期银行借款）的资金成本一般低于长期负债和权益资本的资金成本，而在积极型资金组合策略下，临时性负债所占比重较大，所以该策略下企业的资金成本较低。但是另一方面，为了满足永久性资产的长期资金需要，企业必然要在临时性负债到期后重新举债或申请债务展期，使企业更为经常地举债和还债，从而加大筹资的难度和风险；还可能面临由于短期负债利率的变动而增加企业资金成本的风险。所以积极型资金组合策略是一种收益性和风险性都较高的资金组合策略。

（四）保守型资金组合策略

保守型资金组合策略又称稳健型资金组合策略，它的特点是：临时性负债只融通部分临时性流动资产的资金需要，另一部分临时性流动资产和永久性资产，则由长期负债、自发性负债和权益资本予以解决。与平稳型资金组合策略相比，其临时性负债占企业全部资金来源的比例较小。保守型资金组合策略下资金与资产的组合如图表 3－8 所示。

图表 3－8

保守型资金组合策略下资金与资产的组合

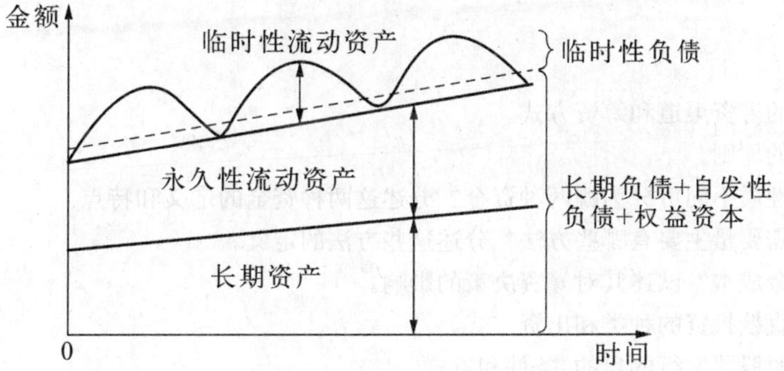

在保守型资金组合策略下，临时性负债在企业的全部资金来源中所占比重较小，企业保留较多的营运资金，可降低企业无法偿还到期债务的风险，同时蒙受短期利率变动损失的风险也较低。但降低风险的同时也降低了企业的收益，因为长期负债和权益资本在企业的资金来源中的比重较高，并且两者的资金成本通常会高于临时性负债的资金成本，而且在生产经营淡季，企业仍要负担长期负债的利息，从而降低了企业整体的收益。所以，保守型资金组合策略是一种风险低、收益也低的资金组合策略。

【例】 天原工厂目前正处在生产经营活动的旺季，该厂的资产总额 5 000 万元，其中：长期资产 2 600 万元，永久性流动资产 1 000 万元，临时性流动资产 1 400 万元，所有者权益 2 000 万元，长期负债 800 万元。流动负债 2 200 万元。

(1) 该厂自发性负债为 600 万元时的计算分析　计算该厂临时性负债的金额，并分析其采取哪种资金组合策略如下：

$$临时性负债 = 2\,200 - 600 = 1\,600(万元)$$

计算结果显示，该厂的临时性负债为 1 600 万元，大于临时性流动资产 1 400 万元，表明该厂临时性负债不但解决临时性流动资产的资金需要，而且还解决了 200 万元永久性流动资产的资金。因此，该厂采取的是积极型资金组合策略。

(2) 该厂自发性负债为 950 万元时的计算分析　计算该厂临时性负债的金额，并分析其采取哪种资金组合策略如下：

$$临时性负债 = 2\,200 - 950 = 1\,250(万元)$$

计算结果显示，该厂的临时性负债为 1 250 万元，小于临时性流动资产 1 400 万元，表明该厂临时负债只解决了 1 250 万元临时性流动资产的资金需要，其余 150 万元临时性流动资产的资金由自发性负债、长期负债和权益资本予以解决。因此，该厂采取的是保守型资金组合策略。

思考题

一、简答题

1. 试述企业的筹资渠道和筹资方式。
2. 试述筹资的原则。
3. 按筹资的性质不同可分为哪两种资金？分述这两种资金的定义和特点。
4. 预测资金需要量主要有哪些方法？分述这些方法的定义。
5. 什么是资金成本？试述其对筹资决策的影响。
6. 试述吸收直接投资的种类和出资方式。
7. 试述普通股股票发行的目的、条件和方式。
8. 股份有限公司对股票上市应作好哪些决策？
9. 试述普通股筹资的优缺点。
10. 试述长期借款的种类和程序。
11. 试述债券的种类及发行债券的资格和条件。
12. 分述长期借款筹资与发行债券筹资的优缺点。
13. 试述短期借款的信用条件及短期借款筹资的优缺点。
14. 试述短期融资券的种类和发行条件。
15. 分述商业信用筹资、短期融资券筹资和应收账款转让筹资的优缺点。
16. 短期资金与长期资金的组合策略有哪三种？分述各种组合策略的特点。

二、名词解释题

筹资　股权资本　长期筹资　回归直线法　筹资成本　普通股股票　股票上市　抵押借款　可转换债券　融资租赁　直接租赁　周转信贷协定　贴现法　商业信用　短期融资券　应收账款转让　永久性流动资产　自发性负债

三、是非题

1. 筹资渠道是指筹资的来源方向与通道，体现着资金的来源和流量。而筹资方式则是指企业筹资所采用的具体形式。（　）

2. 商业信用是指企业在商品交易中，与其他单位之间因延期付款或者预收账款形成的借贷信用关系。（　）

3. 权益资本由实收资本或股本、盈余公积和未分配利润组成。（　）

4. 企业的债务资本有各种借款、应付债券和长期应付款等，它具有契约性、暂时性、风险性的特点。（　）

5. 不变资金是指不受产销量增减的影响而保持不变的资金。（　）

6. 运用回归直接法应具备资金需要量与业务量之间确实存在着线性关系和企业至少需要连续3年以上的历史资料。 ( )

7. 资金成本率是指资金使用成本与筹资总额的比率。 ( )

8. 吸收直接投资中的出资方式有以货币资产出资、以实物资产出资、以土地使用权出资和以特定债权出资。 ( )

9. 吸收直接投资的优点是容易进行信息沟通，有利于尽快形成生产能力和有利于降低财务风险三项。 ( )

10. 普通股股东的管理权主要表现在重大决策参与权、经营者选择权、财务监督权、公司经营的建议权和股东大会召集权等。 ( )

11. 留存收益筹资的优点是资金成本比普通股低、能保持普通股股东的控制权和提高企业的举债能力。 ( )

12. 可转换债券的持有人有自由选择转换公司普通股股票与否的权利。 ( )

13. 借款利息的支付方法有收款法和贴现法两种。 ( )

14. 商业信用的条件主要有预收货款、延期付款，但不涉及现金折扣、延期付款，涉及现金折扣。 ( )

15. 应收账款转让的筹资数额一般为应收账款扣减允许客户在付款时扣除的现金折扣和贷款机构扣除的利息费用、手续费。 ( )

16. 按流动负债形成的方式不同，可分为临时性负债和自发性负债。 ( )

四、单项选择题

1. ________具有灵活方便的特点，是企业债务筹资的主要方式。

A. 利用商业信用　B. 向金融机构借款　C. 发行债券　D. 融资租赁

2. 能用于资金预测比率最常用的是________。

A. 存货周转率　B. 应收账款周转率　C. 销售额比率　D. 流动资金周转率

3. 企业以第三方作为保证人承诺在借款人不能偿还借款时，按约定承担一定保证责任或连带责任而取得的借款是________。

A. 保证借款　B. 担保借款　C. 抵押借款　D. 质押借款

4. 最低的资金成本为________。

A. 长期借款资金成本　B. 债券资金成本　C. 优先股资金成本　D. 普通股资金成本

5. 最高的资金成本为________。

A. 长期借款资金成本　B. 债券资金成本　C. 优先股资金成本　D. 普通股资金成本

6. 筹资条件最宽松的筹资方式是________。

A. 长期借款　B. 债券　C. 融资租赁　D. 商业信用

7. 筹资条件最严格的筹资方式是________。

A. 长期借款　B. 债券　C. 融资租赁　D. 商业信用

8. ________要求企业临时负债筹资计算严密，实现资金的占用时间与负债的偿还时间相配合。

A. 平稳型资金组合策略　B. 配合型资金组合策略

C. 保守型筹资组合策略　D. 积极型资金组合策略

五、多项选择题

1. 企业筹资的动机通常有________。

A. 创立性筹资动机　　B. 扩张性筹资动机

C. 支付性筹资动机　　D. 调整性筹资动机

2. 商业信用是企业的一种筹资方式，商业信用的具体方式有________。

A. 应付账款　　B. 延期付款　　C. 应付票据　　D. 预收账款

3. 资金成本对企业筹资决策的影响主要有：它是企业确定最优资本结构的主要参数、________。

A. 它是影响企业筹资总额的重要因素　　B. 它是企业选择资金来源的基本依据

C. 它是企业选用筹资方式的参考标准　　D. 它是企业确定债务资金比重的基本依据

4. 股权资本具有________的特点。

A. 法定性　　B. 主动性　　C. 收益性　　D. 永久性

5. ________是吸收直接投资的优点。

A. 有利于尽快形成生产能力　　B. 筹资速度快

C. 有利于降低财务风险　　D. 容易进行信息沟通

6. 确定普通股股票发行价格时要考虑市盈率、________等因素。

A. 每股净资产　　B. 公司的行业特征

C. 股票市场状况　　D. 公司在同行业中的地位

7. 长期借款筹资的优点有________。

A. 筹资速度快　　B. 筹资容易成功

C. 资金成本低　　D. 借款弹性好

8. 融资设备租赁的租金由________构成。

A. 设备价款　　B. 融资成本

C. 租赁手续费　　D. 租赁公司盈利

9. 短期借款按照目的和用途不同，主要有临时借款、________等。

A. 生产周转借款　　B. 研究开发借款

C. 结算借款　　D. 新产品试制借款

10. 短期债务筹资的方式有短期借款、________。

A. 商业信用　　B. 短期融资券

C. 应付账款　　D. 应收账款转让

实务题

习题一

一、目的　练习资金需要量的预测。

二、资料

1. 新光公司2018年度资产负债表如图表3-9所示。

图表 3-9

资产负债表

2018 年度　　　　单位：万元

资　　产	期末余额	负债和所有者权益	期末余额
货币资金	403.20	短期借款	788.00
应收票据	522.00	应付票据	381.60
应收账款	540.00	应付账款	534.24
存货	2 311.20	其他应付款项	851.76
固定资产净额	2 223.60	应付债券	980.00
		实收资本	2 140.00
		留存收益	324.40
资产总计	6 000.00	负债和所有者权益总计	6 000.00

2. 该公司 2018 年度销售额为 7 200 万元，销售净利率为 12%，股利支付率为 68%。公司现在生产能力尚未饱和，增加销售额不需要追加固定资产投资。经预测，2019 年公司的销售额将增加到8 400万元，企业销售净利率和股利分配政策不变。

3. 春风公司 2015—2018 年度产销量与资金占用量如图表 3-10 所示。

表 3-10

历年产销量和资金占用量表

项目＼年份	2015	2016	2017	2018
产销量(万件)	200	220	210	240
资金占用量(万元)	810	850	828	880

4. 春风公司预计 2019 年产销量为 270 万件。

三、要求

1. 根据“资料 1”“资料 2”，用销售额比率法预测新光公司需要增加的资金数额和对外筹资的数额。

2. 根据“资料 3”“资料 4”，分别用高低点法和回归直线法预测春风公司资金需要量。

习 题 二

一、目的　练习普通股资金成本和留存收益资金成本的计算。

二、资料

1. 泰源股份公司发行普通股股票，每股发行价为 12 元，筹资费用率为 2%，预计每年发放现金股利 1.25 元。

2. 天山股份公司发行普通股股票，每股发行价 15 元，筹资费用率为 2%，第 1 年每股发放现金股利 1.45 元，预计以后每年增长 2.5%。

3. 长城股份公司普通股的 β 值为 1.8，无风险利率为 6.8%，市场投资组合的期望收益率为 11%。

4. 东海股份公司普通股的风险溢价预测为 7.6%，而无风险利率为 6.8%。

三、要求

1. 计算各个股份公司普通股的资金成本。

2. 计算泰源股份公司和天山股份公司留存收益的资金成本。

习 题 三

一、目的 练习债务资本资金成本的计算。

二、资料

1. 天华公司从银行借入长期借款 800 万元，期限 3 年，年利率为 7.5%，每年付息一次，到期一次还本，筹资费用率为 1‰，所得税税率为 25%。

2. 泰康公司等价发行债券的总面值为 1 200 万元，期限 3 年。票面利率为 8.4%，每年付息一次，发行费率为 2.2%，所得税税率为 25%。

3. 沪昌公司 2019 年 1 月 1 日向租赁公司融资租入生产设备一套，价款 250 000 元，租赁期为 6 年。到期后设备归沪昌公司所有，双方商定采用 16%折现率，租金每年年末支付一次。

4. "资料 3"中融资租入生产设备的租金改为每年年初支付一次。

三、要求 计算各种债务资本的资金成本。

习 题 四

一、目的 练习短期借款的信用条件。

二、资料 华银工厂发生短期借款情况如下：

1. 向工商银行申请周转信贷限额 1 820 万元，期限 1 年，承诺费率为 4‰，借款企业年度内使用了 1 350 万元。

2. 向中国银行借款 100 万元，期限 1 年，年利率为 8%，银行要求维持贷款限额 15%的补偿性余额。

三、要求

1. 根据"资料 1"，计算应向银行支付的承诺费。

2. 根据"资料 2"，计算借款的实际利率。

习 题 五

一、目的 练习借款利息的支付方法。

二、资料 国阳公司发生短期借款的情况如下：

1. 向工商银行借款 600 000 元，期限 1 年，年利率为 9.3%，按照贴现法付息。

2. 向中国银行借款 450 000 元，期限 1 年，年利率为 5.4%，分 12 个月等额偿还本息。

三、要求 计算每笔借款的实际利率。

习 题 六

一、目的 练习应付账款的信用条件。

二、资料 黄河公司购进材料一批，信用条件为“3/10、1.5/20、n/30”。

三、要求

1. 该公司在第 10 天付款，计算其放弃现金折扣成本。
2. 该公司在第 20 天付款，计算其放弃现金折扣成本。

习 题 七

一、目的 练习短期资金和长期资金的组合策略。

二、资料 长江工厂目前正处在生产经营活动的旺季，该厂的资产总额为 6 000 万元，其中：长期资产 3 050 万元，永久性流动资产 1 200 万元，临时性流动资产 1 750 万元，所有者权益 2 520 万元，长期负债 980 万元，流动负债 2 500 万元。

1. 该厂的自发性负债为 660 万元。
2. 该厂的自发性负债为 1 000 万元。

三、要求 计算该厂临时性负债的金额，并分析其应采取哪种资金组合策略。

第四章　综合资金成本和资本结构

第一节　综合资金成本

综合资金成本是指企业多元化筹资方式下的平均资金成本。它反映了企业资金成本总体水平的高低。综合资金成本又可分为已筹资的加权平均资金成本和新增资金的边际资金成本。

一、加权平均资金成本

企业在资金市场上筹资，往往有多种可供选择的筹资方式，不同的筹资方式将产生不同的资金成本。从理论上来说，企业应选择资金成本最低的资金筹集方式，然而因受资金筹集速度、资金使用期、资金供应量及取得资金的难易程度和偿还条件等各种因素的影响，必然采用多种的筹资方式，因此需要计算加权平均资金成本。

加权平均资金成本是指分别以各种资金成本为基础，以各种资金占全部资金的比重为权数计算出来的综合资金成本。加权平均资金成本是由个别资金成本和各种资金比例这两个因素决定的，其计算公式如下：

$$加权平均资金成本 = \sum(某种资金占总资金的比重 \times 该种资金的成本)$$

【例】 沪兴股份有限公司现有资金总额 2 000 万元，其中：长期借款 560 万元，长期债券 500 万元，普通股股票 700 万元，留存收益 240 万元；各种资金成本依次为：5.75%、7.12%、13.60%和 13.25%，计算其加权平均资金成本如图表 4－1 所示。

在测算加权平均资金成本时，企业资本结构或各种资金在总资金中所占的比重取决于各种资金价值的确定。各种资金价值的确定基础主要有账面价值和市场价值两种。

按账面价值确定资金比重，其优点是：能反映过去，易于从资产负债表中取得所需要的资料，容易计算。其主要缺点是：资金的账面价值可能不符合市场价值，如果资金的市场价值与账面价值差别较大时，计算的结果会与资本市场现行实际资金成本有较大的差距，从而不利于加权平均资金成本的测算和筹资管理的决策。

图表 4-1

加权平均资金成本计算表

资金种类	资金数额（万元）	比重（%）	个别资金成本（%）	加权平均资金成本
(1)	(2)	$(3)=\frac{(2)}{4\,000}$	(4)	(5)＝(4)×(3)
长期借款	1 120	28	5.75	1.61%
长期债券	1 000	25	7.12	1.78%
普通股	1 400	35	13.60	4.76%
留存收益	480	12	13.25	1.59%
合计	4 000	100	—	9.74%

按市场价值确定资金比重，是指债券和股票等以现行资本市场价格为基础确定其资金比重，这样计算的加权平均资金成本能反映企业目前的实际情况。但是，证券市场价格变动频繁，为弥补证券市场价格变动频繁的不便，也可选用平均价格。

二、边际资金成本

（一）边际资金成本概述

边际资金成本是指资金每增加一个单位而增加的成本。在现实中，边际资金成本通常在某一筹资数额的区间内保持稳定。当企业以某种筹资方式筹资，筹资的数额超过一定限度时，边际资金成本会提高，此时，即使企业保持原有的资本结构，也仍有可能导致加权平均资金成本上升。因此，边际资金成本也被称为随资金筹集额增加而提高的加权平均资金成本。在企业追加筹资数额时，不能仅仅考虑目前所使用的资金的成本，还要考虑为投资项目新筹资的成本，这就需要计算资金的边际成本。

企业追加筹资数额有时可能只采取某一种筹资方式。但在筹资数额较大，或在目标资本结构既定的情况下，往往需要通过多种筹资方式的组合来实现筹资目标。这时，边际资金成本应该按加权平均法计算，而且其资本比例必须以市场价值确定。

当企业拟筹资进行某项目投资时，应以边际资金成本作为评价该投资项目可行性的经济标准，根据边际资金成本进行投资方案的取舍。

（二）边际资金成本的计算和应用

企业为了随时了解在未来追加不同筹资规模下的边际资金成本，可以预先对有关数据合理预测，进行边际资金成本规划。这一规划通常有：确定企业目标资本结构、测算个别资金成本、计算筹资总额分界点和计算边际资金成本四个步骤。

【例】 国阳公司目前有长期资金 1 200 万元，其中：长期债务 360 万元，普通股权益 840 万元。目前公司的加权平均资金成本为 11.2%。现公司为了扩大经营规模，准备进行筹资，计算确定边际资金成本。

（1）确定公司目标资本结构　该公司的财务人员经过认真分析，认为目前的资本结构中，长期债务占 30%，普通股权益占 70%，处于目标资本结构，因此，在今后的增资中，应保持这一资本结构。

（2）测算确定个别资金成本　该公司的财务人员认真分析了目前资本市场状况和公司的筹资能力，认为随着公司筹资规模的不断增加，各种资金成本也会增加，并测算出随着筹资数额的增加而引起各种资金成本的变化，据以编制各种追加筹资方案的资金成本表（如图表 4-2 所示）。

图表 4-2

各种追加筹资方案的资金成本表

资金种类	目标资本结构	追加筹资数额范围	资金成本
长期债务	30%	30 万元以下	7%
		30 万元至 60 万元	8%
		60 万元以上	9%
普通股权益	70%	35 万元以下	13%
		35 万元至 105 万元	14%
		105 万元以上	15%

（3）计算筹资总额分界点　筹资总额分界点是指在保持某资金成本的条件下，可以筹集到的资金总限度。一旦筹资数额超过筹资总额分界点，即使维持现有的资本结构，其资金成本也会增加。筹资总额分界点的计算公式如下：

$$\text{筹资总额分界点}=\frac{\text{某种筹资方式的成本分界点}}{\text{目标资本结构中该种筹资方式所占比重}}$$

根据上列公式和图表 4-2 的资料，编制筹资总额分界点计算表如图表4-3所示。

从图表 4-3 中可以看到，长期债务在 30 万元以下，资金成本为 7%，而在目标资本结构中，长期债务的比重为 30%，这表明在长期债务资金成本由 7%上升到 8%之前，

图表 4-3

筹资总额分界点计算表

资金种类	目标资本结构	个别资金成本	各种筹资方式的筹资范围	筹资总额分界点	筹资总额范围
(1)	(2)	(3)	(4)	(5)＝(4)①÷(2)	(6)
长期债务	30%	7% 8% 9%	30万元以下 30万元至60万元 60万元以上	100万元 200万元 —	100万元以下 100万元至200万元 200万元以上
普通股权益	70%	13% 14% 15%	35万元以下 35万元至105万元 105万元以上	50万元 150万元 —	50万元以下 50万元至150万元 150万元以上

企业可筹资100万元(30万元/0.3)；当筹资总额在100万～200万元之间时，长期债务资金成本上升到8%；当筹资总额在200万元以上时，长期债务资金成本则上升至9%。

(4) 计算边际资金成本　根据上一步骤计算的筹资总额分界点所取得的5组筹资总额范围分别为如下所述。① 50万元以下。② 50万元至100万元。③ 100万元至150万元。④ 150万元至200万元。⑤ 200万元以上。对以上5组筹资总额范围分别计算加权平均资金成本，就能取得各种筹资总额范围的边际资金成本。现根据图表4-3的资料，编制边际资金成本计算表如图表4-4所示。

图表 4-4

边际资金成本计算表

资金筹集总额范围	资金种类	目标资本结构	资金成本	边际资金成本
(1)	(2)	(3)	(4)	(5)＝(3)×(4)
50万元以下	长期债务 普通股权益	30% 70%	7% 13%	2.1% 9.1%
	第一个范围内的边际资金成本			11.2%
50万元至100万元	长期债务 普通股权益	30% 70%	7% 14%	2.1% 9.8%
	第二个范围内的边际资金成本			11.9%

① 根据各种筹资方式的范围的上限计算。

（续表）

资金筹集总额范围	资金种类	目标资本结构	资金成本	边际资金成本
(1)	(2)	(3)	(4)	(5)＝(3)×(4)
100万元至150万元	长期债务 普通股权益	30% 70%	8% 14%	2.4% 9.8%
	第三个范围内的边际资金成本			12.2%
150万元至200万元	长期债务 普通股权益	30% 70%	8% 15%	2.4% 10.5%
	第四个范围内的边际资金成本			12.9%
200万元以上	长期债务 普通股权益	30% 70%	9% 15%	2.7% 10.5%
	第五个范围内的边际资金成本			13.2%

将以上计算的结果用边际资金成本规划图（见图表4－5）来表达，将各投资项目按内含报酬率高低依次排列，表示企业筹资时首先安排内含报酬率高的投资项目，通过该图可以更形象地反映筹资总额增加时边际资金成本的变化，同时还显示了企业目前的投资机会。

图表4－5

边际资金成本规划图示

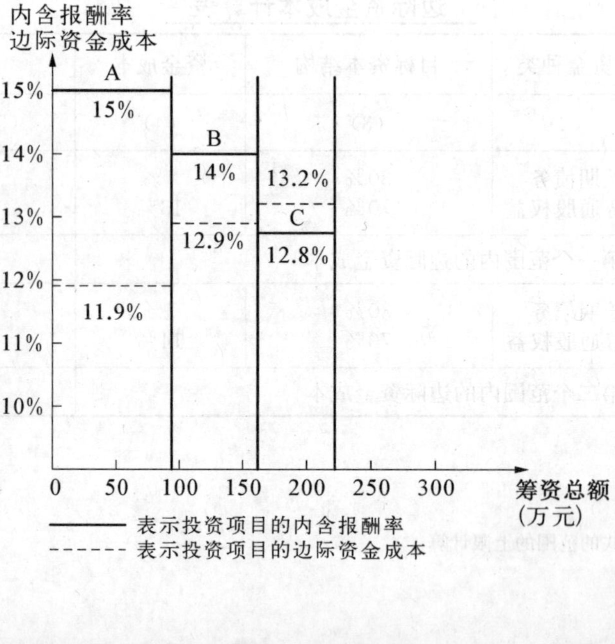

【例】 国阳公司有A,B,C三个投资项目,投资额分别为90万元、70万元和60万元,内含报酬率分别为15%、14%和12.8%。根据图表4-4边际资金成本计算表编制边际资金成本规划图如图表4-5所示。

图表4-5显示,国阳公司A投资方案内含报酬率为15%,边际资金成本为11.9%,B投资方案内含报酬率为14%,边际资金成本为12.9%,这两个投资方案的内含报酬率均大于边际资金成本,可以选择采用。C投资方案内含报酬率为12.8%,边际资金成本为13.2%,这个投资方案的内含报酬率虽然高于目前11.2%的加权平均资金成本,但低于该方案所需的边际资金成本,因此,应予舍弃。

第二节 杠杆效应

一、杠杆效应的含义

在自然界中,杠杆效应是指人们通过利用杠杆,可以用较小的力量移动较重物体的现象。这种杠杆是有形的。在财务管理中,也存在着类似的杠杆效应,这种杠杆效应是指当某一财务变量以较小幅度变动时,会导致另一相关变量产生较大幅度的变动。合理地运用杠杆效应,有助于企业合理地规避各种风险,提高资金营运效率。

财务管理中的杠杆效应有经营杠杆、财务杠杆和复合杠杆三种形式。要了解这些杠杆的原理,首先要了解成本习性、边际贡献和息税前利润等相关术语的含义。

二、成本习性、边际贡献与息税前利润

(一)成本习性

成本习性是指成本总额与业务量之间在数量上的依存关系。成本按习性可分为固定成本、变动成本和混合成本三类。

1. 固定成本　它是指其总额在一定时期和一定业务量范围内不随业务量发生任何变动的那部分成本。单位固定成本将随业务量的增减变动而成反比例变动。属于固定成本的主要有按直线法计提的折旧费、保险费、管理人员工资和办公费等。固定成本还可进一步区分为以下两类。

(1) 约束性固定成本　它是指企业为维持一定的业务量所必须负担的最低成本,如厂房、机器设备折旧费和管理人员的职工薪酬等。因为企业的生产经营能力一旦形成,在短期内很难有重大改变,因此这部分成本具有很大的约束性。企业要降低约束性固定成本,只能从合理地利用生产经营能力入手。

(2) 酌量性固定成本　它是指企业根据经营方针确定的一定时期(通常为1年)的成本,如广告费、研究与开发费和职工培训费等。这部分成本的发生可以随企业经营方针和财务状况的变化,斟酌其开支。因此,要降低酌量性固定成本,就要在预算时精打细算,合理确定这部分成本的数额。

2. 变动成本　它是指总额随着业务量成正比例变动的那部分成本。单位变动成本是固定的，它不受业务量变动的影响。属于变动成本的主要有直接材料和直接人工等。

与固定成本相同，变动成本也存在相关范围，即只有在一定的范围内，业务量和成本才能完全成同比例变化，即成完全的线性关系，超过了一定的范围，这种关系就不存在了。

3. 混合成本　它是指具有固定成本和变动成本双重习性的成本。混合成本按其与业务量的关系不同，又可分为半变动成本和半固定成本两种。

(1) 半变动成本　它是指成本总额在一个初始量的基础上随着业务量的增减变动而成正比例变动的成本。例如，在租用机器设备时，有的租约规定租金同时按两种标准计算。① 每年支付一定数额的租金。② 每运转 1 小时支付一定数额的租金。企业的电话费也属于半变动成本。

(2) 半固定成本　它是指成本总额随业务量的变化而呈阶梯式变动的成本。其成本总额在一定业务量范围内是固定不变的。当业务量增加到一定限度后，这种成本就跳跃到一个新水平，如检验员、保养工和运货员的职工薪酬。

4. 总成本习性模型　由于成本按成本习性可分为变动成本、固定成本和混合成本三类，混合成本又可以按一定的方法分解成变动成本部分和固定成本部分，那么总成本习性模型可以用直线方程式表示如下：

$$y = a + bx$$

公式中　y 表示总成本；
a 表示固定成本；
b 表示单位变动成本；
x 表示业务量(如产销量)。

企业可以运用上述总成本习性模型直线方程式，求出 a、b 值来进行成本预测、成本决策和其他短期决策。

(二) 边际贡献和息税前利润

1. 边际贡献　它是指销售收入减去变动成本以后的差额。其计算公式如下：

边际贡献＝销售收入总额－变动成本总额
＝(销售单价－单位变动成本)×产销量
＝单位边际贡献×产销量

2. 息税前利润　它是指企业支付利息和交纳所得税前的利润。其计算公式如下：

息税前利润＝销售收入总额－变动成本总额－固定成本
＝(销售单价－单位变动成本)×产销量－固定成本
＝边际贡献总额－固定成本

上列公式中的固定成本和变动成本都不包括利息费用。此外，息税前利润可以通过利润总额加上利息费用取得。

三、经营杠杆效应

（一）经营风险

经营风险是指企业由于生产经营上的原因导致未来的息税前利润不确定的风险。经营风险因具体行业、具体企业以及具体时期而异。市场需求、销售价格、成本水平、对价格的调整能力和固定成本等因素的不确定性影响着经营风险。

（二）经营杠杆的含义

经营杠杆是指由于固定成本的存在而导致息税前利润变动率大于产销量变动率的杠杆效应。经营杠杆反映了资产报酬的波动性，用以评价企业的经营风险。

企业的经营风险部分取决于其利用固定成本的程度。在其他条件不变的情况下，产销量的增加虽然不会改变固定成本总额，但会降低单位固定成本，从而提高单位息税前利润，使息税前利润的增长率大于产销量的增长率；反之，产销量的减少会提高单位固定成本，降低单位息税前利润，使息税前利润下降率也大于产销量下降率。由于经营杠杆对经营风险的影响最为综合，因此，它常被用来衡量经营风险的大小。

（三）经营杠杆的计量

只要企业存在着固定成本，就存在着经营杠杆效应。但不同企业或同一企业不同产销业务量基础上的经营杠杆效应的大小并不完全一致，因此，需要对经营杠杆进行计量。对经营杠杆进行计量最常用的指标是经营杠杆系数。经营杠杆系数是指息税前利润变动率相当于产销业务量变动率[①]的倍数。其计算公式如下：

$$经营杠杆系数=\frac{息税前利润变动率}{产销业务量变动率}$$

$$息税前利润变动率=\frac{息税前利润变动额}{基期息税前利润}$$

$$产销业务量变动率=\frac{产量或销售量变动数}{基期产量或销售量}$$

上述公式是计算经营杠杆系数的理论公式，但利用该公式，必须以已知变动前后的相关资料为前提，比较麻烦，而且无法预测计划期的经营杠杆系数。因此经营杠杆系数的计算公式还可以简化如下：

$$计划期经营杠杆系数=\frac{基期销售额-基期变动成本额}{基期息税前利润}=\frac{基期边际贡献}{基期息税前利润}$$

① 这里的产销业务量变动率既可以按产量或销量计算（假定产销平衡），也可以按销售收入计算，其结果相同。

【例】 嘉新公司2017年和2018年的销售收入分别为2 000万元和2 300万元，变动成本分别为1 200万元和1 380万元，固定成本均为400万元。编制经营杠杆分析表如图表4－6所示。

图表4－6

经营杠杆分析表

单位：万元

项　目	2017年	2018年	变动额	变动率
(1)	(2)	(3)	(4)＝(3)－(2)	(5)＝(4)÷(2)
销售收入	2 000	2 300	300	15%
减：变动成本	1 200	1 380	180	15%
边际贡献	800	920	120	15%
减：固定成本	400	400	—	—
息税前利润	400	520	120	30%

(1) 计算2018年经营杠杆系数　根据图表4－6中2017年的数据，计算嘉新公司2018年的经营杠杆系数如下：

$$经营杠杆系数=\frac{30\%}{15\%}=2$$

计算结果显示，经营杠杆系数为2，表明息税前利润的增长是产销量增长的2倍。

(2) 计算2019年的经营杠杆系数　根据图表4－6中2018年的数据，用简化公式计算2019年的经营杠杆系数如下：

$$经营杠杆系数=\frac{920}{520}=1.77$$

（四）经营杠杆与经营风险的关系

引起企业经营风险的主要原因是市场需求和成本等因素的不确定性，经营杠杆本身并不是息税前利润不稳定的根源。但是，产销业务量增加时，息税前利润将以经营杠杆系数的倍数的幅度增加；而产销业务量减少时，息税前利润又将以经营杠杆系数的倍数的幅度减少。因此，经营杠杆扩大了市场和生产等不确定因素对息税前利润变动的影响。而且，经营杠杆系数越高，息税前利润变动越大，企业的经营风险就越大。于是，企业经营风险的大小就和经营杠杆有着重要的关系。在其他因素不变的情况下,固定成本越高,经营杠杆系数越大,企业的经营风险也就越大。其关系可用公式表示如下:

$$经营杠杆系数=\frac{基期边际贡献}{基期边际贡献-基期固定成本}$$

或

$$经营杠杆系数=\frac{(基期销售单价-基期单位变动成本)\times 基期产销量}{(基期销售单价-基期单位变动成本)\times 基期产销量-基期固定成本}$$

从上列公式中可以看出,影响经营杠杆系数的因素包括产品销售数量、产品销售价格、单位变动成本和固定成本总额等因素。经营杠杆系数将随固定成本的变化同方向变化,即在其他因素一定的情况下,固定成本越高,经营杠杆系数越大,企业的经营风险也就越大。如果固定成本为零,则经营杠杆系数等于1。

在影响经营杠杆系数的因素发生变动的情况下,经营杠杆系数通常也会发生变动,从而产生不同程度的经营杠杆和经营风险。由于经营杠杆系数影响着企业的息税前利润,从而也就制约着企业的筹资能力和资本结构。因此,经营杠杆系数是资本结构决策的一个重要因素。

控制经营风险的方法有:增加销售额、降低产品单位成本和降低固定成本比重等。

【例】 甲、乙两个公司预测的有关财务指标如图表4-7所示。

图表4-7

甲、乙两个公司预测的有关财务指标

金额单位:万元

企业名称	经营状况	概率	销售量(件)	单价	销售额	单位变动成本	变动成本总额	边际贡献	固定成本	息税前利润
甲	好	0.2	2 400	1	2 400	0.6	1 440	960	400	560
	中	0.6	2 000	1	2 000	0.6	1 200	800	400	400
	差	0.2	1 600	1	1 600	0.6	960	640	400	240
乙	好	0.2	3 000	0.8	2 400	0.4	1 200	1 200	600	600
	中	0.6	2 400	0.8	2 000	0.4	1 000	1 000	600	400
	差	0.2	2 000	0.8	1 600	0.4	800	800	600	200

比较甲、乙两个公司的经营风险大小计算如下：

甲公司期望边际贡献 $= 960 \times 0.2 + 800 \times 0.6 + 640 \times 0.2 = 800$(万元)

甲公司期望息税前利润 $= 560 \times 0.2 + 400 \times 0.6 + 240 \times 0.2 = 400$(万元)

甲公司最有可能的经营杠杆系数 $= \frac{800}{400} = 2$

甲公司息税前利润标准离差 $= \sqrt{(560-400)^2 \times 0.2 + (400-400)^2 \times 0.6 + (240-400)^2 \times 0.2}$

$= 101.19$(万元)

乙公司期望边际贡献 $= 1\,200 \times 0.2 + 1\,000 \times 0.6 + 800 \times 0.2 = 1\,000$(万元)

乙公司期望息税前利润 $= 600 \times 0.2 + 400 \times 0.6 + 200 \times 0.2 = 400$(万元)

乙公司最有可能的经营杠杆系数 $= \frac{1\,000}{400} = 2.5$

乙公司息税前利润标准离差 $= \sqrt{(600-400)^2 \times 0.2 + (400-400)^2 \times 0.6 + (200-400)^2 \times 0.2}$

$= 126.49$(万元)

计算结果显示，甲、乙两公司的期望息税前利润相同，都为 400 万元，但乙公司的经营杠杆系数比甲公司大，标准离差也比甲公司大，说明乙公司的经营风险比甲公司大。经分析，这两个公司产生差异的原因是乙公司的固定成本比甲公司高。

四、财务杠杆效应

（一）财务风险

财务风险又称筹资风险，是指企业在经营活动过程中与筹资有关的风险，尤其是指在筹资活动中利用财务杠杆可能导致企业权益资本收益下降的风险，甚至可能导致企业破产的风险。财务风险主要表现为丧失偿债能力的可能性和股东每股收益的不确定性。

（二）财务杠杆的含义

财务杠杆是指由于固定财务费用的存在而导致普通股每股收益变动率大于息税前利润变动率的杠杆效应。财务杠杆反映了股权资本报酬的波动性，用以评价企业的财务风险。

在资本总额及其结构既定的情况下，企业需要从息税前利润中支付的债务利息通常都是固定的。当息税前利润增加时，每 1 元的盈余所负担的固定财务费用就会相对减少，这就能给普通股股东带来更多的收益，从而产生财务杠杆效应。反之，当息税前利润减少时，每 1 元的盈余所负担的固定财务费用就会相对增加，这就会减少普通股股东的收益，从而产生财务杠杆反效应。

【例】 A,B 两公司的资本结构及普通股利润表如图表 4－8 所示。

图表 4-8

A,B 两公司的资本结构及普通股利润表

单位：元

时期	项　　目	行　　次	A公司	B公司
报告期	普通股发行在外股数(股)	(1)	1 000 000	600 000
	普通股筹资额(每股 10 元)	(2)	10 000 000	6 000 000
	债务(利率 8%)	(3)	—	4 000 000
	资金总额	(4)＝(2)＋(3)	10 000 000	10 000 000
	息税前利润	(5)	1 000 000	1 000 000
	债务利息	(6)＝(3)×8%	—	320 000
	利润总额	(7)＝(5)－(6)	1 000 000	680 000
	所得税(税率 25%)	(8)＝(7)×25%	250 000	170 000
	净利润	(9)＝(7)－(8)	750 000	510 000
	每股收益	(10)＝(9)÷(1)	0.75	0.85
预算期	预计息税前利润增长率(%)	(11)	20	20
	增长后的息税前利润	(12)＝(5)×[1＋(11)]	1 200 000	1 200 000
	债务利息	(13)＝(6)	—	320 000
	利润总额	(14)＝(12)－(13)	1 200 000	880 000
	所得税(税率 25%)	(15)＝(14)×25%	300 000	220 000
	净利润	(16)＝(14)－(15)	900 000	660 000
	每股收益	(17)＝(16)÷(1)	0.90	1.10
	每股收益增加额	(18)＝(17)－(10)	0.15	0.25
	每股收益增长率(%)	(19)＝(18)÷(10)	20	29.41

在图表 4-8 内，A,B 两个公司报告期的资金总额相等，息税前利润相等，两个公司预算期的息税前利润的增长率和增长额也相同，所不同的只是资本结构。A 公司的全部资金都是普通股股票，B 公司的资金中普通股股票占 60%，债务占 40%。当 A,B 两个公司预算期的息税前利润均增长 20%时，A 公司的每股收益增长 20%，而 B 公司却增长了 29.41%，这就是财务杠杆效应。如果 A,B 两个公司预算期的息税前利润均下降相同幅度时，那么 B 公司的每股收益下降的幅度要大于 A 公司每股收益下降的幅度，这就是财务杠杆反效应。

（三）财务杠杆的计量

只要企业的筹资方式中有固定财务费用支出的债务，就会存在财务杠杆效应。但是不同企业的财务杠杆效应并不是完全一致的，因此，需要采用财务杠杆系数对财务杠杆进行计量，财务杠杆系数是指普通股每股收益的变动率相当于息税前利润变动率的倍数。其计算公式如下：

$$财务杠杆系数=\frac{普通股每股收益变动率}{息税前利润变动率}$$

$$普通股每股收益变动率=\frac{普通股每股收益变动额}{变动前普通股每股收益}$$

$$息税前利润变动率=\frac{息税前利润变动额}{变动前的息税前利润}$$

以上是计算财务杠杆系数的理论公式，通过推导以后，可以简化如下：

$$财务杠杆系数=\frac{基期息税前利润}{基期息税前利润-基期利息}$$

影响企业财务杠杆系数的因素包括息税前利润、企业资金规模、企业的资本结构和固定财务费用水平等多个因素。财务杠杆系数将随固定财务费用的变化呈同方向变化，即在其他因素一定的情况下，固定财务费用越高，财务杠杆系数越大，企业的财务风险也就越大；如果企业固定财务费用为零，则财务杠杆系数为1。

【例】 根据前例图表4－8预算期的资料，分别计算A，B两个公司的财务杠杆系数如下：

$$A公司财务杠杆系数=\frac{20\%}{20\%}=1$$

$$B公司财务杠杆系数=\frac{29.41\%}{20\%}=1.47$$

计算结果显示，A公司的财务杠杆系数为1，表明普通股每股收益增长幅度等于息税前利润的增长幅度；B公司的财务杠杆系数为1.47，表明普通股每股收益增长的幅度是息税前利润增长幅度的1.47倍。很显然，由于B公司利用了债务资金，从而发挥了财务杠杆效应。

（四）财务杠杆与财务风险的关系

由于财务杠杆的效应，当息税前利润下降时，净利润下降得更快，从而给企业股权资本所有者造成财务风险。财务杠杆会加大财务风险，企业举债比重越大，财务杠杆效应越强，财务风险就越大。财务杠杆与财务风险的关系，可以通过计算分析不同资本结构下普通股每股收益及其标准离差和标准离差率来进行测试。

【例】 甲、乙、丙三个公司的资本构成情况如图表4－9所示，预测各种经营情况的经济指标如图表4－10所示。

图表 4－9

资本构成情况表

金额单位：万元

项　　目	甲公司	乙公司	丙公司
普通股发行在外股数(万股)	200	120	80
普通股筹资额(每股 10 元)	2 000	1 200	800
债务资金		800	1 200
资金总额	2 000	2 000	2 000

图表 4－10

预测各种经营情况经济指标表

金额单位：万元

公司名称	经营情况	概率	息税前利润	利息①	利润总额	所得税②	净利润	普通股股数(万股)	每股收益(元)
甲	好	0.2	240	0	240	60	180	200	0.90
	中	0.6	200	0	200	50	150	200	0.75
	差	0.2	140	0	140	35	105	200	0.525
乙	好	0.2	240	64	176	44	132	120	1.10
	中	0.6	200	64	136	34	102	120	0.85
	差	0.2	140	64	76	19	57	120	0.475
丙	好	0.2	240	120	120	30	90	80	1.125
	中	0.6	200	120	80	20	60	80	0.75
	差	0.2	140	120	20	5	15	80	0.187 5

计算甲、乙、丙三个公司的期望每股收益，每股收益的标准离差、标准离差率和财务杠杆系数，并据以进行分析如下：

甲公司的期望每股收益＝0.90×0.2＋0.75×0.6＋0.525×0.2＝0.735(元)

乙公司的期望每股收益＝1.10×0.2＋0.85×0.6＋0.475×0.2＝0.825(元)

丙公司的期望每股收益＝1.125×0.2＋0.75×0.6＋0.187 5×0.2＝0.712 5(元)

① 乙公司债务资金年利率为 8%；丙公司债务资金年利率为 10%。

② 所得税税率为 25%。

甲公司每股收益的标准离差 $=\sqrt{(0.90-0.75)^2\times0.2+(0.75-0.75)^2\times0.6+(0.525-0.75)^2\times0.2}$
$=0.1209$(元)

乙公司每股收益的标准离差 $=\sqrt{(1.10-0.85)^2\times0.2+(0.85-0.85)^2\times0.6+(0.475-0.85)^2\times0.2}$
$=0.2016$(元)

丙公司每股收益的标准离差 $=\sqrt{(1.125-0.75)^2\times0.2+(0.75-0.75)^2\times0.6+(0.1875-0.75)^2\times0.2}$
$=0.5870$(元)

甲公司每股收益的标准离差率 $=\dfrac{0.1209}{0.735}=0.1645$

乙公司每股收益的标准离差率 $=\dfrac{0.2016}{0.835}=0.2414$

丙公司每股收益的标准离差率 $=\dfrac{0.5870}{0.7125}=0.8239$

甲公司的期望息税前利润 $=240\times0.2+200\times0.6+140\times0.2=196$(万元)

乙公司和丙公司的期望息税前利润与甲公司相同，均为196万元。

$$甲公司财务杠杆系数=\frac{196}{196}=1$$

$$乙公司财务杠杆系数=\frac{196}{196-64}=1.4848$$

$$丙公司财务杠杆系数=\frac{196}{196-120}=2.5789$$

计算结果显示，甲公司全部运用权益资本经营，其期望每股收益0.735元，因没有利息支出，财务杠杆系数为1，每股标准离差率为0.1645。乙公司运用了债务资金800万元，年利率为8%，负债比率为40%，则乙公司每股期望收益上升至0.825元，表明应用财务杠杆取得了较好的效益；财务杠杆系数上升至1.4848，标准离差率上升至0.2414，表明增加了企业的财务风险。丙公司运用了债务资金1 200万元，年利率为10%，负债比率为60%，但丙公司的每股期望收益却下降至0.7125元，而财务杠杆系数却上升至2.5789，标准离差率上升至0.8239，表明丙公司应用财务杠杆取得了相反的作用，高比率、高利率的负债，使丙公司非但每股期望收益最低，而且财务风险也最大。

五、总杠杆效应

（一）总杠杆的含义

总杠杆是指企业由于固定生产经营成本和固定财务费用的共同存在而导致的普通股每股收益变动率大于产销业务量变动率的杠杆效应。

由于存在固定成本，产生经营杠杆效应，所以使产销业务量的变动对息税前利润有扩大的作用；同样，由于存在固定财务费用，产生财务杠杆效应，所以使息税前利润对普通股每股收益有扩大的作用；如果两种杠杆共同起作用，那么销售额的细微变动就会使普通股每股收益产生更大的变动。

（二）总杠杆的计量

总杠杆系数反映了经营杠杆与财务杠杆之间的关系，即为了达到某一总杠杆系数指标，经营杠杆和财务杠杆可以有多种不同的组合。在维持总风险一定的情况下，企业可以根据实际情况，选择不同的经营风险和财务风险组合，实施企业的财务管理策略。

只要企业同时存在固定生产经营成本和固定财务费用支出，就会存在总杠杆的作用。对总杠杆计量的主要指标是总杠杆系数。总杠杆系数是指普通股每股收益变动率相当于产销量变动率的倍数。其计算公式如下：

$$总杠杆系数=\frac{普通股每股收益变动率}{产销业务量变动率}$$

总杠杆系数与经营杠杆系数和财务杠杆系数之间的关系可用公式表示如下：

$$总杠杆系数=经营杠杆系数\times财务杠杆系数$$

总杠杆系数的计算公式简化如下：

$$总杠杆系数=\frac{边际贡献}{息税前利润-利息}=\frac{边际贡献}{利润总额}$$

【例】 广兴公司 2017 年和 2018 年的经营情况和普通股股票每股收益等有关资料如图表 4－11 所示，分析其总杠杆效应，并计算总杠杆系数。

图表 4－11

经营情况和普通股股票每股收益表

金额单位：万元

项　　目	2017 年	2018 年	变动额	变动率
(1)	(2)	(3)	(4)＝(3)－(2)	$(5)=\frac{(4)}{(2)}$
销售额(单位售价 100 元)	2 000.00	2 300.00	＋300.00	＋15%
变动成本(单位变动成本 50 元)	1 000.00	1 150.00	＋150.00	＋15%
边际贡献	1 000.00	1 150.00	＋150.00	＋15%
固定成本	500.00	500.00	—	

（续表）

项　　目	2017 年	2018 年	变动额	变动率
(1)	(2)	(3)	(4)＝(3)－(2)	$(5)=\frac{(4)}{(2)}$
息税前利润	500.00	650.00	＋150.00	＋15％
利息	150.00	150.00	—	
利润总额	350.00	500.00	＋150.00	＋42.86％
所得税(税率为 25％)	87.50	125.00	＋37.50	＋42.86％
净利润	262.50	375.00	＋112.50	＋42.86％
普通股发行在外股数(万股)	300.00	300.00	—	—
每股收益(元)	0.875	1.25	＋0.375	＋42.86％

该表计算结果显示，在总杠杆效应下，销售业务量增长了 15％，每股收益增长了 42.86％；反之，如果业务量下降了 15％，那么每股收益也将下降 42.86％。

（1）根据图表 4－11 中 2017 年的资料，计算广兴公司 2017 年的总杠杆系数如下：

$$2017\text{ 年的总杠杆系数}=\frac{1\,000}{350}=2.86$$

（2）根据图表 4－11 中 2018 年的资料，计算广兴公司 2018 年的总杠杆系数如下：

$$2018\text{ 年的总杠杆系数}=\frac{1\,150}{500}=2.3$$

计算结果显示，该公司 2018 年的总杠杆系数为 2.3，小于其 2017 年的总杠杆系数，表明该公司的风险在减小。

（三）总杠杆与公司风险的关系

公司风险是指由于总杠杆效应使普通股股票每股收益大幅度波动而造成的风险。它包括经营风险和财务风险。在总杠杆效应下，当企业经营得当时，每股收益就会大幅度上升；当企业经营失利时，每股收益则会大幅度下降，从而存在公司风险。在其他因素不变的情况下，总杠杆系数越大，公司风险也就越大；反之，总杠杆系数越小，公司风险也就越小。通过计算分析总杠杆系数以及普通股每股收益的标准离差和标准离差率，可以揭示总杠杆与公司风险的内在联系。

在实际工作中，企业对经营杠杆和财务杠杆的运用，可以有各种不同的组合。经营杠杆系数较高的企业，可以在较低的程度上应用财务杠杆；经营杠杆系数较低的企业，可以在较高的程度上应用财务杠杆，使总杠杆系数保持在企业所能承受的风险以内。

第三节　资　本　结　构

一、资本结构概述

（一）资本结构的含义

资本结构是指企业资本总额中各种资本的构成及其比例关系。资本结构是企业筹资决策的核心问题。企业应综合考虑有关影响因素，运用适当的方法确定最佳资本结构，并在以后追加筹资中继续得以保持。企业现有资本结构不合理，应通过筹资活动进行调整，使其趋于合理化。

资本结构有广义和狭义之分。广义的资本结构是指企业全部债务与股东权益的构成及其比例关系。狭义的资本结构是指企业长期债务与股东权益的构成及其比例关系。在狭义的资本结构下，短期债务资本作为营运资本进行管理。本节所指的资本结构是指狭义的资本结构。

企业资本结构是由企业采用的各种筹资方式而形成的，各种筹资方式不同的组合类型决定着企业资本结构及其变化。企业筹资方式虽然很多，但总的来看分为债务资本和权益资本两类，因此，资本结构问题总的来说是债务资本的比例问题，即债务资本在企业全部资本中所占的比重。

（二）资本结构中负债的意义

在企业资本结构中，合理地安排债务资本，对企业有着重要影响，其主要有以下三个方面。

1．有利于降低企业的资金成本　　企业利用债务筹资的利率通常低于普通股股利率，况且债务资本的利息是从税前列支的，可减少交纳所得税的数额，因此，债务资本成本明显低于权益资本成本。企业在一定的限度内增加债务资本，就可以降低企业加权平均资金成本；而减少债务资本，则会使加权平均资金成本上升。

2．利用债务资本获取财务杠杆效应　　企业承担的债务资本利息通常都是固定不变的。当企业经营得当时，息税前利润就会增大，每 1 元利润所负担的固定利息，就会相应减少，这能给每一股普通股股票带来更多的收益。因此，企业在息税前利润较多、增长幅度较大时，应适当地利用债务资本，发挥财务杠杆效应，以增加每股收益，从而使企业股票价格上涨。

3．债务资本会加大企业的财务风险　　企业为了获取财务杠杆效应而增加债务资本，必然增加利息等固定费用的负担。此外，由于存在财务杠杆作用，在息税前利润下降时，普通股股票每股收益下降得会更快。这些风险都是利用债务资本带来的。

（三）影响资本结构的因素

影响资本结构的因素主要有以下八个。

1．企业产品销售情况　　如果企业的产销业务量比较稳定，其盈利能力也相对稳定，则企业负担固定财务费用的能力相对较强；如果销售具有较强的周期性，则企业要负担固定的财务费用，将冒较大的财务风险。

2. 企业财务状况和信用等级　　企业的财务状况良好，信用等级高，其举债筹资就比较容易。如果企业的财务状况欠佳，信用等级不高，债权人投资风险大，就会降低企业举债筹资的能力，增加举债筹资的成本。

3. 企业资产结构　　不同类型的企业资产结构是不同的：① 拥有大量固定资产的企业，主要通过长期负债和发行股票筹集资金。② 拥有较多流动资产的企业，更多依赖流动负债筹集资金。③ 资产适用于抵押贷款的企业举债额较多。④ 以研发为主的企业则负债很少。

4. 企业投资者和管理层的态度　　如果一个企业股权较分散，企业所有者并不担心控制权旁落，因而会更多地采用发行股票的方式来筹集资金。反之，有的企业被少数股东所控制，为了保证少数股东的绝对控制权，多采用负债方式筹集资金。具有开拓精神的管理层，可能会安排较高的负债比例；而稳健的管理层则采用较低的负债比例。

5. 行业特征　　不同行业资本结构差异很大。产品市场稳定的成熟产业经营风险低，因此可提高债务资本的比重，发挥财务杠杆效应。高新技术企业的产品、技术、市场尚不成熟，经营风险大，因此要降低债务资本的比重，控制财务风险。

6. 企业发展周期　　企业在不同的发展阶段，资本结构应作相应的安排。企业初创阶段，经营风险高，在资本结构安排上要控制负债比例；企业发展成熟阶段，产品产销业务量稳定和持续增长，经营风险低，可适度增加债务资本的比重，发挥财务杠杆效应；企业收缩阶段，产品市场占有率下降，经营风险加大，应降低债务资本的比重，保持企业持续经营能力，控制财务风险。

7. 税务政策　　企业筹集债务资本可以获得减税利益，当所得税税率较高时，债务资本可以获得较多的减税利益；如果税率很低，则采用债务资本的减税利益就不显著。

8. 货币政策　　如果企业管理层认为目前利率较低，但不久国家将执行紧缩的货币政策，市场利率将上升时，企业应大量发行长期债券，从而在若干年内将利率固定在较低的水平上。

二、资本结构优化决策

资本结构优化是指企业权衡负债的低资本成本和高财务风险的关系，确定合理的资本结构。资本结构优化的目标是降低平均资本成本率或提高普通股股票每股收益。确定合理资本结构主要有以下三种方法。

（一）每股收益分析法

每股收益分析法又称每股收益无差别点法，是指通过分析资本结构与每股收益之间的关系，进而来确定合理的资本结构的方法。每股收益受到利润水平、债务资本成本水平等因素的影响。分析每股收益与资本结构的关系，可以从每股收益无差别点着手。每股收益无差别点是指在不同的筹资方案中，普通股股票每股收益相等时的息税前利润平衡点。息税前利润平衡点的计算公式如下：

$$\frac{(\overline{EBIT}-I_1)\cdot(1-T)}{N_1}=\frac{(\overline{EBIT}-I_2)\cdot(1-T)}{N_2}$$

$$\overline{EBIT}=\frac{N_2\cdot I_1\cdot(1-T)-N_1\cdot I_2\cdot(1-T)}{(N_2-N_1)\cdot(1-T)}$$

化简为

$$\overline{EBIT}=\frac{N_2\cdot I_1-N_1\cdot I_2}{N_2-N_1}$$

公式中　$\overline{EBIT}$ 表示息税前利润平衡点即每股收益无差别点；

I_1、I_2 表示两种筹资方式下的债务利息；

N_1、N_2 表示两种筹资方式下的流通在外的普通股股数；

T 表示所得税税率。

根据息税前利润平衡点，可以分析判断何种销售水平与何种资本结构相适应。企业在进行息税前利润平衡点分析时，当息税前利润大于息税前利润平衡点处利润时，筹集债务资本可获得较高的每股收益。反之，当息税前利润小于息税前利润平衡点处利润时，筹集权益资本可获得较高的每股收益。每股收益越大，风险也越大。如果每股收益的增加不足以补偿风险增加所需要的报酬，尽管每股收益增加，股价仍会下降。每股收益通常用 *EPS* 表示。

【例】 东风公司现有资本 8 000 万元，现因生产发展准备再筹集资本 2 000 万元。这 2 000 万元资本有两个筹集的方案，方案 1 是发行普通股股票 200 万股，每股面值 1 元，发行价 10 元；方案 2 是发行公司债券 2 000 万元筹集资本，该公司原有资本结构和筹资后的资本结构如图表 4－12 所示。

图表 4－12

东风公司资本结构变化表

金额单位：万元

筹资方式	原资本结构	增资后资本结构	
		增发普通股（方案 1）	增发公司债券（方案 2）
公司债券（利率 10%）	1 200	1 200	3 200
普通股股本（每股面值 1 元）	500	700	500
资本公积	4 500	6 300	4 500
留存收益	1 800	1 800	1 800
资金总额	8 000	10 000	10 000
普通股股数（万股）	500	700	500

根据东风公司资本结构的变化情况，可以采用每股收益分析法分析资本结构对普通股每股收益的影响，具体如图表 4－13 所示。

图表 4－13

东风公司两种不同资本结构下的每股收益

金额单位：万元

项　　目	增发股票（方案 1）	增发公司债券（方案 2）
预计增资后息税前利润（EBIT）	1 120.00	1 120.00
减：利息	120.00	320.00
利润总额	1 000.00	800.00
减：所得税（税率为 25%）	250.00	200.00
净利润	750.00	600.00
普通股股数（万股）	700.00	500.00
每股收益（EPS）（元）	1.07	1.20

以上分析表明，在息税前利润为 1 120 万元的情况下，利用增发公司债券的形式筹集资金，每股收益为 1.20 元，比增发普通股股票每股收益 1.07 元多 0.13 元。很显然，选择增发公司债券的筹集资金方案可能更有利于股票价格的上涨，更符合筹集资金管理目标。

那么，究竟息税前利润为多少时发行普通股有利，息税前利润为多少时发行公司债券有利呢？这就需要测算息税前利润平衡点。现将东风公司的相关资料代入公式，其计算结果如下：

$$\overline{EBIT} = \frac{500 \times 120 - 700 \times 320}{500 - 700} = 820\text{（万元）}$$

在此点：　　$EPS_1 = EPS_2 = 0.75$（元）

计算结果表明，当息税前利润等于 820 万元时，两种筹集资金方式的每股收益均为 0.75 元，采用两种方式没有区别；当息税前利润大于 820 万元时，增发公司债券的每股收益大于增发股票的每股收益，筹集债务资金较为有利；当息税前利润小于 820 万元时，增发债券的每股收益小于增发股票的每股收益，以增发普通股为宜。东风公司预计息税前利润为 1 120 万元，因此采用发行公司债券的方式较为有利。

除了采用公式计算息税前利润平衡点外，还可以绘制每股息税前利润平衡点分析图，也能一目了然地说明问题。现根据图表 4－13 的相关资料绘制每股息税前利润平衡点分析图如图表4－14 所示。

图表 4-14

每股息税前利润平衡点分析

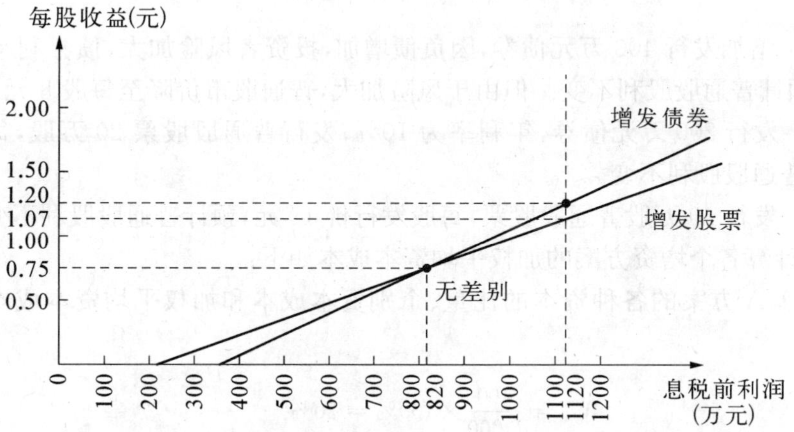

在绘图时,选用的第一个点是当$\overline{EBIT}$为1 120万元时,采用发行普通股股票筹集资金的EPS_1为1.07元,采用发行债券筹集资金的EPS_2为1.20元。至于第二个点,也可通过选取一定的$\overline{EBIT}$来计算相应的两种筹集资金方式的EPS来获得。

图表4-14"每股息税前利润平衡点分析"简单明了。从该图中可以看到,当$\overline{EBIT}>820$万元时,采用发行债券筹集资金的EPS_2大于采用发行普通股股票筹集资金的EPS_1;当$\overline{EBIT}<820$万元时,采用发行普通股股票筹集资金的EPS_1大于采用发行债券筹集资金的EPS_2;当$\overline{EBIT}=820$万元时,两种筹资方式的EPS相等。

每股收益分析法只考虑了资本结构对每股收益的影响,并假定每股收益最大时,股票价格也最高。但将资本结构对风险的影响置于视野之外,是不全面的,因为随着负债的增加,投资者的风险加大,股票价格和企业价值也会有下降的趋势。所以,单纯用每股收益分析法有时会作出错误的决策。但在资本市场不完善的时候,投资者主要根据每股收益的多少来作出投资决策,每股收益的增加也的确有利于股票价格的上升。

每股收益分析法比较容易理解,测算较为简便。它以普通股股票每股收益最高为决策标准,也不考虑财务风险的因素。其决策目标实际上是每股收益最大化,而不是公司价值最大化。它适用于资本规模不大、资本结构不太复杂的股份有限公司。

(二)平均资本成本比较法

平均资本成本比较法是指通过计算和比较各种可能的筹资组合方案的平均资本成本,选择平均资本成本最低的资本结构的方法。这种方法侧重于从资本投入的角度对筹资方案和资本结构进行优化分析。

【例】 开捷公司目前有资本1 600万元,其中,普通股股票1 200万元,每股面值1元,发行价10元,目前市价仍为10元,今年期望每股股利1元,预计以后每年增加股利

5%；债券 400 万元，年利率为 10%。该公司所得税税率为 25%。为了便于计算，筹资费用忽略不计。该企业拟增资 400 万元，以扩大生产经营规模。现在可供选择的三个方案如下所述。

A 方案：增加发行 400 万元债券，因负债增加，投资者风险加大，债券利率增至 12% 才能发行，预计普通股股利不变。但由于风险加大，普通股市价降至每股 8 元。

B 方案：发行 200 万元债券，年利率为 10%；发行普通股股票 20 万股，每股发行价 10 元，预计普通股股利不变。

C 方案：发行 40 万股普通股股票，每股发行价 10 元，预计普通股股利不变。

先分别计算各个增资方案的加权平均资本成本如下：

(1) 计算 A 方案的各种资本的比重、个别资本成本和加权平均资本成本　　计算如下：

$$W_{b1} = \frac{400}{2\,000} \times 100\% = 20\%$$

$$W_{b2} = \frac{400}{2\,000} \times 100\% = 20\%$$

$$W_c = \frac{1\,200}{2\,000} \times 100\% = 60\%$$

$$K_{b1} = 10\% \times (1 - 25\%) = 7.5\%$$

$$K_{b2} = 12\% \times (1 - 25\%) = 9\%$$

$$K_c = \frac{1}{8} + 5\% = 17.5\%$$

A 方案加权平均资本成本 (K_{w1}) $= 7.5\% \times 20\% + 9\% \times 20\% + 17.5\% \times 60\% = 13.8\%$

(2) 计算 B 方案的各种资本比重、个别资本成本和加权平均资本成本　　计算如下：

$$W_b = \frac{400 + 200}{2\,000} \times 100\% = 30\%$$

$$W_c = \frac{1\,200 + 200}{2\,000} \times 100\% = 70\%$$

$$K_b = 10\% \times (1 - 25\%) = 7.5\%$$

$$K_c = \frac{1}{10} + 5\% = 15\%$$

B 方案加权平均资本成本 (K_{w2}) $= 7.5\% \times 30\% + 15\% \times 70\% = 12.75\%$

(3) 计算 C 方案的各种资本比率、个别资本成本和加权平均资本成本　　计算如下：

$$W_b = \frac{400}{2\ 000} \times 100\% = 20\%$$

$$W_c = \frac{1\ 200 + 400}{2\ 000} \times 100\% = 80\%$$

$$K_b = 10\% \times (1 - 25\%) = 7.5\%$$

$$K_c = \frac{1}{10} + 5\% = 15\%$$

C方案加权平均资本成本 $(K_{w3}) = 7.5\% \times 20\% + 15\% \times 80\% = 13.5\%$

以上计算结果显示，B方案的加权平均资本成本12.75%为最低，因此应选用B方案，该方案的权益资本为70%，债务资本为30%。

平均资本成本比较法考虑了资本结构对风险的影响，并且通俗易懂，计算过程也不是十分复杂，是确定资本结构的一种常用方法。但是因所拟订的方案数量有限，因此有将最合理的方案遗漏的可能。这种方法适用于资本规模较小、资本结构较为简单的企业。

（三）公司价值分析法

公司价值分析法是指在考虑市场风险的前提下，以公司价值为标准，经过测算确定公司最优资本结构的方法。与平均资本成本比较法和每股收益分析法相比，公司价值分析法充分考虑了公司的市场风险和资本成本等因素的影响。进行资本结构优化分析。同时在公司价值最大化的资本结构下公司的平均资本成本率也是最低的。其测算过程较为复杂。这种方法主要用于对现有资本结构进行调整，适用于资本规模较大的上市公司资本结构的优化分析。

采用公司价值分析法，公司价值的计算公式如下：

$$V = S + B$$

公式中　V表示公司价值；

S表示权益资本价值；

B表示债务资本价值。

为了简化分析，假设公司各期的$EBIT$保持不变，债务资本的市场价值等于其面值，那么权益资本的市场价值的计算公式如下：

$$S = \frac{(EBIT - I)(1 - T)}{K_s}$$

$$K_s = R_f + \beta(R_m - R_f)$$

$$K_w = K_b \frac{B}{V}(1 - T) + K_s \frac{S}{V}$$

公式中　K_s 表示权益资本成本率；

R_f 表示无风险报酬率；

R_m 表示证券市场平均报酬率；

β 表示股票系数；

K_w 表示平均资本成本率；

K_b 表示税前债务利率。

【例】 天辰公司息税前利润为500万元，资本总额账面价值为3 000万元。假设无风险报酬率为5%，证券市场平均报酬率为10%，所得税税率为25%，经测算，不同债务水平下的税前债务利率、利息和权益资本成本率如图表4-15所示。据以确定最优资本结构。

(1) 计算股票市场价值　　计算如下：

当债务资本为0时：$S=\dfrac{(500-0)\times(1-25\%)}{12.50\%}=3\,000$(万元)

当债务资本为300万元时：$S=\dfrac{(500-18)\times(1-25\%)}{12.75\%}=2\,835.29$(万元)

当债务资本为600万元时：$S=\dfrac{(500-39)\times(1-25\%)}{13.05\%}=2\,649.43$(万元)

图表4-15

不同债务水平下的税前债务利率、利息和权益资本成本率表

金额单位：万元

债务市场价值 B	税前债务利率 K_D(%)	税前债务利息 I	股票系数 β	证券市场平均报酬率 R_m	无风险报酬率 R_f	权益资本成本率 K_s
1	2	3=1×2	4	5	6	7=4×(5-6)+6
0	—	—	1.50	10%	5%	12.50%
300	6.00	18	1.55	10%	5%	12.75%
600	6.50	39	1.61	10%	5%	13.05%
900	7.00	63	1.68	10%	5%	13.40%
1 200	8.50	102	1.80	10%	5%	14.00%
1 500	10.00	150	1.94	10%	5%	14.70%

当债务资本为900万元时：$S=\dfrac{(500-63)\times(1-25\%)}{13.40\%}=2\,445.90$(万元)

当债务资本为1 200万元时：$S=\dfrac{(500-102)\times(1-25\%)}{14.00\%}=2\,132.14$(万元)

当债务资本为 1 500 万元时：$S=\frac{(500-150)\times(1-25\%)}{14.70\%}=1\,785.71$(万元)

（2）计算各种资本结构的平均资本成本率　计算如下：

当债务资本为 0 时：$K_w=12.50\%$

当债务资本为 300 万元时：$K_w=6\%\times(1-25\%)\times\frac{300}{3\,135.29}+12.75\%\times\frac{2\,835.39}{3\,135.29}$

$=11.96\%$

当债务资本为 600 万元时：$K_w=6.5\%\times(1-25\%)\times\frac{600}{3\,249.43}+13.05\%\times\frac{2\,649.43}{3\,249.43}$

$=11.54\%$

当债务资本为 900 万元时：$K_w=7\%\times(1-25\%)\times\frac{900}{3\,345.90}+13.40\%\times\frac{2\,445.90}{3\,345.90}$

$=11.21\%$

当债务资本为 1 200 万元时：$K_w=8.5\%\times(1-25\%)\times\frac{1\,200}{3\,332.14}+14\%\times\frac{2\,132.14}{3\,332.14}$

$=11.25\%$

当债务资本为 1 500 万元时：$K_w=10\%\times(1-25\%)\times\frac{1\,500}{3\,285.71}+14.7\%\times\frac{1\,785.71}{3\,285.71}$

$=11.41\%$

（3）编制公司价值和平均资本成本率表　根据计算的结果，如图表 4－16 所示。

图表 4－16

公司价值和平均资本成本率表

金额单位：万元

债务市场价值	股票市场价值	公司总价值	债务税后资本成本率	普通股资本成本率	平均资本成本率
0	3 000.00	3 000.00	—	12.50%	12.50%
300	2 835.29	3 135.29	4.50%	12.75%	11.96%
600	2 649.43	3 249.43	4.875%	13.05%	11.54%
900	2 445.90	3 345.90	5.25%	13.40%	11.21%
1 200	2 132.14	3 332.14	6.375%	14.00%	11.25%
1 500	1 785.71	3 285.71	7.50%	14.70%	11.41%

（4）确定最优资本结构　分析如下：

图表 4－16“公司价值和平均资本成本率表”显示，在没有债务资本的情况下，公司总

价值等于股票市场价值;当公司增加一部分债务资本,财务杠杆开始发挥作用,股票市场价值大于其账面价值,公司总价值上升,平均资本成本率下降;在债务资本达到 900 万元时,公司总价值最高,为 3 345.90 万元,平均资本成本率最低,为 11.21%;在债务资本超过 900 万元以后,随着债务税后资本成本率的不断上升,财务杠杆作用逐步减弱,甚至出现负作用,公司总价值下降,平均资本成本率上升。因此,债务资本为 900 万元时的资本结构是该公司的最优资本结构。

思考题

一、简答题

1. 企业在测算加权平均资本成本时,各种资金价值的确定基础有哪两种?分述其优缺点。

2. 什么是边际资金成本?企业为何要计算边际资金成本?

3. 什么是成本习性?试述其分类。

4. 什么是经营杠杆?什么是经营风险?试述它们之间的关系。

5. 什么是财务杠杆?什么是财务风险?试述它们之间的关系。

6. 什么是总杠杆?什么是公司风险?试述它们之间的关系。

7. 试述影响资本结构的因素。

8. 分述各种资本结构优化方法的定义、优缺点和适用性。

二、名词解释题

综合资金成本　杠杆效应　边际贡献　息税前利润　经营杠杆系数　财务杠杆系数　总杠杆系数　资本结构　资本结构优化

三、是非题

1. 加权平均资金成本是指分别以各种资金成本为基础,以各种资金的比重为权数计算出来的综合资金成本。　(　)

2. 边际资金成本是指资金每增加一个单位而增加的成本。它是追加筹资时所使用的加权平均资金成本。　(　)

3. 固定成本是指其总额在一定时期内不随业务量发生任何变动的那部分成本。　(　)

4. 变动成本是指其总额随着业务量变动的那部分成本。但是其单位变动成本却不变。　(　)

5. 经营杠杆系数是指息税前利润变动率相当于产销业务量变动率的倍数。　(　)

6. 固定成本越高,经营杠杆系数越大,企业的经营风险也就越大。　(　)

7. 财务杠杆是指由于固定财务费用的存在而导致普通股每股收率变动率大于息税前利润变动率的杠杆效应。　(　)

8. 影响企业财务杠杆系数的因素包括息税前利润、企业资金规模和企业的资本结构等多个因素。　(　)

9. 企业举债比重越大,财务杠杆系数也就越大,表明企业财务杠杆效应越强。因此企业应尽量增加举债的比重。　(　)

10. 资本结构优化的目标是降低资本成本率或提高普通股每股收益。 ( )

四、单项选择题

1. 不影响经营杠杆系数的是________。

A. 利息费用 B. 固定成本总额 C. 产品销售数量 D. 产品销售价格

2. 当企业增加负债后,息税前利润出现了下降,将会产生________。

A. 经营杠杆效应 B. 财务杠杆效应 C. 经营杠杆效应 D. 财务杠杆反效应

3. 企业在________阶段,可适当增加债务资本的比重,发挥财务杠杆效应。

A. 初创 B. 发展成熟 C. 收缩 D. 经营困难

4. ________考虑了资本结构对风险的影响,并通俗易懂,但因所拟订的方案数量有限,有将最合理方案遗漏的可能。

A. 每股收益分析法 B. 公司价值法

C. 平均资金成本比较法 D. 每股收益无差别点法

五、多项选择题

1. 边际资金成本的规划通常有________和计算边际资金成本。

A. 确定企业目标资本结构 B. 确定企业的筹资额

C. 测算个别资金成本 D. 计算筹资总额分界点

2. 影响企业经营杠杆系数的因素有产品销售价格、________。

A. 单位产品成本 B. 产品销售数量 C. 固定成本总额 D. 单位变动成本

3. 在企业资本结构中,合理地安排债务资本,对其重要的影响有:________。

A. 有利于降低企业的资金成本 B. 利用债务资本获取财务杠杆效应

C. 债务资本会加大企业的财务风险 D. 债务资本金加大企业的经营风险

4. 影响企业财务杠杆系数的因素有:企业资本规模、________。

A. 息税前利润 B. 企业的资本结构 C. 市场的变化 D. 固定的财务费用

5. 在事先确定企业资本规模的前提下,吸收一定比例的债务资本,可能产生的结果有:________。

A. 降低企业资本成本 B. 降低企业财务风险

C. 提高企业经营能力 D. 加大企业财务风险

6. 只要在企业的筹资方式中有:________,就存在财务杠杆效应。

A. 长期借款 B. 发行债券 C. 发行优先股 D. 发行普通股

7. 确定企业合理资本结构的方法主要有________。

A. 公司价值分析法 B. 因素分析法

C. 平均资本成本比较法 D. 每股收益分析法

实 务 题

习 题 一

一、目的 练习资金成本的计算。

二、资料 浦光股份有限公司有关资金成本的资料如图表 4－17 所示。

图表 4－17

有关资金成本的资料

资金种类	资金数额（万元）	年利率	年股利增长率	所得税税率	筹资费用率
长期借款	1 600	7.2%		25%	2‰
公司债券	500	8.1%		25%	2%
普通股股票	2 500		2.5%		2%
留存收益	600		2.5%		

普通股股票每股发行价 16 元，第 1 年每股发放现金股利 1.5 元。

三、要求

1. 分别计算各种资金的个别资金成本。

2. 计算加权平均资金成本。

习 题 二

一、目的 练习边际资金成本的运用。

二、资料

1. 灵光公司目前有长期资金 2 000 万元，其中：长期债务 800 万元、普通股权益 1 200 万元，在这一资本结构中，长期债务占 40%，普通股权益占 60%，并认为这是最佳的资本结构。目前公司的加权平均资金成本为 10.2%。现公司为了扩大经营规模，准备筹集更多的资本。并要求保持原有的资本结构。

2. 该公司认为随着公司筹资规模的不断增加，各种资金成本也会增加，并测算出随资金筹集额增加的各种追加筹资方案的资金成本表（如图表 4－18 所示）。

图表 4－18

各种追加资金筹集方案的资金成本表

资金种类	目标资本结构	新筹资额	资金成本
长期债务	40%	60 万元以下	6%
		60 万元至 120 万元	7%
		120 万元以上	8%
普通股	60%	60 万元以下	13%
		60 万元至 150 万元	14%
		150 万元以上	15%

3. 该公司有A,B,C,D四个投资项目,投资额分别为90万元、100万元、80万元和110万元,内含报酬率分别为14.8%、13.6%、12.8%和11.8%。

三、要求

1. 编制筹资总额分界点计算表。

2. 编制边际资金成本计算表。

3. 编制边际资金成本规划图,并据以确定投资项目的取舍。

习　题　三

一、目的　练习边际贡献、息税前利润等财务指标的计算。

二、资料

1. 东方机械厂只生产和销售A产品,该厂2018年共生产和销售A产品1 000台,每台售价2万元,单位变动成本1万元,固定成本450万元,利息支出50万元,所得税税率为25%。

2. 江海机器厂只生产和销售B产品,该厂2018年共生产和销售B产品800台,每台售价3万元,单位变动成本1.6万元,固定成本520万元,利息支出55万元,所得税税率为25%。

三、要求　计算边际贡献、息税前利润、利息总额和净利润。

习　题　四

一、目的　练习经营杠杆系数的计算和经营风险的分析。

二、资料　A,B两个工厂预测的有关财务指标如图表4-19所示。

图表4-19

A,B两个工厂预测的有关财务指标

金额单位:万元

企业名称	经营状况	概率	销售量(件)	单价(元)	销售额	单位变动成本	变动成本总额	边际贡献	固定成本	息税前利润
A工厂	好	0.2	2 000	1.50		0.90			480	
	中	0.6	1 800	1.50		0.90			480	
	差	0.2	1 600	1.50		0.90			480	
B工厂	好	0.2	2 500	1.20		0.60			750	
	中	0.6	2 250	1.20		0.60			750	
	差	0.2	2 000	1.20		0.60			750	

三、要求

1. 计算图表4-19中的销售额、变动成本总额、边际贡献和息税前利润。

2. 计算A,B两个工厂的经营杠杆系数和息税前利润标准离差,并据以进行经营风险分析。

习题五

一、目的 练习财务杠杆系数的计算和财务风险的分析。

二、资料

1. A,B,C 三个公司的资本构成情况如图表 4－20 所示。

图表 4－20

资本构成情况表

金额单位：万元

项目＼公司名称	A公司	B公司	C公司
普通股股票发行在外股数(万股)	250	150	100
普通股股票筹资额(每股 10 元)	2 500	1 500	1 000
债务资本		1 000	1 500
资金总额	2 500	2 500	2 500

B公司债务资本的年利率为 9%；C公司债务资本的年利率为 11%。

2. A,B,C 三个公司预测各种经营情况经济指标如图表 4－21 所示。

图表 4－21

预测各种经营情况经济指标表

金额单位：万元

公司名称	经营情况	概率	息税前利润	利息	利润总额	所得税(税率 25%)	净利润	普通股(万股)	每股收益(元)
A公司	好	0.2	300					250	
	中	0.6	250					250	
	差	0.2	180					250	
B公司	好	0.2	300					150	
	中	0.6	250					150	
	差	0.2	180					150	
C公司	好	0.2	300					100	
	中	0.6	250					100	
	差	0.2	180					100	

三、要求

1. 根据"资料 1"计算"资料 2"各种经营情况经济指标表中的利息，然后再计算该表各栏的经济指标。

2. 计算A,B,C三个公司的财务杠杆系数和每股收益离差率,并据以进行财务风险分析。

习 题 六

一、目的 练习总杠杆的应用。

二、资料 兴安工厂的经营情况和普通股股票每股收益如图表4-22所示。

图表4-22

经营情况和普通股股票每股收益表

金额单位:万元

项 目	2017年	2018年	变动额	变动率
销售额(单位售价100元)	3 000	3 600		
变动成本(单位变动成本55元)	1 650	1 980		
边际贡献				
固定成本	550	550		
息税前利润				
利息	180	180		
利润总额				
所得税(税率25%)				
净利润				
普通股股票发行在外的股数(万股)	500	500		
每股收益(元)				

三、要求

1. 计算并填列图表4-22经营情况和普通股股票每股收益表中各空白的财务指标的数据,并根据这些数据进行总杠杆效应分析。

2. 计算总杠杆系数,并据此分析该公司的风险。

习 题 七

一、目的 练习资本结构优化决策。

二、资料 九华公司现有资本15 000万元。现因生产发展准备再筹资5 000万元,这5 000万元筹资有两个方案。方案1是发行普通股股票400万股,每股面值1元,发行价12.50元;方案2是发行公司债券5 000万元。增资后的息税前利润为2 400万元。该公司原有的资本结构和筹资后的资本结构如图表4-23所示。

图表 4 - 23

资本结构变化表

金额单位：万元

筹资方式	原资本结构	增资后资本结构	
		增发普通股（方案 1）	增发公司债券（方案 2）
公司债券（利率 10%）	3 000	3 000	8 000
普通股股票股本（每股面值 1 元）	800	1200	800
资本公积	9 200	13 800	9 200
留存收益	2 000	2 000	2 000
资本总额	15 000	20 000	20 000
普通股股票股数（万股）	800	1 200	800

三、要求

1. 计算增资后两种资本结构的每股收益，并据以作出决策。

2. 计算息税前利润平衡点，并据以进行分析。

3. 编制息税前利润平衡点分析图。

习 题 八

一、目的 练习资本结构优化决策。

二、资料 宏兴公司目前有资本 2 000 万元，其中，普通股股票1 400 万元，每股面值 1 元，发行价 10 元，目前市价仍为 10 元，今年期望每股股利为 1.10 元，预计以后每年增加股利 4%；债券 600 万元，年利率为 10%。该公司所得税税率为 25%。为了便于计算，筹资费用忽略不计。该公司拟增资 500 万元以扩大生产经营规模，现在可供选择的有三个方案如下：

A 方案：增加发行 500 万元债券，因负债增加，投资者风险加大，债券年利率增至 11%才能发行，预计普通股股利不变，但由于风险加大，普通股股票市价降至每股 9.60 元。

B 方案：发行 300 万元债券，因负债增大，投资风险加大，债券年利率增至 10.5%，发行 20 万股普通股股票，每股发行价 10 元，预计普通股股票股利不变。

C 方案：发行 50 万股普通股股票，每股发行价 10 元，预计普通股股票股利不变。

三、要求 计算各种增资方案的加权平均资本成本，并据以作出决策。

习 题 九

一、目的 练习资本结构优化。

二、资料 华安公司息税前利润为 340 万元，资本总额账面价值为 2 000 万元，假设无风险报酬率为 5%，证券市场平均报酬率为 10%，所得税税率为 25%。经测算，不同债务水平下的税前债务利率、利息和权益资本成本率等有关资料如图表 4 - 24 所示。

图表 4 - 24

不同债务水平下的税前债务利率、利息和权益资本成本率表

债务市场价值 B（万元）	税前债务利率 K_D	税前债务利息 I（万元）	股票系数 β	证券市场平均报酬率 R_m	无风险报酬率 R_f	权益资本成本率 K_s（%）
1	2	3=1×2	4	5	6	7=4×(5−6)+6
0	—		1.55	10%	5%	
200	6%		1.60	10%	5%	
400	6.5%		1.66	10%	5%	
600	7.0%		1.73	10%	5%	
800	8.5%		1.85	10%	5%	
1 000	10.0%		1.98	10%	5%	

三、要求 确定最优资本结构。

第五章 项目投资

第一节 投资概述

一、投资的意义

投资是指企业为获取未来长期收益而向一定对象投放资金的经济行为。企业筹资的目的是为了投资。在市场经济的条件下，企业能否将筹集到的资金投放到收益高、回收快、风险小的对象上去，对企业的生存和发展是非常重要的。投资的意义主要有以下三点。

（一）投资是企业开展生产经营活动获取收益的基础

财务管理的目标是企业价值最大化，要达到这一目标，就必须将筹资活动获取的资金，科学合理地投放到各种资产上，积极开展生产经营活动，以获取最大的收益。企业在生产经营过程中，各种资产会被逐渐地消耗和损耗，对这些资产企业必须进行及时的再投资和更新投资，才能使生产经营活动持续不断地进行。

（二）投资是企业扩展生产经营规模的手段

在市场经济条件下，面临着激烈的竞争。首先，要求企业对生产经营的薄弱环节追加投资，以平衡其综合生产经营能力。其次，要求企业要不断地开发新产品和提高产品的科技含量，以保证企业产品的更新换代；还要不断地改进生产工艺，进行技术革新，以提高产品质量和降低产品成本，并要加强对员工的继续教育，以提高他们的科学技术水平，这一切都需要追加投资。再次，企业要使自己在竞争中处于有利的地位，还需要不断地扩大生产经营规模，以获取规模效益；有的企业正在向集团化方向发展，这就更需要不断地进行投资活动，以增强企业的经济实力。

（三）投资是企业降低风险的重要手段

企业可以将资金投向其他相关的行业，实行多元化的生产经营，以分散经营风险。由于企业无法预测未来生产经营过程中发生的不确定因素，而通过投资活动，可以开展多元化的生产经营，届时，投资经营效益好的行业的收益就可以弥补投资经营效益差的行业的收益，所以，多元化的生产经营能使企业有稳定的收益，降低其经营风险。

二、投资的种类

投资有多种不同的分类，现分述之。

（一）按投资活动与企业本身的生产经营活动的关系不同进行分类

按投资活动与企业本身的生产经营活动的关系不同，可分为直接投资和间接投资。

1. 直接投资　　它是指企业将资金直接投放于形成生产经营能力的实体性资产，直接获取营业利润的投资。企业通过直接投资，购买并配置劳动资料、劳动对象和劳动力开展生产经营活动。

2. 间接投资　　它是指将资金购买股票、债券、基金等各种有价证券或者购买其他企业股权获取间接收益的投资。企业通过间接投资获取股利、利息收入，分享直接投资者的经营成果。

（二）按投资对象的存在形态和性质不同分类

按投资对象的存在形态和性质不同，可分为项目投资和证券投资。

1. 项目投资　　它是指企业将资金投入特定的建设项目，并能形成具体的生产经营能力，开展实质性生产经营活动，从而获取营业利润的投资。项目投资的目的是改善生产经营条件，扩大生产经营能力，取得更多的营业利润。

2. 证券投资　　它是指企业将资金投资于股票、债券、基金及衍生证券等资产，从而获取收益的投资。

（三）按投资的阶段不同进行分类

按投资的阶段不同，可分为初创投资和后续投资。

1. 初创投资　　它是指在企业创建时所进行的各种投资。它是企业的原始资产，为企业开展生产经营活动创造了必备的条件。

2. 后续投资　　它是指为巩固和发展企业再生产经营所进行的各种投资。它包括为维持企业的再生产经营所进行的更新性投资、为实现扩大再生产经营和实行多元化生产经营所进行的追加性投资，以及为调整生产经营方向所进行的转移性投资。

（四）按投资方向不同进行分类

按投资的方向不同，可分为对内投资和对外投资。

1. 对内投资　　它是指企业将资金投放于为取得供本企业生产经营使用的固定资产、无形资产、其他资产和垫支流动资金而形成的投资。通常，对内投资的风险要小于对外投资。

2. 对外投资　　它是指企业为购买国家及其他企业发行的有价证券或其他金融产品（包括：期货与期权、信托、保险），或以货币资金、实物资产、无形资产向其他企业注入资金而发生的投资。通常，对外投资的收益要大于对内投资。

三、投资的程序

（一）提出投资领域和投资对象

企业财务管理人员应在市场调查和市场分析的基础上，把握良好的投资机会，根据企业的长远发展战略、中长期投资计划和投资环境的变化，提出投资领域和投资对象。

（二）评价投资方案的财务可行性

企业财务管理人员在分析和评价特定投资方案经济和技术可行性的基础上，还需要进一步评价该投资方案是否具备财务可行性。

（三）投资方案的比较与选择

投资方案在取得财务可行性评价的基础上，对可供选择的多个投资方案进行比较和选择，采取最佳的投资方案。

（四）投资方案的执行

对于批准的投资方案，财务管理部门要编制筹划计划，并筹措所需要的资金，在投资方案执行过程中，要进行必要的控制和监督，使投入资金能得到合理的使用，并保证投资方案达到预定的目标。

（五）投资方案的再评价

在投资方案执行过程中，要注意检查分析原来作出的投资决策是否合理、是否正确，一旦出现新的情况，就要随时根据变化的情况作出新的评价和调整。

第二节　项目投资的现金流量分析

一、项目投资概述

（一）项目投资的含义及特点

项目投资是指企业将资金投入特定的建设项目，并能形成具体的生产经营能力，开展实质性生产经营活动，从而获取营业利润的投资。本章阐述的工业企业项目投资主要包括新建项目（含单纯固定资产投资项目和完整工业投资项目）和更新改造项目两种类型。

项目投资与其他形式的投资相比较，具有投资内容独特、投资数额多、影响时间长、发生频率低、变现能力差和投资风险大的特点。

（二）项目计算期的构成

项目计算期是指投资项目从投资建设开始至最终清理结束整个过程的全部时间。它包括建设期和运营期。

建设期是指项目资金正式投入开始到项目建成投产止所需要的时间。建设期的第1年年初称为建设起点，建设期的最后1年年末称为投产日。在实际工作中，通常参照项目建设的合理工期或项目的建设进度合理确定建设期。

运营期是指投资项目从投产日到终结点之间的时间间隔。它包括试产期和达产期两个阶段。终结点是指项目计算期的最后1年年末。试产期是指项目投入生产，但生产能力尚未完全达到设计能力时的过渡阶段。达产期是指生产运营达到设计预计水平后的时间。运营期通常根据项目主要设备的经济使用寿命期确定。

项目计算期与建设期和运营期之间的关系，用公式表示如下：

项目计算期＝建设期＋运营期

（三）项目投资的内容

从项目投资的角度看，原始投资（又称初始投资）等于企业为使该项目完全达到设计生产能力和开展正常经营而投入的全部资金，包括建设投资和流动资金投资两项内容。

1. 建设投资　　它是指在建设期内，按一定的生产经营规模和建设内容进行的投资。它具体包括以下三方面内容。

(1) 固定资产投资　　它是指项目用于购置及安装固定资产应当发生的投资。固定资产原值与固定资产投资之间的关系，用公式表示如下：

固定资产原值＝固定资产投资＋建设期资本化借款利息

(2) 无形资产投资　　它是指项目用于取得无形资产应当发生的投资。

(3) 其他资产投资　　它是指建设投资中除固定资产投资和无形资产投资以外的投资。它包括生产准备和开办费投资。

2. 流动资金投资　　它又称营运资金投资，是指项目投产前后分次或一次投放于流动资产项目的投资增加额。

此外，还有项目总投资，它是指项目投资总额。它是反映项目投资总体规模的价值指标，等于初始投资与建设期资本化利息之和。

（四）项目投资资金的投入方式

原始投资的投入方式包括一次投入和分次投入两种。一次投入方式是指投资行为集中一次发生在项目计算期第一个年度的年初或年末；如果投资行为涉及两个或两个以上年度，或虽然只涉及一个年度但同时在该年初和年末发生，则属于分次投入方式。

【例】　张江公司准备新建一条生产流水线，需要在建设期初一次投入固定资产投资240万元，在建设期末投入无形资产投资24万元。建设期为1年，建设期资本化利息为12万元，流动资金投资合计28万元，计算该项目的各种指标如下：

固定资产原值＝240＋12＝252(万元)

建设投资＝240＋24＝264(万元)

原始投资＝264＋28＝292(万元)

项目总投资＝292＋12＝304(万元)

二、项目投资现金流量分析

（一）现金流量的内容

不同类型的投资项目，其现金流量的具体内容存在差异，现分述之。

1. 单纯固定资产投资项目的现金流量　　单纯固定资产投资项目是指只涉及固定

资产投资而不涉及无形资产投资、其他资产投资和流动资金投资的建设项目。它以新增生产能力、提高生产效率为特征。

(1) 现金流入量　单纯固定资产投资项目的现金流入量包括增加的营业收入和回收固定资产余值等内容。

(2) 现金流出量　单纯固定资产投资项目的现金流出量包括固定资产投资、新增经营成本和增加的各项税款等内容。

2. 完整工业投资项目的现金流量　完整工业投资项目简称新建项目,是以新增工业生产能力为主的投资项目,其投资内容不仅包括建设投资,而且还包括流动资金投资的建设项目。

(1) 现金流入量　完整工业投资项目的现金流入量包括营业收入、补贴收入、回收固定资产余值和回收流动资金等内容。

(2) 现金流出量　完整工业投资项目的现金流出量包括建设投资、流动资金投资、经营成本、税金及附加、维持运营投资和调整所得税等内容。

3. 固定资产更新改造投资项目的现金流量　固定资产更新改造投资项目可分为以恢复固定资产产生效率为目的的更新项目和以改善企业经营条件为目的的改造项目两种类型。

(1) 现金流入量　固定资产更新改造投资项目的现金流入量包括因使用新固定资产而增加的营业收入、处置旧固定资产的变现净收入和新旧固定资产回收固定资产余值的差额等内容。

(2) 现金流出量　固定资产更新改造投资项目的现金流出量包括购置新固定资产的投资、因使用新固定资产而增加的经营成本、因使用新固定资产而增加的流动资金投资和增加的各项税款等内容。其中,因提前报废的固定资产所发生的清理净损失而发生的抵减当期所得税税额,用负值表示。

(二) 计算投资项目现金流量时的相关假设

为克服确定现金流量的困难,简化现金流量的计算过程,特作以下假设。

1. 投资项目的类型假设　假设投资项目只包括单纯固定资产投资项目、完整工业投资项目和更新改造投资项目三种类型。

2. 财务可行性分析假设　假设投资决策是从企业投资者的立场出发,投资决策者确定现金流量就是为了进行项目财务可行性研究,该项目已经具备技术可行性和国民经济可行性。

3. 项目投资假设　假设在确定项目的现金流量时,站在企业投资者的立场上,考虑全部投资的运营情况,而不具体区分权益资本和债务资本等具体形式的现金流量。即使实际存在债务资本也将其作为权益资本对待(但在计算固定资产原值和总投资时,还需要考虑借款利息因素)。

4．经营期与折旧年限一致假设　　假设项目主要固定资产的折旧年限或使用寿命与经营期相同。

5．时点指标假设　　为便于利用资金时间价值的形式，不论现金流量具体内容所涉及的价值指标实际上是时点指标还是时期指标，均假设按照年初或年末的时点指标处理。其中，建设投资在建设期内有关年度的年初或年末发生，流动资金投资则在年初发生；经营期内各年的收入、成本、折旧、摊销、利润和税费等项目的确认均在年末发生；项目最终报废或清理均发生在终结点（但更新改造项目除外）。

在项目计算期数轴上，0 表示第 1 年的年初，1 既代表第 1 年的年末，又代表第 2 年的年初，以下以此类推。

6．确定性因素假设　　假定与项目现金流量有关的价格、产销量、成本水平和所得税税率等因素均为已知常数。

7．产销平衡假设　　在项目投资决策中，假定运营期各年的产量分别等于该年的销售量。在这个假设下，假定按成本项目计算的当年成本费用等于按要素计算的成本费用。

（三）完整工业投资项目现金流量的估算

由于项目投资的投入、回收及收益的形成均以现金流量的形式表现，因此，在整个项目计算期的各个阶段上，都有可能发生现金流量。必须逐年估计每一时点上的现金流入量和现金流出量。

1．现金流入量的估算

（1）营业收入现金流入量的估算　　营业收入是运营期最主要的现金流入量，应按项目在经营期内有产品的各年预计单价和预测销售量（假定经营期每期均可以自动实现产销平衡）进行估算。

（2）回收额现金流入量的估算　　回收额是指回收流动资金和回收固定资产余值的统称（假定新建项目的回收额都发生在终结点）。在终结点上，一次回收的流动资金等于各年垫支的流动资金投资额的合计数。

【例】　张江公司完整工业投资项目的流动资金投资额为 28 万元，终结点固定资产余值为 12 万元，计算其终结点回收额如下：

$$终结点回收额 = 28 + 12 = 40（万元）$$

2．现金流出量的估算

（1）建设投资现金流出量的估算　　固定资产投资的现金流出量，应按项目规模和投资计划所确定的各项建筑工程费用、设备购置费用、安装工程费用和其他费用来估算。在估算构成固定资产原值的资本化利息时，可根据长期借款本金、建设期年数和借款利息率按复利计算（假定建设期资本化利息只计入固定资产原值）。

无形资产投资和其他资产投资的现金流出量，应根据需要和可能，逐项按有关资产的评估方法和计价标准进行估算。

（2）流动资金投资现金流出量的估算　在项目投资决策中，流动资金是指在运营期内长期占用并周转使用的营运资金。其估算公式如下：

某年流动资金投资额（垫支数）＝本年流动资金需用数－截至上年的流动资金投资额

或　＝本年流动资金需用数－上年流动资金需用数

本年流动资金需用数＝该年流动资产需用数－该年流动负债可用数

上列公式中的流动资产只考虑存货、货币资金、应收票据、应收账款和预付账款等项内容；流动负债只考虑应付票据、应付账款和预收账款。

由于流动资金属于垫付周转金，因此在理论上，投产第1年所需的流动资金应在项目投产前安排，即最晚应发生在建设期末。①

【例】　张江公司完整工业投资项目投产第1年预计流动资金需用额为48万元，流动负债可用额为24万元，该项投资发生在建设期末；投产第2年预计流动资金需用量为60万元，流动负债可用额为32万元，该项投资发生在投产后第1年年末。分别计算其每次流动资金投资额和终结点回收的流动资金如下：

投产第1年流动资金需用额＝48－24＝24(万元)

第一次流动资金投资额＝24－0＝24(万元)

投产第2年流动资金需用额＝60－32＝28(万元)

第二次流动资金投资额＝28－24＝4(万元)

终结点回收流动资金＝24＋4＝28(万元)

（3）经营成本的估算　经营成本又称付现成本，是指在运营期内为满足正常生产经营活动而动用货币资金支付的成本费用。经营成本是所有类型的项目投资在运营期都要发生的主要现金流出量，它与融资方案无关。其估算公式如下：

某年经营成本＝该年外购原材料、燃料和动力费＋该年人工费用＋该年修理费＋该年其他费用②

或　＝该年不包括财务费用的总成本费用－该年折旧额－该年无形资产和开办费的摊销额

【例】　张江公司完整工业投资项目投产后第1至第4年每年预计外购原材料、燃料和动力费为90万元，人工费用为45万元，其他费用为15万元，每年折旧费为30万元，无形资产摊销额为3万元；第5至第8年每年不包括财务费用的总成本费用为243万元，其

① 为简化计算，我国有关建设项目评估制度假定流动资金投资可以从投产第1年开始安排。

② 是指从制造费用、销售费用和管理费用中扣除了折旧费、摊销费、材料费、修理费和职工薪酬以后的剩余部分。

中：每年预计外购原材料、燃料和动力费为120万元，每年折旧费为30万元，无形资产摊销额为3万元。计算投产后各年的经营成本和投产后第1至第4年每年不包括财务费用的总成本费用如下：

投产后第1至第4年每年的经营成本＝90＋45＋15＝150(万元)

投产后第5至第8年每年的经营成本＝243－30－3＝210(万元)

投产后第1至第4年每年不包括财务费用的总成本费用＝150＋30＋3＝183(万元)

(4) 税金及附加的估算　在项目投资决策中，应按在运营期内应交纳的消费税、土地增值税、资源税、城市维护建设税和教育费附加等税费进行估算。

【例】 续前例，张江公司投资项目投产后第1至第4年每年预计营业收入300万元，第5至第8年每年预计营业收入420万元，增值税税率为13%，城市维护建设税税率为7%，教育费附加率为3%，计算各年应交的增值税和税金及附加如下：

投产后第1至第4年每年应交增值税
＝(每年营业收入－每年外购原材料、燃料和动力费)×增值税税率
＝(300－90)×13%＝27.30(万元)

投产后第5至第8年每年应交增值税＝(420－120)×13%＝39(万元)

投产后第1至第4年每年的税金及附加＝27.30×(7%＋3%)＝2.73(万元)

投产后第5至第8年每年的税金及附加＝39×(7%＋3%)＝3.90(万元)

(5) 维持运营投资的估算　维持运营投资是指矿山、油田等行业为维持正常运营而需要在运营期投入的固定资产投资，应根据特定行业的实际需要进行估算。

(6) 调整所得税的估算　为了简化计算，调整所得税可以将息税前利润乘以所得税税率取得。

【例】 续前例，张江公司所得税税率为25%，计算其每年的息税前利润和调整所得税如下：

投产后第1至第4年每年的息税前利润＝300－183－2.73＝114.27(万元)

投产后第5至第8年每年的息税前利润＝420－243－3.90＝173.10(万元)

投产后第1至第4年每年的调整所得税＝114.27×25%＝28.57(万元)

投产后第5至第8年每年的调整所得税＝173.10×25%＝43.28(万元)

3. 关于增值税因素的估算　增值税是价外税，在估算项目投资的现金流量时，有两种不同的处理方式。

(1) 不估算增值税　这种方式简单，不会影响净现金流量的计算，但不利于城市维护建设税和教育费附加的估算。

(2) 估算增值税　这种方式将销项税额单独列入现金流入量，将进项税额和应交

增值税分别单独列入现金流出量。这种方式有助于城市维护建设税和教育费附加的估算。

4. 净现金流量的确定　　净现金流量又称现金净流量，是指在项目计算期内由每年现金流入量与同年现金流出量之间的差额所形成的序列指标。其计算公式如下：

$$\begin{aligned}\text{某年净现金流量}(NCF_t) &= \text{该年现金流入量} - \text{该年现金流出量} \\ &= CI_t - CO_t (t = 0, 1, 2, \cdots)\end{aligned}$$

净现金流量具有以下两个特征：第一，无论是在经营期内还是在建设期内都存在净现金流量这个范畴；第二，由于项目计算期不同阶段上的现金流入和现金流出发生的可能性不同，使得各阶段上的净现金流量在数值上表现出不同的特点，如建设期内的净现金流量一般小于或等于零；在经营期内的净现金流量则多为正值。

净现金流量又包括所得税前净现金流量和所得税后净现金流量两种形式。其中，所得税前净现金流量不受融资方案和所得税政策变化的影响，是全面反映投资项目方案本身财务获利能力的基础数据。计算时，现金流出量的内容中不包括调整所得税因素；所得税后净现金流量则将所得税视为现金流出，可用于评价在考虑融资条件下项目投资对企业价值所作的贡献，可以在所得税前净现金流量的基础上，直接扣除调整所得税求得。

为了简化计算，假定只有完整工业投资项目和单纯固定资产项目考虑所得税前后净现金流量的两种形式；更新改造项目只考虑所得税后净现金流量一种形式。

项目投资现金流量表要详细列示所得税前净现金流量、累计所得税前净现金流量、所得税后净现金流量和累计所得税后的净现金流量。

【例】 根据本节各例计算的结果，编制张江公司生产流水线投资项目现金流量表如图表 5－1 所示。

三、项目投资净现金流量的简化计算方法

为了简化净现金流量的计算，可以根据项目计算期不同阶段上的现金流入量和现金流出量具体内容，直接计算各阶段净现金流量。

（一）单纯固定资产投资项目

若单纯固定资产投资项目的固定资产投资均在建设期内投入，则建设期净现金流量的简化计算公式如下：

$$\text{建设期某年的净现金流量} = -\text{该年发生的固定资产投资额}$$

运营期净现金流量的简化计算公式如下：

$$\begin{array}{c}\text{运营期某年所得}\\\text{税前净现金流量}\end{array} = \begin{array}{c}\text{该年因使用该固定资}\\\text{产新增的息税前利润}\end{array} + \begin{array}{c}\text{该年因使用该固定}\\\text{资产新增的折旧}\end{array} + \begin{array}{c}\text{该年回收的固}\\\text{定资产净残值}\end{array}$$

图表 5-1

张江公司生产流水线投资项目现金流量表(项目投资)

金额单位：万元

项目计算期(第 t 年)	建设期		运营期								合计
	0	1	2	3	4	5	6	7	8	9	
1. 现金流入			300	300	300	300	420	420	420	460	2 920
其中：营业收入			300	300	300	300	420	420	420	420	2 880
回收固定资产余值										12	12
回收流动资金										28	28
2. 现金流出	240	48	156.73	152.73	152.73	152.73	213.90	213.90	213.90	213.90	1 758.52
其中：建设投资	240	24									264.00
流动资金投资		24	4								28.00
经营成本			150	150	150	150	210	210	210	210	1 440.00
税金及附加			2.73	2.73	2.73	2.73	3.90	3.90	3.90	3.90	26.52
维持运营投资											0
3. 所得税前净现金流量	−240	−48	143.27	147.27	147.27	147.27	206.10	206.10	206.10	246.10	1 161.48
4. 累计所得税前净现金流量	−240	−288	−144.73	2.54	149.81	297.08	503.18	709.28	915.38	1 161.48	—
5. 调整所得税			28.57	28.57	28.57	28.57	43.28	43.28	43.28	43.28	287.40
6. 所得税后净现金流量	−240	−48	114.70	118.70	118.70	118.70	162.82	162.82	162.82	202.82	874.08
7. 累计所得税后净现金流量	−240	−288	−173.30	−54.60	64.10	182.80	345.62	508.44	671.26	874.08	—

【例】 泰昌公司新建生产设备项目需要一次投入价款200万元，建设期为1年，建设期资本化利息为10万元，该固定资产可使用8年，按直线法折旧，期满有净残值10万元。投入使用后，可使运营期第1至第8年每年产品销售收入(不含增值税)增加148万元，每年的经营成本增加61万元，税金及附加增加2万元，该企业所得税税率为25%。按简化方法计算该项目所得税前后的净现金流量如下：

项目计算期 $= 1+8=9$(年)

固定资产原值 $=200+10=210$(万元)

固定资产年折旧额 $=\dfrac{210-10}{8}=25$(万元)

经营期第1至第8年每年不含财务费用的总成本费用增加额 $=61+25=86$(万元)

经营期第1至第8年每年息税前利润增加额 $=148-86-2=60$(万元)

经营期第1至第8年每年增加的调整所得税 $=60\times25\%=15$(万元)

建设期净现金流量(NCF_0) $=-200$(万元)

建设期净现金流量(NCF_1) $=0$

运营期所得税前净现金流量($NCF_{2\sim8}$) $=60+25=85$(万元)

运营期所得税前净现金流量(NCF_9) $=60+25+10=95$(万元)

运营期所得税前净现金流量 $=85\times7+95=690$(万元)

运营期所得税后净现金流量($NCF_{2\sim8}$) $=60\times(1-25\%)+25=70$(万元)

运营期所得税后净现金流量(NCF_9) $=60\times(1-25\%)+25+10=80$(万元)

运营期所得税后净现金流量 $=70\times7+80=570$(万元)

(二) 完整工业投资项目

若完整工业投资项目的全部原始投资均在建设期投入，那么建设期净现金流量的简化计算公式如下：

$$\text{建设期某年净现金流量}(NCF_t)=-\text{该年原始投资额}=-I_t$$

$$(t=0,1,\cdots,s;\ s\geqslant0)$$

公式中 I_t 表示第 t 年原始投资额；

s 表示建设期年数。

在上列公式中，当建设期 s 不为0时，建设期净现金流量的数量特征取决于其投资方式是分次投入还是一次投入。

如果项目在运营期内不追加流动资金投资，那么完整工业投资项目的运营期所得税前净现金流量的简化计算公式如下：

$$\frac{运营期某年所得}{税前净现金流量}(NCF_t)=\frac{该年息税}{前利润}+\frac{该年}{折旧额}+\frac{该年}{摊销额}+\frac{该年}{回收额}-\frac{该年维持}{运营投资额}$$

完整工业投资项目的运营期所得税后净现金流量的简化计算公式如下：

$$\frac{运营期某年所得}{税后净现金流量}(NCF_t)=\frac{该年息税}{前利润}\times\left(1-\frac{所得税}{税率}\right)+\frac{该年}{折旧额}+\frac{该年}{摊销额}+\frac{该年}{回收额}+\frac{该年维持}{运营投资额}=\frac{该年自由}{现金流量}$$

运营期自由现金流量是指投资者可以作为偿还借款利息、本金、分配利润和对外投资等财务活动来源的净现金流量。

如果不考虑维持运营投资，回收额为零，则运营期所得税后净现金流量又称为经营净现金流量。按照有关回收额均发生在终结点上的假设，经营期内回收额不为零时的所得税后净现金流量又称终结点所得税后净现金流量；显然终结点所得税后净现金流量等于终结点那 1 年的经营净现金流量与该期回收额之和。

【例】 沪光公司某工业项目需要原始投资 720 万元，其中固定资产投资 600 万元，开办费 20 万元，流动资金 100 万元，建设期为 1 年，建设期发生与购建固定资产有关的资本化利息 30 万元，固定资产投资和开办费投资于建设起点投入，流动资金于完工时，即第 1 年年末投入。该项目寿命期 10 年，固定资产采用直线法折旧，期满有净残值 30 万元；开办费于投产当年一次摊销完毕；流动资金于终结点一次回收。投产后前 5 年每年获息税前利润 120 万元，后 5 年每年获息税前利润 160 万元。按简化方法计算该项目建设期净现金流量和运营期所得税前净现金流量如下：

$$项目计算期\ n=1+10=11(年)$$

$$固定资产原值=600+30=630(万元)$$

$$固定资产年折旧额=\frac{630-30}{10}=60(万元)$$

建设期净现金流量：

$$NCF_0=-(600+20)=-620(万元)$$

$$NCF_1=-100(万元)$$

运营期所得税前净现金流量：

$$NCF_{(2)}=120+60+20+0=200(万元)$$

$$NCF_{(3\sim6)}=120+60+0+0=180(万元)$$

$$NCF_{(7\sim10)}=160+60+0+0=220(万元)$$

$$NCF_{(11)}=160+60+0+(30+100)=350(万元)$$

$$运营期所得税前净现金流量=200+180\times4+220\times4+350=2\,150(万元)$$

【例】 沪光公司所得税税率为25%，根据上例资料计算其运营期所得税后净现金流量如下：

$$NCF_{(2)}=120\times(1-25\%)+60+20+0=170(\text{万元})$$

$$NCF_{(3\sim6)}=120\times(1-25\%)+60+0+0=150(\text{万元})$$

$$NCF_{(7\sim10)}=160\times(1-25\%)+60+0+0=180(\text{万元})$$

$$NCF_{(11)}=160\times(1-25\%)+60+0+(30+100)=310(\text{万元})$$

$$\text{运营期所得税后净现金流量}=170+150\times4+180\times4+310=1\,800(\text{万元})$$

（三）更新改造投资项目

更新改造投资项目建设期的净现金流量的计算公式如下：

$$\begin{matrix}\text{建设期某年}\\\text{净现金流量}\end{matrix}=-\left(\begin{matrix}\text{该年发生的新}\\\text{固定资产投资}\end{matrix}-\begin{matrix}\text{旧固定资产}\\\text{变价净收入}\end{matrix}\right)$$

$$\begin{matrix}\text{建设期末的}\\\text{净现金流量}\end{matrix}=\begin{matrix}\text{因旧固定资产提前报废发生}\\\text{净损失而抵减的所得税额}\end{matrix}$$

如果建设期为零，那么运营期所得税后净现金流量的简化计算公式如下：

$$\begin{matrix}\text{运营期第1}\\\text{年所得税后}\\\text{净现金流量}\end{matrix}=\begin{matrix}\text{该年因更新}\\\text{改造而增加}\\\text{的息税前利润}\end{matrix}\times\left(1-\frac{\text{所得税}}{\text{税率}}\right)+\begin{matrix}\text{该年因更}\\\text{新改造而}\\\text{增加的折旧}\end{matrix}+\begin{matrix}\text{因旧固定资产提前}\\\text{报废发生净损失而}\\\text{抵减的所得税额}\end{matrix}$$

$$\begin{matrix}\text{运营期其他}\\\text{各年所得税}\\\text{后净现金流量}\end{matrix}=\begin{matrix}\text{该年因更新}\\\text{改造而增加}\\\text{的息税前利润}\end{matrix}\times\left(1-\frac{\text{所得税}}{\text{税率}}\right)+\begin{matrix}\text{该年因更}\\\text{新改造而}\\\text{增加的折旧}\end{matrix}+\begin{matrix}\text{该年回收新固定资产净残}\\\text{值超过假定继续使用的旧}\\\text{固定资产净残值的差额}\end{matrix}$$

在运营期第1年所得税后净现金流量的计算公式中，“该年因更新改造而增加的息税前利润”不应当包括“因旧固定资产提前报废发生的净损失”。要单独计算“因旧固定资产提前报废发生净损失而抵减的所得税额”，是因为更新改造不仅会影响到本项目自身，还会影响到企业的总体所得税水平，从而形成了“抵税效应”。如果将“因旧固定资产提前报废发生的净损失”计入“该年因更新改造而增加的息税前利润”，就会歪曲这种效应的计量结果。

因旧固定资产提前报废发生净损失而抵减的所得税额的计算公式如下：

$$\begin{matrix}\text{因旧固定资产提前报废发生}\\\text{净损失而抵减的所得税额}\end{matrix}=\begin{matrix}\text{旧固定资产}\\\text{清理净损失}\end{matrix}\times\begin{matrix}\text{适用的企业}\\\text{所得税税率}\end{matrix}$$

【例】 天华公司准备购置一套新设备来替换还能使用5年的旧设备。新设备的投资额为200 000元，旧设备的折余价值为100 000元，其变现净收入为90 000元。到第5年年末，新设备与继续使用旧设备届时的预计净残值相等。新旧设备的替换将在当年内完成（即更新设备的建设期为零）。使用新设备可使企业在第1年增加营业收入56 000

元，增加经营成本 30 000 元；从第 2 至第 5 年每年增加营业收入61 000 元，增加经营成本 33 000 元。设备采用直线法计提折旧，所得税税率为 25%。用简化方法计算该更新设备项目计算期内各年的差量净现金流量（ΔNCF_t）如下：

$$更新设备比继续使用旧设备增加的投资额 = 200\,000 - 90\,000 = 110\,000(元)$$

$$运营期第 1 至第 5 年每年因更新改造而增加折旧额 = \frac{110\,000}{5} = 22\,000(元)$$

$$运营期第 1 年不包括财务费用的总成本费用变动额 = 30\,000 + 22\,000 = 52\,000(元)$$

$$运营期第 2 至第 5 年不包括财务费用的总成本费用变动额 = 33\,000 + 22\,000 = 55\,000(元)$$

$$因旧设备提前报废发生净损失而抵减的所得税额 = (100\,000 - 90\,000) \times 25\% = 2\,500(元)$$

$$运营期第 1 年息税前利润的变动额 = 56\,000 - 52\,000 = 4\,000(元)$$

$$运营期第 2 至第 5 年每年息税前利润的变动额 = 61\,000 - 55\,000 = 6\,000(元)$$

$$建设期差量净现金流量\ \Delta NCF_0 = -(200\,000 - 90\,000) = -110\,000(元)$$

运营期差量净现金流量：

$$\Delta NCF_1 = 4\,000 \times (1 - 25\%) + 22\,000 + 2\,500 = 27\,500(元)$$

$$\Delta NCF_{2\sim5} = 6\,000 \times (1 - 25\%) + 22\,000 = 26\,500(元)$$

第三节　项目投资决策评价指标

一、投资决策评价指标及其类型

投资决策评价指标是指用于衡量和比较投资项目可行性，以便据以进行方案决策的定量化标准与尺度。

投资决策评价指标按是否考虑资金价值分类，可分为静态评价指标和动态评价指标两类。静态评价指标是指在计算过程中不考虑资金时间价值因素的指标，它包括静态投资回收期和投资收益率。动态评价指标是指在计算过程中充分考虑和利用资金时间价值因素的指标，它包括净现值、净现值率、获利指数和内部收益率。

二、静态评价指标

（一）静态投资回收期

静态投资回收期简称回收期，是指以投资项目经营净现金流量抵偿原始总投资所需要的全部时间。它有包括建设期的投资回收期和不包括建设期的投资回收期两种形式。确定静态投资回收期指标有下列两种方法。

1. 公式法　当一个项目的投资均集中发生在建设期内，投产后一定期间内每年经营净现金流量相等，且其合计大于或等于原始投资额时，可采用公式法。其计算公式如下：

$$\text{不包括建设期的回收期}(PP')=\frac{\text{原始投资合计}}{\text{投产后前若干年每年相等的净现金流量}}$$

$$\text{包括建设期的回收期}(PP)=\text{不包括建设期的回收期}+\text{建设期}$$

【例】 长江公司准备新建生产设备，需要一次投入 270 万元，建设期 1 年，该设备可使用 9 年。投产后运营期每年净现金流量为 60 万元，计算其静态回收期如下：

$$\text{不包括建设期的回收期}(PP')=\frac{270}{60}=4.5(\text{年})$$

$$\text{包括建设期的回收期}(PP)=4.5+1=5.5(\text{年})$$

采用公式法必须具备下列两个条件：① 项目投产后前若干年内每年的净现金流量必须相等。② 这些年内的经营净现金流量之和应大于或等于原始总投资。如不能满足上列条件，可以采用列表法。

2. 列表法　它是指通过列表计算“累计净现金流量”的方式，来确定包括建设期的投资回收期，进而再推算出不包括建设期的投资回收期的方法。不论在什么情况下，都可以运用这种方法计算静态投资回收期。该方法的原理是：按照回收期的定义，包括建设期的投资回收期(PP)，满足以下关系式：

$$\sum_{t=0}^{PP} NCF_t=0$$

这表明在固定资产投资项目现金流量表中，“累计所得税后净现金流量”一行，包括建设期的投资回收期(PP)恰好是累计所得税后净现金流量为零的年限。如果在“累计所得税后净现金流量”一行中未找到零，可以按下列公式计算包括建设期的投资回收期(PP)：

$$\text{包括建设期的投资回收期}(PP)=\text{最后一行为负值的累计净现金流量对应的年数}+\frac{\text{最后一行为负值的累计净现金流量绝对值}}{\text{下年净现金流量}}$$

或

$$=\text{累计净现金流量第一次出现正值的年份}-1+\frac{\text{该年初尚未收回的投资}}{\text{该年净现金流量}}$$

【例】 长城公司准备新建一条生产流水线，需要一次投入固定资产 250 万元，建设期为 1 年。在建设期末投入流动资金 50 万元，投产后第 1 年所得税后净现金流量为 95 万元，第 2 至第 4 年所得税后净现金流量为 90 万元，第 5 至第 7 年所得税后净现金流量为 100 万元，第 8 年所得税后净现金流量为 135 万元。用列表法计算该投资项目的静态投资回收期如图表 5 - 2 所示。

图表 5-2

生产流水线项目现金流量表

金额单位：万元

计算期（第 t 年）/ 项目	建设期		运营期								合计
	0	1	2	3	4	5	6	7	8	9	
所得税后净现金流量	−250	−50	95	90	90	90	100	100	100	135	500
累计所得税后净现金流量	−250	−300	−205	−115	−25	65	165	265	365	500	—

因为第 4 年的累计所得税后净现金流量小于零，而第 5 年的累计所得税后净现金流量大于零，所以：

$$包括建设期的投资回收期（所得税后）=4+\frac{|-25|}{90}=4.28（年）$$

$$不包括建设期的投资回收期（所得税后）=4.28-1=3.28（年）$$

静态投资回收期的优点是能够直观地反映原始总投资的还本期限，便于理解，计算也比较简单，可以直接利用回收期之前的净现金流量信息。缺点是没有考虑资金时间价值因素和回收期满后继续发生的现金流量，不能正确反映由于投资方式不同而对项目的影响。

只有静态投资回收期指标小于或等于基准投资回收期指标的投资项目才具有财务可行性。

（二）投资收益率

投资收益率又称投资报酬率，是指达产期正常年份的年息税前利润或运营期年均息税前利润占项目总投资的百分比，其计算公式如下：

$$投资收益率(ROI)=\frac{年息税前利润或年均息税前利润}{项目总投资}\times 100\%$$

【例】 星光公司准备新建生产设备需要一次投入 360 万元，建设期为 1 年，预计投产后每年的息税前利润为 36 万元，计算其投资收益率如下：

$$投资收益率(ROI)=\frac{45}{360}\times 100\%=12.5\%$$

投资收益率的优点是计算公式简单；缺点是没有考虑资金时间价值因素，不能正确反映建设期长短及投资方式不同和回收额的有无对项目的影响，分子和分母计算口径的可比性差，无法直接利用净现金流量信息。

只有投资收益率指标大于或等于基准投资收益率指标的投资项目才具有财务可行性。

三、动态评价指标

(一) 净现值

净现值是指在项目计算期内,按基准收益率或设定折现率计算的各年净现金流量现值的代数和。其计算公式如下:

$$\text{净现值}(NPV) = \sum_{t=0}^{n}(\text{第 } t \text{ 年的净现金流量} \times \text{第 } t \text{ 年的复利现值系数})$$

【例】 申达公司准备新建设备,需要一次投入 250 万元,建设期为 1 年,该设备可使用 5 年,流动资金投资 30 万元,于完工时投入。投产后预计第 1 至第 5 年的息税前利润分别为 120 万元、140 万元、160 万元、175 万元和 155 万元,该项目的基准收益率为 10%。计算其净现值如下:

$$NPV = -250 - 30 \times 0.9091 + 120 \times 0.8264 + 140 \times 0.7513 + 160 \times 0.6830 + 175 \times 0.6209 + 155 \times 0.5645 = 229.79(\text{万元})$$

如果投资项目投产后,每年的息税前利润相等,则可按年金折算成现值,其计算公式如下:

$$NPV = NCF_0 + NCF_{1\sim n}(P/A,\ i_c,n)$$

【例】 天宁公司准备新建生产设备,需要投资 200 万元,按直线法计提折旧,可使用 10 年,期末无残值。预计投产后每年可获息税前利润 21 万元,该项目的基准折现率为 10%。计算其净现值如下:

$$NCF_0 = -200(\text{万元}) \quad NCF_{1\sim 10} = 21 + 200 \div 10 = 41(\text{万元})$$

$$(P/A,\ i_c,\ n) = 6.1446 \quad NPV = -200 + 41 \times 6.1446 = 51.93(\text{万元})$$

净现值指标的优点是综合考虑了资金时间价值、项目计算期内的全部净现金流量和投资风险;缺点是无法从动态的角度直接反映投资项目的实际收益率水平,而且计算比较繁琐。

只有净现值指标大于或等于零的投资项目才具有财务可行性。

(二) 净现值率

净现值率是指投资项目的净现值占原始投资现值总和的比率。其计算公式如下:

$$\text{净现值率}(NPVR) = \frac{\text{项目的净现值}}{\text{原始投资的现值合计}}$$

【例】 根据上例的资料及其计算结果，计算天宁公司准备新建生产设备的净现值率如下：

$$NPVR=\frac{51.93}{200}=0.2597$$

净现值率指标的优点是可以从动态的角度反映项目投资的资金投入与净产出之间的关系，计算过程比较简单；缺点是无法直接反映投资项目的实际收益率。

（三）获利指数

获利指数是指投产后按基准收益率或设定折现率折算的各年净现金流量的现值合计与原始投资的现值合计之比。其计算公式如下：

$$\text{获利指数}(PI)=\frac{\text{投产后各年净现金流量的现值合计}}{\text{原始投资的现值合计}}$$

【例】 仍根据天宁公司准备新建生产设备的例子及计算的数据，计算该项目投资的获利指数如下：

$$PI=\frac{251.93}{200}=1.2597$$

计算结果显示，获利指数与净现值率之间存在一定的联系，即：

$$PI-1=1.2597-1=0.2597=NPVR$$

获利指数指标的优点是可以从动态的角度反映项目投资的资金投入与总产出之间的关系，缺点是除了无法直接反映投资项目的实际收益率。

（四）内部收益率

内部收益率又称内含报酬率，是指项目投资实际可望达到的收益率。实质上它是能使项目投资的净现值等于零时的折现率。

项目投资现金流入的模式有每年等额流入和不等额流入两种情况，这两种情况内部收益率的计算方法是不同的，现分别予以阐述。

1. 项目投资每年净现金流量相等的内部收益率的计算　　在项目投资每年净现金流量相等情况下的计算。

首先，预测项目投资每年的净现金流量，并据以计算年金现值系数，其计算公式如下：

$$\text{年金现值系数}=\frac{\text{投资额现值}}{\text{每年现金净流量}}$$

其次，查阅年金现值系数表，在同期内，找出与年金现值系数相邻近的两个折现率。

再次，根据相邻近的两个折现率和算出的年金现值系数，用内插法计算项目投资的

内部收益率,其计算公式如下:

$$内部收益率(IRR) = r_m + \frac{C_m - C}{C_m - C_{m+1}} \cdot (r_{m+1} - r_m)$$

公式中 r_m 表示低折现率;

r_{m+1} 表示高折现率;

C 表示投资项目年金现值系数;

C_m 表示低折现率对应的年金现值系数;

C_{m+1} 表示高折现率对应的年金现值系数。

【例】 仍根据天宁公司准备新建生产设备的例子及计算的数据,计算该项目投资的内部收益率如下:

$$年金现值系数 = \frac{200}{41} = 4.8780$$

查年金现值系数表,第 10 年与 4.878 0 相邻的两个年金现值系数分别为 5.018 8 和 4.833 2,分别指向的折现率为 15%和 16%。

$$内部收益率(IRR) = 15\% + \frac{5.0188 - 4.8780}{5.0188 - 4.8332} \times (16\% - 15\%) = 15.76\%$$

2. 项目投资每年净现金流量不等的内部收益率的计算 在项目投资每年净现金流量不等的情况下,首先,要预测项目投资各年的净现金流量。其次,采用逐步测试的方法,届时先估计一个折现率,再用其计算项目投资的净现值。若净现值为正数,表明估计的折现率小于项目投资的实际内部收益率,因此应提高折现率,再计算净现值;若净现值为负数,则表明估计的折现率大于项目投资的实际内部收益率,因此应降低折现率,再计算净现值,经过反复计算,找到一正一负两个最接近于零的折现率。再次,根据所找到的两个折现率,用内插法计算项目投资的内部收益率,其计算公式如下:

$$内部收益率(IRR) = r_m + \frac{NPV_m - 0}{NPV_m - NPV_{m+1}} \cdot (r_{m+1} - r_m)$$

公式中 NPV_m 表示按低折现率计算的净现值;

NPV_{m+1} 表示按高折现率计算的净现值。

【例】 开捷公司准备新建一条生产流水线,需要一次投资 1 200 万元,可使用 4 年,预计投产后第 1 至第 4 年的净现金流量分别为 360 万元、480 万元、500 万元和 400 万元,该项目的基准折现率为 10%,计算其内部收益率如图表 5 - 3 所示。

该项目投资每年的净现金流量不等,因此先估计折现率为 15%,测算后现值为正数,应提高折现率再测算,直至测算出现值为负数止。其测算方法如图表 5 - 3 所示。

图表 5-3

生产流水线项目投资内部收益率测算表

单位：万元

年度	净现金流量	折现率为15%		折现率为16%		折现率为17%	
		复利现值系数	现 值	复利现值系数	现 值	复利现值系数	现 值
0		1.0000	-1200.00	1.0000	-1200.00	1.0000	-1200.00
1	360	0.8696	313.06	0.8621	310.36	0.8547	307.69
2	480	0.7561	362.93	0.7432	356.74	0.7305	350.64
3	500	0.6575	328.75	0.6407	320.35	0.6244	312.20
4	400	0.5718	228.72	0.5523	220.92	0.5337	213.48
净现值	—	—	33.46	—	8.37	—	-15.99

在图表 5-3 中，先按折现率 15%测算，其净值为 33.46 万元；再按折现率 16%测算，其净现值为 8.37 万元；接着按折现率 17%测算，其净值为-15.99 万元。测算的结果表明，内部收益率在 16%与 17%之间。然后用内插法计算内部收益率如下：

$$\text{生产流水线项目内部收益率} = 16\% + \frac{8.37}{8.37-(-15.99)} \times (17\% - 16\%)$$

$$= 16\% + 0.34\% = 16.34\%$$

内部收益率指标的优点是既可以从动态的角度直接反映项目投资的实际收益水平，又不受基准收益率高低的影响，比较客观；缺点是计算过程复杂，尤其是当经营期大量追加投资时，有可能导致多个内部收益率出现，偏高或偏低。

只有内部收益率指标大于或等于基准收益率指标或资金成本指标的项目投资时才具有财务可行性。

第四节 项目投资决策评价指标的运用

项目投资决策的关键是合理选择适当的决策方法，利用投资决策评价指标作为决策的标准，作出最终的投资决策。

一、独立方案财务可行性评价及投资决策

（一）独立方案的含义

独立方案是指一组互相分离、互不排斥的方案。独立方案存在的前提条件如下所述。① 投资资金来源无限制。② 投资资金无优先使用的排列。③ 各投资方案所需的人

力和物力均能得到满足。④ 不考虑地区和行业之间的相互关系及其影响。⑤ 每一投资方案是否可行,仅取决于本方案的经济利益,与其他方案无关。

例如,开元公司提出一组投资方案有:扩建生产车间、新建办公楼和购置小汽车,这一组投资方案中各个方案之间没有什么关联,互相独立,并不存在相互比较和选择的问题。企业可以接受其中一个、多个或全部接受,也可以全部不接受。

(二) 独立方案的财务可行性评价与投资决策的关系

评价独立方案的财务可行性的过程也就是对其作出最终决策的过程。因为对于一组独立方案中的任何一个方案,都存在接受或拒绝的选择。只有完全具备或基本具备财务可行性的方案,才可以接受;完全不具备或基本不具备财务可行性的方案,只能选择拒绝,从而,拒绝本身也是一种方案,被称为 0 方案。因此,任何一个独立方案都要与 0 方案进行比较决策。

(三) 评价方案财务可行性的要点

1. 判断方案是否完全具备财务可行性的条件　　如果某一投资方案的所有评价指标均处于可行区间,即同时满足以下条件,则可以断定该方案完全具备财务可行性。① 净现值(NPV)$\geqslant 0$。② 净现值率($NPVR$)$\geqslant 0$。③ 获利指数(PI)$\geqslant 1$。④ 内部收益率(IRR)$\geqslant$基准折现率 i_c。⑤ 包括建设期的静态投资回收期(PP)$\leqslant \frac{n}{2}$(即项目计算期的一半)。⑥ 不包括建设期的静态投资回收期(PP')$\leqslant \frac{P}{2}$(即运营期的一半)。⑦ 投资收益率(ROI)$\geqslant$基准投资收益率 i。

2. 判断方案是否完全不具备财务可行性的条件　　如果某一投资方案的评价指标均处于不可行区间,即同时满足下列条件,则可以断定该方案完全不具备财务可行性。① $NPV<0$。② $NPVR<0$。③ $PI<1$。④ $IRR<i_c$。⑤ $PP>\frac{n}{2}$。⑥ $PP'>\frac{P}{2}$。⑦ $ROI<i$。

3. 判断方案是否基本具备财务可行性的条件　　如果在评价过程中发现某方案的主要指标处于可行区间,如 $NPV\geqslant 0$,$NPVR\geqslant 0$,$PI\geqslant 1$,$IRR\geqslant i_c$;但次要指标却处于不可行区间,如 $PP>\frac{n}{2}$,$PP'>\frac{P}{2}$ 或 $POI<i$,则可以断定该方案基本上具有财务可行性。

4. 判断方案是否基本不具备财务可行性的条件　　如果在评价过程中发现某方案的主要指标处于不可行区间,即使有次要指标处于可行区间,也可以断定该方案基本上不具有财务可行性。

二、多个互斥方案的比较决策

互斥方案是指一组方案中的各个方案彼此可以相互代替,采纳方案组中的某一方案，就会自动排斥这组方案中的其他方案。因此，互斥方案具有排他性。

多个互斥方案比较决策是指在每一个入选方案已具备财务可行性的前提下，利用具体决策方法比较各个方案的优劣，利用评价指标从各个备选方案中最终选出一个最优方案的过程。

项目投资多方案比较决策的方法是指利用特定评价指标作为决策标准或依据的各种方法的统称。它主要有以下五种方法。

（一）净现值法

净现值法是指通过比较所有已具备财务可行性投资方案的净现值指标的大小来选择最优方案的方法。该方法适用于原始投资相同，且项目计算期相等的多方案比较决策。净现值最大的方案为最优方案。

【例】 某固定资产项目需要原始投资额200万元，有A,B,C,D四种互相排斥的备选方案可供选择。各方案的净现值指标分别为386.26万元、235.56万元、348.72万元和327.25万元。评价各个方案的财务可行性并按净现值法进行比较决策如下：

A,B,C,D每个备选方案的净现值都大于0，这些方案均具有财务可行性，然而A方案的净现值386.26万元为最大，为最优，应予以接受，并拒绝其他三个方案。

（二）净现值率法

净现值率法是指通过比较所有已具备财务可行性投资方案的净现值率指标的大小来选择最优方案的方法。该方法适用于项目计算期相等，且原始投资相同的多个互拆方案的比较决策。净现值率最大的为最优方案。

【例】 有A项目和B项目两个互斥的投资方案，它们的项目计算期相同，A项目原始投资的现值为180万元，净现值为39.60万元；B项目原始投资的现值为120万元，净现值为30万元，计算各投资项目的净值率，并据以进行比较决策如下：

$$\text{A项目净现值率}=\frac{39.60}{180}=0.22$$

$$\text{B项目净现值率}=\frac{30}{120}=0.25$$

计算结果显示，B项目的净现值率0.25大于A项目的净现值率0.22，应接受B项目的投资方案。

（三）差额投资内部收益率法

差额投资内部收益率法是指在两个原始投资额不同方案的差量净现金流量的基础上，计算出差额内部收益率，并据以与行业基准折现率进行比较，进而判断方案优劣的方法。该方法适用于两个原始投资不相同，但项目计算期相同的多方案比较决策。当差额内部收益率指标大于或等于基准收益率或设定的折现率时，原始投资额大的方案较优；反之，则投资少的方案为优。

差额投资内部收益率 ΔIRR 的计算过程和计算技巧与内部收益率 IRR 的计算过程和计算技巧完全相同，只是 ΔIRR 的计算依据是 ΔNCF。

【例】 A 项目原始投资的现值为 180 万元，1～10 年的净现金流量为 35.20 万元；B 项目原始投资的现值为 120 万元，1～10 年的净现金流量为 24.20 万元。该行业基准折现率为 10%，计算差量净现金流量，并据以进行比较投资决策如下：

$$\Delta NCF_0 = -180-(-120) = -60(\text{万元})$$

$$\Delta NCF_{1\sim10} = 35.20 - 24.25 = 10.95(\text{万元})$$

$$\text{年金现值系数} = \frac{60}{10.95} = 5.4795$$

查年金现值系数表，第 10 年与 5.479 5 相邻的两个年金现值系数分别为 5.650 2 和 5.426 2，相应的折现率分别为 12% 和 13%。

$$\Delta IRR = 12\% + \frac{5.6502 - 5.4795}{5.6502 - 5.4262} \times (13\% - 12\%) = 12.76\%$$

计算结果显示，差额内部收益率为 12.76%，大于行业基准折现率 10%，应当投资 A 项目。

差额投资内部收益率法常被用于更新改造项目的投资决策中，当该项目的差额内部收益率指标大于或等于基准折现率时，应当进行更新改造；反之，就不应当进行更新改造。

【例】 K 生产设备更新项目采用新设备替换旧设备，产生 $\Delta NCF_0 = -12\,000$ 元，$\Delta NCF_{1\sim5} = 33\,100$ 元，该企业的行业基准折现率 i_c 为 11%。计算该项目的差额内部收益率，并据以作出是否更新设备决策如下：

$$\text{差额内部收益率}(\Delta IRR) = \frac{120\,000}{33\,100} = 3.6254$$

查年金现值系数表，第 5 年与 3.625 4 相邻的两个年金现值系数分别为3.695 9 和 3.604 8，相对应的折现率分别为 11% 和 12%。

$$\Delta IRR = 11\% + \frac{3.6959 - 3.6254}{3.6959 - 3.6048} = 11.77\%$$

计算结果显示，采用新设备替换旧设备的差额投资内部收益率为 11.77%，大于该行业基准折现率，应当更新设备。

（四）年等额净回收额法

年等额净回收额法是指通过比较所有投资方案的年等额净回收额指标的大小来选择最优方案的决策方法。该方法适用于原始投资不相同、特别是项目计算期不同的多方案比较决策，这种方法以年等额净回收额最大的方案为优。年等额净回收额计算公式如下：

$$\text{某方案年等额净回收额}=\text{该方案净现值}\times\frac{1}{\text{年金现值系数}}$$

【例】 东安公司准备投资建设一条生产流水线，现有两个方案，A 方案的原始投资为 800 万元，项目计算期为 9 年，净现值为 742 万元；B 方案的原始投资为 900 万元，项目计算期为 10 年，净现值为 810 万元，该行业基准折现率为 10%，用年等额净回收额作出最终的投资决策如下：

$$\text{A 方案的年等额净回收额}=742\times\frac{1}{5.759\,0}=128.84(\text{万元})$$

$$\text{B 方案的年等额净回收额}=810\times\frac{1}{6.144\,6}=131.82(\text{万元})$$

计算结果显示，B 方案的年等额净回收额大于 A 方案，应当选择 B 方案。

（五）计算期统一法

计算期统一法是指通过对计算期不相等的多个互斥方案选定一个共同的计算分析期，以满足时间可比性的要求，进而根据调整后的评价指标来选择最优方案的方法。

该方法包括方案重复法和最短计算期法两种具体处理方法。

1. 方案重复法　它也称计算期最小公倍数法，是指将各方案计算期的最小公倍数作为比较方案的计算期，进而调整有关指标，并据以进行多方案比较决策的一种方法。应用这种方法，可采取直接计算每个方案项目原计算期内的评价指标（主要指净现值），再按照最小公倍数原理分别对其折现，并求代数和，最后根据调整后的净现值指标进行方案的比较决策。

【例】 有 A，B 两个方案均在年末投资，A 方案投资 560 万元，计算期 12 年，净现值为 698.60 万元；B 方案投资 540 万元，计算期 8 年，净现值为 569.20 万元，基准折现率为 11%。用计算期统一法中的方案重复法进行投资决策如下：

A 方案的项目计算期为 12 年，B 方案的项目计算期为 8 年，两个方案计算期的最小公倍数为 24 年。在这期间 A 方案重复一次，B 方案重复两次，则调整两个方案的净现值如下：

$$\begin{aligned}NPV_{A'}&=698.60+698.60\times(P/F,\ 11\%,\ 12)\\&=698.60+698.60\times0.285\,8=898.26(\text{万元})\end{aligned}$$

$$\begin{aligned}NPV_{B'}&=569.20+569.20\times(P/F,\ 11\%,\ 8)+569.20\times(P/F,\ 11\%,\ 16)\\&=569.20+569.20\times0.433\,9+569.20\times0.188\,3=923.36(\text{万元})\end{aligned}$$

调整结果显示，B 方案的净现值大于 A 方案，因此 B 方案优于 A 方案。

2. 最短计算期法　它是指在将所有方案的净现值均还原为等额年回收额的基础上，再按照最短的计算期来计算出相应净现值，进而根据调整后的净现值指标进行多方案比较决策的方法。

【例】 仍沿用上例，用最短计算期法进行投资决策如下：

A，B 两个方案中，B 方案计算期 8 年为最短，调整后的净现值如下：

$$NPV_{A''} = NPV_A \times (A/P,\ 11\%,\ 12) \times (P/A,\ 11\%,\ 8)$$

$$= 698.60 \times \frac{1}{6.4924} \times 5.1461 = 553.73(\text{万元})$$

$$NPV_{B''} = NPV_B = 569.20(\text{万元})$$

调整结果显示：B 方案的净现值大于 A 方案，因此 B 方案优于 A 方案。

三、多方案组合或排队投资决策

(一) 组合或排队方案决策的含义

组合或排队方案是指一组既不属于相互独立，又不属于相互排斥，而是可以实现任意组合或排队的方案。它包括先决方案、互补方案和不完全互斥方案等形式。在采用这种方案决策过程中，除了要求首先评价所有方案的财务可行性，淘汰不具备财务可行性的方案外，还需要反复衡量和比较不同组合条件下的有关评价指标的大小，从而作出最终决策。

组合或排队方案决策分两种情况，一种情况是在资金总量不受限制时，可按每一项目的净现值大小排队，确定优先考虑的项目顺序；另一种情况是在资金总量受到限制时，需要按净现值率或获利指数的大小，结合净现值进行各种组合或排队，从中选出能使净现值总额最大的最优组合。

(二) 组合或排队方案决策的程序

第一，以各方案的净现值率高低为序，逐项计算累计投资额，并与限定投资总额进行比较。

第二，当截至某项投资项目(假定为第 j 项)的累计投资额恰好达到限定的投资总额时，第 1 至第 j 项的项目组合为最优的投资组合。

第三，若在排序过程中未能直接找到最优组合，则必须按下列方法进行必要的修正：

一是当排序中发现第 j 项的累计投资额首次超过限定投资额，而删除该项后，按顺延的项目计算的累计投资额却小于或等于限定投资额时，可将第 j 项与第 $(j+1)$ 项交换位置，继续计算累计投资额。这种交换可连续进行。

二是当排序中发现第 j 项的累计投资额首次超过限定投资额，又无法与下一项进行交换，第 $(j-1)$ 项的原始投资大于第 j 项原始投资时，可将第 j 项与第 $(j-1)$ 项交换位置，继续计算累计投资额。这种交换也可连续进行。

三是若经过反复交换,已不能再进行交换,仍未找到能使累计投资额恰好等于限定投资额的项目组合时,可按最后一次交换后的项目组合作为最优组合。

总之,在主要考虑投资效益的条件下,多方案比较决策的主要依据就是能否保证在充分利用资金的前提下,获得尽可能多的净现值总量。

【例】 华光公司有A,B,C,D,E五个项目投资方案,该五个方案为非互斥方案,这些项目投资的原始投资额、净现值和净现值率如图表5-4所示。

图表5-4

项目投资原始投资额、净现值和净现值率表

金额单位:万元

项目	原始投资额	净现值	净现值率
A	600	240	0.40
B	400	80	0.20
C	400	200	0.50
D	200	44	0.22
E	200	60	0.30

要求对投资资金限量分别为400万元、600万元、800万元、900万元、1 000万元、1 200万元、1 400万元和1 600万元时进行项目投资组合决策,具体如下所述:

先按各项目投资的净现值率的大小排序,并计算累计原始投资和累计净现值如图表5-5所示。

图表5-5

项目投资按净现值率大小排序表

单位:万元

顺序	项目	原始投资	累计原始投资	净现值	累计净现值
1	C	400	400	200	200
2	A	600	1 000	240	440
3	E	200	1 200	60	500
4	D	200	1 400	44	544
5	B	400	1 800	80	624

(1) 当限定投资资金为400万元时　这时只能选择C投资项目,该项目可获200万元净现值,比另一投资组合E+D的净现值合计104万元多96万元。

(2) 当限定投资资金为600万元时　这时最优投资组合为C+E(将A和E进行

交换),净现值为260万元,大于其他投资组合:A、C+D、E+B和D+B。

(3) 当限定投资资金为800万元时　这时最优投资组合为C+E+D(将A与E、D分别交换一次),在这一投资组合下可获净现值304万元,大于以下投资组合:A+E、A+D、C+B、E+D+B。

(4) 当限定投资资金为900万元时　这时最优投资组合仍为C+E+D,此时累计投资总额为800万元(400+200+200),小于900万元,但实现的净现值仍比所有其他投资组合多。

(5) 当限定投资资金分别为1 000万元、1 200万元和1 400万元时　这时最优的投资组合分别为:C+A、C+A+E、C+A+E+D。

(6) 当限定投资资金为1 600万元时　这时最优的投资组合为C+A+E+B(将D与B交换一次),获得净现值580万元,大于C+A+B+D投资组合的净现值564万元。

第五节　项目投资的风险分析

我们在前文阐述投资决策时,曾假定现金流量届时是能够实现的,实际上由于固定资产决策涉及的时间长,所产生的现金流量并非固定不变的,而是具有不同程度的投资不确定性。如果决策面临的不确定性比较小,一般可忽略它们的影响,将决策视为确定情况下的决策;如果决策面临的不确定性和风险比较大,足以影响项目投资的选择,那么就应对它们进行计量并在决策时加以考虑。

投资风险分析的常用方法是风险调整折现率法和肯定当量法。

一、风险调整折现率法

风险调整折现率法是指将企业因承担风险而要求的、与项目投资的风险程序相适应的风险报酬,计入原定的折现率,构成了按风险调整的折现率,并据以进行投资决策分析的方法。风险调整折现率法是投资风险分析最常用的方法,它们基本思想是企业对于有风险的项目投资要求取得高于资金时间价值的报酬,并且风险越大,要求取得的报酬就越高。风险调整折现率的计算公式如下:

$$K = i + b \cdot Q$$

公式中　K 表示风险调整折现率;

i 表示无风险折现率;

b 表示风险报酬斜率;

Q 表示风险程度。

上列公式中,无风险折现率 i 是考虑通货膨胀因素后的资金时间价值。$b \cdot Q$ 是风险报酬率,风险越大,风险报酬率越高,其中:Q 是风险程度的衡量指标,即变化系数或标准离差率；b 是风险报酬斜率，它取决于社会全体投资者对风险的回避程度，可以通过历史资料用高低点法或直线回归法计算后取得。

【例】 天辰公司的无风险折现率为8%，现有三个项目投资方案，有关现金流量的资料如图表5-6所示。

图表5-6

投资项目现金流量表

单位：万元

时期（年）＼投资项目	A项目投资方案		B项目投资方案		C项目投资方案	
	现金流量	概率	现金流量	概率	现金流量	概率
0	－100		－50		－50	
1	60 40 20	0.2 0.5 0.3				
2	80 60 40	0.15 0.60 0.25				
3	50 40 30	0.3 0.4 0.3	40 100 160	0.2 0.6 0.2	80 100 120	0.1 0.8 0.1

分析评价三个风险投资项目的投资优劣顺序如下所述。

1）风险程度的计算　计算风险程度分如下几个步骤进行：

(1) 计算各投资项目的期望现金流入量 E　其具体计算如下：

A投资项目：

$$E_{A_1} = 60 \times 0.2 + 40 \times 0.5 + 20 \times 0.3 = 38(\text{万元})$$

$$E_{A_2} = 80 \times 0.15 + 60 \times 0.5 + 40 \times 0.25 = 52(\text{万元})$$

$$E_{A_3} = 50 \times 0.3 + 40 \times 0.4 + 30 \times 0.3 = 40(\text{万元})$$

B投资项目：

$$E_B = 40 \times 0.2 + 100 \times 0.6 + 160 \times 0.2 = 100(\text{万元})$$

C投资项目：

$$E_C = 80\times0.1+100\times0.8+120\times0.1=100(\text{万元})$$

(2) 计算各投资项目的标准差 d　　其具体计算如下：

A 投资项目：

$$d_{A_1} = \sqrt{(60-38)^2\times0.2+(40-38)^2\times0.5+(20-38)^2\times0.3}=14(\text{万元})$$

$$d_{A_2} = \sqrt{(80-52)^2\times0.15+(60-52)^2\times0.6+(40-52)^2\times0.25}=13.86(\text{万元})$$

$$d_{A_3} = \sqrt{(50-40)^2\times0.3+(40-40)^2\times0.4+(30-40)^2\times0.3}=7.75(\text{万元})$$

B 投资项目：

$$d_B = \sqrt{(40-100)^2\times0.2+(100-100)^2\times0.6+(160-100)^2\times0.2}=37.95(\text{万元})$$

C 投资项目：

$$d_C = \sqrt{(80-100)^2\times0.1+(100-100)^2\times0.8+(120-100)^2\times0.1}=8.94(\text{万元})$$

(3) 计算各投资项目的变化系数 q 或 Q　　由于反映现金流入的离散程度指标标准差是个绝对数，当其在不同项目的期望值不相等时，不能准确反映风险程度，因此需要计算变化系数。其计算公式如下：

$$q=\frac{\text{标准差}}{\text{期望值}}=\frac{d}{E}$$

由于 A 方案各年的期望值和标准差均不同，因此需要用综合变化系数来综合各年的风险，其计算公式及具体计算如下：

$$Q=\frac{\text{综合标准差}}{\text{现金流入预期现值}}=\frac{D}{EPV}$$

$$D=\sqrt{\sum_{t=1}^{n}\frac{d_t^2}{(1+i)^{2t}}}$$

$$EPV=\sum_{t=1}^{n}\frac{E_t}{(1+i)^t}$$

$$D_A=\sqrt{\frac{14^2}{1.08^2}+\frac{13.86^2}{1.08^4}+\frac{7.75^2}{1.08^6}}=18.63(\text{万元})$$

$$EPV_A=\frac{38\,000}{1.08}+\frac{52\,000}{1.08^2}+\frac{40\,000}{1.08^3}=111.52(\text{万元})$$

$$Q_A=\frac{18.63}{111.52}=0.167\,1$$

$$Q_B = \frac{37.95}{100} = 0.3795$$

$$Q_C = \frac{8.94}{100} = 0.0894$$

2）计算风险报酬斜率　　风险报酬斜率是指社会上风险报酬率与变化系数的比值。它是直线方程 $k = i + b \cdot Q$ 的系数 b，它的高低反映风险程度变化对风险调整最低报酬率影响的大小。

如果社会上中等风险程度的项目变化系数为 0.5，通常要求的含有风险报酬的最低报酬率为 12%，无风险的最低报酬率 i 为 8%。现计算风险报酬斜率如下：

$$b = \frac{12\% - 8\%}{0.5} = 0.08$$

3）计算各投资项目的风险调整折现率　　其具体计算过程如下：

A 投资项目：

$$K_A = 8\% + 0.08 \times 0.1671 = 9.34\%$$

B 投资项目：

$$K_B = 8\% + 0.08 \times 0.3795 = 11.04\%$$

C 投资项目：

$$K_C = 8\% + 0.08 \times 0.0894 = 8.72\%$$

4）根据风险调整折现率计算各投资项目的净现值　　其具体计算过程如下：

A 投资项目：

$$NPV_A = \frac{38}{1.0934} + \frac{52}{1.0934^2} + \frac{40}{1.0934^3} - 100 = 8.85(\text{万元})$$

B 投资项目：

$$NPV_B = \frac{100}{1.1104^3} - 50 = 23.04(\text{万元})$$

C 投资项目：

$$NPV_C = \frac{100}{1.0872^3} - 50 = 27.81(\text{万元})$$

计算结果显示，三个风险投资项目的优劣顺序为 C＞B＞A。

如果不考虑风险因素，以概率最大的现金流量作为肯定的现金净流量，其计算公式如下：

$$NPV_A = \frac{38}{1.08} + \frac{52}{1.08^2} + \frac{40}{1.08^3} - 1\,000 = 11.52(\text{万元})$$

$$NPV_B = \frac{100}{1.08^3} - 50 = 29.38(\text{万元})$$

$$NPV_C = \frac{100}{1.08^3} - 50 = 29.38(\text{万元})$$

计算结果显示，三个风险投资项目的顺序为 B＝C＞A。由于没有考虑风险价值，因此无法区分 B，C 两个投资项目的优劣。加入风险因素后，B 投资项目的变化系数为 0.379 5，比 C 投资项目的变化系数 0.089 4 大，表示其风险也大。

风险调整折现率法比较符合逻辑，不仅为理论家认可，并且使用广泛。但是，将资金时间价值和风险价值混在一起，并据此对现金流量进行折现，意味着风险随着时间的推移而加大，有时与事实不符。某些行业的投资，前几年的现金流量难以预料，越往后反而更有把握，如果园、饭店等。

二、肯定当量法

肯定当量法又称按风险调整现金流量法或约当系数法，它是指将有风险的各年现金流量按肯定当量系数折算为肯定的现金流量，然后利用无风险折现率来计算风险投资项目的净现值，并进行评价分析的方法。采用肯定当量法的投资项目净现值的计算公式如下：

$$NPV = \sum_{t=0}^{n} \frac{\alpha_t CFAT_t}{(1+i)^t}$$

公式中 α_t 表示 t 年现金流量的肯定当量系数，它在 0～1 之间；
i 表示无风险的折现率；
$CFAT$ 表示税后现金流量。

肯定当量系数是指肯定的现金流量与不肯定的现金流量期望值的比值。它可以将各年不肯定的现金流量换算成肯定的现金流量。肯定当量系数 α_t 的计算公式如下：

$$\alpha_t = \frac{\text{肯定的现金流量}}{\text{不肯定的现金流量期望值}}$$

由于肯定的 1 元比不肯定的 1 元更受欢迎，不肯定的 1 元只相当于不足 1 元的金额，两者的差额与不确定性程度的高低有关。各年的肯定当量系数可以由企业的专业人员根据经验判断确定，也可以为每一档变化系数规定相应的肯定当量系数。

【例】 天辰公司确定变化系数与肯定当量系数的对照表如图表5－7所示。

图表 5 - 7

变化系数与肯定当量系数对照表

变 化 系 数	肯定当量系数
0.00～0.08	1.0
0.09～0.18	0.9
0.19～0.28	0.8
0.29～0.38	0.7
0.39～0.48	0.6
0.49～0.58	0.5
0.59～0.70	0.4

根据图表 5 - 7 及前例有关资料，分析评价三个风险项目投资方案的优劣顺序如下：

(1) 计算各项目投资方案各年现金流量的变化系数　　其具体计算过程如下：

A 投资项目：

$$q_{A_1} = \frac{d_{A_1}}{E_{A_1}} = \frac{14}{38} = 0.37$$

$$q_{A_2} = \frac{d_{A_2}}{E_{A_2}} = \frac{13.86}{52} = 0.27$$

$$q_{A_3} = \frac{d_{A_3}}{E_{A_3}} = \frac{7.75}{40} = 0.19$$

B 投资项目：

$$q_B = \frac{d_B}{E_B} = \frac{37.95}{100} = 0.38$$

C 投资项目：

$$q_C = \frac{d_C}{E_C} = \frac{8.94}{100} = 0.09$$

(2) 确定肯定当量系数　　查变化系数与肯定当量系数对照表，得各系数如下：

$$\alpha_{A_1} = 0.7$$

$$\alpha_{A_2} = 0.8$$

$$\alpha_{A_3} = 0.8$$

$$\alpha_B = 0.7$$

$$\alpha_C = 0.9$$

(3) 计算各投资项目的净现值　　计算过程如下：

$$NPV_A=\frac{0.7\times 38}{1.08}+\frac{0.8\times 52}{1.08^2}+\frac{0.8\times 40}{1.08^3}-100=-14.30(万元)$$

$$NPV_B=\frac{0.7\times 100}{1.08^3}-50=5.57(万元)$$

$$NPV_C=\frac{0.9\times 100}{1.08^3}-50=21.44(万元)$$

计算结果显示，三个风险投资项目的优劣顺序是C＞B＞A。其顺序虽然与风险调整折现率相同，然而计算出来的净现值却有很大的区别，特别是A投资项目净现值为－14.30万元，表明该投资项目将面临亏损，是不可行的。

肯定当量法可以根据各年不同的风险程度，分别采用不同的当量系数，从而解决了风险调整折现率法夸大远期风险的缺点。采用这种方法的主要困难是很难准确、合理地确定肯定当量系数；另外，变化系数与肯定当量系数之间的对应关系，并没有一致公认的客观标准，而是与企业管理层对风险的好恶程度有关。因此，这种方法存在着一定的人为因素。

思考题

一、简答题

1. 什么是投资？试述投资的意义。
2. 试述投资的程序。
3. 试述项目投资现金流量的内容。
4. 试述计算投资现金流量时的相关假设。
5. 试述完整工业项目投资现金流入量与现金流出量的估算。
6. 静态评价指标包括哪些具体指标？并说明这些指标的优缺点。
7. 动态评价指标包括哪些具体指标？并说明这些指标的优缺点。
8. 什么是独立方案？它存在的前提条件是什么？
9. 什么是多个互斥方案的比较决策？它主要有哪些方法？
10. 分述风险调整折现率法和肯定当量法的计算步骤。

二、名词解释题

初创投资　后续投资　项目计算期　建设期　运营期　固定资产投资　流动资金投资　经营成本　投资决策评价指标　静态回收期　投资收益率　净现值　获利指数　净现值率法　差额投资内部收益率法　计算期统一法　组合或排队方案决策　风险调整折现率法　风险报酬斜率　肯定当量法　肯定当量系数

三、是非题

1. 项目投资是指企业将资金投入特定的建设项目，并能形成具体的生产经营能力，从而获取营业利润的投资。（　　）

2. 项目总投资是指项目投资总额，它是反映项目投资总体规模的价值指标，等于初始投资与建设期资本化利息之和。（　　）

3. 完整工业投资项目是以新增工业生产能力为主的投资项目，其投资内容不仅包括固定资产投资，而且还包括无形资产投资和其他投资。（　　）

4. 经营期与折旧年限一致假设是假设固定资产的折旧年限或使用寿命与经营期相同。（　　）

5. 企业估算流动资金投资现金流出量时，在流动资产方面只考虑存货、货币资金、应收票据和应收账款等项内容。（　　）

6. 经营成本是指在运营期内为满足正常生产经营活动而动用货币资金支付的成本费用。（　　）

7. 运营期自由现金流量是指投资者可以作为偿还借款利息、本金、分配利润和对外投资等财务活动来源的净现金流量。（　　）

8. 净现值指标综合考虑了资金时间价值，能够反映各投资项目的实际收益水平。（　　）

9. 互斥方案是指一组方案中的各个方案彼此可以相互代替，采纳方案组中的某一方案，就会自动排斥这组方案中的其他方案。（　　）

10. 差额投资内部收益率法适用于两个原始投资不相同，特别是项目计算期不同的多方案比较决策。（　　）

11. 组合或排队方案是指一组既不属于相互独立，又不属于相互排斥，而是可以实现任意组合或排队的方案。（　　）

12. 投资风险分析常用的方法有风险调整折现率法和肯定当量法。（　　）

13. 风险报酬率取决于社会全体投资者对风险的回避程度，它可以通过历史资料的高低点法或直线回归法计算后取得。（　　）

14. 风险报酬斜率的高低反映风险程度变化对风险报酬率影响的大小。（　　）

四、单项选择题

1. 企业将资金投资于股票、债券、基金及衍生证券等资产，从而获取收益的投资属于________。

A. 直接投资　　B. 间接投资　　C. 对外投资　　D. 证券投资

2. ________指标既可以从动态角度直接反映项目投资的实际收益水平，又不受基准收益率高低的影响，比较客观。

A. 投资收益率　　B. 净现值率　　C. 获利指数　　D. 内部收益率

3. ________适用于两个原始投资不相同，但项目计算期相同的多方案比较决策。

A. 净现值率法　　B. 年等额净回收额

C. 差额投资内部收益率法　　D. 计算期统一法

4. 肯定当量系数由________。

A. 专业人员根据经验判断确定　　B. 根据国家政策规定

C. 企业领导层确定　　D. 国家有关部门组织专家确定

五、多项选择题

1. 按投资对象的存在形态和性质不同，可分为________。

A. 直接投资　　B. 间接投资　　C. 项目投资　　D. 证券投资

2. 建设投资是指在建设期内，按一定的生产经营规模和建设内容进行的投资。它具体包括

________等内容。

A. 固定资产投资　B. 无形资产投资　C. 开办费投资　D. 其他资产投资

3. 完整工业投资项目的现金流出量包括建设投资、流动资金投资、经营成本、________等内容。

A. 税金及附加　B. 无形资产投资　C. 维持运营投资　D. 调整所得税

4. 动态评价指标主要有净现值率、________。

A. 投资收益法　B. 内部收益率　C. 净现值　D. 获利指数

5. 净现值率指标的优点有________。

A. 可以从动态角度反映项目投资的资金投入与总产出之间的关系

B. 计算过程比较简单

C. 考虑了资金时间价值

D. 可以从动态角度反映项目投资的资金投入与净产出之间的关系

6. 项目投资多方案比较决策的方法主要有：净现值率法、差额投资内部收益率法、________。

A. 净现值法　B. 年等额净回收额法　C. 计算期统一法　D. 内部收益率法

实务题

习题一

一、目的　练习完整工业项目投资现金流量的估算。

二、资料　申江公司准备新建一条生产线。

1. 该生产线需要在建设期初一次投入固定资产投资 300 万元，在建设期末投入无形资产 28 万元，建设期为 1 年，建设期资本化利息为 15 万元，该生产线的运营期为 8 年，终结点固定资产余值为 15 万元。

2. 该生产线项目投产第 1 年预计流动资金需用额为 60 万元，流动负债可用额为 30 万元，该项目投资发生在建设期末；投产第 2 年预计流动资金需用量为 72 万元，流动负债可用额为 37 万元，该项目发生在投产后第 1 年年末。

3. 该生产线项目投产后，第 1 至第 4 年每年预计外购原材料、燃料和动力费为 120 万元，人工费用 60 万元，其他费用 20 万元，每年折旧费为 37.50 万元，无形资产摊销 3.50 万元；第 5 至第 8 年每年不包括财务费用的总成本为 261 万元，其中：每年预计外购原材料、燃料和动力费为 135 万元，每年折旧费为 37.50 万元，无形资产摊销为 3.50 万元。

4. 该厂投产前 4 年的营业收入为 400 万元，后 4 年的营业收入为 450 万元，该厂的增值税税率为 13%，城市维护建设税税率为 7%，教育费附加率为 3%，所得税税率为 25%。

三、要求

1. 根据"资料 1"和"资料 2"，计算该公司固定资产原值、建设投资、原始投资、项目总投资和终结点回收额。

2. 根据"资料 3"，分别计算第 1 至第 4 年每年的经营成本和第 5 至第 8 年每年的经营成本。

3. 根据"资料 4"，计算每年应交的增值税和税金及附加。

4. 根据计算的结果及前列有关资料，编制该公司的生产线投资项目现金流量表。

习　题　二

一、目的　练习项目投资净现金流量的简化计算方法。

二、资料

1. 天龙公司新建生产设备项目需要一次投资 240 万元。该生产设备建设期为 1 年，建设期资本化利息为 12 万元。该固定资产可使用 10 年，按直线法折旧，期满有净值 12 万元。该生产设备投入使用后，可使运营期第 1 至第 10 年每年产品销售收入（不含增值税）增加 150 万元，每年的经营成本增加 69 万元，税金及附加增加 3 万元，该企业所得税税率为 25%。

2. 东海公司某工业项目需要原始投资 865 万元，其中：固定资产投资 720 万元，开办费 25 万元，流动资金 120 万元，建设期为 1 年，建设期发生与购建固定资产有关的资本化利息 36 万元，固定资产和开办费投资于建设起点投入，流动资金于完工时，即第 1 年年末投入。该项目寿命周期为 8 年，固定资产按直线法折旧，期满有净残值 36 万元；开办费于投产当年一次摊销完毕；流动资产于终结点一次回收。投产后前 4 年每年获息税前利润 200 万元，后 4 年每年获息税前利润 250 万元。

3. 淮海公司准备购置一套新设备来替换还能使用 6 年的旧设备。新设备的投资额为240 000元，旧设备的折余价值为 120 000 元，其变现收入为 105 000 元。到第 6 年年末，新设备与继续使用旧设备时的预计净残值相等。新旧设备的替换将在当年完成（即更新设备建设期为零）。使用新设备可使该厂在第 1 年增加营业收入 68 000 元，增加经营成本 36 000 元，从第 2 至第 6 年每年增加营业收入 72 000 元，增加经营成本39 600元。设备采用直线法计提折旧，所得税税率为 25%。

三、要求

1. 根据“资料 1”，按简化方法计算该项目所得税前后的净现金流量。

2. 根据“资料 2”，按简化方法计算该项目建设期净现金流量和运营期所得税前后净现金流量。

3. 根据“资料 3”，按简化方法计算更新设备项目计算期内各年的差量净现金流量。

习　题　三

一、目的　练习静态评价指标的计算。

二、资料

1. 江城公司准备新建生产设备，需要一次投入 450 万元，建设期为 1 年。该设备可使用 10 年，投产后运营期每年净现金流量为 90 万元。

2. 山海公司准备新建一条生产线，需要一次投入固定资产 300 万元，建设期为 1 年。在建设期末投入流动资金 60 万元，投产后第 1 年所得税后净现金流量为 100 万元，第 2 至第 4 年所得税后净现金流量为 95 万元，第 5 至第 7 年所得税后净现金流量为 105 万元，第 8 年所得税后净现金流量为 140 万元。

3. 东昌公司准备新建生产设备需要一次投入 320 万元，建设期为 1 年，预计投产后每年的息税前利润为 40.80 万元。

三、要求

1. 根据“资料 1”，用公式法计算该项目投资的静态投资回收期。

2. 根据“资料 2”，用列表法计算该项目投资的静态投资回收期。

3. 根据“资料 3”，计算该项目投资的投资收益率。

习 题 四

一、目的 练习动态评价指标的计算。

二、资料

1. 武宁公司准备新建设备，需要一次投入 220 万元。该设备建设期为 1 年，流动资金投资 25 万元，于完工时投入。投产后预计第 1 至第 5 年的息税前利润分别为 110 万元、120 万元、145 万元、160 万元和 140 万元，该项目的基准收益率为 10%。

2. 开捷公司准备新建生产设备，需要投资 350 万元，按直线法计提折旧，可使用 10 年，期末无残值。预计投产后每年可获息税前利润 38 万元，该项目的基准折现率为 11%。

3. 东吴公司准备新建一条生产线，需要一次投资 1 500 万元，可使用 5 年，预计投产后第 1 至第 5 年的净现金流量分别为 390 万元、450 万元、510 万元、550 万元和 420 万元。

三、要求

1. 根据“资料 1”，计算该项目的净现值。

2. 根据“资料 2”，计算该项目的净现值、净现值率、获利指数和内部收益率。

3. 根据“资料 3”，计算该项目的内部收益率。

习 题 五

一、目的 练习多个互斥方案的比较决策。

二、资料

1. 沪江公司 P 项目原始投资的现值为 200 万元，第 1 至第 10 年的净现金流量为 38.80 万元，Q 项目原始投资的现值为 150 万元，第 1 至第 10 年的净现金流量为 30.20 万元，该行业基准折现率为 11%。

2. 滨海公司 E 生产设备更新项目准备采用新设备替换旧设备，产生 $\Delta NCF_0 = -150\ 000$ 元，$\Delta NCF_{1\sim6} = 34\ 800$ 元，该企业基准折现率为 10%。

3. 安凯公司准备投资建设一条生产线，现有两个方案：E 方案的原始投资为 600 万元，项目计算期为 9 年，净现值为 556 万元；B 方案的原始投资为 750 万元，项目计算期为 10 年，净现值为 675 万元，该行业基准折现率为 10%。

4. 三五公司有 A，B 两个方案均在年末投资，A 方案投资 600 万元，计算期 9 年，净现值为 745 万元；B 方案投资 550 万元，计算期 6 年，净现值为 575 万元。该行业基准折现率为 10%。

三、要求

1. 根据“资料 1”，用差额投资内部收益率法进行投资决策。

2. 根据“资料 2”，用差额投资内部收益率法进行是否更新设备决策。

3. 根据“资料 3”，用年等额净回收额法进行投资决策。

4. 根据“资料 4”，分别用方案重复法和最短计算期法进行投资决策。

习 题 六

一、目的 练习多方案组合或排队投资的决策。

二、资料 西江公司有A,B,C,D,E五个项目投资方案,该五个投资方案为非互斥方案,这些项目投资的原始投资额、净现值和净现值率如图表5-8所示。

图表5-8

投资项目原始投资额、净现值和净现值率表

金额单位:万元

项目	原始投资额	净现值	净现值率
A	500	150	0.30
B	400	200	0.50
C	300	66	0.22
D	300	120	0.40
E	100	25	0.25

三、要求 对投资资金限量分别为400万元、500万元、700万元、800万元、900万元、1 000万元、1 200万元和1 400万元时进行项目投资组合决策。

习题七

一、目的 练习投资项目的风险分析。

二、资料 捷利公司有关资料如下所述。

1. 该公司的无风险折现率(即最低报酬率)为7%,中等风险程度的项目变化系数为0.5,通常要求的含有风险报酬率的最低报酬率为12%。现有三个项目投资方案,有关现金流量的资料如图表5-9所示。

图表5-9

投资项目现金流量表

金额单位:万元

投资项目 时期(年)	A投资项目		B投资项目		C投资项目	
	现金流量	概率	现金流量	概率	现金流量	概率
0	−90		−60		−60	
1	50 40 30	0.3 0.5 0.2				
2	70 60 50	0.2 0.6 0.2				
3	45 30 25	0.3 0.4 0.3	80 120 160	0.3 0.5 0.2	90 120 140	0.2 0.7 0.1

2. 该公司确定的变化系数与肯定当量系数对照表如图表 5－10 所示。

图表 5－10

变化系数与肯定当量系数对照表

变 化 系 数	肯 定 当 量 系 数
0.00～0.07	1.0
0.08～0.15	0.9
0.16～0.23	0.8
0.24～0.32	0.7
0.33～0.42	0.6
0.43～0.54	0.5
0.55～0.70	0.4

三、要求

1. 根据“资料 1”，用风险调整折现率法进行项目投资的风险分析。
2. 根据“资料 2”和“资料 1”的有关资料，用肯定当量法进行项目投资的风险分析。

第六章 证券投资

第一节 证券投资概述

一、证券投资的目的与特征

证券是指用以证明或设定权利所做成的书面凭证，它表明证券持有人或第三者有权取得该证券所拥有的特定权益。

证券投资是投资者将资金投资于股票、债券、基金及衍生证券等资产，从而获取收益的一种投资行为。

（一）证券投资的目的

企业进行证券投资的目的主要有以下五个方面。

1. 暂时存放闲置资金　　企业一般都持有一定量的证券，以替代较大量的非盈利的现金余额，并在现金流出超过现金流入时，将证券售出，以增加现金。短期证券的投资在多数情况下都是出于预防的动机，因为大多数企业都依赖银行信用来应付短期交易对现金的需要，但银行信用有时是不可靠的或不稳定的，因此，必须持有证券以防银行信用的短缺。

2. 与筹集长期资金相配合　　处于成长期或扩张期的公司一般每隔一段时间就会发行长期证券（股票或公司债券）。但发行长期证券所获得的资金一般并不一次用完，而是逐渐、分次使用。这样，暂时不用的资金可投资于证券，以获取一定的收益，而当企业进行其他投资需要资金时，则可卖出证券，以获得现金。

3. 满足未来的财务需求　　假如企业在不久的将来有一笔现金需求，如建一座厂房或归还到期债务，则可将现有现金投资于证券，以便到时售出，满足企业对现金的需要。

4. 满足季节性经营对现金的需求　　从事季节性经营的公司在1年内的某些月份有剩余现金，而在另几个月则会出现现金短缺。这些公司通常在现金有剩余时购入证券，而在现金短缺时出售证券。

5. 获得对相关企业的控制权　　有些企业往往从战略上考虑要控制另外一企业，这可以通过股票投资实现。例如，一家汽车制造企业欲控制一家钢铁公司以便获得稳定的材料供应，这时便可动用一定资金来购买钢铁企业的股票，直到其所拥有的股权能控制这家钢铁企业为止。

（二）证券投资的特征

证券投资与实物投资相比较，具有以下三个特征。

1. 流动性强　　证券资产的流动性明显高于实物资产。

2. 价格不稳定　　证券资产受人为因素的影响较大，且没有相应的实物作保证，其价值受政治、经济环境等各种因素的影响较大，具有价值不稳定、投资风险较大的特点。

3. 交易成本低　　证券交易过程快速、简捷，成本较低。

二、证券投资的种类

金融市场上的证券很多，主要有国债、企业债券、股票、投资基金以及期货、期权等衍生证券。具体可分为以下五种。

1. 债券投资　　它是指投资者购买债券以取得资金收益的投资方式。

2. 股票投资　　它是指投资者将资金投向股票，通过股票买卖和收取股利以获取收益的投资方式。

3. 基金投资　　它是指投资者通过购买投资基金股份或受益凭证来获取收益的投资方式。

4. 期货投资　　它是指投资者通过买卖期货合约躲避价格风险或赚取利润的投资方式。期货合约是指在将来一定时期以指定价格买卖一定数量和质量的商品而由商品交易所判定的统一的标准合约，它是确定期货交易关系的一种契约，是期货市场的交易对象。

5. 期权投资　　它是指投资者为了实现盈利目的或者规避风险而进行期权买卖的投资方式。

三、证券投资的基本程序

（一）选择投资对象

企业进行证券投资时，首先要选择合适的投资对象，即选择投资于何种证券，投资于哪个企业的证券。投资对象的选择是证券投资的关键，它关系到投资的成败。投资对象选择得好，可以更好地实现投资目标；投资对象选择得不好，就有可能蒙受损失。

（二）开户与委托

投资者在进行证券买卖之前，首先要到证券营业部或证券登记机构开立证券账户。证券账户用于记载投资者进行证券买卖、拥有证券的数额和品种的情况。投资者在开户并选择好投资于哪种证券后，就可以选择合适的证券经纪人，委托其买卖证券。

（三）交割与清算

投资者委托证券经纪人买卖各种证券以后，就要及时办理证券交割与清算。证券交割与清算是指买入证券方交付价款领取证券，卖出证券方交出证券收取价款的收交活动。

（四）过户

证券过户是指投资者从交易市场买进证券后，到证券的发行公司办理变更持有人姓名的手续。证券过户一般只限于记名股票。办理过户的目的是为了保障投资者的权益。只有及时办理过户手续,才能成为新股东,享有应有的权利。

第二节 债 券 投 资

一、债券投资的目的

债券投资分为短期债券投资和长期债券投资两种。企业进行短期债券投资的目的主要是为了合理利用暂时闲置的资金,调节现金余额,获取收益。当企业现金多余时,可以投资债券;当企业现金缺乏时,则出售原来投资的债券,收回现金。企业进行长期债券投资的目的主要是为了获得稳定的收益。

二、债券投资收益的评价

企业要进行债券投资,就必须评价债券投资的收益和风险,企业进行债券投资的目标是高收益、低风险。

通常对于不考虑资金时间价值的各种计算收益的方法,不能将其作为投资决策的依据。比如票面利率相同的两种债券,一种每年付息,另一种到期时一次还本付息,其实际的经济利益有很大的差别,但这从票面利率上无法区分,因此票面利率不能作为评价债券收益的标准。

评价债券收益水平的指标是债券价值和债券实际收益率。

(一) 债券价值

债券价值又称债券内在价值,它是指债券未来现金流入的现值。债券作为一种投资,它的购买价格是现金的流出。债券未来到期本息的收回或债券中途出售的收入是现金的流入。因此要计算债券投资价值,首先要计算债券未来现金流入的现值,只有当债券未来现金流入的现值大于债券现行的购买价格,才值得购买。

在通常情况下,债券是固定利率,每年付息一次,到期归还本金。按照这种模式,债券价值等于债券利息收入的年金现值与该债券到期收回本金的现值之和,其计算公式如下:

$$V = I \cdot \frac{1-(1+i)^{-n}}{i} + M \cdot \frac{1}{(1+i)^n}$$

公式中 V 表示债券价值;

I 表示每年的利息收入;

M 表示到期收回本金;

i 表示贴折现率,通常采用市场利率或投资者期望报酬率;

n 表示债券到期年数。

对于到期一次还本付息的债券,债券价值等于债券利息收入及到期收回本金之和的

现值,其计算公式如下:

$$V=(M\cdot i_0\cdot n+M)\cdot\frac{1}{(1+i)^n}$$

公式中　i_0 表示债券票面利率。

【例】 目前市场上有两种新发行的债券,光华公司债券和宏兴公司债券。光华公司债券面值为1 000元,票面利率为8%,期限为3年,每年付息一次,债券的市价①为970元。宏兴公司债券面值为1 000元,票面利率为10%,期限为3年,单利计息,到期一次还本付息。债券的市价为1 000元,而当时的市场利率为9%。分别计算并分析其债券价值如下:

光华公司债券价值 = (1 000 × 8% × 2.531 3) + (1 000 × 0.772 2) = 974.70(元)

宏兴公司债券价值 = (1 000 × 10% × 3 + 1 000) × 0.772 2 = 1 003.86(元)

以上计算结果表明,光华公司债券价值为974.70元,大于其购买价格4.70元;宏兴公司债券价值为1 003.86元,大于其购买价格3.86元,两种债券都值得购买。然而两种债券相比较,很显然,光华公司债券更值得购买。

(二) 债券实际收益率

债券实际收益率是指债券从购买日起至到期日止所获取的收益率。债券实际收益率使未来现金流入的现值等于债券购买价格的折现值。因此,无论是计算每年付息一次,到期还本的债券实际收益率,还是计算到期一次还本付息的债券的实际收益率,均要分别运用其债券价值的计算公式,所不同的是公式中的 V 表示债券的买进价格。在公式中不是计算 V 所代表的债券买进价值,而是计算 i 所代表的折现率,即实际收益率。实际收益率是通过估计来测算的。当测算出来的实际收益率达到投资者预期的收益水平时,债券投资才是值得的;当测算的结果是有多种债券的实际收益率达到预期的投资收益率时,在投资风险相当的前提下,应选择实际收益率高的债券进行投资。

【例】 市场上有两种新发行的债券,泰西日化公司债券和秦川电器公司债券。泰西日化公司债券面值为1 000元,票面利率为10.2%,期限为5年,每年付息一次,债券市价为1 010元。秦川电器公司债券面值为1 000元,票面利率为12.4%,期限为5年,到期还本付息,债券市价为1 000元。这两家债券发行公司的资信度高,投资风险均很小,投资企业的预期投资收益率为9.8%。分别计算并分析其债券实际收益率如下:

---

① 这里是指在一级市场上新发行的债券的购买价格,若在二级市场上转让取得的债券,除了购买价格外,还应包括手续费等。

泰西日化公司债券：$1\,010=1\,000\times10.2\%\times\dfrac{1-(1+i)^{-5}}{i}+1\,000\times\dfrac{1}{(1+i)^5}$

$$=102\times\frac{1-(1+i)^{-5}}{i}+1\,000\times\frac{1}{(1+i)^5}$$

设 $i=10\%$

$$102\times\frac{1-(1+10\%)^{-5}}{10\%}+1\,000\times\frac{1}{(1+10\%)^5}=102\times3.790\,8+1\,000\times0.620\,9$$
$$=1\,007.56(\text{元})$$

计算结果表明，当 $i=10\%$ 时，债券价值小于其买进价格 2.44 元(1 010－1 007.56)，因此应进一步用 $i=9\%$ 测算，则

$$102\times\frac{1-(1+9\%)^{-5}}{9\%}+1\,000\times\frac{1}{(1+9\%)^5}=102\times3.889\,7+1\,000\times0.649\,9=1\,046.65(\text{元})$$

然后用内插法计算其实际收益率如下：

$$\text{泰西日化公司债券实际收益率}=9\%+\frac{1\,046.65-1\,010}{1\,046.65-1\,007.56}\times1\%=9.94\%$$

秦川电器公司债券：$1\,000=(1\,000\times12.4\%\times5+1\,000)\times\dfrac{1}{(1+i)^5}=1\,620\times\dfrac{1}{(1+i)^5}$

设 $i=10\%$

则 $$1\,620\times\frac{1}{(1+10\%)^5}=1\,620\times0.620\,9=1\,005.86(\text{元})$$

计算结果表明，当 $i=10\%$ 时，债券价值大于其买进价格，应进一步用 $i=11\%$ 测算，则

$$1\,620\times\frac{1}{(1+11\%)^5}=1\,620\times0.593\,5=961.47(\text{元})$$

然后用内插法计算其实际收益率如下：

$$\text{秦川电器公司债券实际收益率}=10\%+\frac{1\,005.86-1\,000}{1\,005.86-961.47}\times1\%=10.13\%$$

计算结果表明，泰西日化公司债券的实际收益率为 9.94%，秦川电器公司债券的实际收益率为 10.13%。虽然两种债券都超过了企业预期的投资收益率，且投资风险都很小，显然投资秦川电器公司债券更有利。

三、债券信用评级

债券信用评级是指债券信用评级机构根据债券发行者的要求和提供的资料，通过调查、预测、比较和分析等一系列手段和方法，对拟发行债券的质量和信誉所作出的一种评

价。债券的信用等级对发行公司和投资者都有重要的影响。

国际上流行的债券等级分为三等九级。即A,B,C三等,AAA,AA,A,BBB,BB,B,CCC,CC,C九个级别。

AAA级为最高级,表示发行者有极强的还本付息能力,其投资风险最小;AA级为高级,表示发行者有很强的还本付息的能力,其投资风险很小;A级为中上级,表示发行者有较强的还本付息的能力,其投资风险较小。BBB级为中级,表示有一定的还本付息的能力,其有一些投资风险;BB级为中下级,表示还本付息能力一般,有一定的投资风险;B级为下级,发行者还本付息能力较差,投资风险较大。CCC级为容易失败级,表示发行者还本付息能力差,投资风险很大;CC级为高度投机级,表示还本付息能力很差,投资风险极大;C级为最低级,表示发行者还本付息能力极差,投资风险最大。

我国的债券评级工作正在开展,但尚无统一的债券等级标准和系统评级制度。根据中国人民银行的有关规定,凡是向社会公开发行的公司债券,需要由中国人民银行及其授权的分行指定资信评级机构或公正机构进行信用评级。这些机构对发行债券的公司的素质、财务质量、项目状况、项目前景和偿债能力进行评分,以此评定信用级别。

四、债券投资的风险

尽管债券的利率一般是固定的,债券投资仍然和其他投资一样是有风险的。债券投资的风险包括违约风险、利率风险、购买力风险、变现力风险和期限风险。

(一)违约风险

违约风险是指投资者因债券发行人无法按时支付债券利息或偿还本金而承担的风险。

我国财政部发行的国债,由于有政府作担保,所以没有违约风险。除中央政府以外的地方政府和公司发行的债券则或多或少有违约风险。因此,信用评估机构要对中央政府以外部门发行的债券进行评价,以反映其违约风险程度。必要时,投资者也可以对发债公司的偿债能力直接进行分析,避免违约风险的方法是不买等级差的债券。

(二)利率风险

利率风险是指由于利率变动引起债券市价下跌,从而使投资者遭受损失的风险。由于债券价格会随利率变动,即使没有违约风险的国债也会有利率风险。

银行利率上升,则债券市价下跌;银行利率下降,则债券市价上升。债券持有的期限越长,其利率风险就越大。因此长期债券的利率通常比短期债券高。减少利率风险的办法是分散债券的到期日。

(三)购买力风险

购买力风险是指由于通货膨胀而使投资者在债券出售或到期收回现金时的实际购买力下降而承担的风险。

在通货膨胀期间,购买力风险对于投资者相当重要。一般说来,预期报酬率会上升的资产，其购买力风险会低于报酬率固定的资产。例如，房地产、普通股等投资受到的影响较小，而长期固定的债券收益受到的影响较大，前者更适合作为减少通货膨胀损失的避险工具。

（四）变现力风险

变现力风险又称流动性风险，它是指投资者无法在短期内以合理的价格出售债券收回现金而承担的风险。这就是说，如果投资者遇到另一个更好的投资机会，他想出售现有债券以便再投资，但短期内找不到愿意出合理价格的买主，要把价格降得很低才能找到买主，或者要花很长时间才能找到买主，他不是丧失新的机会就是蒙受降价损失。

（五）期限风险

期限风险是指由于债券期限长而给投资者带来的风险。债券投资到期日越长，投资者遭受的不确定性因素就越多，承担的风险就越大。例如，同一家公司发行的3年期债券要比1年期债券的风险大，这便是证券的期限风险。

五、债券投资的优缺点

（一）债券投资的优点

1. 本金安全性高　　债券投资与股票投资相比，债券投资风险比较小。政府发行的债券有国家财力作后盾，其本金的安全性非常高，通常视为无风险证券。公司债券的持有者拥有优先求偿权，即当公司破产时，债券持有者可优先于股东分得公司资产，因此，其本金损失的可能性小。

2. 收入稳定性强　　债券票面一般都标有固定利率，债券的发行人有按时支付利息的法定义务。因此，在正常情况下，投资于债券都能获得比较稳定的收入。

3. 市场流动性好　　许多债券都具有较好的流动性。政府及大公司发行的债券一般都可在金融市场上迅速出售，流动性很好。

（二）债券投资的缺点

1. 购买力风险较大　　债券的面值和利率在发行时就已确定，如果投资期间的通货膨胀率比较高，则本金和利息的购买力将不同程度地受到侵蚀。在通货膨胀率非常高时，投资者虽然名义上有收益，但实际上却有损失。

2. 没有经营管理权　　投资债券只是获得收益的一种手段，投资者无权对债券发行公司施以影响和控制。

第三节　股 票 投 资

一、股票投资的目的

企业进行股票投资的目的主要有两种：一种是获利，即作为一般证券投资，获取股利收入及股票买卖差价；另一种是控股，即通过购买某一企业的大量股票达到控制该企业的目的。

二、股票投资的有关概念

股票有优先股与普通股之分，优先股股票在通常情况下有固定的股利收入，因此，对优先股股票的投资比较接近债券投资，这里仅仅阐述普通股股票的投资。

（一）股票价值

购入股票可在预期的未来获得现金流入。股票的未来现金流入包括两个部分：每期预期股利和出售时得到的价格收入。

股票价值是指其预期的未来现金流入的现值。有时为了和股票的市价相区别，将股票的预期未来现金流入的现值称为股票的内在价值。它是股票的真实价值，也叫理论价值。

（二）股票价格

股票本身是没有价值的，仅是一种凭证。它之所以有价格，可以买卖，是因为它能给持有人定期带来收益，股票价格主要由预期股利和当时的市场利率决定的，即股利的资本化价值决定了股票价格。此外，股票价格还受整个经济环境变化和投资者心理等复杂因素的影响。

股市上的价格分为开盘价、收盘价、最高价和最低价等，投资者在进行股票评价时主要使用收盘价。

股票的价格会随着经济形势和公司的经营状况而升降。

（三）股利

股利是股息和红利的总称。股利是公司从其税后利润中分配给股东的，是公司对股东投资的一种报酬。股利是股东所有权在分配上的体现。股份公司的分配问题主要是股利分配。

（四）股票预期报酬率

评价股票价值使用的报酬率是预期的未来的报酬率，而不是过去的实际报酬率。

股票预期报酬率由预期股利收益率和预期资本利得收益率两个部分组成。预期股利收益率是指预期 1 年后股利收入与股票现在市价的比率；预期资本利得收益率是指预计 1 年后股票市价和现在股票市价之差与股票目前市价的比率。因此股票投资期望报酬率的计算公式如下：

$$R=\frac{D_1}{P_0}+\frac{P_1-P_0}{P_0}=\frac{D_1+P_1-P_0}{P_0}$$

公式中 R 表示股票预期报酬率；

D_1 表示预期 1 年的股利收入；

P_0 表示股票买入价格；

P_1 表示预计 1 年后股票市价①。

只有在当股票预期报酬率等于或高于其期望报酬率时，投资者才愿意进行投资。

【例】 嘉西股份有限公司现在股票每股市价为 10 元，预计年股利额为 1 元，预计 1 年后股票市价为 10.20 元。计算其股票预期报酬率如下：

$$R=\frac{1+10.20-10}{10}=12\%$$

三、股票价值的评价

股票评价的主要方法是计算其价值，然后将其与股票市价相比较，视其低于、高于或等于市价，来决定买入、卖出或继续持有。

（一）持有一段时期准备出售的股票价值

持有一段时期准备出售的股票价值的现金流入由持有期间的股利收入和出售股票收入两个部分组成。在每年股利收入基本不变的情况下，其股票价值的计算公式如下：

$$V=D\cdot\frac{1-(1+R)^{-n}}{R}+P_n\cdot\frac{1}{(1+R)^n}$$

公式中 V 表示股票价值；

D 表示每年股利收入；

R 表示折现率（或投资者期望报酬率）；

P_n 表示预期 n 年后股票市价。

【例】 中岳股份有限公司的股票市价为 12.70 元，预计每股每年平均分派股利 1.20 元，预计 5 年后出售时市价为 15 元，公司期望报酬率为 12%，计算其股票价值如下：

$$V=1.20\times\frac{1-(1+12\%)^{-5}}{12\%}+15\times\frac{1}{(1+12\%)^5}$$

$$=1.20\times3.604\,8+15\times0.567\,4=12.84(\text{元})$$

计算结果表明，中岳股份有限公司股票价值为 12.84 元，高于其股票市价，可以获取 12%以上的期望报酬率。若股票价值低于市价12.70元，就达不到期望报酬率，将不值得投资。

（二）长期持有的股票价值

投资企业为了控制被投资公司，股票将会在被投资公司的存续期间被其长期持有，届时投资公司的现金流入是各年的股利收入，因此其股票价值为源源不断的股利收入的现值之和。计算出来的股票价值若等于或者大于股票市价，表明进行投资将可

---

① 为了便于阐述，凡涉及的股票市价均指股票在证券市场上的牌价，在实际工作中若购进股票，除了购买价格外，还应包括手续费和税金等交易费用；若出售股票，应将出售股票价格减去手续费和税金等交易费用。

达到期望报酬率，因此可以投资；反之，若小于股票市价，将达不到期望报酬率，则不值得投资。由于各种股票的成长性不同，其股票价值的计算方法也各异，现分别予以阐述。

1. 零成长的股票价值　零成长股票是指生产经营状况稳定的股份有限公司，其每年股利基本保持不变的股票。零成长股票价值即股利的永续年金，其计算公式如下：

$$V=\frac{D}{R}$$

【例】 永新股份有限公司经营比较平稳，预计每年平均分配股利为0.88元，期望报酬率为11%。计算其长期持有的该股票的股票价值如下：

$$V=\frac{0.88}{11\%}=8(\text{元})$$

2. 固定成长的股票价值　固定成长的股票是指生产经营状况和每年股利均能按一定比例增长的股票，其股票价值的计算公式如下：

$$V=\frac{D}{R-g}$$

公式中　g 表示每年股利增长率。

【例】 久新股份有限公司股票每股股利为0.72元，预计每年增长2%，期望报酬率为12%，计算该股票的投资价值如下：

$$V=\frac{0.70\times(1+2\%)}{12\%-2\%}=7.14(\text{元})$$

当已知股票目前的市价，要计算股票预期报酬率时，其计算公式如下：

$$R=\frac{D}{V}+g$$

【例】 奉东股份有限公司股票每股市价为9元，本年度股利为0.99元，预计每年增长3%，计算该股票下年度预期报酬率如下：

$$R=\frac{0.99}{9}+3\%=14\%$$

3. 非固定成长的股票价值　企业的生产经营往往一段时期为零成长或成长较慢，另一段时期成长较快，其股利也随之波动，届时需要分段计算股票价值。因此非固定成长股票价值的计算，实际上是固定成长股票价值计算的分段运用。

【例】 华庆股份公司属创建初期，每股股利为0.50元，预计前2年每年增长2%，以后每年增长4%，期望报酬率为12%。计算其股票价值如下：

（1）计算前 2 年的股利现值　　计算如下：

$$第1年股利现值=(0.50\times102\%)\times\frac{1-(1+12\%)^{-1}}{12\%}=0.51\times0.8929=0.46(元)$$

$$第2年股利现值=(0.50\times102\%^{2})\times\frac{1-(1+12\%)^{-2}}{12}=0.52\times0.7972=0.41(元)$$

前 2 年股利现值合计　　0.87(元)

（2）计算第 2 年年末股票价值　　计算如下：

$$V_2=\frac{D_3}{R-g_3}=\frac{D_2\times(1+g_3)}{R-g_3}=\frac{0.52\times104\%}{12\%-4\%}=6.76(元)$$

（3）计算股票价值　　计算如下：

$$V=0.87+6.76=7.63(元)$$

我们研究的股票投资预期报酬率和股票价值，由于所采用的数据都是假设的，因此不可能非常准确，往往与实际发生的情况有一定的差异。但是，这种方法是根据股票价值的差别来进行投资决策的，预测的误差只会影响其绝对值，而不会影响股票投资的优先次序。由于不可预见和被忽略的因素对于所有的股票都是相同的，因此，这种方法在股票投资决策中仍发挥着重要的作用。

（三）用市盈率确定股票的价值

市盈率是指普通股每股市价与每股收益的比率。其反映了普通股每股市价为每股收益的倍数。市盈率的计算公式如下：

$$市盈率=\frac{股票市价}{每股收益}$$

【例】 东山纸业股份有限公司股票市价为 9.40 元，每股收益为 0.50 元，计算其市盈率如下：

$$市盈率=\frac{9.40}{0.50}=18.8(倍)$$

计算表明，东山股份有限公司股票的市盈率为 18.8 倍，反映了投资者愿意用投资收益的 18.8 倍的现金来投资该公司的股票，这是市场对东山股份有限公司股票的评价。

通常成长性好，有发展前景的行业的股票市盈率较高；而成长性差，发展前景渺茫的行业的市盈率较低，因此股票价值也可以用该股票所处行业前 3 年的平均市盈率来确定，然后将股票价值与目前股票市价进行比较，来进行投资决策，采用市盈率计算股票价值的计算公式如下：

股票价值 = 行业平均市盈率 × 该股票每股收益

【例】 续前例，目前造纸业股份有限公司前 3 年的平均市盈率为 20 倍，计算东山纸业股份有限公司股票价值如下：

$$股票价值 = 0.50 \times 20 = 10(元)$$

计算结果表明，东山纸业股份有限公司股票价值为 10 元，而其市价仅为 9.40 元，低于其股票价值。若在投资风险不大于造纸业其他公司的情况下，是可以考虑进行投资的。

通常认为，股票的市盈率比较高，表明投资者对公司的未来充满信心，愿意为每 1 元盈利多付买价。这种股票的风险比较小。但是，当股市受到不正常因素干扰时，某些股票的市价被哄抬到不应有的高度，市盈率也会很高，这时的风险就会很大。

股票的市盈率比较低，表明投资者对公司的未来缺乏信心，不愿意为每 1 元盈利多付买价。这种股票的风险比较大。

过高或过低的市盈率都不是好兆头。投资者应研究拟投资的股票的市盈率的长期变化，估计其正常值，作为分析的基础。各行业的正常值有区别。预期将发生通货膨胀或提高利率时市盈率会普遍下降；预期公司利润增长时市盈率会上升；债务比重大的公司市盈率较低。

四、股票投资的优缺点

（一）股票投资的优点

1. 投资收益高　　普通股股票的价格虽然变动频繁，但从长期看优质股股票的价格总是上涨的居多，只要选择得当，都能取得优厚的投资收益。

2. 购买力风险低　　普通股股票的股利不固定，在通货膨胀率比较高时，由于物价普遍上涨，股份公司盈利增加，股利的支付也随之增加。因此，与固定收益证券相比，普通股能有效地降低购买力风险。

3. 拥有经营控制权　　普通股股东属股份公司的所有者，有权监督和控制企业的生产经营情况，因此，欲控制一家企业，最好是收购这家企业的股票。

（二）股票投资的缺点

1. 求偿权居后　　普通股股票对企业资产和盈利的求偿权均居于最后。企业破产时，持有普通股股东原来的投资可能得不到全额补偿，甚至一无所有。

2. 价格不稳定　　普通股股票的价格受众多因素影响，很不稳定。政治因素、经济因素、投资者心理因素、企业的盈利情况和风险情况，都会影响股票价格，这也使股票投资具有较高的风险。

3. 收入不稳定　　普通股股利的多少，视企业经营状况和财务状况而定，其有、无、多、寡，均无法律上的保证，其收入的风险也远远大于固定收益证券。

第四节 基 金 投 资

一、投资基金的含义

投资基金是指通过发行基金股份或受益凭证等有价证券聚集众多的不确定投资者的出资，交由专业投资机构经营运作，以规避投资风险并谋取投资收益的证券投资工具。它是一种利益共享、风险共担的集合投资方式。

二、投资基金的分类

(一) 按组织形态不同分类

1. 契约型基金　它是指将受益人(投资者)、管理人和托管人三者作为基金当事人，由管理人与托管人通过签订信托契约的形式发行受益凭证而设立的一种基金。

2. 公司型基金　它是指按照我国《公司法》以公司形态组成的，以发行股份的方式募集资金，投资者购买该公司的股份即为认购基金，也就成为该公司的股东，凭其持有的基金份额依法享有投资收益的一种基金。

(二) 按变现方式不同分类

1. 封闭式基金　它是指基金的发起人在设立基金时，限定了基金单位的发行总额，筹集到发行总额后，基金即宣告成立，并进行封闭，在一定时期内不再接受新的投资。基金单位的流通采取在交易所上市的办法，在二级市场上进价竞价交易的一种基金。

2. 开放式基金　它是指基金发起人在设立基金时，基金单位的总数是不固定的，可视经营策略和发展需要追加发行；投资者也可根据市场状况和各自的投资决策，要求发行机构按现期净资产值扣除手续费赎回股份或受益凭证，或者再买入股份或受益凭证，增加基金单位份额的持有比例的一种基金。

三、投资基金的价值与报价

投资基金的估价涉及三个概念，即基金的价值、基金单位净值和基金报价。

基金的价值取决于基金净资产的现有价值。由于投资基金不断变换投资组合，未来的收益较难预测，再加上资本利得是投资基金的主要收益来源，变幻莫测的证券价格使得对资本利得的准确预计非常困难，因此基金的价值主要由基金现有市场价值决定。

基金单位净值是指在某一时点每一基金单位(或基金股份)所具有的市场价值。它是评价基金价值最直观的指标，其计算公式如下：

$$\text{基金单位净值} = \frac{\text{基金净资产价值总额}}{\text{基金单位总份数}}$$

基金净资产价值总额等于基金资产总额减去基金负债总额；基金负债包括以基金名义对外融资的借款以及应付给投资者的分红和应付给基金管理人的经理费等。

【例】 新光基金持有甲、乙、丙三种股票的数量分别为30万股、60万股和110万股，每股市价分别为25元、18元和12元。该基金银行存款为900万元；该基金的负债为应付给基金管理人经理费100万元、应付给投资者的分红350万元；已售出的基金单位为3000万份。计算该基金单位净值如下：

$$基金单位净值=\frac{30\times25+60\times18+110\times12+900-100-350}{3\,000}=1.20(元)$$

基金报价理论上是由基金的价值决定的。基金单位净值高，基金的交易价格也高。封闭型基金在二级市场上竞价交易，其交易价格由供求关系和基金业绩决定，围绕基金单位净值上下波动；开放型基金的柜台交易价格则完全以基金单位净值为基础，通常有两种报价形式：认购价和赎回价。

基金认购价＝基金单位净值＋基金认购费

基金赎回价＝基金单位净值－基金赎回费

四、基金收益率

基金收益率是反映基金增值情况的指标，它通过基金净资产的价值变化来衡量。基金净资产的价值是以市价计量的，基金净资产的市场价值增加，意味着基金的投资收益增加，基金投资者的权益也随之增加。基金收益率的计算公式如下：

$$基金收益率=\frac{年末持有份数\times基金单位净值年末数-年初持有份数\times基金单位净值年初数}{年初持有份数\times基金单位净值年初数}$$

基金净资产价值总额＝基金资产市场价值－负债总额

持有份数是指基金单位的持有份数。年初的基金单位净值相当于购买基金的本金投资，基金收益率也就相当于一种简便的投资报酬率。

【例】 天华基金公司发行开放式基金，2018年有关资料如图表6－1所示。

图表6－1

基金年初与年末的有关资料

金额单位：万元

项目 日期	基金资产账面价值	负债账面价值	基金资产市场价值	基金单位
1月1日	1 350	500	2 000	1 200万份
12月31日	1 600	600	2 580	1 500万份

基金收取的认购费为基金净值的6‰，赎回费为基金净值的4‰。

(1) 计算基金年初的各项指标 计算如下：

$$年初基金净资产价值总额 = 2\,000 - 500 = 1\,500(万元)$$

$$年初基金单位净值 = \frac{1\,500}{1\,200} = 1.25(元)$$

$$年初基金认购价 = 1.25 + 1.25 \times 6‰ = 1.257\,5(元)$$

$$年初基金赎回价 = 1.25 - 1.25 \times 4‰ = 1.245(元)$$

(2) 计算基金年末的各项指标 计算如下：

$$年末基金净资产价值总额 = 2\,580 - 600 = 1\,980(万元)$$

$$年末基金单位净值 = \frac{1\,980}{1\,500} = 1.32(元)$$

$$年末基金认购价 = 1.32 + 1.32 \times 6‰ = 1.327\,9(元)$$

$$年末基金赎回价 = 1.32 - 1.32 \times 4‰ = 1.314\,7(元)$$

(3) 计算2018年基金收益率 计算如下：

$$2018年基金收益率 = \frac{1\,500 \times 1.32 - 1\,200 \times 1.25}{1\,200 \times 1.25} = 32\%$$

五、投资基金的优缺点

投资基金的优点是能够在不承担太大风险的情况下获得较高收益。原因在于投资基金具有专家理财优势，具有资金规模优势。

投资基金的缺点是无法获得很高的投资收益。投资基金在投资组合过程中，在降低风险的同时，也丧失了获得巨大收益的机会。在大盘整体大幅度下跌的情况下，投资者可能承担较大的风险。

第五节 衍生金融资产投资

一、商品期货

(一) 商品期货的含义和分类

商品期货是指标的物为实物商品的一种期货合约，是关于买卖双方在未来某个约定的日期以签约时约定的价格买卖某一数量的实物商品的标准化协议。商品期货交易是指在期货交易所内买卖特定商品的标准化合同的交易方式。

商品期货分为三类。① 农产品期货，如大豆、豆油、豆粕、玉米、白糖和天然胶等。② 能源期货，如燃料油。③ 金属产品期货，如黄金、铜、铝和锌等。

（二）商品期货投资的特点

1. 以小搏大　商品期货的投资只需要交纳5%～20%的履约保证金，就可控制100%的虚拟资金。

2. 交易便利　由于期货合约中主要因素如商品质量和交货地点等都已标准化，合约的互换性和流通性较高。

3. 信息公开且交易效率高　期货交易通过公开竞价的方式使交易者在平等的条件下公平竞争。同时，期货交易有固定的场所、程序和规则，交易行为高效。

4. 期货交易可以双向操作，简便和灵活　投资者交纳保证金后，即可买进或卖出期货合约，且只需用少数几个指令在数秒或数分钟内即可达成交易。

5. 合约履行有保证　期货交易达成后，可通过结算部门结算和确认，不必担心交易的履约问题。

（三）商品期货投资决策的基本步骤

1. 选择适当的经纪公司和经纪人　投资者要进行期货投资，必须选择一个适当的经纪公司和经纪人作为自己的交易代理机构和代理人。由于各个期货经纪公司和期货经纪人在自身素质和外在条件等方面都存在较大差异，而且这种差异可能对客户的交易风险和盈亏产生重大影响，因此选择经纪人应考虑资本雄厚、信誉好、市场信息灵通、服务质量好、保证金和佣金收取合理的公司。

2. 选择适当的交易商品　必须选择恰当的商品期货作为投资目标。选择交易商品的基本原则是：① 必须选择自己最熟悉和感兴趣的商品。只有了解众多影响期货商品价格变动的因素，才能及时、准确地把握该期货商品价格的变化趋势。② 交易的商品品种不能太多。投资商品期货应集中精力了解被投资商品的市场状况，同时，选择有限的商品品种可确保交易有足够的资金支持。③ 选择价格走势明朗的商品。如果投资者无法确定一种商品的价格走势，那么投资该种商品的风险是很大的。

3. 设定止损点　止损点是指期货交易者为避免过大损失，保全已获利润，并使利润不断扩大而制定的买入或卖出的价格最高点或最低点。止损点的设定与使用因交易方式的不同而不同。① 当天交易止损点设定方法包括：反向操作，根据当时行情的高低设立止损点；顺势操作，以当天的第一支撑点或阻力点设定卖出止损点或买入止损点；或者根据前1天的最高或最低点设定止损点等。② 较长线交易（持有期货合约1周左右）止损点设定的方法包括：以第二支撑或阻力点设定止损点；以前5个交易日的最高或最低点设定止损点等。③ 长线交易（持有期货合约1个月左右）止损点设定的方法包括：以重要支撑或阻力点设定止损点；以前10个交易日的最高或最低点设定止损点；以期货价格走向线的大波段的最高点或最低点设定止损点等。

【例】 2019年6月8日，沪光公司预计玉米价格将会下跌，以1 880元/吨的价格抛出100手同年8月合约（每手10吨），保证金率为5%。7月10日，价格跌至1 840元/吨，买进，平仓，了结交易，计算该公司投资玉米期货的资金利润率如下：

$$\text{卖出玉米期货合约使用的资金} = 1\,880 \times 100 \times 10 \times 5\% = 94\,000(\text{元})$$

$$\text{投资玉米期货获取价差} = (1\,880 - 1\,840) \times 100 \times 10\% = 40\,000(\text{元})$$

$$\text{资金利润率} = \frac{40\,000}{9\,4000} \times 100\% = 42.55\%$$

二、认股权证和可转换债券

（一）认股权证

认股权证是指由股份公司发行的，能够按特定的价格，在特定的时间内购买一定数量该公司股票的选择权凭证。认股权证的价值有理论价值与实际价值之分，其计算公式如下：

$$\text{理论价值} = (\text{普通市价} - \text{认购价格}) \times \text{换股比率}$$

影响认股权证理论价值的主要因素有：换股比率、普通股市价、执行价格和剩余有效期间等。认股权证的实际价值是由市场供求关系所决定的。由于套利行为的存在，认股权证的实际价值通常高于其理论价值。

【例】 开元公司发行认股权证进行筹资，规定每份认股权证可按 12 元认购 1 股普通股，目前公司普通股的市价为 18 元，计算该公司发行每份认股权证的理论价值如下：

$$\text{理论价值} = (18 - 12) \times 1 = 6(\text{元})$$

企业进行认股权证投资与股票投资相比较，具有明显的杠杆效应。

【例】 持有开元公司认股权证购买该公司股票的认购价为 12 元（假设认股权证的售价与理论价值一致），每份认股权证可以购 1 股普通股股票。当时股票市价为 18 元，认股权证每份 6 元。A，B 两个公司分别用 36 000 元进行股票和认股权证的投资，1 年后股价为 24 元。分别计算 A，B 两个公司的投资收益率如下：

$$\text{A公司投资收益率} = \frac{(24 - 18) \times \frac{36\,000}{18}}{36\,000} \times 100\% = 33.33\%$$

$$\text{B公司投资收益率} = \frac{[(24 - 12) - (18 - 12)] \times \frac{36\,000}{18 - 12}}{36\,000} \times 100\% = 100\%$$

计算结果显示，同样投资 36 000 元，投资认股权证获得的收益是投资股票收益的 3 倍，体现了杠杆效应。

（二）可转换债券

1. 可转换债券的涵义　可转换债券是指可以转换为普通股的债券，它赋予投资者按事先约定在一定时期内将债券转换为公司股票的选择权。在转换权行使前债券投资者是发行公司的债权人，权利行使后就成为发行公司的股东。

2. 可转换债券的要素　可转换债券的基本要素包括以下七项。

(1) 基准股票　它又称标的股票，是指可转换债券的标的物。

(2) 票面利率　它是指可转换债券票面载明的利率，通常低于普通债券利率。

(3) 转换价格　它是指将债券转换股票时，股票的每股价格。其计算公式如下：

$$转换价格=\frac{公司债券票面价值}{转换率}$$

【例】 中海公司发行可转换债券，每张面值1 000元，规定2年后债券持有者可用每张债券调换成40股普通股，计算其转换价格如下：

$$转换价格=\frac{1\,000}{40}=25(元)$$

(4) 转换比率　它的涵义是指一份债券可以转换为多少股股票。其计算公式如下：

$$转换比率=\frac{债券面值}{转换价格}=\frac{股票数}{可转换债券数}$$

【例】 人河公司发行可转换债券，每张面值为1 000元，该债券的转换价格为20元，计算其能够转换为股票的股数如下：

$$转换比率=\frac{1\,000}{20}=50(股)$$

(5) 转换期限　它是指可转换债券转换为股份的起初日至结束日的期间。

(6) 赎回条款　它是指债券的发行公司有权在预定的期限内按事先约定的条件买回尚未转股的可转换债券的规定条款。其内容包括：不可赎回期、赎回期、赎回价格和赎回条件等内容。

(7) 回售条款　它是指发行公司的股票价格在一定时期连续低于转换价格并达到一定幅度时，债券持有者可根据规定将债券出售给发行公司的条款。回售条款包括回售时间和回售价格等内容。

3. 可转换债券的投资决策

(1) 投资时机选择　较好的投资时机有：新的经济增长周期启动时；利率下调时；行业景气回升时；转股价调整时等。

(2) 投资对象选择　优良的债券品质是选择可转换债券品种的基本原则。

(3) 套利机会　　可转换债券的投资者可以在股份高涨时,通过转股获得收益;或根据可转换债券的理论价值和实际价格的差异套利。

可转换债券与股票相比较,投资风险较小。

第六节　证券投资组合

一、证券投资组合的意义

证券投资组合又称证券组合,它是指在进行证券投资时,不是将所有的资金都投向单一的某种证券,而是有选择地投向一组证券。这种同时投资多种证券的做法被称为证券的投资组合。

证券投资的盈利性吸引了众多投资者,但证券投资的风险性又使许多投资者望而却步。面对这一难题,科学地进行证券的投资组合就是一个比较好的方法。通过有效地进行证券投资组合,便可消减证券风险,达到降低风险的目的。

投资风险存在于各个国家的各种证券中,它们随着经济环境的变化而不断变化,时大时小,此起彼伏。简单地将资金全部投向一种证券,可能会承受巨大的风险,一旦失误,就会全盘皆输。因此,证券市场上经常可听到这样一句名言:不要把全部鸡蛋放在同一个篮子里。证券投资组合是证券投资的重要武器,它可以帮助投资者全面捕捉获利机会,降低投资风险。

二、证券投资组合的风险与收益率

由于证券投资组合能够降低风险,因此,绝大多数法人投资者都同时投资于多种证券。即使是个人投资者,一般持有的证券也进行投资组合,而不只是投资于某一个公司的股票。所以,企业财务人员必须了解证券投资组合的风险与收益率。

(一) 证券投资组合的风险

证券投资组合的风险可以分为两种性质完全不同的风险,即非系统性风险和系统性风险。

1. 非系统性风险　非系统性风险又称可分散风险或公司特别风险,它是指某些因素对单个证券造成经济损失的可能性。例如,公司在市场竞争中的失败等。这种风险,可通过证券持有的多样化来抵消。即多买几家公司的股票,其中某些公司的股票收益上升,另一些股票的收益下降,从而将风险抵消。这种风险称为可分散风险。

【例】 W和M股票构成一个证券组合,每种股票在证券组合中各占50%,它们的收益率和风险的详细情况如图表6-2所示。

根据图表6-2的资料,可以绘制出两种股票以及由它们构成的证券组合收益率图,如图表6-3所示。

图表 6-2

完全负相关的两种股票构成的证券组合收益表

股票名称 年份(t) 及指标	W 股票 K_w(%)	M 股票 K_m	WM 的组合 K_p
2007	15	15%	15%
2008	−10	40%	15%
2009	35	−5%	15%
2010	−5	35%	15%
2011	40	−10%	15%
平均收益率(K)	15	15%	15%
标准离差(σ)	22.6	22.6%	0%

图表 6-3

两种完全负相关股票的收益

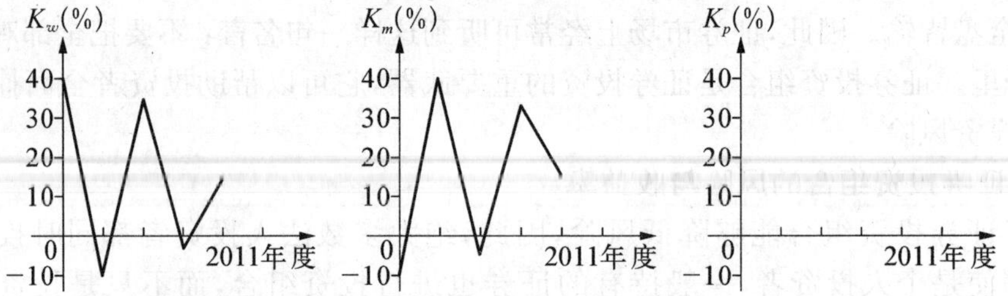

从图表 6-2 和图表 6-3 中可以看出，如果分别持有两种股票，都有很大的风险，但如果将它们组合成一个证券组合，则没有风险。

W 股票和 M 股票之所以能结合起来组成一个无风险的证券组合，是因为它们收益的变化正好呈相反的循环——当 W 股票的收益下降时，M 股票的收益正好上升；反之亦然。我们将股票 W 和股票 M 之间的关系称作完全负相关关系。这里相关系数 $r=-1.0$。

与完全负相关相反的是完全正相关 ($r=+1.0$)，两个完全正相关的股票的收益将一起上升或下降，这两种股票组成的证券组合，不能抵消任何风险。

从以上分析可知，当两种股票完全负相关 ($r=-1.0$) 时，所有的风险都可以分散掉；当两种股票完全正相关 ($r=+1.0$) 时，从降低风险的角度来看，分散持有股票没有好处。实际上，大部分股票都是正相关，但又不是完全正相关。一般来说，随机取两种股票，其相关系数为 +0.6 左右的最多。而对绝大多数股票而言，r 将位于 +0.5 至 +0.7 之间。在这种情况下，将两种股票组合成证券组合能降低风险，但不能全部消除风险。不过，如果股票种类较多，则能分散掉大部分风险，而当股票种类足够多时，几乎能将所有的非系统性风险分散掉。

2. 系统性风险　　系统性风险又称不可分散风险或市场风险，它是指由于某些因素影响而给市场上所有的证券都带来经济损失的可能性。例如，宏观经济状况的变化、国家税法的变化、国家财政政策和货币政策的变化以及世界能源状况的改变等，都会使股票收益发生变动。这些风险影响到所有的证券，因此，它不能通过证券组合分散掉。对投资者来说，这种风险是无法消除的，故将其称为不可分散风险。但这种风险对不同的企业也有不同影响。

系统性风险通常用 β 系数来计量。β 系数有多种计算方法，实际计算过程十分复杂，但幸运的是 β 系数一般不需投资者自己计算，而由一些投资服务机构定期计算并公布。

作为整体的证券市场，其 β 系数为 1。如果某种股票的风险情况与整个证券市场的风险情况一致，则这种股票的 β 系数等于 1；如果某种股票的 β 系数大于 1，说明其风险大于整个市场的风险；如果某种股票的 β 系数小于 1，说明其风险小于整个市场的风险。

从以上分析可知，单个证券的 β 系数可以由有关的投资服务机构提供。那么，投资组合的 β 系数该怎样计算呢？投资组合的 β 系数是单个证券 β 系数的加权平均数，权数为各种证券在投资组合中所占的比重。其计算公式如下：

$$\beta_P = \sum_{i=1}^{n} \beta_i x_i$$

公式中　β_P 表示证券组合的 β 系数；

β_i 表示第 i 种股票的系数；

x_i 表示证券组合中第 i 种股票所占的比重；

n 表示证券组合中股票的数量。

【例】 武康公司持有 A，B，C 三种股票构成的证券组合，它们的 β 系数分别为 1.8、1.0 和 0.6，它们在证券组合中所占的比重分别为 50%、30% 和 20%，计算其证券组合的 β 系数如下：

$$\beta_P = 1.8 \times 50\% + 1.0 \times 30\% + 0.6 \times 20\% = 1.32$$

不可分散风险是通过 β 系数来测量的，一些标准的 β 值如下：

$\beta = 0.5$，说明该股票的风险只有整个市场股票风险的一半；

$\beta = 1.0$，说明该股票的风险等于整个市场股票的风险；

$\beta = 2.0$，说明该股票的风险是整个市场股票风险的 2 倍。

（二）证券投资组合的风险收益

投资者进行证券组合投资与进行单项投资一样，都要求对承担的风险进行补偿，股票的风险越大，要求的收益就越高。但是，与单项投资不同，证券组合投资要求补偿的风险只是不可分散风险，而不要求对可分散风险进行补偿。如果有可分散风险的补偿存在，那么，善于科学地进行证券投资组合的投资者将购买这部分股票，并抬高其价格，其最后的收益率只反映不能分散的风险。因此，证券投资组合的风险收益是投资者因承担不可分散风险而要求的，超过资金时间价值的那部分额外收益。其计算公式如下：

$$R_P = \beta_P \cdot (K_m - R_F)$$

公式中 R_P 表示证券投资组合的风险收益率；

β_P 表示证券投资组合的 β 系数；

K_m 表示所有股票的平均收益率，也就是由市场上所有股票组成的证券投资组合的收益率，简称市场收益率；

R_F 表示无风险收益率，一般用政府公债的利率来衡量。

【例】 续前例，武康公司证券投资组合的 β 系数为 1.32，股票的市场收益率为 14.5%，无风险收益率为 10%，计算其证券投资组合的风险收益率如下：

$$R_P = 1.32 \times (14.5\% - 10\%) = 5.94\%$$

计算出风险收益率后，就可以根据投资额和风险收益率计算出风险收益的数额。从以上计算中可以看出，在其他因素不变的情况下，风险收益取决于证券投资组合的 β 系数。β 系数越大，风险收益就越大；反之，β 系数越小，风险收益也就越小。

【例】 续前例，武康公司为降低风险，售出部分 A 股票，买进部分 C 股票，使 A,B,C 三种股票在证券投资组合中所占的比重分别变为 20%、30%和 50%，计算其风险收益率如下：

$$\beta_P = 1.8 \times 20\% + 1.0 \times 30\% + 0.6 \times 50\% = 0.96$$

$$R_P = 0.96 \times (14.5\% - 10\%) = 4.32\%$$

计算结果表明，调整各种证券在证券投资组合中的比重，可以改变证券投资组合的风险、风险收益率和风险收益额。

（三）风险和收益率的关系

在西方金融学和财务管理学中，有许多模型阐述风险和收益率的关系，其中一个最重要的模型为资本资产定价模型。其计算公式如下：

$$K_i = R_F + \beta_i \cdot (K_m - R_F)$$

公式中 K_i 表示第 i 种股票或第 i 种股票组合的必要收益率；

R_F 表示无风险收益率；

β_i 表示第 i 种股票或第 i 种股票组合的 β 系数；

K_m 表示所有股票的平均收益率。

【例】 续前例，武康公司股票的 β 系数为 1.32，无风险收益率为 10%，市场上所有股票的平均收益率为14.5%。计算该公司持有股票的必要收益率如下：

$$K_i = 10\% + 1.32 \times (14.5\% - 10\%) = 15.94\%$$

计算结果显示，武康公司持有股票的必要收益率为15.94%，表明该公司持有股票的收益率达到或超过15.94%时，才值得进行投资。

三、证券投资组合的策略与方法

(一) 证券投资组合策略

在证券投资组合理论的发展过程中，形成了各种各样的派别，从而形成了不同的组合策略。现阐述最常见的三种。

1. 保守型策略　这种策略认为，最佳证券投资组合策略是要尽量模拟市场现状，将尽可能多的证券包括进来，以便分散掉全部非系统风险，得到与市场所有证券的平均收益同样的收益。1976年，美国先锋基金公司创造的指数信托基金，便是这一策略的最典型代表。这种基金投资于“标准与普尔(Standard and Poor's)”股票价格指数中所包含的全部500种股票，其投资比例与500家企业价值比重相同。这种投资组合有以下好处。① 能分散掉全部可分散风险。② 不需要高深的证券投资的专业知识。③ 证券投资的管理费比较低。但这种组合获得的收益不会高于证券市场上所有证券的平均收益。因此，这种策略属于收益不高，风险不大的策略，故称之为保守型策略。

2. 冒险型策略　这种策略认为，与市场完全一样的组合不是最佳组合，只要投资组合做得好，就能击败市场或超越市场，取得远远高于平均水平的收益。在这种组合中，一些成长型的股票比较多，而那些低风险、低收益的证券不多。另外，其组合的随意性强，变动频繁。采用这种策略的人都认为，收益就在眼前，何必死守苦等。对于追随市场的保守派，他们是不屑一顾的。这种策略收益高，风险大，因此，被称为冒险型策略。

3. 适中型策略　这种策略认为：证券的价格，特别是股票的价格，是由特定企业的经营业绩来决定的。市场上股票价格的一时沉浮并不重要，只要企业经营业绩好，股票价格一定会上升到其本来的价值水平。采用这种策略的人，一般都善于对证券进行分析，如行业分析、企业业绩分析和财务分析等，通过分析，选择高质量的股票，组成投资组合。适中型策略如果做得好，可获得较高的收益，而又不会承担太大的风险。但进行这种组合的人必须具备丰富的投资经验，拥有进行证券投资的各种专业知识。这种投资策略风险不太大，收益却比较高，所以是一种最常见的投资组合策略。各种金融机构、投资基金和企事业单位在进行证券投资时一般都采用这种策略。

(二) 证券投资组合的方法

进行证券投资组合的方法有很多，现阐述最常见的三种方法。

1. 选择足够数量的证券进行组合　这是一种最简单的证券投资组合方法。在采用这种方法时，不是进行有目的的组合，而是随机选择证券，随着证券数量的增加，非系统风险会逐步减少，当数量足够时，大部分非系统风险都能分散掉。根据投资专家们估计，在美国纽约证券市场上，随机地购买 40 种股票，其大多数非系统风险都能分散掉。为了有效地分散风险，每个投资者拥有股票的数量最好不少于 14 种。我国股票种类还不太多，同时投资于 10 种股票，就能达到分散风险的目的了。

2. 将风险大、中、小的证券放在一起进行组合　这种组合方法又称 1/3 法，是指将全部资金的 1/3 投资于风险大的证券；1/3 投资于风险中等的证券；1/3 投资于风险小的证券。一般而言，风险大的证券对经济形势的变化比较敏感，当经济处于繁荣时期，风险大的证券获得高额收益；但当经济衰退时，风险大的证券却会遭受巨额损失。相反，风险小的证券对经济形势的变化则不十分敏感，一般都能获得稳定的收益，而不致遭受损失。因此，这种 1/3 的投资组合法，是一种进可攻、退可守的组合法，虽不会获得太高的收益，但也不会承担巨大的风险，是一种常见的组合方法。

3. 将投资收益呈负相关的证券放在一起进行组合　一种股票的收益上升而另一种股票的收益下降的两种股票，称为负相关股票。将收益呈负相关的股票组合在一起，能有效地分散风险。例如，某企业同时持有一家汽车制造公司的股票和一家石油公司的股票，当石油价格大幅度上升时，这两种股票便呈负相关。因为油价上涨，石油公司的收益会增加，但油价的上升，会影响汽车的销量，使汽车公司的收益降低。只要选择得当，这样的组合对降低风险有着十分重要的意义。

思考题

一、简答题

1. 试述证券投资的种类。
2. 试述证券投资的基本程序。
3. 什么是债券价值？它与债券的购买价格有何区别和联系？
4. 什么是股票价值和股票价格？
5. 什么是股票预期报酬率？它由哪两个部分组成？
6. 各种股票价值应如何计算？
7. 分述债券投资和股票投资的缺点。
8. 试述投资基金的分类。
9. 试述投资基金的优缺点。
10. 什么是认股权证和可转换债券？
11. 试述证券投资常见的组合策略。
12. 试述证券投资组合常用的方法。

二、名词解释题

证券投资　债券实际收益率　债券信用评级　违约风险　利率风险　购买力风险　预期股利收

益率　预期资本利得收益率　零成长股票　市盈率　投资基金　商品期货　证券投资组合 非系统性风险　系统性风险

三、是非题

1. 证券是指用以证明或设定权利所作成的书面凭证，它表明证券持有人有权取得该证券所拥有的特定权益。（　）

2. 证券投资与实物投资相比较具有流动性强、价格不稳定和交易成本低的特征。（　）

3. 企业进行债券投资的目标是高收益、低风险。（　）

4. 由于债券的票面上列有利率，因此票面利率可以作为评价债券收益的依据。（　）

5. 当测算的结果为：有多种债券的实际收益率达到预期的投资收益率时，应选择实际收益率高的债券进行投资。（　）

6. 在通常情况下，银行利率上升，则债券市价下降；银行利率下降，则债券市价上升。（　）

7. 变现力风险，是指投资者无法在短期内出售债券收回现金而承担的风险。（　）

8. 长期持有的股票价值为源源不断的股利收入的现值之和。（　）

9. 股票投资存在求偿居后、价格不稳定、收入不稳定和投资风险大的缺点。（　）

10. 股票价值也可以根据该股票所处行业前3年的平均市盈率来确定。（　）

11. 基金单位净值是指每一基金单位所具有的市场价值。它是评价基金价值最直观的指标。（　）

12. 影响认股权证理论价值的主要因素有：换股比率、普通股市价和剩余有效期间等。（　）

13. 证券投资组合要求补偿的只是可分散风险，而不要求对不可分散风险进行补偿。（　）

14. 保守型策略认为市场上股票价格的一时沉浮并不重要，只要企业经营业绩好，股票价格一定会上升到其本来的价值水平。（　）

四、单项选择题

1. ________投资风险最小。

A. 债券　B. 普通股股票　C. 优先股股票　D. 投资基金

2. 债券的购买价格是________。

A. 债券价值　B. 债券投资的现金流出

C. 债券投资收回的现金流入　D. 债券投资的现金流入

3. 违约风险最小的是________。

A. 政府债券　B. 金融债券　C. 企业债券　D. 投资基金

4. 购买力风险最大的是________。

A. 普通股股票　B. 优先股股票　C. 投资基金　D. 债券

5. ________等因素引起的风险，投资者可以通过证券投资组合将风险抵销。

A. 宏观经济状况的变化　B. 世界能源状况的改变

C. 被投资公司在市场竞争中失败　D. 国家税法的变化

6. ________是进可攻、退可守的组合法。

A. 选择足够数量的证券进行组合

B. 将风险大、中、小的证券放在一起组合

C. 将投资收益呈负相关的证券放在一起进行组合

D. 将风险大与风险小的证券放在一起组合

五、多项选择题

1. 证券投资的目的主要有获得对相关企业的控制权，满足季节性经营对现金的需求、________等。

A. 获得丰厚的投资收益　　B. 与筹集长期资金相配合

C. 暂时存放闲置资金　　D. 满足未来的财务需求

2. 债务投资存在利率风险、________等风险。

A. 违约风险　B. 变现力风险　C. 购买力风险　D. 期限风险

3. 债券投资具有本金安全性高、________等优点。

A. 有优先求偿权　　B. 收入稳定性强

C. 市场流动性好　　D. 投资风险小

4. 普通股股票投资具有________的优点。

A. 投资收益高　　B. 购买力风险低

C. 拥有经营控制权　　D. 拥有表决权

5. 商品期货具有期货交易可以双向操作，简便和灵活、信息公开交易效率高、________的特点。

A. 以小博大　B. 交易便利　C. 风险较大　D. 合约履行有保证

6. 证券投资组合策略常见的有________。

A. 保守型　B. 随机型　C. 冒险型　D. 适中型

7. 证券投资组合常见的方法有________。

A. 将投资收益呈正相关的证券组合

B. 将投资收益呈负相关的证券组合

C. 将风险大、中、小的证券组合

D. 选择足够数量的证券组合

实务题

习题一

一、目的　练习债券投资的评价。

二、资料

1. 目前市场上有两种新发行的债券，光启公司债券面值为1 000元，票面利率为9.2%，期限为4年，单利计息，到期一次还本付息，债券市价为1 000元；华安公司债券面值为1 000元，票面利率为8.4%，期限为4年，每年付息一次，债券的市价为1 005元。当时的市场利率为8%。

2. 目前市场上有两种新发行的债券，永新公司债券和泰昌公司债券。永新公司债券面值为1 000元，票面利率为11%，期限为3年，单利计息，到期一次还本付息，债券市价为1 000元；泰昌公司债券面值为1 000元，票面利率为10.1%，期限为3年，每年付息一次，债券市价为1 005元，投资公司预期的投资收益率为9.6%。

三、要求

1. 根据“资料 1”，用债券价值来评价长期债券投资。

2. 根据“资料 2”，用债券实际收益率来评价长期债券投资。

习 题 二

一、目的 练习股票投资的评价。

二、资料

1. 定北股份有限公司现在的股票市价为 8 元，预计年股利额为 0.60 元，预计 1 年后股票市价为 8.15 元。

2. 南丰股份有限公司的股票市价为 10.80 元，预计每股每年平均分派股利 0.70 元，预计 4 年后出售时市价为 14 元，公司期望报酬率为 10%。

3. 明华股份有限公司经营比较平稳，预计每年平均分配股利为 0.75 元，公司期望报酬率为 10%。

4. 庆丰股份有限公司股票每股股利为 0.60 元，预计每年增长 2.5%，公司期望报酬率为 11%。

5. 北新股份有限公司属创建初期，每股股利为 0.40 元，预计前 2 年每年增长 3%，以后每年增长 4%，公司期望报酬率为 10%。

6. 华光股份有限公司股票每股市价为 8 元，本年度股利为 0.72 元，预计每年增长 2%。

7. 长城电子股份有限公司股票市价为 12 元，每股收益为 0.60 元，目前电子业股份有限公司前 3 年的平均市盈率为 22 倍。

三、要求

1. 根据“资料 1”，计算股票预期报酬率。

2. 根据“资料 2”，计算股票价值。

3. 根据“资料 3”“资料 4”“资料 5”，计算长期持有这些股票的股票价值。

4. 根据“资料 6”，计算股票下年度预期报酬率。

5. 根据“资料 7”，计算股票价值。

习 题 三

一、目的 练习基金各项指标的计算。

二、资料

1. 天原基金持有 A，B，C 三种股票的数量分别为 25 万股、50 万股和 100 万股，每股市价分别为 30 元、24 元和 20 元。该基金的银行存款为 1 000 万元；负债为：应付给基金管理人经理费 120 万元，应付给投资者的分红 380 万元。已售出的基金单位为3 500万份。

2. 华昌基金发行开放式基金，2018 年有关资料如图表 6 - 4 所示。基金收取的认购费为基金净值的 6‰，赎回费为基金净值的 4‰。

图表 6-4

基金年初与年末的有关资料

金额单位：万元

项目 日期	基金资产账面价值	负债账面价值	基金资产市场价值	基金单位
1月1日	1 620	608	2 400	1 400 万份
12月31日	1 960	700	3 150	1 750 万份

三、要求

1. 根据“资料 1”，计算基金单位净值。

2. 根据“资料 2”，分别计算年初和年末基金单位净值、认购价和赎回价以及 2018 年基金收益率。

习 题 四

一、目的 练习衍生金融资产投资的财务指标的计算。

二、资料

1. 2019 年 4 月 5 日，浦江公司预计黄豆价格将会下跌，以 4 980 元/吨的价格抛出 50 手同年 6 月合约（每手 10 吨），保证金率为 5%。5 月 15 日，价格跌至 4 890 元/吨，买进，平仓，了结交易。

2. 持有大丰公司认股权证，购买该公司股票的认购价为 16 元（假设认股权证的售价与理论价值一致），每份认股权证可以购 1 股普通股股票，当时股票市价为 24 元，认股权证每份 8 元。A，B 两个公司分别用 24 000 元进行股票和认股权证的投资，9 个月后股价为 30 元。

3. 天目公司发行可转换债券，每张面值为 1 000 元，该债券的可转换价格为 12.50 元。

三、要求

1. 根据“资料 1”，计算投资黄豆的资金利润率。

2. 根据“资料 2”，计算 A，B 两个公司的投资收益率。

3. 根据“资料 3”，计算 1 000 元面值的可转换债券能够转换的股票股数。

习 题 五

一、目的 练习证券投资组合的风险收益的分析。

二、资料 津滨公司持有甲、乙、丙、丁四种股票，该四种股票构成了证券组合，它们的 β 系数分别为 2.0，1.2，1.0 和 0.6，它们在证券组合中所占的比重分别为 40%，30%，20%和 10%，股票的市场收益率为 14%，无风险收益率为 10%。

三、要求

1. 计算该公司的证券投资组合的 β 系数。

2. 计算该公司证券投资组合的风险收益率。

3. 计算该公司证券投资组合的必要收益率，并作简要说明。

第七章 营运资金

第一节 营运资金概述

一、营运资金的含义

营运资金又称循环资本，是指企业维持日常经营所需的资金，通常指流动资产减去流动负债后的差额。用公式表示如下：

营运资金总额＝流动资产总额－流动负债总额

因为在企业的流动资产中，来源于流动负债的部分，由于面临债权人的短期索求权，而无法供企业在较长期限内自由运用，只有扣除短期负债之后的剩余流动资产，即营运资金，才能为企业提供一个宽裕的自由使用期间。

营运资金是流动资产的一个有机组成部分，因其具有较强的流动性而成为企业日常生产经营活动的润滑剂和衡量企业短期偿债能力的重要指标。在客观上存在现金流入量与流出量不同步和不确定的现实情况下，企业持有一定量的营运资金十分重要。

二、营运资金的特点

营运资金的特点体现在流动资产和流动负债的特点上。

（一）流动资产的特点

流动资产与固定资产相比有以下四个特点。

（1）投资回收期短　投资于流动资产的资金一般在 1 年或一个营业周期内收回，对企业影响的时间比较短。

（2）流动性强　流动资产相对固定资产等长期资产来说比较容易变现，这对于财务上满足临时性资金需求具有重要意义。

（3）具有并存性　流动资产在循环周转过程中，各种不同形态的流动资产在空间上同时并存，在时间上依次继起。因此，合理地配置流动资产各项目的比例，是保证流动资产得以顺利周转的必要条件。

（4）具有波动性　流动资产易受到企业内外环境的影响，其资金占用量的波动往往很大，财务人员应有效地预测和控制这种波动，以避免其影响到企业正常的生产经营活动。

(二) 流动负债的特点

与长期负债筹资相比,流动负债筹资具有以下四个特点。

(1) 速度快　申请短期借款往往比申请长期借款更容易、更便捷,通常在较短时间内便可获得。

(2) 弹性大　与长期债务相比,短期贷款给债务人更大的灵活性。

(3) 成本低　在正常情况下,短期负债筹资所发生的利息支出低于长期负债筹资的利息支出。

(4) 风险大　尽管短期债务的成本低于长期债务,但其风险却高于长期债务。

三、营运资金的周转

营运资金周转是指企业的营运资金从现金投入生产经营开始,到最终转化为现金为止的过程。营运资金周转通常与现金周转密切相关,现金的周转过程主要包括以下三个方面。① 存货周转期,是指将原材料转化成产成品并出售所需要的时间。② 应收账款周转期,是指将应收账款转换为现金所需要的时间。③ 应付账款周转期,是指从收到尚未付款的材料开始到现金支出之间所用的时间。

现金循环周期的变化会直接影响所需营运资金的数额。通常,存货周转期和应收账款周期越长,应付账款周期越短,营运资金数额就越大;反之,存货周转期和应收账款周转期越短,应付账款周转期越长,营运资金数额就越小。此外,营运资金周转的数额还受到偿债风险、收益要求和成本约束等因素的制约。因此,为提高营运资金的周转效率,企业的营运资金应维持在既没有过度资本化又没有过量交易的水平上。过度资本化是指一个企业的营运资金远远超过其经营规模实际需要的营运资金水平。过量交易是指一个企业主要靠流动负债来支持其存货和应收账款,而出现投放在营运资金上的长期资金不足的情况。

第二节　现金的管理

一、企业持有现金的需求

现金是指企业在生产经营过程中暂时停留在货币形态的资金。它包括库存现金、银行存款和其他货币资金。它是变现能力最强的非盈利性资产。企业持有现金主要有以下三种需求。

(一) 交易性需求

交易性需求是指企业为了维持日常周转及正常商业活动所需而持有的一定的现金额。企业需要用现金支付购买原材料的价款和支付职工工资等各种费用;需要用现金交纳税款、偿付到期债务和发放现金股利等,以满足日常生产经营活动的需要。并通过销售活动,售出商品收回现金。企业通过购进、生产、销售三个过程,使现金得以增值。然而，企业的现金收入与现金支出不可能同步进行，况且企业为了在推销产品时增强竞争力，往往为客户提供商业信用，因此企业应持有一定数额的现金，以保证在现金收支暂时不平衡时，不影响日常各项经济往来的结算。

（二）预防性需求

预防性需求是指企业需要保持一定数额的现金，以应付突发事件。企业预测的现金持有额通常是指正常生产经营情况下的现金需要额，然而企业预计的现金流量往往会发生偏差，况且由于市场行情的瞬息万变和其他各种不测因素，如水灾、火灾和生产事故等，使现金收支失去平衡。企业持有预防意外情况的现金，将能更好地应付各种突发事件的发生。确定用于预防性需求的现金需要额取决于以下三个方面：一是企业对现金流量预测的准确程度；二是企业临时举债能力的强弱；三是企业愿意承担现金短缺风险的程度。倘若企业预测现金流量的准确性较高，临时举债的能力较强，愿意承担现金短缺的风险较大，则用于预防性需求的现金可以少一些；倘若企业预测现金流量的准确性较低，临时举债能力较弱，愿意承担现金短缺的风险较小，则用于预防性需求的现金可以多一些。

（三）投机性需求

投机性需求是指企业为了抓住各种稍纵即逝的市场机会，获取较大利益而持有一定数额的现金。企业应持有一定数额的现金，当预期有价证券行情将上涨时，及时予以购进。或者相关行业的某些企业宣告破产后，以较低的价格出售存货或设备时，企业就可以抓住这一有利时机，予以购进，从事投机活动，从中获取短期投资收益或较低廉的存货以及低价的固定资产等。

二、现金管理的目的

现金管理的目的有如下几种。首先，是使企业严格按照国家的方针政策和财经制度，有计划地组织现金的收、支活动。其次，做好现金流入与现金流出的预测工作和日常管理工作，使企业持有适量的现金。由于现金是能够直接充当支付手段的非盈利性资产，因此，既要避免因要保持企业较强的支付能力和偿债能力、维护企业良好的市场信誉而拥有过多的现金，以致影响企业的经营规模和盈利能力；又要避免因片面强调经营规模和盈利能力，将过多的现金购置存货而丧失应有的支付能力和偿债能力，以致影响企业的市场信誉。再次，有利于保护现金的安全。由于现金流动频繁，又具有广泛的流通性，容易被不法分子挪用和贪污，而通过对现金的管理可以堵塞漏洞和弊端。

三、现金预算的编制

现金预算是指反映企业预算期内由于生产经营活动、投资活动和筹资活动而引起的现金流入量、现金流出量和现金多余或短缺额及现金融通情况的预算。通过现金预算以规划和控制企业的现金流量，提高现金的运用效率。现金预算的编制方法主要有现金收支法和净利润调整法两种。

(一) 现金收支法

现金收支法又称直接编制法,它是指以预算期内可能发生的现金流入量和现金流出量为依据来编制现金预算表的方法。用现金收支法编制的现金预算表,由经营活动产生的现金流入量、经营活动产生的现金流出量、经营活动产生的现金净流量、现金净流量、现金多余或不足额和现金融通六个部分组成。

1. 经营活动产生的现金流入量　预算期内经营活动产生的现金流入的来源主要有销售商品、劳务和服务收到的现金、收到的税费返还和收到的其他与经营活动有关的现金三个方面。

(1) 销售商品、劳务和服务收到的现金　它是指预算期内销售商品、劳务和服务收到的现金,前期销售商品、劳务和服务预算期内收到的现金、销售商品、劳务和服务实际收到的增值税额,以及本期预收的账款。销售商品收到的现金,可以根据预测的商品销售额区分各种商品销售中现销与赊销各自所占的比例,再分析以赊销方式实现的销售与其货款回笼之间的间隔时间,并考虑赊销商品将会出现的现金折扣和坏账损失等因素后确定。预算期内实际收到的增值税额可以根据销售商品确定的预算期收入的现金,乘以相应的增值税税率确定。预算期内若有预收账款的,还要加上预收账款。预算期内提供劳务和服务收到的现金的确定方法与销售商品收到的现金的确定方法相比较,除了不存在发生现金折扣因素外,也要考虑现销与赊销的比例和坏账损失及预收账款的因素。

【例】 华新公司 2018 年 12 月份完成销售商品收入 90 万元,预计 2019 年 1 月、2 月份销售商品收入分别为 100 万元和 80 万元,其中现销为 60%、赊销为 40%、赊销期为 1 个月。赊销商品中有 10%的货款在当月份回笼,享有现金折扣 1%;赊销商品货款中的坏账损失率为 5‰。2017 年 12 月份完成运输业务收入 5 万元,预计 2018 年 1 月、2 月份运输业务收入分别为 6 万元和 5.2 万元,其中现销为 80%、赊销为 20%,坏账损失率为 5‰。该公司无出口商品,其销售商品的增值税税率为 13%,运输收入的增值税税率为 9%。预测 2019 年 1 月、2 月份销售商品、提供劳务收到的现金计算如下:

1 月份收回去年 12 月份赊销商品收入 $= 90 \times 40\% \times (1 - 10\%) - 90 \times 40\% \times 5‰ = 32.22$(万元)

1 月份收回现销商品收入 $= 100 \times 60\% = 60$(万元)

1 月份收回本月份赊销商品收入 $= 100 \times 40\% \times 10\% \times (1 - 1\%) = 3.96$(万元)

1 月份销售商品收到的现金 $= 32.22 + 60 + 3.96 = 96.18$(万元)

1 月份销售商品实际收到的增值税额 $= 96.18 \times 13\% = 12.50$(万元)

1 月份运输收入收到的现金 $= 5 \times 20\% - 5 \times 20\% \times 5‰ + 6 \times 80\% = 5.79$(万元)

1 月份运输收入收到的增值税额 $= 5.79 \times 9\% = 0.52$(万元)

1月份销售商品、运输收入（含增值税额）收到的现金 ＝96.18＋12.50＋5.79＋0.52＝114.99（万元）

2月份收回1月份赊销商品收入 ＝100×40％×（1－10％）－100×40％×5‰＝35.8（万元）

2月份收回现销商品收入＝80×60％＝48（万元）

2月份收回本月份赊销商品收入＝80×40％×10％×（1－1％）＝3.17（万元）

2月份销售商品收到的现金＝35.8＋48＋3.17＝86.97（万元）

2月份销售商品实际收到的增值税额＝86.97×13％＝11.31（万元）

2月份运输收入收到的现金＝6×20％－6×20％×5‰＋5.2×80％＝5.35（万元）

2月份运输收入收到的增值税额＝5.35×9％＝0.48（万元）

2月份销售商品、运输收入（含增值税额）收到的现金 ＝86.97＋11.31＋5.35＋0.48＝104.11（万元）

（2）收到的税费返还　　它是指预算期内实际收到返还的增值税额和其他税费的返回。返还的增值税额可以根据预算期内出口商品收入的现金乘以相应的减税率确定。

【例】 华新公司无出口商品，也无其他增值税额的退回。

（3）收到的其他与经营活动有关的现金　　它是指预算期内，除了上述现金来源以外的与经营活动有关的其他的现金收入。可以根据预算期内预计的罚款现金收入、捐赠现金收入、没收包装物押金收入、流动资产损失中获得赔偿的现金收入以及收取出租或出借包装物的押金等确定。

2. 经营活动产生的现金流出量　　预算期内经营活动产生的现金流出的渠道主要有购买商品、接受劳务支付的现金、支付给职工以及为职工支付的现金和支付的各项税费和支付的其他与经营活动有关的现金四个方面。

（1）购买商品、接受劳务和服务支付的现金　　它是指预算期内购买商品、接受劳务和服务而支付的现金、预算期内支付前期购进商品、接受劳务和服务的未付款项和预算期内预付的账款，以及企业购进商品、接受劳务和服务等实际以现金支付的能够抵扣销项税额的进项税额。这里所指的商品是广义的商品，包括原材料、库存商品、包装物和低值易耗品等存货。购买商品支付的现金可以根据预测的存货采购额，区分各种存货采购中付现与赊购各自所占的比例，再分析以赊购方式购入的存货与支付其货款之间的间隔时间，并考虑赊购存货将会享有的现金折扣，如预算期内有预付账款的，还要加上预付账款等因素后确定。预算期内企业以现金支付购买商品而发生的增值税进项税额可以根据已确定的预算期购买商品支付的现金，乘以相应的增值税税率确定。预算期内接受劳务和服务支付的现金的确定方法，与购买商品支付的现金的确定方法相比较，除了不存在享有现金折扣的因素外，也要考虑付现与赊购的比例及预付账款的因素。

【例】 华新公司2018年12月份完成存货采购额72万元，预计2019年1月、2月份存货采购额分别为80万元和60万元，其中付现为55%，赊购为45%，赊购期为1个月，购进存货的增值税税率为13%。在赊购存货中，有20%在当月份支付，享有现金折扣1.5%。2018年12月份采购存货发生运输费2万元，预计2019年1月、2月份采购存货发生运输费2.2万元和2.1万元，其中付现为70%，赊购为30%。预测2018年1月、2月份购买存货、发生运输费（含增值税额）支付的现金计算如下：

1月份支付去年12月份赊购存货款 = 72 × 45% × (1 − 20%) = 25.92(万元)

1月份采购存货付现款 = 80 × 55% = 44(万元)

1月份支付本月份赊购存货款 = 80 × 45% × 20% × (1 − 1.5%) = 7.09(万元)

1月份购买存货支付的现金 = 25.92 + 44 + 7.09 = 77.01(万元)

1月份购买存货以现金支付的增值税额 = 77.01 × 13% = 10.01(万元)

1月份购买存货(含增值税额)支付的现金 = 77.01 + 10.01 + 2.14 + 0.19 = 89.35(万元)

1月份发生运输费支付的现金 = 2 × 30% + 2.2 × 70% = 2.14(万元)

1月份发生运输费以现金支付的增值税额 = 2.14 × 9% = 0.19(万元)

2月份支付1月份赊购存货款 = 80 × 45% × (1 − 20%) = 28.80(万元)

2月份采购存货付现款 = 60 × 55% = 33(万元)

2月份支付本月份赊购存货款 = 60 × 45% × 20% × (1 − 1.5%) = 5.32(万元)

2月份购买存货支付的现金 = 28.8 + 33 + 5.32 = 67.12(万元)

2月份购买存货以现金支付的增值税额 = 67.12 × 13% = 8.73(万元)

2月份发生运输费支付的现金 = 2.2 × 30% + 2.1 × 70% = 2.13(万元)

2月份发生运输费以现金支付的增值税额 = 2.13 × 9% = 0.19(万元)

2月份购买存货(含增值税额)支付的现金 = 67.12 + 8.73 + 2.13 + 0.19 = 78.17(万元)

(2) 支付给职工以及为职工支付的现金　　它是指在预算期内实际支付给职工以及为职工支付的现金。可以根据预算期内预计支付给职工的工资、奖金、各种津贴和补贴以及计提的工会经费、职工教育经费、养老保险费、失业保险费和住房公积金。

(3) 支付的各项税费　　它是指预算期内将支付给税务部门的各种税费。主要包括增值税额、所得税额、消费税额、城市维护建设税额和教育费附加等税费。

增值税额可以根据预算期内预测的产品销售额、提供劳务和服务收入额乘以相应的增值税率求得的增值税销项税额，减去预算期内预测的存货采购额、接受劳务和服务额乘以相应的增值税税率求得的增值税进项税额后确定。由于增值税额是在次月交给税务部门的，因此预算期1月份的数额要根据报告期12月份的资料进行预测，以此类推进行计算。

【例】 华新公司购进货物和接受劳务的增值税税率分别是13%和9%，根据前面有关增值税的例子计算以现金支付的增值税款如下：

$$1月份实际交纳给税务部门的增值税额 = 90\times13\%+5\times9\%-72\times13\%-2\times9\% = 2.61(万元)$$

$$2月份实际交纳给税务部门的增值税额 = 100\times13\%+6\times9\%-80\times13\%-2.2\times9\% = 2.94(万元)$$

所得税额可以根据预算期内已确定的利润总额乘以所得税税率确定。由于税款通常是在次月交给税务部门的，因此预算期2月份的所得税税款要根据1月份的利润总额来预测，以此类推进行计算。而根据规定，所得税应在年内进行预交，因此，每年12月份，企业除了要交纳11月份的所得税外，还要预交12月份所得税。这样，预算期1月份就不需要预测所支付的所得税税款，而预算期12月份支付的所得税额却要根据11月和12月两个月的利润总额来预测。

【例】 华新公司2019年1月份利润总额为11万元，所得税税率为25%，预测2019年2月份支付的所得税税款如下：

$$2月份支付的所得税税款=11\times25\%=2.75(万元)$$

消费税的计税方法有从价定率和从量定额两种。倘若实行从价定率，应根据预算期内应税产品的销售额乘以相应的消费税税率确定；倘若实行从量定额的，则应根据预算期内应税产品的销售量，乘以相应的单位税额确定。城市维护建设税和教育费附加是根据预算期已确定的本企业应交税务部门的增值税和消费税之和，分别乘以城市维护建设税税率和教育费附加率确定。由于税款和教育费附加通常是在次月交纳给税务部门的，因此预算期1月份的数额要根据报告期12月份的资料预测，以此类推进行计算。

【例】 华新公司没有交纳消费税的业务，预测2019年1月、2月份应付税务部门增值税额分别为2.61万元和2.94万元，城市维护建设税税率为7%，教育费附加率为3%。预测2019年1月、2月份支付的城市维护建设税额和教育费附加计算如下：

$$1月份支付的城市维护建设税额和教育费附加 = 2.61\times(7\%+3\%)=0.26(万元)$$

$$2月份支付的城市维护建设税额和教育费附加 = 2.94\times(7\%+3\%)=0.29(万元)$$

根据前面计算的预算期交纳的增值税额、所得税额、城市维护建设税额和教育费附加，计算预算期支付的各项税费如下：

1月份支付的各项税费＝2.61＋0.26＝2.87(万元)

2月份支付的各项税费＝2.94＋2.75＋0.29＝5.98(万元)

(4) 支付其他与经营活动有关的现金　　它是指在预算期内除了支付上述三个渠道以外的与经营活动有关的其他现金支出。可以根据预算期内预计的差旅费、业务招待费、保险费、修理费、捐赠现金支出、罚款现金支出及上述三个渠道以外的期间费用的现金支出、营业外的现金支出和租入或借入包装物的押金支出等确定。

3. 经营活动产生的现金净流量　　它是指预算期内经营活动产生的现金流入量与经营活动产生的现金流出量之间的差额。若现金流入量小于现金流出量则用负号表示。

4. 现金净流量　　它是将预算期内经营活动产生的现金净流量加上投资、筹资活动产生的现金流入量，减去投资、筹资活动产生的现金流出量后而取得的。

(1) 投资、筹资活动产生的现金流入量　　预算期内投资、筹资活动产生的现金流入的来源主要有：收回投资收到的现金，取得投资收益收到的现金，处置固定资产、无形资产和其他长期资产收回的现金净额，吸收投资收到的现金和借款收到的现金五个方面。

(2) 投资、筹资活动产生的现金流出量　　预算期内投资、筹资活动产生的现金流出的渠道主要有：购建固定资产、无形资产和其他长期资产支付的现金，投资支付的现金，偿还债务支付的现金，分配股利、利润或偿付利息支付的现金和支付其他与筹资活动有关的现金五个方面。

5. 现金多余或不足额　　它是指现金净流量加上期初现金余额，减去现金最低需要额后的余额。余额为正数，表示现金多余额；若余额为负数，表示现金不足额。

(1) 期初现金余额　　预算期期初现金余额即报告期期末现金余额。

(2) 现金最低需要额　　它是指为了防止企业销售收入的被动性以及各种不测因素的影响而使现金预算具有一定的弹性，企业必须保留的现金余额。

6. 现金融通　　它是指对预算期企业现金多余或不足的情况，采取措施，予以调节。当出现现金多余时，可用以归还银行借款或购买有价证券进行短期投资，以充分利用现金；当出现现金不足时，则应向银行借款或转让有价证券予以弥补。

用现金收支法编制的现金预算表的格式如图表7-1所示。

用现金收支法编制的现金预算表是根据预计的各个现金收支项目确定的，直接明了，有利于企业对现金收支执行情况进行控制和分析，以保持现金合理的持有量，并防止发生现金不足的财务困境。但是现金收支法无法将按收付实现制基础编制的现金预算表与企业预算期的净利润的密切关系清晰地反映出来，因此难以揭示企业虽然净利润可观，却出现现金短缺或者虽然发生亏损，却出现现金宽裕的原因。

图表 7-1

现金预算表

编制单位：华新公司　　2019 年　　单位：万元

项　　目	1月份	2月份	全　年
一、经营活动产生的现金流入量	117.57	109.24	1 519.53
其中：销售商品、提供劳务收到的现金	114.99	104.11	1 439.18
收到其他与经营活动有关的现金	2.58	5.13	80.35
二、经营活动产生的现金流出量	113.23	101.65	1 389.27
其中：购买商品、接受劳务支付的现金	89.35	78.17	1 071.90
支付给职工以及为职工支付的现金	9.98	9.41	120.50
支付的各项税费	2.87	5.98	72.77
支付其他与经营活动有关的现金	11.03	8.09	124.10
三、经营活动产生的现金净流量	4.34	7.59	130.26
加：投资、筹资活动产生的现金流入量	9.76	2.10	45.69
其中：收回投资收到的现金	2.00		9.20
取得投资收益收到的现金	0.56	0.10	3.27
处置固定资产、无形资产和其他长期资产收回的现金净额	1.20		5.16
吸收投资收到的现金	6.00		10.06
取得借款收到的现金		2.00	18.00
减：投资、筹资活动产生的现金流出量	22.40	3.56	188.55
其中：购建固定资产、无形资产和其他长期资产支付的现金	6.00	1.10	54.56
投资支付的现金	10.00		25.00
偿还债务支付的现金	3.60	2.46	28.85
分配股利、利润或偿付利息支付的现金	2.80		80.14
支付其他与筹资活动有关的现金			
四、现金净流量	−8.30	6.13	−12.60
加：期初现金余额	9.88	16.00	9.88
减：现金最低需要额	16.00	16.00	16.00
五、现金多余或短缺额	−14.42	6.13	−18.72
六、现金融通	14.42	−6.13	18.72
其中：筹集银行借款	12.00		96.00
转让有价证券	2.42		11.78
归还银行借款		−5.00	−81.00
进行证券投资		−1.13	−8.06

（二）净利润调整法

净利润调整法又称间接编制法，它是指以预算期按权责发生制为基础确定的净利润，通过对非现金费用，影响净利润的投资、筹资支出，债权、债务以及存货和增值税的变动额的调整，将预算期净利润调整为经营活动产生的现金净流量来编制现金预算表的方法。用净利润调整法编制的现金预算表由净利润、经营活动产生的现金净流量、现金净流量、现金多余或不足额和现金融通五个部分组成。采用这种方法的关键是将按权责发生制基础确定的净利润，调整成为按收付实现制基础确定的经营活动产生的现金净流量。现金净流量、现金多余或不足额和现金融通三个部分的编制方法与现金收支法相同，不再重述。

将净利润调整为经营活动产生的现金流量要考虑非现金费用，影响净利润的投资、筹资活动支出，债权、债务变动额和存货增加额四个因素。

1. 非现金费用　　它是指预算期间不用现金支付的费用。它包括计提的资产减值准备、固定资产折旧、无形资产摊销、长期待摊费用摊销等项目。这些项目虽然引起净利润的减少，但是却没有流出现金，因此净利润在调整时要加上非现金费用。

2. 影响净利润的投资、筹资活动支出　　它包括处置固定资产、无形资产和其他长期资产的损失（减收益）、固定资产报废损失、财务费用和投资损失（减收益）等项目，而这些项目反映的是企业的投资或筹资活动，却减少了企业的净利润，因此净利润在调整时，要加上影响净利润的投资、筹资活动支出。

3. 债权、债务变动额　　它由债权变动额和债务变动额两部分组成。反映债权变动额的项目是应收账款、应收票据的增加；反映债务变动额的项目是应付账款、应付票据的减少。这两个项目虽然与净利润无直接关系，但是债权变动额的增加，意味着销售的增加，从而引起净利润的增加，却没有发生现金流入；而债务变动额的减少，却发生了现金流出，因此，净利润在调整时要减去债权债务变动额。

4. 存货增加额　　存货虽然与净利润无直接关系，但其增加意味着预算期存货购进额大于销售额，从而发生了现金流出，因此净利润在调整时要减去存货增加额。

【例】　华新公司预计 2019 年 1 月、2 月份的净利润分别为 8.15 万元和 7.18 万元；计提的资产减值准备分别为 0.19 万元和 0.21 万元；固定资产折旧分别为 1.70 万元和 1.75 万元；无形资产摊销分别为 0.12 万元和 0.13 万元；长期待摊费用摊销分别为 0.10 万元和 0.10 万元；处置固定资产、无形资产和其他长期资产的损失分别为 0.30 万元和 0 万元；财务费用分别为 1.08 万元和 1.02 万元；投资损失分别为－0.56 万元和 0.10 万元；应收账款、应收票据的增加分别为 2.33 万元和 1.86 万元；应付账款、应付票据的减少分别为－0.37 万元和 1.16 万元；存货增加额分别为 4.78 万元和－0.12 万元。用净利润调整法编制的现金预算表如图表 7－2 所示。

图表 7-2

现金预算表

编制单位：华新公司　　　　2019 年　　　　单位：万元

项　　　目	1月份	2月份	全　年
一、净利润	8.15	7.18	98.00
加：非现金费用	2.11	2.19	26.47
其中：计提的资产减值准备	0.19	0.21	2.62
固定资产折旧	1.70	1.75	21.04
无形资产摊销	0.12	0.13	1.61
长期待摊费用摊销	0.10	0.10	1.20
加：影响净利润的投资、筹资支出	0.82	1.12	12.77
其中：处置固定资产、无形资产和其他长期资产的损失(减：收益)	0.30		0.66
固定资产报废损失			
财务费用	1.08	1.02	15.38
投资损失(减：收益)	−0.56	0.10	−3.27
减：债权、债务变动额	1.96	3.02	1.26
其中：应收账款、应收票据的增加	2.33	1.86	2.78
应付账款、应付票据的减少	−0.37	1.16	−1.52
减：存货增加额	4.78	−0.12	5.72
二、经营活动产生的现金净流量	4.34	7.59	130.26
加：投资、筹资活动产生的现金流入量	9.76	2.10	45.69
其中：收回投资收到的现金	2.00		9.20
取得投资收益收到的现金	0.56	0.10	3.27

（续表）

项　　　　　目	1月份	2月份	全　年
处置固定资产、无形资产和其他长期资产收回的现金净额	1.20		5.16
吸收投资收到的现金	6.00		10.06
借款收到的现金		2.00	18.00
减：投资、筹资活动产生的现金流出量	22.40	3.56	188.55
其中：购建固定资产、无形资产和其他长期资产支付的现金	6.00	1.10	54.56
投资支付的现金	10.00		25.00
偿还债务支付的现金	3.60	2.46	28.85
分配股利、利润或偿付利息支付的现金	2.80		80.14
支付其他与筹资活动有关的现金			
三、现金净流量	−8.30	6.13	−12.60
加：期初现金余额	9.88	16.00	9.88
减：现金最低需要额	16.00	16.00	16.00
四、现金多余或短缺额	−14.42	7.13	−18.72
五、现金融通	14.42	6.13	18.72
其中：筹集银行借款	12.00		96.00
转让有价证券	2.42		11.78
归还银行借款		−5.00	−81.00
进行证券投资		−1.13	−8.06

用净利润调整法编制的现金预算表不仅揭示了现金净流量与企业净利润的关系，而且还能揭示企业虽然净利润可观，却出现现金短缺，或者虽然发生亏损，却出现现金宽裕的原因。但是净利润调整法由于无法反映经营活动现金收入和支出的具体数据，因此影响了对现金收支实行有效控制和调整的力度。

四、现金的成本

企业持有现金的成本通常由机会成本、管理成本、转换成本和短缺成本四个部分组成。

（一）机会成本

现金机会成本是指企业因保留一定现金余额而丧失的再投资收益。再投资收益是企业不能同时用该现金进行有价证券投资所产生的机会成本，这种成本在数额上等同于资金成本。放弃的再投资收益即机会成本属于变动成本，它与现金持有量成正比例关系。

（二）管理成本

现金的管理成本是指因持有一定数量的现金而发生的管理费用。如管理人员工资及必要的安全措施等。这部分费用具有固定成本的性质，它在一定范围内与现金持有量的多少关系不大，是决策的无关成本。

（三）转换成本

转换成本是指企业用现金购入有价证券以及转让有价证券换取现金时付出的交易费用，即现金同有价证券之间相互转换的成本。它包括委托买卖佣金、委托手续费、证券过户费和实物交割手续费等。转换成本只与有价证券交易转换的次数有关，在现金需要量确定后，现金持有量越少，有价证券变现的次数就越多，转换成本就越大；现金持有量越多，有价证券变现的次数就越少，转换成本就越小。

（四）短缺成本

现金短缺成本是指因现金持有量不足，又无法及时通过有价证券变现加以补充而给企业造成的损失。它包括直接损失与间接损失。现金的短缺成本与现金持有量呈反方向变动关系。

五、最佳现金持有量的确定

最佳现金持有量是指所花费的代价最低，却能给企业带来最大的经济效益的现金持有量。由于现金是获利能力最弱的资产，因此当企业持有的现金高于最佳现金持有量时，将会影响企业的经济效益。但是，当企业持有的现金低于最佳现金持有量时，将会影响企业资金的正常周转，增加其财务风险。

确定最佳现金持有量的方法主要有成本分析模式、存货模式和随机模式三种。

1. 成本分析模式　　它是指根据持有现金的有关成本，分析预测其总成本最低时现金持有量的方法。

成本分析模式确定最佳现金持有量，只考虑机会成本和短缺成本，而不考虑管理费用和转换成本。机会成本系因持有现金而丧失的再投资收益，其与现金持有量呈正比例变动关系，用公式表示如下：

机会成本＝平均现金持有量×有价证券利率（或报酬率）

短缺成本与现金持有量呈反方向变动关系。现金成本与现金持有量之间的关系如图表 7－3 所示。

图表 7－3 显示，由于各项成本与现金持有量的变动关系不同，使总成本曲线呈抛物线形，抛物线的最低点，即为总成本最低点，该点所对应的现金持有量即为最佳现金持有量。

图表 7-3

现金成本与现金持有量关系

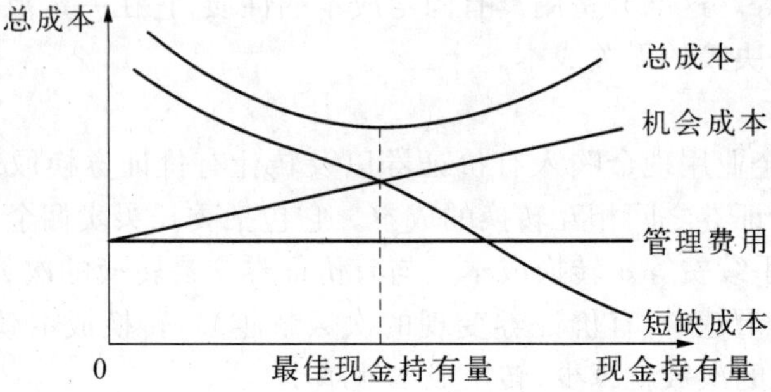

运用成本分析模式确定最佳现金持有量的步骤如下所述。① 根据不同现金持有量测算并确定有关成本数值。② 按照不同现金持有量及其有关成本资料编制最佳现金持有量测算表。③ 在测算表中找出总成本最低时的现金持有量，即找出最佳现金持有量。在这种模式下，最佳现金持有量就是持有现金而产生的机会成本与短缺成本之和最小时的现金持有量。

【例】 东风公司有 A,B,C,D 四种现金持有方案，机会成本率为 12%，其他有关成本资料如图表 7-4 所示。

图表 7-4

现金持有方案

单位：元

项目 \ 方案	A	B	C	D
现金持有量	80 000	120 000	180 000	240 000
短缺成本	30 000	18 000	5 600	0

根据上列资料编制该企业最佳现金持有量计算表如图表 7-5 所示。

计算结果显示，C 方案在现金持有量为 180 000 元时，总成本最低，为 27 200 元，因此 180 000 元为最佳现金持有量。

图表 7-5

最佳现金持有量计算表

单位：元

方案 项目	A	B	C	D
机会成本	9 600	14 400	21 600	28 800
短缺成本	30 000	18 000	5 600	0
总成本	39 600	32 400	27 200	28 800

2. 存货模式　它是指根据存货的经济进货批量模式的基本原理，将现金的机会成本与有价证券的转换成本进行权衡，以确定企业最佳现金持有量的方法。这种方法不考虑短缺成本，只考虑机会成本和转换成本。机会成本和转换成本随着现金持有量的变动而呈现出相反的变动趋向，因而能够使现金管理的机会成本和转换成本之和保持最低的现金持有量，即为最佳现金持有量。

运用存货模式确定最佳现金持有量时，是以下列假设为前提的。① 企业所需要的现金可通过证券变现取得，且证券变现的不确定性很小。② 企业预算期内现金需要总量可以预测。③ 现金的支出过程比较稳定、波动性小，而且每当现金余额降至零时，均通过部分证券变现得以补足。④ 证券的利率和报酬率以及每次交易费用已知。

企业期初持有的现金最高量，通过一段时期的生产经营、投资和筹资等各种经济活动，到期末现金持有量降为零，就通过转让有价证券进行补充，以恢复下一周期的现金持有量，再用于各种经济活动。如此不断地进行循环周转，从而形成了现金流动，其流动模式如图表 7-6 所示。

图表 7-6

存货模式现金流动

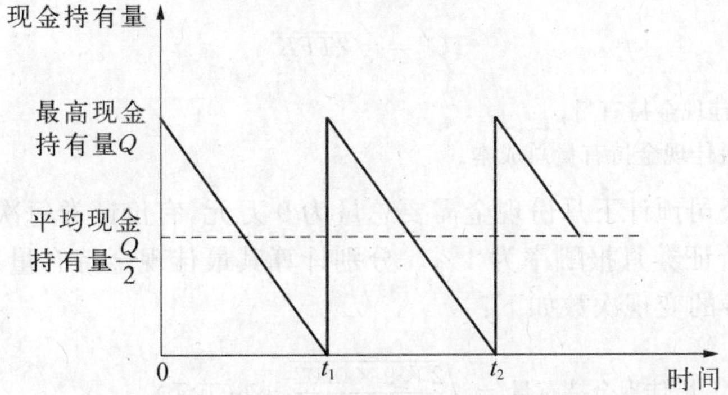

根据现金流动模式及运用存货模式的四点假设，现金总成本的计算公式如下：

$$现金总成本=机会成本+转换成本$$

$$机会成本=\frac{Q}{2}\cdot K$$

$$转换成本=\frac{T}{Q}\cdot F$$

公式中 T 表示预算期现金需要总量；

Q 表示现金持有量；

K 表示有价证券利率或报酬率；

F 表示有价证券每次变现的交易费用。

在总成本中，机会成本与现金持有量呈反比关系，而与转换成本呈正比关系，为了求得总成本最低时的现金持有量，可以用下列方法计算。

$$TC'=\frac{Q}{2}\cdot K+\frac{T}{Q}\cdot F \tag{1}$$

令 $$TC'=0$$

则 $$\left(\frac{Q}{2}\cdot K+\frac{T}{Q}\cdot F\right)'=0$$

$$\frac{K}{2}-\frac{T}{Q^2}\cdot F=0$$

$$Q^2=\frac{2TF}{K}$$

$$Q'=\sqrt{\frac{2TF}{K}} \tag{2}$$

将公式(2)代入公式(1)得：

$$TC'=\sqrt{2TFK} \tag{3}$$

公式中 Q'表示最佳现金持有量；

TC'表示最佳现金持有量总成本。

【例】 广陵公司预计下月份现金需要总量为9万元，有价证券每次变现的交易费用为0.02万元，有价证券月报酬率为1%。分别计算其最佳现金持有量、最佳现金持有量总成本和有价证券的变现次数如下：

$$最佳现金持有量=\sqrt{\frac{2\times 9\times 0.02}{1\%}}=6(万元)$$

$$最佳现金持有量总成本 = \sqrt{2 \times 9 \times 0.02 \times 1\%} = 0.06(万元)$$

$$有价证券的变现次数 = \frac{9}{6} = 1.5(次)$$

存货模式是建立在能够预测现金流量的基础上的，然而在实际工作中，现金流量很难准确预测，因此，计算的结果可以作为判断最佳现金持有量的基本标准，再根据历史经验，适当增加一定的现金持有量。采用这种方法，由于最佳现金持有量总成本不包括短缺成本，所以其计算的结果将远远低于应计成本。

3. 随机模式　　它是指根据随机现象出现的各种数据，运用概率和数理统计方法，以确定企业最佳现金持有量的方法。这种方法通常在企业的现金需要量难以准确预测，且呈不规则地波动时被采用。

随机模式是企业根据历史资料确定现金持有量的上限和下限，形成一个现金控制范围。当现金持有量达到上限时，将现金转换成有价证券；当现金持有量降到下限时，则将有价证券转换成现金，从而使现金持有量始终处于被控制范围之内，随机模式的控制方式如图表 7-7 所示。

图表 7-7

随机模式现金流动

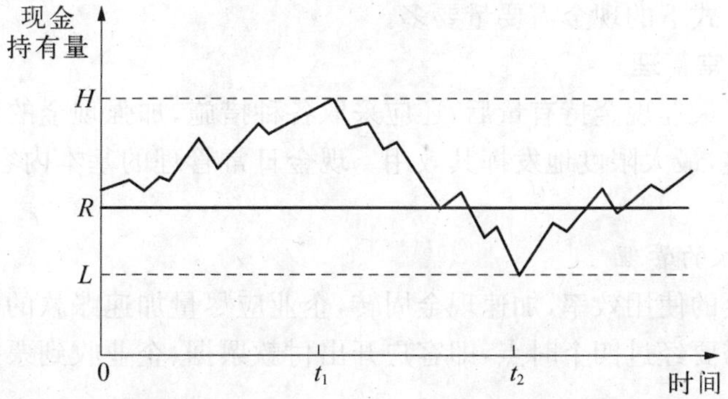

图表 7-7 中，H 表示现金持有量的上限，R 表示最佳现金持有量，L 表示现金持有量的下限。在 t_1，当现金持有量达到 H 时，购进有价证券，使现金持有量下降到 R；在 t_2，当现金持有量降低到 L 时，则转让有价证券，再使现金持有量上升到 R。现金被控制范围的上限和下限的确定，主要取决于现金的持有成本和有价证券的转换成本。我们可根据历史资料测算出一定时期内现金波动的标准差 σ，然后测算最佳现金持有量。最佳现金持有量的计算公式如下：

$$R = \sqrt[3]{\frac{3F\sigma^2}{4K}} + L$$

公式中　F 表示有价证券每次变现的交易费用；

σ^2 表示日现金净流量标准差；

K 表示有价证券日利率或日报酬率。

由于现金流量是随机的，其平均持有量无法事先确定，但根据米勒—奥尔模型测算，大致为 $\frac{H+R}{3}$，现金持有量的上限 $H=3R-2L$。

【例】 广中公司日现金净流量标准差为 0.6 万元，有价证券每次变现的交易费用为 0.3 万元，有价证券的年利率为 11.88%，现金持有量的下限为 2.32 万元。计算最佳现金持有量和现金持有量上限如下：

$$R=\sqrt[3]{\frac{3\times0.3\times0.6^2}{4\times11.88\%\div360}}+2.32=8.58(\text{万元})$$

$$H=3\times8.58-2\times2.32=21.10(\text{万元})$$

当该公司现金持有量达到上限 21.10 万元时，可以购进 12.52 万元有价证券，使现金持有量下降到 8.58 万元；当现金持有量下降到 2.32 万元时，则可以转让 6.26 万元有价证券，使现金持有量仍上升到 8.58 万元。

随机模式是在现金流量难以预测的情况下确定最佳现金持有量的，故其计算的结果通常比存货模式方式下的现金需要量要多。

六、现金的日常管理

企业在确定了最佳现金持有量后，还应采取各种措施，加强现金的日常管理，以保证现金的安全和完整，最大限度地发挥其效用。现金日常管理的基本内容主要包括以下两个方面。

(一) 现金收入的管理

为了提高现金的使用效率，加速现金周转，企业应尽量加速账款的收回。一般来说，企业账款的收回需要经过四个时点，即客户开出付款票据、企业收到票据、票据交存银行和企业收到现金。

企业账款收回的时间包括票据邮寄时间、票据在企业停留时间以及票据结算的时间。前两个阶段所需时间的长短不但与客户、企业和银行之间的距离有关，而且与收款的效率有关。在实际工作中，缩短这两段时间的方法一般有邮政信箱法和银行业务集中法等。

1. 邮政信箱法　邮政信箱法又称锁箱法，它是指企业在各主要城市租用专门的邮政信箱，授权当地银行每日开启信箱，取得客户票据后，立即予以结算，并将款项电汇划拨企业所在地银行，以加速现金回笼的方法。采用邮政信箱法，客户将票据直接寄给客户所在地的邮箱而不是企业总部。这不但缩短了票据邮寄时间，还免除了企业办理收账和货款存入银行等手续，因而缩短了票据邮寄以及在企业的停留时间。但采用这种方法成本较高，因为被授权开启邮政信箱的当地银行除了要求扣除相应的补偿性余额外，还要收取办理额外服务的劳务费，导致现金成本增加。因此，是否采用邮政信箱法，需视提前回笼现金产生的收益与增加的成本的大小而定。

2. 银行业务集中法　　它是指企业通过建立多个收款中心来加速现金回笼的方法。采用银行业务集中法，企业指定一个主要开户行（通常是总部所在地）为集中银行，并在收款额较集中的若干地区设立若干个收款中心，客户收到账单后直接汇给当地收款中心，中心收款后立即存入当地银行；当地银行在进行票据交换后立即转给企业总部所在银行。这种方法可以缩短客户邮寄票据所需时间和票据托收所需时间，也就缩短了现金从客户到企业的中间周转时间。但是，采用这种方法须在多处设立收账中心，从而增加了相应的费用支出。因此，企业应在权衡利弊得失的基础上，作出是否采用银行业务集中法的决策。

此外，还可以采取电汇、大额款项专人处理、企业内部往来多边结算、集中轧抵和减少不必要的银行账户等方法加速现金回笼。

（二）现金支出的管理

与现金收入的管理相反，现金支出管理的主要任务是尽可能延缓现金的支出时间。当然，这种延缓必须是合理、合法的，否则企业延期支付账款所得到的收益将远远低于由此而遭受的损失。延期支付账款的方法主要有以下三种。

1. 合理利用“浮游量”　　现金的浮游量是指企业账户上存款余额与银行账户上所示的存款余额之间的差额。有时，企业账户上的存款余额已为零或负数；而银行账户上的该企业的存款余额还有很多，这是因为有些企业已经开出的付款票据尚处在传递过程中，银行尚未付款出账。企业通过正确预测浮游量并加以利用，可以适当地减少现金持有量。

2. 推迟付款时间　　企业应在不影响信誉的情况下，尽可能推迟应付款项的支付时间。例如，供货方提供现金折扣或商业信用时，企业可以将付款日安排在折扣期或信用期的最后1天。

3. 采用汇票付款　　企业在使用支票付款时，只要受票人将支票存入银行，付款人就要无条件地付款。但汇票不是“见票即付”的付款方式，在受票人将汇票送达银行后，银行要将汇票送交付款人承兑，并由付款人将一笔相当于汇票金额的资金存入银行，银行才会付款给受票人，这样就有可能合法地延期付款。

4. 使用零余额账户　　企业可以与银行合作，开设一个主账户和多个子账户，企业只在主账户保持一定的安全储备，而在各个子账户不需要保持安全储备，当某个子账户所需现金不足时，可立即从主账户划拨过来，从而节省了各个子账户的现金储备。

第三节 应收账款的管理

一、应收账款的功能

应收账款是指企业因赊销产品、材料和提供劳务等业务，应向购货单位及接受劳务单位收取的款项。

应收账款的功能是指应收账款在企业生产经营中所具有的作用。它主要有以下两项功能。

(一) 促进销售

企业销售产品时可以采取两种基本方式，即现销方式与赊销方式。现销方式最大的优点是应计现金流入量与实际现金流入量完全吻合。这样既能避免呆、坏账损失，又能及时地将收回的款项投入再增值过程，因此，这种方式是企业最期望的一种销售结算方式。

然而，在竞争激烈的市场经济条件下，完全依赖现销方式往往是不现实的。由于在赊销方式下，企业在销售产品的同时，向买方提供了可以在一定期限内无偿使用的资金，即商业信用资金，其数额等同于商品的售价，这对于购买方来说具有极大的吸引力。因此，赊销是一种重要的促销手段，对于企业销售产品、开拓并占领市场具有重要的意义。在企业产品销售不畅、市场萎缩和竞争不力的情况下，或者在企业销售新产品和开拓新市场时，为适应市场竞争的需要，适时地采取各种有效的赊销方式，就显得尤为重要。

(二) 减少存货

赊销可以加速产品销售的实现，加快产成品向销售收入的转化速度，从而对降低存货中的产成品数量有着积极的影响。这有利于缩短产成品的库存时间，降低产成品存货的管理费用、仓储费用和保险费用等各方面的支出。因此，当产成品存货较多时，企业可以采用较为优惠的信用条件进行赊销，尽快地实现产成品存货向销售收入的转化，变持有产成品存货为持有应收账款，以节约各项存货支出。

二、应收账款的成本

应收账款的成本是指企业在采取赊销方式促进销售的同时，因持有应收账款而付出的一定代价。它包括机会成本、管理成本和坏账成本。

(一) 机会成本

应收账款的机会成本是指由于企业将资金投放于应收账款而丧失的其他收入。如投资于有价证券就会有利息收入。这一成本的大小通常与企业维持赊销业务所需要的资金数量(即应收账款投资额)、资金成本率有关。其计算公式如下：

$$应收账款机会成本=维持赊销业务所需要的资金\times资金成本率$$

公式中,资金成本率一般可按有价证券利息率计算;维持赊销业务所需要的资金数量可按下列步骤计算。

1. 计算应收账款平均余额　计算公式如下:

$$\frac{应收账款}{平均余额}=\frac{年赊销额}{360}\times\frac{平均收}{账天数}=\frac{平均每日}{赊销额}\times\frac{平均收}{账天数}$$

公式中,平均收账天数一般按客户各自赊销额占总赊销额比重为权数的所有客户收账天数的加权平均数计算。

2. 计算维持赊销业务所需要的资金　计算公式如下:

$$\frac{维持赊销业务}{所需要的资金}=\frac{应收账款}{平均余额}\times\frac{变动成本}{销售收入}=\frac{应收账款}{平均余额}\times\frac{变　动}{成本率}$$

上式假设企业的成本水平保持不变(即单位变动成本不变,固定成本总额不变),因此随着赊销业务的扩大,只有变动成本随之上升。

【例】 华生公司预测年度赊销额为 2 700 000 元,应收账款平均收账天数为 50 天,变动成本率为 60%,资金成本率为 10%,计算应收账款的机会成本如下:

$$应收账款平均余额=\frac{2\,700\,000}{360}\times 50=375\,000(元)$$

$$维持赊销业务所需要的资金=375\,000\times 60\%=225\,000(元)$$

$$应收账款机会成本=225\,000\times 10\%=22\,500(元)$$

计算结果显示,企业投放 225 000 元资金可维持 2 700 000 元赊销业务,相当于垫支资金的 12 倍。这一较高的倍数主要取决于应收账款的收账速度。通常应收账款收账天数越少,一定数量资金所维持的赊销额就越大;反之,应收账款收账天数越多,维持相同赊销额所需要的资金就越大。而应收账款机会成本在很大程度上取决于企业维持赊销业务所需要资金的多少。

(二) 管理成本

应收账款的管理成本是指企业对应收账款进行管理而发生的费用。它主要有调查客户信用情况的费用、收集各种信息的费用和逾期催收账款的费用。企业的应收账款越多,那么投入调查客户信用、收集信息和催收账款的人力、物力和财力也就越多,从而其管理成本也就越大。

(三) 坏账成本

应收账款的坏账成本是指由于债务人破产、解散以及其他各种原因而无法收回应收账款所造成的损失。这一成本一般与应收账款数量同方向变动,即应收账款越多,坏账成本也越多。为了规避发生坏账成本给企业生产经营活动的稳定性带来不利影响,企业应合理提取坏账准备。

三、信用标准的确定

信用标准是指客户获得企业商业信用所应具备的最低条件,通常以预期的坏账损失率来表示。

(一)影响信用标准的基本因素

1. 同行业竞争对手的情况　企业在市场竞争中保持优势地位,或者进一步扩大市场占有率是战胜竞争对手的关键。如果竞争对手实力较强,企业为了获取或保持优势地位,就需要采取比对手低的信用标准;反之,其信用标准可以严格一些。

2. 企业承担风险的能力　如果企业承担风险的能力强,可以依靠较低的信用标准来提高竞争力,扩大市场份额;反之,如果企业承担风险的能力较弱,就必须提高信用标准,降低风险。

3. 客户的资信程度　可以从以下五个方面进行评估。

(1) 品质　它是指客户履约偿还债务的态度。它可以根据客户以前偿还债务的记录进行评价,这是决定是否给予客户商业信用的首要因素。

(2) 偿付能力　它是指客户偿还债务的能力。它可以根据客户的资产负债表分析其短期偿债能力后进行评价。

(3) 资本　它是指客户拥有所有者权益的多少。也就是客户净资产的多少,据以评价客户的财务实力。

(4) 抵押品　它是指客户为获得商业信用,提供可作为资信安全保证的资产。企业在不了解客户品质的情况下,可以凭客户提供的抵押品给予其商业信用。能够作为信用担保的抵押物必须为客户实际所有,并具有较大变现能力的财产。

(5) 经济状况　它是指社会经济环境发生变化,可能对客户经营状况和偿债能力造成的影响。

客户资信程度的信息来源主要有:企业以前与客户交往的经验积累;从信用资信机构咨询及查阅客户的财务报表等。

(二)对信用标准进行分析

对信用标准进行分析主要通过以下三个步骤来完成。

1. 设定信用等级的评价标准　企业应根据对客户信用资料的调查分析,确定评价信用优劣的数量标准,以一组具有代表性的、能够说明付款能力和财务状况的若干比率作为信用风险指标,根据数年内最坏年景的情况,分别找出信用好和信用差的两种客户的上述比率的平均值,依次作为比较其他客户的信用标准。

【例】 长兴公司根据上述方法确定该公司信用标准表如图表7-8所示。

图表 7-8

信用标准表

指　　标	信用标准	
	信用好	信用差
流动比率(%)	240	150
速动比率(%)	120	80
现金比率(%)	38	21
产权比率(%)	120	240
已获利息倍数	3.5	1.8
有形净值负债率(%)	160	280
应收账款平均收账天数(天)	25	48
存货周转率(次)	7.5	4.5
总资产报酬率(%)	32	18
赊购付款履约情况	及时	拖欠

2. 计算各客户的拒付风险系数　企业可利用现有客户或潜在客户的财务数据，计算各自的指标值，并将其与上述标准比较。比较的方法是：若某客户的某项指标值等于或低于差的信用标准，则该客户的拒付风险系数（即坏账损失率）增加 10 个百分点；若客户的某项指标值介于好与差的信用标准之间，则该客户的拒付风险系数增加 5 个百分点；当客户的某项指标值等于或高于好的信用标准时，则视该客户的这一指标无拒付风险；最后，将客户的各项指标的拒付风险系数相加，作为该客户发生拒付风险的总比率。

【例】 长兴公司 P 客户的各项指标值及累计拒付风险系数如图表 7-9 所示。

图表 7-9

客户信用状况评价表

指　　标	指标值	拒付风险系数(%)
流动比率(%)	250	0
速动比率(%)	125	0
现金比率(%)	42	0、
产权比率(%)	180	5
已获利息倍数	3.6	0
有形净值负债率(%)	160	0
应收账款平均收账天数(天)	24	0
存货周转率(次)	7	5
总资产报酬率(%)	32	0
赊购付款履约情况	及时	0
累计拒付风险系数	—	10

图表7-9显示,P客户产权比率和存货周转率两项指标介于信用好与信用差标准值之间,各发生拒付风险系数5%。其余8项指标均等于或高于好的信用标准值,累计拒付风险系数为10%。

3. 确定各客户的信用等级　根据上述风险系数的分析数据,按照客户累计风险系数由小到大进行排序。然后,结合企业承受违约风险的能力及市场竞争的需要,具体划分客户的信用等级,如累计拒付风险系数在5%以内的为A级客户,在5%与10%之间的为B级客户,等等。对于不同信用等级的客户,分别采取不同的信用对策,包括拒绝或接受客户信用订单,以及给予不同的信用优惠条件或附加某些限制条款等。

四、信用条件的决策

信用标准是企业评价客户等级,决定给予或拒绝客户信用的依据。一旦企业决定给予客户信用优惠时,就需要考虑具体的信用条件。信用条件是指企业接受客户信用订单时所提出的付款要求。它包括信用期限、现金折扣率及折扣期限等。信用条件的基本表现方式如"2/10、n/30",意思是,若客户能够在发票开出后的10日内付款,可以享受2%的现金折扣;如果放弃折扣优惠,则全部款项必须在30日内付清。在此,30天为信用期限,10天为折扣期限,2%为现金折扣率。

(一) 信用期限

信用期限是指企业允许客户从购货到支付货款的时间间隔。企业产品销售量与信用期限之间存在着一定的依存关系。通常,延长信用期限,可以在一定程度上扩大销售量,从而增加毛利。但不适当地延长信用期限,会给企业带来不良后果:一是使平均收账期延长,占用在应收账款上的资金相应增加,引起机会成本增加;二是引起坏账损失和收账费用的增加。因此,企业是否给客户延长信用期限,应视延长信用期限增加的边际收入是否大于增加的边际成本而定。

(二) 现金折扣和折扣期限

延长信用期限会增加应收账款占用的时间和金额。许多企业为了加速资金周转,及时收回货款,减少坏账损失,往往在延长信用期限的同时,给予现金折扣的优惠措施。现金折扣是指客户在规定的时间内提前偿付货款可按销售收入的一定比率享受折扣优惠。如上文所述,"2/10,n/30"表示赊销期限为30天,若客户在10天内付款,则可以享受2%的折扣。现金折扣实际上是对现金收入的扣减,企业决定是否提供以及提供多大程度的现金折扣,应着重考虑的是提供折扣后所得的收益是否大于现金折扣的成本。

企业究竟应当核定多长的现金折扣期限,以及给予客户多大程度的现金折扣优惠,必须将信用期限及加速收款所得到的收益与付出的现金折扣成本结合起来考察。与延长信用期限一样,采取现金折扣方式在有利于刺激销售的同时,也需要付出一定的成本代价,即给予现金折扣造成的损失。如果加速收款带来的机会收益能够绰绰有余地补偿现金折扣成本,企业就可以采取现金折扣或进一步改变当前的折扣方针,如果加速收款的机会收益不能补偿现金折扣成本，那么现金优惠条件是不恰当的。

（三）信用条件备选方案的评价

虽然企业在信用管理政策中，已对可接受的风险水平作了规定，当企业的生产经营环境发生变化时，就需要对信用政策中的某些规定进行修改和调整，并对改变条件的各种备选方案进行评价。

【例】 开达公司预测 2019 年赊销额为 2 700 万元，其信用条件是“n/30”，变动成本率为 60%，资金成本率为 10%。假设公司的收账政策不变，固定成本总额不变。该公司准备了三个信用条件的备选方案：A 方案维持“n/30”的信用条件；B 方案将信用条件放宽到“n/45”；C 方案将信用条件放宽到“n/60”。为各种备选方案估计的年赊销额、坏账百分比和收账费用等有关资料如图表 7－10 所示。

图表 7－10

信用条件备选方案表

金额单位：万元

项目 \ 信用条件 \ 方案	A 方案	B 方案	C 方案
	n/30	n/45	n/60
年赊销额	2 700	3 000	3 150
应收账款平均收账天数(天)	30	45	60
应收账款平均余额	2 700÷360×30＝225	3 000÷360×45＝375	3 150÷360×60＝525
维持赊销业务所需资金	225×60%＝135	375×60%＝225	525×60%＝315
坏账损失/年赊销额	1%	1.5%	3%
坏账损失	2 700×1%＝27	3 000×1.5%＝45	3 150×3%＝94.5
收账费用	15	25	40

根据上列资料编制“信用条件分析评价表”如图表 7－11 所示。

图表 7－11

信用条件分析评价表

金额单位：万元

项目 \ 信用条件 \ 方案	A 方案	B 方案	C 方案
	n/30	n/45	n/60
年赊销额	2 700	3 000	3 150
变动成本	1 620	1 800	1 890
信用成本前收益	1 080	1 200	1 260

（续表）

项目 \ 信用条件 \ 方案	A方案	B方案	C方案
	n/30	n/45	n/60
减：信用成本	55.5	92.5	166
其中：应收账款机会成本	135×10%=13.5	225×10%=22.5	315×10%=31.5
坏账损失	27	45	94.5
收账费用	15	25	40
信用成本后收益	1 024.5	1 107.5	1 094

通过对A,B,C三个方案的分析评价后，显示B方案(n/45)的获利最大，它比A方案(n/30)多收益83万元，比C方案(n/60)多收益13.5万元，因此应选择B方案。

企业在给予客户信用条件的同时，为了尽快收回货款，减少坏账损失，可以给予其现金折扣，以获取更大的收益。

【例】 以前例B方案为基础，该公司决定在B方案的基础上准备D方案，将赊销条件改为"2/10、1/20、n/45"，估计约有50%的客户（按赊销额计算）会利用2%的折扣；20%的客户会利用1%的折扣。坏账损失率降为0.75%，收账费用降至10万元。根据所列资料计算有关指标如下：

应收账款平均收账天数＝10×50%＋20×20%＋45×(1－50%－20%)＝22.5(天)

应收账款平均余额＝3 000÷360×22.5＝187.50(万元)

维持赊销业务所需要的资金＝187.50×60%＝112.50(万元)

应收账款机会成本＝112.50×10%＝11.25(万元)

坏账损失＝3 000×0.75%＝22.5(万元)

现金折扣＝3 000×(2%×50%＋1%×20%)＝36(万元)

根据所列资料，编制B,D两个方案的信用条件分析评价表如图表7－12所示。

对B,D两个方案的分析评价显示，D方案的获利大，它比B方案多获利12.75万元。

五、收账政策的确定

收账政策是指企业针对客户违反信用条件，拖欠甚至拒付账款所采取的收账策略与措施。它是加强应收账款管理，提高应收账款投资效益的重要前提。从理论上来说，履约付款是客户不容置疑的责任和义务，债权人有权通过法律途径要求客户履约付款。实际上，客户拖欠或拒付账款的原因各种各样，许多品质良好的客户也可能因为某种原因而无法按期付款。如果企业直接向法院起诉，不仅要花费大量的诉讼费，而且除非法院裁决客户破产，否则效果往往也很不理想。因此，企业如果能够与客户商量折中的方案，也许能够收回大部分账款。

图表 7-12

信用条件分析评价表

金额单位：万元

项目 \ 信用条件 \ 方案	B方案 n/45	D方案 2/10、1/20、n/45
年赊销额	3 000	3 000
减：现金折扣		36
年赊销净额	3 000	2 964
减：变动成本	1 800	1 800
信用成本前收益	1 200	1 164
减：信用成本	92.5	43.75
其中：应收账款机会成本	22.5	11.25
坏账损失	45	22.5
收账费用	25	10
信用成本后收益	1 107.5	1 120.25

企业发生账款被客户拖欠或拒付时，首先应分析现有的信用标准及信用审批制度是否存在纰漏；然后重新对违约客户的资信等级进行调查和评价。将信用品质差的客户从信用名单中删除，对其所拖欠的款项可先通过信函、电讯或者派员前往等方式进行催讨，态度可以逐渐强硬，并提出警告，直至通过法院裁决。对于信用记录一向正常的客户，在去电、去函的基础上，可以派人与客户直接进行协商，达成谅解妥协。当然，如果双方无法取得谅解，也只能付诸法律裁决。

企业对拖欠的应收账款，无论采取何种方式进行催收，都会发生收账费用，如收款所花的邮电通讯费、派人收款的差旅费和不得已的法律诉讼费等。通常，企业为了扩大销售，增强竞争能力，往往对客户的逾期未付款规定一个允许的拖欠期限，超过规定的期限，企业就应采取各种形式进行催收。如果企业制定的收账政策过宽，会导致逾期未付款项的客户拖延时间更长，对企业不利；收账政策过严，催收过急，又可能伤害无意拖欠的客户，影响企业未来的销售和利润。因此，企业在制定收账政策时，要权衡利弊，掌握好宽严界限。

通常，企业加强收账管理，及早收回账款，可以减少坏账损失，减少应收账款上的资金占用，但会增加收账费用。因此，企业在制定收账政策时，要在增加收账费用与减少坏账损失和减少应收账款机会成本之间进行权衡。

【例】 新昌公司 2019 年决定在 2018 年收账政策的基础上，加强收账的力度，新制定 A，B 两个方案。A，B 两方案和原方案资料如图表 7－13 所示。

图表 7－13

原收账政策及新收账政策方案资料

项　　目	原收账政策	新收账政策（A 方案）	新收账政策（B 方案）
收账费用（万元）	60	100	135
应收账款平均收账天数（天）	48	36	27
坏账损失占赊销额的百分比（%）	1.8	1	0.8
变动成本率（%）	60	60	60

该公司的资金利润率为 10%，预计 2019 年的赊销额为 6 000 万元。根据上列资料，计算采用原收账政策和采用 A，B 两项新收账政策的各项指标，编制收账政策分析评价表如图表 7－14 所示。

图表 7－14

收账政策分析评价表

金额单位：万元

项　　目	原收账政策	新收账政策（A 方案）	新收账政策（B 方案）
赊销额	6 000	6 000	6 000
应收账款平均收账天数（天）	48	36	27
应收账款平均余额	$6\,000\times\frac{48}{360}=800$	$6\,000\times\frac{36}{360}=600$	$6\,000\times\frac{27}{360}=450$
应收账款占用资金	800×60%＝480	600×60%＝360	450×60%＝270
应收账款机会成本	480×10%＝48	360×10%＝36	270×10%＝27
坏账损失	6 000×1.8%＝108	6 000×1%＝60	6 000×0.8%＝48
收账费用	60	100	135
收账总成本	216	196	210

分析评价表显示，A 方案的收账政策最佳，它虽然比原收账政策增加了 40 万元收账费用，却降低了应收账款机会成本 12 万元，减少了坏账损失 48 万元，增减相抵后，使收账总成本比原收账政策节约了 20 万元；A 方案的收账政策比 B 方案的收账政策收账总成本也少 14 万元。

影响企业信用标准、信用条件及收账政策的因素很多，如销售额、销售期限、收账期限、现金折扣、坏账损失、过剩生产能力、信用部门成本、机会成本和存货投资等的变化，这就使得信用政策的制定更为复杂，通常理想的信用政策就是企业采取或松或紧的信用政策时所带来的收益最大的政策。

六、应收账款账龄分析

企业已发生的应收账款时间长短不一，有的尚未超过信用期，有的则已逾期拖欠。一般来讲，逾期拖欠时间越长，账款催收的难度越大，成为坏账的可能性也就越高。因此，进行账龄分析，密切注意应收账款的回收情况，是提高应收账款收现效率的重要环节。

应收账款账龄分析就是考察研究应收账款的账龄结构。应收账款的账龄结构是指各账龄应收账款的余额占应收账款总计余额的比重。它可以通过应收账款账龄分析表反映，其格式如图表 7－15 所示。

图表 7－15

应收账款账龄分析表

2019 年 3 月 31 日　　　　单位：万元

客　户	金 额	账龄				
		信用期内	过期 1～30 天	过期 31～90 天	过期 91～180 天	过期 180 天以上
沪光公司	125	91	34			
浦江公司	120	75	29	16		
金钟公司	100	100				
华安公司	80	42	18	20		
杨浦商厦	65	22	9	14	20	
光明商厦	10					10
合　计	500	330	90	50	20	10
百分比(％)	100	66	18	10	4	2

从图表 7－15 应收账款账龄分析表中可以看到，有信用期内的应收账款有 330 万元，占应收账款总额的 66％，超过信用期拖欠的应收账款有 170 万元，占应收账款总额的

34%。通常,账款的逾期时间越短,收回的可能性越大,发生坏账损失的程度越小;反之,收账的难度及发生坏账的可能性也就越大。因此,对不同拖欠时间的账款及不同品质的客户,企业应采取不同的收账方法,制定出经济可行的、不同的收账政策、收账方案;对可能发生的坏账损失,需要提前作出准备,充分估计这一因素对企业利润的影响。

七、应收账款收现保证率分析

由于企业当期现金支付需要量与当期应收账款收现额之间存在着非对称性矛盾,并呈现出预付性与滞后性的差异特征,如企业必须用现金支付与赊销收入有关的增值税和所得税,弥补应收账款资金占用等,这就决定了企业必须对应收账款收现水平制定一个必要的控制标准,即应收账款收现保证率。

应收账款收现保证率是指为了适应企业现金收支匹配关系的需要,企业所确定的有效收现的账款应占全部应收账款的百分比,是两者应当保持的最低比例。其计算公式如下:

$$\text{应收账款收现保证率}=\frac{\text{当期必要现金支付总额}-\text{当期其他稳定可靠的现金流入总额}}{\text{当期应收账款总计金额}}\times 100\%$$

其他稳定可靠现金流入总额是指从应收账款收现以外的途径可以取得的各种稳定可靠的现金流入数额,包括短期有价证券变现净额和可随时取得的银行贷款额等。

应收账款收现保证率指标反映了企业既定会计期间内预期现金支付数额扣除各种可靠、稳定性来源后的差额,必须通过应收款项有效收现予以弥补的最低保证程度,其意义在于:应收款项未来是否可能发生坏账损失对企业并非最为重要,更为关键的是实际收现的账款能否满足同期必要的现金支付要求,特别是满足具有刚性约束的纳税债务及偿付不得展期或调换的到期债务的需要。

【例】 五洲公司预期必须以现金支付的款项有:职工工资45万元,应交税费32万元,应付账款56万元,其他现金支出5万元。预计本期其他稳定可靠的现金流入为86万元,"应收账款"账户余额为180万元,计算其应收账款收现保证率如下:

$$\text{当期必要现金支付总额}=45+32+56+5=138(\text{万元})$$

$$\text{应收账款收现保证率}=\frac{138-86}{180}\times 100\%=28.89\%$$

计算结果显示,该公司当期必须收回应收账款的28.89%,才能最低限度保证当期必要的现金支出,否则企业就可能出现现金支付危机。因此,企业应定期计算应收账款的实际收现率,看其是否达到了既定的控制标准,如果发现实际收现率低于应收账款收现保证率,应查明原因,采取相应措施,确保企业有足够的现金满足同期必要的现金支付需要。

第四节 存货的管理

一、存货的功能

存货是指企业在正常生产经营过程中持有以备出售的产成品或商品、处在生产过程中的在产品和在生产过程或提供劳务过程中耗用的材料、物料等。它是流动资产中获利能力最强的资产，然而却是流动性最弱的资产。

存货的功能是指存货在企业生产经营过程中所具有的作用，它主要表现在以下四个方面。

（一）防止停工待料

适量的原材料存货和在产品、半成品存货是企业生产正常进行的前提和保障。从企业外部来看，供货方的生产和销售往往会因某些原因而暂停或推迟，从而影响企业材料的及时采购、入库和投产。从企业的内部来看，有适量的半成品储备，能使各生产环节的生产调度更加合理，各生产工序步调更为协调，联系更为紧密，不至于因等待半成品而影响生产。因此，适量的存货能有效防止停工待料事件的发生，维持生产的连续性。

（二）适应市场变化

存货储备能增强企业在生产和销售方面的机动性以及适应市场变化的能力。企业有了足够的库存产成品，就能有效地供应市场，满足客户的需要。相反，若某种畅销产品库存不足，将会坐失目前的或未来的销售良机，并有可能因此而失去客户。在通货膨胀时，适当地储存原材料存货，能使企业获得因市场物价上涨而带来的收益。

（三）降低进货成本

很多企业为扩大销售规模，对购货方提供较优厚的商业折扣待遇。商业折扣是指购货达到一定数量时，供货方在价格上给予相应的折扣优惠。企业采取批量集中进货，可获得较多的商业折扣。此外，通过增加每次购货数量，减少购货次数，可以降低采购费用支出。即便在推崇以零存货为管理目标的今天，仍有不少企业采取大批量购货方式，原因就在于这种方式有助于降低购货成本，只要购货成本的降低额大于因存货增加而导致的储存等各项费用的增加额，便是可行的。

（四）维持均衡生产

对于那些所生产的产品属于季节性产品，生产所需材料的供应具有季节性的企业，为实行均衡生产，降低生产成本，就必须适当储备一定的半成品存货或保持一定的原材料存货。否则，这些企业若按照季节变动组织生产活动，难免会产生忙时超负荷运转，闲时生产能力得不到充分利用的情形，这也会导致生产成本的提高，其他企业在生产过程中，同样会因为各种原因导致生产水平的高低变化。拥有合理的存货可以缓冲这种变化对企业生产活动及盈利能力的影响。

二、存货的成本

为充分发挥存货的固有功能，企业必须储备一定的存货，但也会由此而发生各项支出，这就是存货成本。存货成本包括以下三项内容。

（一）进货成本

进货成本是指存货的取得成本，它由存货的进价成本和进货费用两个部分构成。其中，进价成本又称购置成本，是指存货本身的价值，它等于采购单价与采购数量的乘积。在一定时期进货总量既定的条件下，无论企业采购次数如何变动，存货的进价成本通常是保持相对稳定的（假设物价不变且无采购数量折扣），因而属于决策无关成本。进货费用又称订货成本，是指企业为组织进货而开支的费用，如与材料采购有关的办公费、差旅费、邮资、电话电报费、运输费、检验费和入库搬运费等支出。进货费用有一部分与订货次数有关，如差旅费、邮资、电话和电报费等费用与进货次数成正比例变动，这类变动性进货费用属于决策的相关成本；另一部分与订货次数无关，如专设采购机构的基本开支等，这类固定性进货费用则属于决策的无关成本。

（二）储存成本

储存成本是指企业为持有存货而发生的费用。它主要包括：存货资金占用费（以贷款购买存货的利息成本）或机会成本（以现金购买存货而同时损失的证券投资收益等）、仓储费用、保险费用和存货残损变霉损失等。与进货费用一样，储存成本可以按照与储存数额的关系分为变动性储存成本和固定性储存成本两类。其中，固定性储存成本与存货储存数额的多少没有直接的联系，如仓库折旧费和仓库职工的固定月工资等，这类成本属于决策的无关系成本；而变动性储存成本则随着存货储存数额的增减成正比例变动关系，如存货资金的应计利息、存货残损和变质损失以及存货的保险费用等，这类成本属于决策的相关成本。

（三）缺货成本

缺货成本是指因存货不足而给企业造成的损失。它包括由于材料供应中断造成的停工损失、成品供应中断导致延误发货的信誉损失及丧失销售机会的损失等。如果生产企业能够以替代材料解决库存材料供应中断之急的话，缺货成本便表现为替代材料紧急采购的额外开支。

缺货成本能否作为决策的相关成本，应视企业是否允许出现存货短缺的不同情形而定。若允许缺货，则缺货成本便与存货数量反向相关，即属于决策相关成本；反之，若企业不允许发生缺货情形，此时缺货成本为零，也就无须加以考虑。

三、存货的控制方法

存货管理的目的就是控制存货水平，使存货能为企业带来最大的效益。通常企业的存货越充足，对生产经营活动的顺利进行就越有保证。然而，存货越充足，其持有的成本也越高。因此，企业在确定存货持有量时，必须在效益与成本之间进行权衡，并对存货持有量进行有效的控制，控制的方法主要有经济批量法。

经济批量法是指能够使一定时期存货的总成本达到最低点的存货进货量的方法。

（一）经济进货批量模型

经济进货批量是指能够使一定时期存货的总成本达到最低点的进货数量。决定存货经济进货批量的成本因素主要包括变动性进货费用，简称进货费用；变动性储存成本，简称储存成本；允许缺货时的缺货成本。不同的成本项目与进货批量呈现着不同的变动关系。减少进货批量，增加进货次数，在影响储存成本降低的同时，也会导致进货费用与缺货成本的提高；相反，增加进货批量，减少进货次数，尽管有利于降低进货费用与缺货成本，但同时会影响储存成本的提高。因此，如何协调各项成本之间的关系，使其总和保持最低水平，是企业组织进货过程需解决的主要问题。

经济进货批量模型是以如下假设为前提的：一是企业一定时期的进货总量可以较为准确地予以预测；二是存货的耗用或者销售比较均衡；三是存货的价格稳定，且不存在商业折扣，进货日期完全由企业自行决定，并且每当存货量降为零时，下一批存货均能马上一次到位；四是仓储条件及所需现金不受限制；五是不允许出现缺货情形；六是所需存货市场供应充足，不会因买不到所需存货而影响其他方面。

由于企业不允许缺货，即每当存货数量降至零时，下一批订货便会随即全部购入，故不存在缺货成本。因此与存货订购批量、批次直接相关的就只有进货费用和储存成本两项。经济进货批量模型的计算公式如下：

存货总成本＝进货费用＋储存成本

$$TC=\frac{A}{Q}\cdot B+\frac{Q}{2}\cdot C$$

公式中 TC 表示存货总成本；

Q 表示经济进货批量；

A 表示年进货总量；

B 表示每次进货费用；

C 表示单位存货年储存成本。

需要说明的是，公式中已经剔除了与存货控制决策无关的各种固定成本。上列公式经推导后，可得经济进货批量的计算公式如下：

$$Q=\sqrt{\frac{2AB}{C}}$$

这一计算公式还可以演变为其他的计算公式如下：

$$TC=\sqrt{2ABC}$$

$$W=P\cdot\sqrt{\frac{AB}{2C}}$$

公式中　W 表示经济进货批量平均占用资金；
　　　　P 表示进货单价。

$$N=\sqrt{\frac{AC}{2B}}$$

公式中　N 表示年度最佳进货批次。

【例】 新华日化厂 A 材料全年进货总量为 72 000 千克，进货单价为 2 元，每次进货费用为 200 元，每千克 A 材料的年储存成本为 0.80 元，分别计算 A 材料的经济进货批量、存货总成本、经济进货批量平均占用资金和年度最佳进货批次如下：

$$Q=\sqrt{\frac{2\times 72\,000\times 200}{0.80}}=6\,000(\text{千克})$$

$$TC=\sqrt{2\times 72\,000\times 200\times 0.80}=4\,800(\text{元})$$

$$W=2\times\sqrt{\frac{72\,000\times 200}{2\times 0.80}}=6\,000(\text{元})$$

$$N=\sqrt{\frac{72\,000\times 0.80}{2\times 200}}=12(\text{次})$$

计算结果显示，A 材料的经济进货批量为 6 000 千克，存货总成本为 4 800 元，经济进货批量平均占用资金为 6 000 元，年度最佳进货批次为 12 次。

（二）经济进货批量模型的扩展

存货的经济进货批量模型是在前述各假述条件下建立的，但在实际工作中，能够满足这些假设条件的情况是极少的。为了使模型更接近于实际情况，具有较高的实用性，需逐一放宽假设，同时改进模型。

1. 享受商业折扣的经济进货批量模式　当供货方根据购货进货批量大小给予一定比例的商业折扣，在计算经济进货批量时，既要考虑存货的进货费用和储存成本，又要考虑存货的进价成本，因为这时的存货进价成本已经与进货数量的大小有了直接的联系，成为存货控制决策的相关成本。届时存货总成本的计算公式如下：

存货总成本＝进价成本＋进货费用＋储存成本

实行商业折扣的经济进货批量模型具体确定步骤是：首先，按照经济进货批量模型确定经济进货批量；其次，计算按经济进货批量进货时的存货总成本；再次，计算按给予商业折扣的进货批量进货时的存货总成本；最后，比较不同进货批量的存货总成本，与最低存货总成本相对应的进货批量，就是实行商业折扣的最佳经济进货批量。

【例】 上例中，若供货方规定 A 材料的进货批量达到 7 200 千克时，可享受 1%的商业折扣；进货批量达到 9 000 千克时，可享受 1.2%的商业折扣，确定在有商业折扣情况下的经济进货批量如下：

在不享受商业折扣，A 材料的经济进货批量为 6 000 千克时：

$$进价成本 = 72\,000 \times 2 = 144\,000(元)$$

$$年进货费用及储存成本 = \frac{72\,000}{6\,000} \times 200 + \frac{6\,000}{2} \times 0.8 = 4\,800(元)$$

$$存货总成本 = 144\,000 + 4\,800 = 148\,800(元)$$

若进货批量提高到 7 200 千克，享受 1%商业折扣时：

$$进价成本 = 72\,000 \times 2 \times (1 - 1\%) = 142\,560(元)$$

$$年进货费用及储存成本 = \frac{72\,000}{7\,200} \times 200 + \frac{7\,200}{2} \times 0.8 = 4\,880(元)$$

$$存货总成本 = 142\,560 + 4\,880 = 147\,440(元)$$

若进货批量提高到 9 000 千克，享受 1.2%商业折扣时：

$$进价成本 = 72\,000 \times 2 \times (1 - 1.2\%) = 142\,272(元)$$

$$年进货费用及储存成本 = \frac{72\,000}{9\,000} \times 200 + \frac{9\,000}{2} \times 0.8 = 5\,200(元)$$

$$存货总成本 = 142\,272 + 5\,200 = 147\,472(元)$$

计算结果表明，A 材料的经济进货批量为 7 200 千克，届时总成本最低，为 147 440 元。

2. 保险储备量的确定　保险储备量是指企业为了防止到货延误及耗用或销售量增加等不确定因素而引起增加的储备量。因为在实际生产经营活动中，供货方的交货日期不可能固定不变，每日的耗用或销售量也时常上下波动，所以，企业需要有保险储备量，以防这些不确定因素造成停工待料或商品脱销，从而影响企业的生产经营活动。

保险储备量的确定要适当，倘若保险储备量过大，虽然将会减少缺货成本，却会增加储存成本。因此，存货短缺所发生的成本与保险储备量的储存成本之和的最低点即为最佳保险储备量。

【例】 前例中，A 材料的经济采购批量为 7 200 千克，年进货 10 个批次，其在一定时期内订货至到货间隔天数的不确定概率和耗用量的不确定概率分别如图表 7－16、图表 7－17 所示。

图表 7 - 16

订货至到货间隔天数不确定概率表

订货至到货间隔天数(天)	4	5	6	7	8
概　　率	0.03	0.08	0.75	0.10	0.04

图表 7 - 17

A 材料耗用量不确定概率表

耗用量(千克)	6 600	6 900	7 200	7 500	7 800
概　　率	0.05	0.10	0.70	0.11	0.04

根据图表 7 - 16，计算防止到货延误的保险储备量如下：

$$\text{防止到货延误保险储备量} = [(7-6)\times 0.10+(8-6)\times 0.04]\times 200 = 36(\text{千克})$$

从图表 7 - 17 中可以看出，以 7 200 千克作为每批次的进货量将没有保险储备量，以 7 500 千克作为每批次的进货量，将有 300 千克保险储备量；以 7 800 千克作为每批次的进货量，将有 600 千克保险储备量。若每千克的缺货成本为 1.20 元，根据这三种情况计算防止耗用量上升的保险储备量如下：

进货批量为 7 200 千克时，没有保险储备量，因此无储存成本，计算其缺货成本如下：

$$\text{缺货成本} = [(7\,500-7\,200)\times 10\times 0.11+(7\,800-7\,200)\times 10\times 0.04]\times 1.2 = 684(\text{元})$$

进货批量为 7 500 千克时，有 300 千克保险储备量，计算其储存成本和缺货成本如下：

$$\text{储存成本} = 300\times 0.8 = 240(\text{元})$$

$$\text{缺货成本} = (7\,800-7\,500)\times 10\times 0.04\times 1.2 = 144(\text{元})$$

进货批量为 7 800 千克时，有 600 千克保险储备量，无短缺成本，计算其储存成本如下：

$$\text{储存成本} = 600\times 0.8 = 480(\text{元})$$

计算结果表明，防止耗用量上升保险储备量为 300 千克时缺货成本与储存成本总额最低。防止到货延误保险储备量与防止耗用量上升保险储备量之和构成了最佳保险储备量。

$$\text{最佳保险储备量} = 36+300 = 336(\text{千克})$$

3. 再订货点的确定　　再订货点是指企业为了保持存货的正常周转，在再次订货时必须持有的储备量。企业存货的购进、储存、耗用或销售是一个连续不断的周转过程,企业不可能等到存货全部耗用或销售完毕后再去订货,务必保持一定的储备量,以满足进货期间产品生产或销售的需要。再订货点的确定要适当,倘若过大,存货平均储备量就会增加,将会造成年储存成本上升;倘若过小,将会造成停工待料或商品脱销,损失就会更大。在确定再订货点时,除了要考虑订货日至到货日的间隔天数外,还要考虑保险储备量,其计算公式如下:

再订货点=平均每天耗用量或销售量×订货至到货间隔天数+保险储备量

【例】 上例中,若A材料平均每天耗用量为200千克,订货至到货期的间隔天数为6天,保险储备量为336千克,计算其再订货点如下:

再订货点 = 200 × 6 + 336 = 1 536(千克)

计算结果表明,当A材料结存量为1 536千克时,应按7 200千克的经济进货批量立即发出订货单,至第6天后A材料正好降至336千克保险储备量时,就能收到新购入的A材料。

四、存货保本、保利期的控制

(一) 存货保本和保利期的含义

存货保本期是指产品或商品从验收入库起,直至产品或商品销售止,不至于发生经营亏损的最长储存期限。因为无论是工业企业制造的产品,还是商业企业外购的商品,一旦验收入库后,将会发生机会成本(即资金占用费)、仓储管理费用和仓储损耗,这些费用将会因存货储存期的长短呈正比例的增减变动。因此,保本期的"本",并非指存货的销售成本,而是指在储存期间所发生的机会成本、仓储管理费和仓储损耗。

存货保利期是指产品或商品从验收入库起至产品或商品销售止能够实现目标利润的最长储存期限。目标利润是指企业用于衡量实际利润是否达到预期目标的标准。

(二) 存货保本和保利期的测算

存货保本和保利期的控制是根据"本·量·利"分析的基本原理,按照期间费用、时间和利润三个变量之间的依存关系,对期间费用和利润进行控制。期间费用是指企业在一定时期内从事企业范围内的生产经营业务活动时所发生的费用和销售产品或商品所发生的费用。它由销售费用、管理费用和财务费用组成。

在测算存货保本和保利期时,必须将期间费用按照与储存时间的关系分为变动费用和固定费用。变动费用是指随着产品或商品储存时间的长短变化而相应发生增减变动的费用。其具体表现为由产品或商品在储存期间发生的机会成本、仓储管理费和仓储损耗构成。在实际工作中,并非每种产品或商品均会发生损耗,因此仓储损耗通常不计算在内,对于损耗数额较大的产品或商品,仓储损耗也可以列入算式。产品或商品的机会成本可以根据产品或商品储存期间所占用的资金和有价证券的利率或报酬收益率确定。

由于产品或商品保本和保利期是按日计算的，因而变动费用也以日计算，称为日变动费用。固定费用是指不受产品或商品储存时间长短影响而固定不变的费用。其具体表现为除了变动费用以外的其他各项期间费用。存货保本和保利期的计算公式如下：

$$存货保本期=\frac{销售毛利-固定费用-税金及附加}{日变动费用}$$

$$存货保利期=\frac{销售毛利-固定费用-税金及附加-目标利润}{日变动费用}$$

销售毛利＝产品或商品销售收入－产品或商品销售成本

固定费用＝期间费用－变动费用

$$日变动费用=\frac{机会成本+仓储管理费}{360}$$

【例】 人民商厦股份有限公司经营的自行车年销售收入为500 000元，销售成本为440 000元，应承担的期间费用为63 780元。其中：机会成本为6 760元，仓储管理费为7 640元，税金及附加为1 020元。

（1）计算自行车保本期　　计算如下：

$$销售毛利=500\,000-440\,000=60\,000(元)$$

$$固定费用=63\,780-7\,640-6\,760=49\,380(元)$$

$$日变动费用=\frac{7\,640+6\,760}{360}=40(元)$$

$$自行车保本期=\frac{60\,000-49\,380-1\,020}{40}=240(天)$$

（2）若自行车目标利润为7 700元，计算其保利期　　计算如下：

$$自行车保利期=\frac{60\,000-49\,380-1\,020-8\,800}{40}=20(天)$$

以上采用的是绝对数测算法，计算起来较为复杂。为了便于计算，可以将上列公式中的分子和分母分别除以销售收入，通过换算后，成为相对数测算法，其计算公式如下：

$$存货保本期=\frac{毛利率-固定费用率-税金及附加率}{日变动费用率}$$

$$存货保利期=\frac{毛利率-固定费用率-税金及附加率-目标利润率}{日变动费用率}$$

【例】 人民商厦股份有限公司经营自行车的毛利率为12％，固定费用率为9.876％，税金及附加率为0.204％，日变动费用率为0.008％，目标利润率为1.76％，分别计算自行车的保本期和保利期如下：

$$自行车保本期 = \frac{12\% - 9.876\% - 0.204\%}{0.008\%} = 240(天)$$

$$自行车保利期 = \frac{12\% - 9.876\% - 0.204\% - 1.76\%}{0.008\%} = 20(天)$$

（三）存货保本和保利期的具体控制

存货储存是产品生产或商品流通的中间环节，在工业企业，它联系着产品的生产与销售；在商业企业，它联系着商品的购进与销售。通过对储存环节的控制，可以反馈对产品的生产环节或商品的购进环节的控制，促进产品或商品的销售。因此保本、保利期的控制有利于企业做到以销定产或以销定进，其实质上是对产品生产或商品流通进行全过程的控制。

企业应控制产品或商品的储存时间和储存数量，以保利期作为控制商品储存天数的目标和努力方向，使产品或商品的储存天数不突破保本期，并根据保本和保利期测算保本和保利的库存限量或库存限额，其计算公式如下：

保本（保利）库存限量＝每日平均销售量×保本（保利）天数

保本（保利）库存限额＝每日平均销售额×（1－毛利率）×保本（保利）天数

当按单一品种测算产品或商品保本和保利期时，通常运用保本和保利库存限量指标。

【例】 黄浦电子仪器有限公司预计全年销售定时仪 180 000 只，其保本天数为 200 天，保利天数为 25 天，分别计算其保本和保利库存限量如下：

$$定时仪保本库存限量 = \frac{180\,000}{360} \times 200 = 100\,000(只)$$

$$定时仪保利库存限量 = \frac{180\,000}{360} \times 25 = 12\,500(只)$$

当要控制好某一类产品或商品的保本、保利期时，通常运用保本和保利库存限额指标。

【例】 申南商厦预计全年销售服装类商品 900 000 元，毛利率为 16%，保本天数为 160 天，保利天数为 27 天，分别计算服装类商品保本和保利库存限额如下：

$$\begin{matrix}服装类商品\\保本库存限额\end{matrix} = \frac{900\,000}{360} \times (1 - 16\%) \times 160 = 336\,000(元)$$

$$\begin{matrix}服装类商品\\保利库存限额\end{matrix} = \frac{900\,000}{360} \times (1 - 16\%) \times 27 = 56\,700(元)$$

五、存货的日常管理

企业在存货的日常管理中，要建立和健全存货的收入、发出和保管的各项规章制度，定期清查存货，做到账实相符，并应防止存货发生霉烂变质和损坏短缺等事故。但无论是工业企业还是商业企业，存货的品种和规格复杂繁多，有的品种规格不多，但价格却很昂贵；有的品种规格很多，但价格却很低廉，如果对存货不分主次，显然将会事倍功半。所以，可以采取科学的 ABC 分类管理法。

ABC 分类管理法是指将各种存货按其品种和金额的大小进行分类，分为重点、次重点和一般，有区别地实施管理的方法。

（一）ABC 三类存货的分类方法

1. A 类存货　A 类存货的品种在全部存货中约占 5%～10%，而金额却在全部存货中占 70%～80%。

2. B 类存货　B 类存货的品种在全部存货中约占 10%～20%，而金额也在全部存货中占 10%～20%。

3. C 类存货　C 类存货的品种在全部存货中约占 70%～80%，而金额仅在全部存货中占 5%～10%。

企业应根据期末各种存货结存金额的大小编制存货品种和结存金额分类表。

【例】 华声电器厂将 1 600 种原材料按年末结存金额的大小编制的分类表如图表 7－18所示。

图表 7－18

原材料品种和结存金额分类表

金额单位：元

期末原材料结存金额	原材料品种	占全部原材料品种的比重	原材料结存额	占全部原材料资金的比重
8 万元以上	28	1.75%	5 527 000	32.28%
6 万元以上，8 万元以下	49	3.06%	3 485 000	20.36%
4 万元以上，6 万元以下	67	4.19%	3 316 000	19.37%
2 万元以上，4 万元以下	68	4.25%	1 495 000	8.73%
1 万元以上，3 万元以下	71	4.44%	852 000	4.98%
0.7 万元以上，1 万元以下	101	6.31%	807 000	4.71%
0.4 万元以上，0.7 万元以下	145	9.06%	695 000	4.06%
0.1 万元以上，0.4 万元以下	296	18.50%	536 000	3.13%
0.1 万元以下	775	48.44%	407 000	2.38%
合　计	1 600	100.00%	17 120 000	100.00%

将上列九类原材料按 ABC 分类法编制原材料品种及金额比重表如图表 7－19 所示。

图表 7-19

原材料品种及金额比重表

金额单位：元

类 别	原材料品种	比重	原材料结存额	比重
A	144	9.00%	12 328 000	72.01%
B	240	15.00%	3 154 000	18.42%
C	1 216	76.00%	1 638 000	9.57%
合 计	1 600	100.00%	17 120 000	100.00%

从上表中可以看出，A 类原材料的品种仅占全部原材料的 9%，而结存额却占全部原材料的 72.01%；B 类原材料的品种占全部原材料的 15%，其结存额占全部原材料的 18.42%；C 类原材料的品种占全部原材料的 76%，而结存额仅占全部原材料的 9.57%。因此，企业应根据这三类原材料的特点，采取不同的管理方法。

（二）ABC 三类存货的特点与管理方法

企业应根据各类存货的特点，采用不同的管理方法。

1. A 类存货的特点与管理方法　　A 类存货具有品种很少，而金额却很大的特点。企业应集中主要力量进行周密的规划和严格的管理。首先，要计算确定每种 A 类存货的经济进货批量和最佳保险储备量，在保证生产和销售的前提下，使存货占用的资金压缩到最低水平；其次，对 A 类存货中的各种产品或商品，都要确定保本和保利期，力争将 A 类原材料或商品的储存期控制在保利期内，以充分发挥资金的使用效能；再次，要及时登记 A 类存货收入、发出和结存的数量，当账面结存降低到再订货点时，应及时通知采购部门组织进货。

2. B 类存货的特点与管理方法　　B 类存货具有品种不多，金额也不大的特点。在管理上也要计算确定每种存货经济进货批量、最佳保险储备量和再订货点，并可以按 B 类存货类别确定保本和保利期，定期进行综合分析。

3. C 类存货的特点与管理方法　　C 类存货具有品种繁多，而金额却很小的特点。企业没有必要花费大量的精力去进行周密的规划，可以采用总金额控制法，根据历史资料分析后，按经验适当调整进货批量和进货批次。

思 考 题

一、简答题

1. 什么是营运资金周转？它包括哪三个方面？

2. 试述现金循环周期与营运资金周转的关系。

3. 试述现金管理的目的。

4. 现金收支法编制的现金预算表由哪六个部分组成？其中前两个部分又可细分为几个方面？

5. 净利润调整法编制的现金预算表由哪五个部分组成？它与现金收支法的重要区别是什么？

6. 分述现金收支法与净利润调整法的优缺点。

7. 最佳现金持有量有哪些确定方法？并分别说明其定义。

8. 试述现金的日常管理。

9. 应收账款的成本由哪些内容组成？并分别说明其定义。

10. 企业发生应收账款被客户拖欠或拒付时应采取哪些措施？

11. 什么是经济进货批量？经济进货批量模型有哪些假设为前提？

12. 分述经济进货批量模型与享受商业折扣的经济进货批量模式总成本的内容有何不同？为什么？

13. 对存货的保本和保利期，是怎样具体控制的？

14. 谈谈 ABC 三类存货的特点与管理方法。

二、名词解释题

营运资金　过度资本化　现金预算　现金收支法　现金最低需要额　净利润调整法　非现金费用　机会成本　短缺成本　转换成本　最佳现金持有量　信用标准　信用期限　收账政策　应收账款收现保证率　保险储存量　再订货点　存货保本期　存货保利期　目标利润　变动费用　固定费用　ABC 分类管理法

三、是非题

1. 确定用于预防性需求的现金需要额取决于企业对现金流量预测的准确程度和企业临时举债能力的强弱。（　）

2. 过量交易，是指一个企业主要靠流动负债来支持其存货和应收账款，而出现按放在营运资金的自有资金不足。（　）

3. 销售商品、劳务和服务收到的现金是指预算期为销售商品、劳务和服务收到的现金、前期销售商品、劳务和服务预算期内收到的现金，以及本期预收的现金。（　）

4. 现金预算表中支付给职工以及为职工支付的现金可以根据预算期内预计支付给职工的工资、奖金、各种津贴和补贴确定。（　）

5. 现金融通是指对预算期企业现金多余或不足的情况采取措施，予以调节。（　）

6. 净利润调整法的关键是将按权责发生制基础确定的净利润，调整成为按收付实现制基础确定的经营活动产生的现金净流量。（　）

7. 采用净利润调整法需要考虑非现金费用、债权债务变动额和存货增加额的因素。（　）

8. 企业持有现金的成本通常由机会成本、管理成本、转换成本和短缺成本组成（　）

9. 确定最佳现金持有量，企业可以任意选用成本分析模式、存货模式或随机模式。（　）

10. 应收账款具有促进销售和减少存货的功能。（　）

11. 企业应根据自身的承受能力来确定信息标准。（　）

12. 信用条件是指企业接受客户信用订单时所提出的付现要求。它包括信用期限、现金折扣率和折扣期限。（　）

13. 企业在制定收账政策时，需要在增加收账费用与减少坏账损失之间进行权衡。（ ）

14. 进货费用分为变动性进货费用和固定性进货费用两类，前者属于决策的相关成本；后者属于决策的无关成本。（ ）

15. 变动性储存成本有存货资金的应计利息、仓库的折旧费、存货的保险费等，属于决策的相关成本。（ ）

16. 平均每天耗用量或销售量，订货至到货间隔天数、保险储存量这三项资料是计算再订货点的依据。（ ）

17. 保本、保利期的控制有利于企业做到以销定产或以销定进，其实质上是对产品生产或商品流通进行全过程的控制。（ ）

四、单项选择题

1. 预算期内预计发生的________不能列入现金预算表中“收到其他与经营活动有关的现金”项目中去。

A. 捐赠现金收入　　B. 罚款现金收入
C. 出售固定资产现金收入　　D. 收取包装物押金

2. 企业因现金持有量不足，造成信用危机而给企业带来的损失，属于现金的________。

A. 机会成本　B. 转换成本　C. 管理成本　D. 短缺成本

3. 成本分析模式确定最佳现金持有量不考虑的因素是________。

A. 机会成本　B. 管理成本　C. 转换成本　D. 短缺成本

4. 影响应收账款机会成本的主观因素是________。

A. 结算时间　　B. 应收账款数额
C. 有价证券利率　　D. 坏账损失率

5. 企业采取什么样的收账政策，要在增加收账费用与减少坏账损失和减少应收账款________之间进行权衡。

A. 管理成本　B. 机会成本　C. 短缺成本　D. 坏账成本

6. 企业通常以________来确定信用标准。

A. 客户偿还债务的能力　　B. 经济状况
C. 客户的资信程度　　D. 预期坏账损失率

7. ________在计算过程中要运用进价成本。

A. 经济进货批量模型　　B. 享受商业折扣的经济进货批量模式
C. 保险储存量的确定　　D. 经济投产批量

8. ABC 分类管理法将各种存货按________的大小进行分类。

A. 品种　B. 金额　C. 数量和金额　D. 品种和金额

五、多项选择题

1. 流动资产与固定资产相比，有流动性强、________等特点。

A. 投资回收期短　B. 具有并存性　C. 具有机动性　D. 具有波动性

2. 企业持有现金主要有________。

A. 交易性需求　B. 投资性需求　C. 预防性需求　D. 投机性需求

3. 通过现金预算,可以________。

A. 确定现金需要量
B. 规划企业的现金流量
C. 控制企业的现金流量
D. 提高现金的运用效率

4. 以存货模式确定最佳现金持有量应考虑的因素有________。

A. 机会成本　B. 管理成本　C. 转换成本　D. 短缺成本

5. 现金支出管理中延期支付账款的方法主要有合理利用“浮游量”、________。

A. 推迟付款时间
B. 延缓票据结算时间
C. 使用零余额账户
D. 采用汇款付款

6. 应收账款的成本包括________。

A. 机会成本　B. 管理成本　C. 坏账成本　D. 转换成本

7. 影响信用标准的基本因素有________。

A. 企业承担风险的能力
B. 同业竞争对手的情况
C. 社会经济环境
D. 客户的资信程度

8. 与信用期限相关的表达中,正确的有________。

A. 延长信用期限会扩大销售量
B. 降低信用标准意味着延长信用期限
C. 延长信用期限会增加机会成本
D. 延长信用期限会减少坏账损失成本

9. 计算应收账款收现保证率应考虑的因素有当期应收账款总计金额、________等。

A. 当期必要现金支付总额
B. 短期有价证券变现净额
C. 当期产品销售的现金流入
D. 可随时取得的银行贷款

10. 存货的功能主要表现在维持均衡生产、________。

A. 防止停工付料　B. 适应市场变化　C. 防止市场脱销　D. 降低进货成本

11. 存货成本包括的内容有________。

A. 进货成本　B. 进货费用　C. 储存成本　D. 缺货成本

实 务 题

习 题 一

一、目的　练习现金预算的编制。

二、资料

1. 泰兴股份有限公司有关资料如下所述。

(1) 2018 年 12 月末现金余额为 9.58 万元,2019 年现金最低需要量为 12 万元。

(2) 2018 年 12 月份完成销售产品收入 100 万元,预计 2019 年 1 月、2 月份销售产品收入分别为 110 万元和 90 万元,其中现销为 70%,赊销为 30%。赊销产品的赊销期为 1 个月,赊销产品中有 20%的货款在当月份回笼,享有现金折扣 1%,赊销产品货款中的坏账损失率为 4‰。2018 年 12 月份完成运输业务收入 6 万元,预计 2019 年 1 月、2 月份运输业务收入分别为 8 万元和 7 万元,其中现销为 70%、赊销为 30%,坏账损失率为 4‰。

(3) 购进和销售存货的增值税税率均为13%;运输收入和运输费支出的增值税税率均为9%。

(4) 预计罚款现金收入等与经营活动有关的其他现金收入2019年1月份为4.98万元,2月份为4.48万元。

(5) 2018年12月份完成存货采购额80万元,预计2019年1月份、2月份存货采购额分别为88万元和70万元,其中付现为60%,赊购为40%。赊购存货的赊购期为1个月,赊购存货有25%在当月支付,享有现金折扣1%。2018年12月份采购存货发生运输费2.4万元,预计2019年1月、2月份发生运输费2.75万元和2.5万元,其中付现为70%,赊购为30%。

(6) 预计2019年1月份、2月份支付给职工以及为职工支付的现金分别为10.72万元和10.14万元。

(7) 该公司的城市维护建设税税率为7%,教育费附加率为3%,所得税税率为15%,预测2018年1月份利润总额为14万元。

(8) 预计差旅费、业务招待费、保险费、修理费和捐赠现金支出等与经营活动有关的其他现金支出2019年1月份、2月份分别为11.43万元和10.01万元。

(9) 预计2019年1月份出售固定资产收入现金为3.14万元,发行股票收入现金为10万元,取得债券利息收入现金为0.26万元,购建固定资产支出现金为9万元,购买债券支出现金为6万元。

(10) 预计2019年2月份以现金方式收回股权投资和债权投资额4.80万元,取得股利收入0.55万元,支付现金股利8.60万元,偿还债券到期额9.80万元,支付债券利息0.75万元。

(11) 现金若有多余额时,归还银行借款;现金若发生不足额时,先转让3万元有价证券,若现金仍不足,则通过向银行借款筹集。

2. 其他有关资料如下:

(1) 预计2019年1月份、2月份的净利润分别为11.90万元和10.20万元。

(2) 预计2019年1月份、2月份计提资产减值准备分别为0.13万元和0.14万元;固定资产折旧分别为1.61万元和1.65万元;无形资产摊销分别为0.28万元和0.29万元;长期待摊费用摊销分别为0.20万元和0.21万元。

(3) 预计2019年1月份处置固定资产、无形资产损失为0.12万元,预计2019年1月份、2月份投资收益分别为0.26万元和0.55万元,财务费用分别为0.48万元和0.43万元。

(4) 预计2019年1月份、2月份应收账款、应收票据分别增加2.73万元和3.81万元;应付账款、应付票据分别增加1.24万元和1.16万元;存货分别增加3.61万元和4.14万元。

三、要求

1. 根据“资料1”,用现金收支法编制2019年1月份、2月份现金预算表。

2. 根据“资料2”及“资料1”有关资料,用净利润调整法编制2019年1月份、2月份现金预算表。

习 题 二

一、目的 练习最佳现金持有量的确定。

二、资料

1. 静安公司有A,B,C,D四种现金持有方案,机会成本为12.5%,其他有关成本资料如图表7-20所示。

图表 7－20

现金持有方案

单位：元

方案 项目	A	B	C	D
现金持有量	70 000	90 000	120 000	150 000
短缺成本	13 500	7 000	3 300	0

2. 江南公司预计下月份现金需要总量为 16 万元，有价证券每次变现的交易费用为 0.04 万元，有价证券月报酬率为 0.9%。

3. 黄浦公司日现金净流量标准差为 0.8 万元，有价证券每次变现的交易费用为 0.4 万元，有价证券的年利率为 12%，现金持有量的下限为 4.75 万元。

三、要求

1. 根据"资料 1"，计算最佳现金持有量及其总成本。

2. 根据"资料 2"，计算最佳现金持有量和有价证券的变现次数。

3. 根据"资料 3"，计算最佳现金持有量和现金持有量上限。

习 题 三

一、目的 练习客户拒付风险系数的计算。

二、资料

1. 南平公司确定该公司的信用标准如图表 7－21 所示。

图表 7－21

信用标准表

指标	信用标准	
	信用好	信用差
流动比率(%)	250	150
速动比率(%)	125	75
现金比率(%)	40	22
产权比率(%)	120	250
已获利息倍数	3.6	2
有形净值负债率(%)	175	290
应收账款平均收账天数(天)	27	50
存货周转率(次)	7.2	4.2
总资产报酬率(%)	30	16
赊购付款履约情况	及时	拖欠

2. 该公司甲客户的流动比率为255%，速动比率为128%，现金比率为38%，产权比率为115%，已获利息倍数为3.8，有形净值负债率为180%，应收账款平均收账天数为27天，存货周转率为7.5次，总资产报酬率为30%，赊购能及时履约付款。

三、要求 计算甲客户的拒付风险系数。

习 题 四

一、目的 练习信用条件的分析评价。

二、资料

1. 静安公司预测2019年赊销额为2 880万元，其信用条件是："n/30"，变动成本率为60%，资金成本率为10%，该公司准备了三个信用条件的备选方案的有关资料如图表7-22所示。

2. 静安公司以"资料1"分析评价的方案为基础，准备了D方案，将赊销条件改为"2/10、1/20、n/45"，估计有45%的客户(按赊销额计算)会利用2%的折扣，25%的客户会利用1%的折扣，坏账损失率降为0.6%，收账费用降至16万元。

图表7-22

信用条件备选方案表

金额单位：万元

方案 / 信用条件 / 项目	A方案	B方案	C方案
	n/30	n/45	n/60
年赊销额	2 880	3 240	3 420
应收账款平均收账天数(天)	30	45	60
应收账款平均余额			
维持赊销业务所需资金			
坏账损失/年赊销额(%)	1	1.5	3
坏账损失			
收账费用	18	30	55

三、要求

1. 根据"资料1"，对A,B,C三个备选方案进行分析评价。
2. 在根据"资料1"分析评价的基础上，结合"资料2"对备选方案作进一步的分析评价。

习 题 五

一、目的 练习收账政策的分析评价。

二、资料 黄浦公司2019年决定在2018年原收账政策的基础上加强收账力度，其新制定的两个方案和原方案如图表7-23所示。

图表 7-23

原收账政策及新收账政策方案资料

项　　目	原收账政策	新收账政策（A方案）	新收账政策（B方案）
收账费用(万元)	80	120	180
应收账款平均收账天数(天)	60	45	30
坏账损失占赊销额的百分比(%)	2.1	1.5	1
变动成本率(%)	60	60	60

该公司的资金利润率为12%，2019年的赊销额为7 200万元。

三、要求 根据上列资料进行收账政策的评价。

习 题 六

一、目的 练习经济进货批量模型。

二、资料 春花股份有限公司甲材料全年进货总量为90 000千克，进货单价为5元，每次进货费用为200元，每千克甲材料的储存成本为1元。

三、要求 计算经济进货批量、存货总成本、经济进货批量平均占用资金和年度最佳进货批次。

习 题 七

一、目的 练习享受商业折扣的经济进货批量的计算。

二、资料 春花股份有限公司购进的甲材料，供货方规定购货批量达到7 500千克时，可享受2%的商业折扣；达到9 000千克时，可享受2.2%的商业折扣。

三、要求 根据本习题和习题六的有关资料，计算享受商业折扣条件下的经济进货批量、进货费用及储存成本和存货总成本。

习 题 八

一、目的 练习再订货点的确定。

二、资料 春花股份有限公司的有关资料如下所述。

1. H材料的经济进货批量为480吨，年进货12批次，该材料在一定时期内订货至到货间隔天数不确定概率和耗用量的不确定概率如图表7-24、图表7-25所示。

图表 7-24

订货至到货间隔天数不确定概率表

订货至到货的间隔天数(天)	4	5	6	7
概　　率	0.06	0.80	0.08	0.06

图表 7-25

H 材料耗用量不确定概率表

耗用量(吨)	440	460	480	500	520
概　率	0.07	0.08	0.72	0.08	0.05

2. H 材料每吨的年储存成本为 800 元，而其缺货成本为1 000元。

3. H 材料每天耗用量为 15 吨，订货至到货的间隔天数为 5 天。

三、要求

1. 根据“资料 1”“资料 2”，确定最佳保险储备量。

2. 根据“资料 1”“资料 2”计算的结果和“资料 3”，确定再订货点。

习　题　九

一、目的　练习存货保本和保利期的控制。

二、资料

1. 宏声股份有限公司经营的微波炉年销售量为 2 520 台，销售收入为 1 000 000 元；销售成本为 880 000 元；应承担的期间费用为126 210元，其中：机会成本为 12 220 元，仓储管理费为14 780元；税金及附加为 2 040 元；目标利润为 16 500 元。

2. 风华时装公司经营服装的毛利率为 12.5%，固定费用率为 9.821%，税金及附加率为 0.204%，日变动费用率为 0.009%，目标利润率为 2.16%，该公司预计全年销售服装792 000 元。

三、要求

1. 分别计算微波炉和服装的保本和保利期。

2. 分别计算微波炉和服装的保本和保利库存限量或保本和保利库存限额。

习　题　十

一、目的　练习 ABC 分类的方法。

二、资料　浦南股份有限公司将 1 800 种原材料按年末结存金额的大小分类如图表 7-26 所示。

图表 7 - 26

原材料品种和结存金额分类表

金额单位：万元

期末原材料结存金额	原材料品种	占全部原材料品种的比重	原材料结存额	占全部原材料资金的比重	归入类别
6 万元以上	29		8 321		
4 万元以上，6 万元以下	52		2 866		
2 万元以上，4 万元以下	77		2 683		
1 万元以上，2 万元以下	79		1 186		
0.8 万元以上，1 万元以下	92		828		
0.6 万元以上，0.8 万元以下	113		781		
0.4 万元以上，0.6 万元以下	155		702		
0.2 万元以上，0.4 万元以下	254		635		
0.2 万元以下	949		506		
合　计	1 800		18 508		

三、要求　运用 ABC 分类法编制原材料品种及金额比重表。

第八章 收益分配

第一节 收益分配概述

一、收益分配的含义

收益分配是指企业将净利润在投资者、经营者以及其他有特殊贡献的职工和企业留存之间进行的合理有效的分配。

收益分配管理，从企业外部看，体现了国家引导和监督企业合理确定对经营成果分配的办法和标准，以保证企业之间和职工之间应有的公平，保护分配主体的合法权益，保障国家财经法规的有效执行和经济秩序的正常运转。从企业内部看，则体现着企业是否遵守了国家有关收益分配的规定；是否贯彻了多贡献多回报的分配原则；是否实施了公平和效率的分配原则；有无个别分配主体侵害其他分配主体利益的不公平现象。

二、收益分配的原则

企业的收益分配作为一项重要的财务活动，应当遵循以下原则。

（一）依法分配原则

企业的收益分配必须依法进行。为了规范企业的收益分配行为，维护各利益相关者的合法权益，国家颁布了相关法规。这些法规规定了企业收益分配的基本要求、一般程序和重要比例，企业应当认真执行，不得违反。

（二）分配与积累并重原则

企业的收益分配必须坚持分配与积累并重。企业通过经营活动获取收益，既要保证企业简单再生产的持续进行，又要不断积累企业扩大再生产的财力基础。恰当地处理分配与积累的关系，留存一部分净收益以供未来分配之需，能够增强企业抵抗风险的能力，同时，也可以提高企业经营的稳定性与完全性。

（三）兼顾各方面利益原则

企业的收益分配必须兼顾各方面的利益。企业是经济社会的基本单元，企业的收益分配直接关系到各方面的切身利益。企业的投资者依法享有净收益的分配权。企业的债权人，在向企业投入资金的同时也承担了一定的风险，企业的收益分配中应当体现出对债权人利益的充分保护，不能伤害债权人的利益。企业的员工是企业净收益的直接创造者，企业的收益分配，应当考虑到员工的长远利益。因此，企业进行收益分配时，应当统筹兼顾，维护各利益相关团体的合法权益。

（四）投资与收益对等原则

企业进行收益分配应当体现“谁投资谁受益”，收益大小与投资比例相对等，这是正确处理投资者利益的关键。企业在向投资者分配收益时，应本着平等一致的原则，按照投资者投资额的比例进行分配，不允许任何一方随意多分多占。从根本上实现收益分配中的公开、公平与公正，保护投资者的利益，提高投资者的积极性。

三、确定收益分配政策时应考虑的因素

企业在确定收益分配政策时，应当考虑以下四个方面的因素。

（一）法律因素

为了保护债权人和股东的利益，我国法律、法规对公司的收益分配作出了以下三个规定。

1. 资本保全约束　资本保全约束规定，公司不能用资本（包括实收资本或股本和资本公积）发放现金股利，资本保全的目的在于维持公司资本的完整性，保护公司完整的产权基础，以保障债权人的利益。

2. 资本积累约束　资本积累约束规定，公司必须按照一定的比例和基数提取各种公积金，股利只能从企业的可供分配利润中支付。企业当期的净利润按照规定提取各种公积金后和过去累积的留存收益形成企业的可供分配利润。另外，在进行利润分配时，一般应当贯彻“无利不分”的原则，即当公司出现年度亏损时，一般不进行利润分配。

3. 偿债能力约束　偿债能力约束要求规定，公司考虑现金股利分配对偿债能力的影响，确定在分配现金股利后仍能保持较强的偿债能力，以维护公司的信誉和借贷能力，从而保证公司的正常资金周转。

（二）公司因素

公司出于短期经营和长期发展的考虑，在确定收益分配政策时，应当考虑以下八个因素。

1. 现金流量　由于会计规范的要求和核算方法的选择，公司净利润与现金流量并非完全同步，净利润的增加不一定意味着可供分配的现金流量的增加。公司在进行利润分配时，要保证正常的经营活动对现金的需求，以维持资金的正常周转，使生产经营得以有序进行。

2. 资产的流动性　公司现金股利的支付，会减少公司的现金持有量，降低资产的流动性，而保持一定的资产流动性是公司正常运转的基础和必备条件。如果一个公司的资产有较强的变现能力，现金的来源较充裕，则它的股利支付能力也比较强。

3. 盈利的稳定性　公司的收益分配政策在很大程度上会受其盈利稳定性的影响。通常一个公司的盈利越稳定，则其股利支付水平也就越高。

4. 投资需求　公司的收益分配政策应当考虑未来投资需求的影响。如果公司有较多的投资机会，对资金的需求量大，那么，它就可能会考虑采用低股利支付水平的分配政策。相反,如果公司的投资机会较少,对资金的需求量小,那么就有可能倾向于采用较高的股利支付水平的分配政策。

5. 筹资能力　　公司收益分配政策受其筹资能力的限制。如果公司具有较强的筹资能力,随时能筹集到所需要的资金,那么公司具有较强的股利支付能力。

6. 筹资成本　　留存收益筹资同发行新股或举债筹资相比,由于不需要支付筹资费用,因此具有筹资成本低的优点。同时,留存收益筹资,增加了公司权益资本的比重,降低了财务风险,便于低成本取得债务资本。

7. 其他因素　　由于股利信号的传递作用,公司不宜经常改变其收益分配政策,应保持一定的连续性和稳定性。此外公司收益分配政策的确定还会受其他企业因素的影响。比如,不同发展阶段、不同行业的公司现金股利支付比例会有差异,这就要求公司在进行政策选择时,要考虑发展阶段以及所处行业的状况。

（三）股东因素

股东在控制权、收入、税赋及投资机会等方面的考虑也会对企业的收益分配政策产生影响。

1. 控制权　　以现有股东为基础组成的董事会,在长期的经营中可能形成了一定的有效控制格局,他们往往会将股利政策作为维持其控制地位的工具。当公司为有利可图的投资机会筹集所需资金,而外部又无适当的筹资渠道可以利用时,为避免由于增发新股可能会有新的股东加入公司中来,而打破目前已经形成的控制格局,股东就会倾向于较低的股利支付水平,以便从内部的留存收益中取得所需资金。

2. 稳定的收入　　有的股东依赖企业发放的现金股利维持生活,他们往往要求企业能够支付稳定的股利,反对公司留存过多的收益。另外,有些股东认为留存利润使企业股票价格上升而获得资本利得具有较大的不确定性,取得现实的股利比较可靠,因此,这些股东也会倾向于多分配股利。

3. 税赋　　公司的股利政策会受股东对税赋因素考虑的影响。由于股利收入的税率要高于资本利得的税率,很多股东会由于对税赋因素的考虑而偏好低股利支付水平。因此,低股利政策会使他们获得更多纳税上的好处。

4. 投资机会　　股东的外部投资机会也是公司制定分配政策必须考虑的一个因素。如果公司将留存收益用于再投资的所得报酬低于股东个人单独将股利收入投资于其他投资机会所得的报酬,则股东倾向于公司不应多留留存收益,而应多发放股利,因为这样将对股东更为有利。

（四）债务契约与通货膨胀因素

1. 债务契约　　通常现金股利支付水平越高,留存收益越少,就加大了公司破产的风险,就越可能损害债权人的利益。债权人为了保证自己的利益不受侵害,通常会在企业债务契约以及租赁合同中加入关于借款公司股利政策的限制条款,以限制其股利的发放。

2. 通货膨胀　通货膨胀会带来货币购买力水平下降、导致固定资产重置资金不足，此时，公司往往不得不考虑留用一定的利润，以便弥补由于货币购买力水平下降而造成的固定资产重置资金缺口。因此，在通货膨胀时期，公司一般会采取偏紧的收益分配政策。

第二节　股利政策

一、股利政策的含义和股利分配理论

（一）股利政策的含义

股利政策是指在法律允许的范围内，企业是否发放股利、发放多少股利以及何时发放股利的方针及对策。

股利政策的最终目标是使公司价值最大化。股利往往可以向市场传递一些信息，股利发放的多少、是否稳定、是否增长等，往往是大多数投资者推测公司经营状况、发展前景优劣的依据。因此，股利政策关系到公司在市场上、在投资者中间的形象，成功的股利政策有利于提高公司的市场价值。

（二）股利分配理论

股利分配理论是指人们对股利分配的客观规律的科学认识与总结，其核心问题是股利政策与公司价值的关系问题。在市场经济条件下，股利分配要符合财务管理目标。人们对股利分配与财务目标之间关系的认识存在不同的流派与观念，还没有一种被大多数人所接受的权威观点和结论。但主要有以下两种较流行的观点。

1. 股利无关论　这种理论认为在一定的假设条件限制下，股利政策不会对公司的价值或股票的价格产生任何影响，投资者不关心公司股利的分配。公司市场价值的高低，是由公司所选择的投资决策的盈利能力和风险组合所决定，而与公司的利润分配政策无关。

由于公司对股东的分红只是盈利减去投资之后的差额部分，且分红只能采取派现或股票回购等方式，因此，一旦投资政策已定，那么，在完全资本市场中，股利政策的改变就仅仅意味着收益在现金股利与资本利得之间分配上的变化。如果投资者按理性行事的话，这种改变不会影响公司的市场价值以及股东的财富。该理论是建立在完全资本市场理论之上的，假定条件包括：① 市场具有强式效率。② 不存在任何公司或个人所得税。③ 不存在任何筹资费用。④ 公司的投资决策与股利决策彼此独立。

2. 股利相关理论　这种理论认为，企业股利政策会影响股票价格和公司价值。主要观点有以下四种。

（1）“手中鸟”理论　该理论认为，用留存收益再投资给投资者带来的收益具有较大的不确定性，并且投资的风险随着时间的推移会进一步加大。因此，厌恶风险的投资者会偏好确定的股利收益，而不愿将收益留存在公司内部，去承担未来的投资风险。该理论认为，公司的股利政策与公司的股票价格是密切相关的，即当公司支付较高的股利时，公司的股票价格会随之上升，公司价值将得到提高。

(2) 信号传递理论　　该理论认为，在信息不对称的情况下，公司可以通过股利政策向市场传递有关公司未来盈利能力的信息，从而影响公司的股价。通常，预期未来盈利能力强的公司，往往愿意通过相对较高的股利支付水平吸引更多的投资者。对于市场上的投资者来讲，股利政策的差异或许是反映公司预期盈利能力的有价值的信号。如果公司连续保持较为稳定的股利支付水平，那么投资者会对公司未来的盈利能力与现金流量抱有乐观的预期；如果公司的股利支付水平突然发生变动，那么股票市价也会对这种变动作出反应。

(3) 所得税差异理论　　该理论认为，由于普遍存在的税率和纳税时间的差异，资本利得收入比股利收入更有助于实现收益最大化目标，公司应当采用低股利政策。通常，对资本利得收入征收的税率低于对股利收入征收的税率；即使两者没有税率上的差异，由于投资者对资本利得收入的纳税时间选择更具有弹性，其仍可以享受延迟纳税带来的收益差异。

(4) 代理理论　　该理论认为，股利政策有助于减缓管理者与股东之间的代理冲突，即股利政策是协调股东与管理者之间代理关系的一种约束机制。股利的支付能够有效地降低代理成本。首先，股利的支付减少了管理者对自由现金流量的支配权，这在一定程度上可以抑制公司管理者的过度投资或在职消费行为，从而保护外部投资者的利益；其次，较多的现金股利发放，减少了内部融资，导致公司进入资本市场寻求外部融资，从而公司将接受资本市场上更多的、更严格的监督，这样便通过资本市场的监督减少了代理成本。因此，高水平的股利政策降低了企业的代理成本，但同时增加了外部融资成本；理想的股利政策应当使两种成本之和达到最小。

二、股利政策的种类

可供企业选择的股利政策主要有以下四种。

(一) 剩余股利政策

剩余股利政策是指公司在有良好的投资机会时，根据目标资本结构，测算出投资所需的权益资本额，先从净利润中留用，然后将剩余的净利润派发股利；如果没有剩余，则不派发股利。剩余股利政策的理论依据是“MM股利无关理论”。根据“MM股利无关理论”，在完全理想状态下的资本市场中，上市公司的股利政策与公司普通股每股市价无关，公司的股利政策只需随着公司的投资和融资方案的制定而自然确定。因此，根据这一政策，公司按如下步骤确定其股利分配额。① 设定公司加权平均资本成本率最低的目标资本结构。② 确定公司的最佳资本预算，并根据公司的目标资本结构预计公司资金需求中所需要的权益资本数额。③ 最大限度地使用留存收益来满足资金需求中所需增加的权益资本数额。④ 留存收益在满足公司权益资本增加需求后，如果有剩余再用来发放现金股利。

【例】 2018 年，沪光公司净利润为 2 500 万元，2019 年的投资计划需要资金3 000万元，公司的目标资本结构为权益资本占 55%，债务资本占 45%，该公司的普通股股票为5 000万股。按照剩余股利政策确定普通股股票每股可发放现金股利如下：

沪光公司投资方案所需权益资本额 = 3 000 × 55% = 1 650（万元）

沪光公司可用于发放现金股利的净利润 = 2 500 − 1 650 = 850(万元)

$$沪光公司每股普通股股票可发放的现金股利 = \frac{850}{5\ 000} = 0.17(元)$$

剩余股利政策的优点是留存收益优先保证公司再投资的需要，有助于降低再投资的资本成本，保持最佳的资本结构，实现企业价值的长期最大化。其缺点是如果完全执行剩余股利政策，股利的发放额将会每年随投资机会和盈利水平的波动而波动。剩余股利政策不利于投资者安排收入与支出，也不利于公司树立良好的形象，一般适用于公司初创阶段。

（二）固定或稳定增长股利政策

固定或稳定增长股利政策是指公司将每年发放的现金股利固定在某一特定水平或是在这基础上维持某一固定比率逐年稳定增长。公司只有在确信未来的盈利增长不会发生逆转时，才会宣布实施固定或稳定增长的股利政策。在固定或稳定增长的股利政策下，首先应确定的是现金股利的分配额，而且该分配额通常不会随着资金的需求波动而波动。

采取固定或稳定增长的股利政策，要求公司对未来的盈利和支付能力能作出较准确的判断。公司确定的固定股利额不应太高，要留有余地，以免陷入公司无力支付的被动局面。

固定或稳定增长股利政策的优点是，可以向市场传递公司正常发展的信息，有利于树立公司良好的形象，增强投资者对公司的信心，稳定公司股价。稳定的股利额有助于投资者安排股利收入，有利于吸引打算进行长期投资并对股利有很高依赖性的股东。稳定的股利政策为了将股利维持在稳定的水平上，即使推迟某些投资方案或暂时偏离目标资本结构，也可能比降低股利或降低股利增长率更有利。其缺点是，在这种股利分配政策下，股利的支付与公司盈利相脱节，即不论公司盈利多少，均要有固定的或按固定比率增长的股利，这就有可能导致公司资金紧缺，财务状况恶化。固定或稳定增长的股利政策，要求公司对未来的盈利和支付能力要作出准确的判断。通常公司确定的固定股利额不宜太高，以免陷入无力支付的被动局面。因此，这种股利政策一般适用于经营比较稳定或正处于成长期的公司,并且很难被长期采用。

(三)固定股利支付率政策

固定股利支付率政策是指公司将每年净利润的某一固定百分比作为现金股利发放给股东,这一百分比通常称为股利支付率。股利支付率一经确定,不得随意变更。固定股利支付率越高,公司留存的净利润就越少。采用这种股利政策,只要公司的净利润确定后,所应发放的现金股利也就相应确定了。

固定股利支付率政策的优点是,股利与公司的净利润紧密配合,体现了多盈多分、少盈少分和无盈不分的股利分配原则;从企业支付能力的角度看,公司每年按净利润的固定比例发放现金股利,这是一种稳定的股利政策。其缺点是,大多数公司每年的收益难以保持稳定,那么年度间的股利额波动较大,很容易给投资者带来公司经营状况不稳定、投资风险较大的不良印象;公司实现的盈利多,并不能代表公司有足够的现金发放较多的现金股利,容易给公司造成较大的财务压力;确定合适的股利支付率的难度较大。由于公司每年面临的投资机会、筹资渠道不同,而这些因素均会影响公司现金股利的分配。因此,固定股利支付率政策只适用于处于稳定发展且财务状况也较稳定的公司。

(四)低正常股利加额外股利政策

低正常股利加额外股利政策是指公司事先设定一个较低的正常股利额,每年除了按正常股利额向股东发放现金股利外,还在公司盈利情况较好、资金较为充裕的年度向股东发放额外的现金股利。

低正常股利加额外股利政策的优点是,赋予公司较大的灵活性,使公司在现金股利发放上留有余地,并具有较大的财务弹性。公司可以根据每年的具体情况,选择不同的股利发放水平,以稳定和提高股价,进而实现公司价值最大化;使那些依靠现金股利度日的股东,每年至少可以得到虽然较低但比较稳定的股利收入,从而吸引这部分股东。其缺点是,由于年度之间的盈利波动使得额外股利不断变化,容易给投资者以公司收益不稳定的感觉。当公司在较长时期持续发放额外股利后,可能会被股东误认为是“正常股利”,而一旦取消了这部分额外股利,传递出的信号可能会使股东认为这是公司财务状况恶化的表现,进而引起公司股价下跌。因此,这种股利政策适用于盈利水平随着经济周期波动而波动的或者盈利与现金流量很不稳定的公司。

第三节 收益分配程序与股利分配方案

一、收益分配程序

我国《公司法》规定,公司进行利润分配涉及的项目包括盈余公积和股利两个部分。公司税后利润分配的顺序分以下四步。

（一）弥补企业以前年度亏损

根据我国税法规定，企业发生的年度经营性亏损，可以用下一年度的税前利润弥补，下一年度的利润不足弥补的，可以连续5年用税前利润弥补，连续5年不足弥补的，用税后利润弥补。

（二）提取法定盈余公积金

根据我国《公司法》的规定，法定盈余公积金的提取比例为当年税后利润（弥补亏损后）的10%。当法定盈余公积金已达到注册资本的50%时，可以不再提取。法定盈余公积金可用于弥补亏损、扩大公司生产经营或转增资本，但企业用法定盈余公积金转增资本后，其余额不得低于转增前公司注册资本的25%。

（三）提取任意盈余公积金

根据我国《公司法》的规定，公司从税后利润中提取法定盈余公现金后，经股东会或者股东大会决议，还可以从税后利润中提取任意盈余公积金。任意盈余公积金的用途与法定盈余公积金的用途基本相同。

（四）向股东分配股利

根据我国《公司法》的规定，公司弥补亏损和提取公积金后结余的税后利润，可以向股东分配股利，其中有限责任公司股东按照实缴的出资比例分配股利；股份有限公司按照股东持有的股份比例分配。此外，公司持有的本公司股份不得分配股利。

二、股利分配方案的确定

公司确定股利分配方案需要考虑以下三个方面的内容。

（一）选择股利政策

股利政策不仅会影响股东的利益，也会影响公司的正常运营以及未来的发展，因此，制定恰当的股利政策就显得非常重要。由于不同的股利政策各有利弊，所以公司在进行股利政策决策时，要综合考虑公司所面临的各种具体影响的因素，遵循收益分配的基本原则，以保证不偏离公司目标。

况且，每个公司均有自己的发展历程，通常都会经历初创阶段、快速发展阶段、稳定增长阶段、成熟阶段和衰退阶段。因此，公司在制定股利政策时，还要与其所处的发展阶段相适应。在公司初创阶段，经营风险高，有投资需求且融资能力弱，宜采用剩余股利政策；在公司快速发展阶段，经营业务快速发展，投资需求大，宜采用低正常加额外股利政策；在公司稳定增长阶段，业务稳定增长，投资需求下降，净现金流量增加，宜采用固定或稳定增长的股利政策；在公司成熟阶段，盈利水平稳定，公司通常已积累了一定的留存收益和资金，宜采用固定支付股利率政策；在公司衰退阶段，业务锐减，盈利能力和现金获得能力下降，宜采用剩余股利政策。

（二）确定股利支付水平

股利支付水平通常用股利支付率来衡量。股利支付率是指当年发放股利与当年净利润之比。它也可以以每股股利除以每股收益取得。股利支付率的判定往往使公司处于两难境地,低股利支付率政策虽然有利于公司对收益的留存,有利于扩大投资规模和未来的持续发展,但显然在资本市场上对投资者的吸引力会大大降低,进而影响公司未来的增资扩股;而高股利支付率政策有利于增强公司股票的吸引力,有助于公司在公开市场上筹措资金,但由于留存收益少,又会给企业的资金周转带来影响,加重公司的财务负担。

股利支付率高低的确定,取决于公司所处的成长周期;公司的投资机会;公司的筹资能力及资金成本;公司的资本结构;股利的信号传递功能;借款协议及法律限制;股东偏好;通货膨胀等因素。

(三) 确定股利支付形式

股份有限公司对其股东支付股利的形式主要有现金股利和股票股利两种,现分述之。

1. 现金股利　它是指公司以现金支付的股利。它是股利支付中最常用的形式。发放现金股利的同时减少公司的现金和留存收益,因此,公司选择支付现金股利时,除了要有足够的留存收益之外,还要有足够的现金。而充足的现金往往会成为公司发放现金股利的主要制约因素。

2. 股票股利　它是指公司以增发股票的形式支付的股利。股票股利对公司来说并没有现金流出企业,也不会导致公司的财产减少,而只是将公司的留存收益转化为股本。但股票股利会增加普通股的数量,同时降低股票的每股价值。它不会改变公司股东权益总额,但会改变股东权益的构成。

【例】 2018 年 2 月 28 日,东方公司有关账户余额为股本 3 000 万元(系普通股 3 000 万股,每股面值 1 元),资本公积 6 600 万元,盈余公积 2 500 万元,未分配利润 2 400 万元。3 月 25 日,该公司发放股票股利,原股东每持 10 股,发放 1 股,共发放股票股利 300 万股,每股面值 1 元。这样,“未分配利润”账户要转入“股本”账户 300 万元。

(1) 编表　编制发放股票股利前后股东权益对照表如图表 8-1 所示。

图表 8-1

发放股票股利前后股东权益对照表

单位:万元

股 东 权 益	发放股票股利前	发放股票股利后
股本	3 000	3 300
资本公积	6 600	6 600
盈余公积	2 500	2 500
未分配利润	2 400	2 100
合　计	14 500	14 500

从图表 8－1 可以看出，发放 300 万股股票股利的结果是“股本”账户增加了 300 万元，而“未分配利润”账户减少了 300 万元，股东权益仍保持 14 500 万元不变。

（2）计算　武宁公司持有东方公司的普通股股票 30 万股，计算其应得股票股利的数量及发放股票股利前后的持股比例如下：

$$\text{武宁公司应得股票股利} = 30 \times 0.1 = 3\text{（万股）}$$

$$\text{武宁公司发放股票股利前的持股比例} = \frac{30}{3\,000} = 1\%$$

$$\text{武宁公司发放股票股利后的持股比例} = \frac{30 + 3}{3\,300} = 1\%$$

计算结果显示，由于东方公司所有者权益不变，因此，股票股利发放前后每一个股东的持股比例也不会发生变化，那么股东各自持股所代表的股东权益也不会发生变化。

从表面上看，除了所持股票数量同比例增加外，股票股利似乎没有给股东带来直接的收益。在理论上，发放股票股利后的每股价格会成比例降低，保持股东的持有价值不变。但实际上并非如此。因为市场和投资者普遍认为公司发放股票股利往往预示着公司会有较大的发展和成长，这样的信息传递不仅会稳定股票价格，甚至可能会使股价上升。另外，如果股东将股票股利出售，变成现金收入，还会给其带来资本利得的纳税上的好处。所以股票股利对股东来说并非像表面上看到的那样毫无意义。

从公司的角度来看，股票股利的主要优点有：① 发放股票股利既不需要向股东支付现金，又可以在心理上给股东以从公司取得投资回报的感觉。② 发放股票股利可以降低公司股票的市场价格，促进公司股票的交易和流通，同时，如果日后公司需要以发行股票方式筹资，较低的发行价格有利于吸引投资者。③ 发行股票股利可以传递公司未来发展前景良好的信息，增强投资者的信心。④ 股票股利降低每股市价后，会吸引更多的投资者成为公司的股东，从而使股权更为分散，有效地防止公司被恶意控制。

三、股利的发放

公司在选择了股利政策，确定了股利支付水平和形式后，应当进行股利的发放。公司股利的发放必须遵循相关的要求，按照下列日程来进行。

1. 预案公布日　上市公司分派股利时，先由公司董事会制定股利分派预案，包括分派股利的数量和形式，股东大会召开的时间、地点及表决方式等，均由公司董事会向社会公开发布。

2. 宣布日　董事会制定的股利分派预案必须经过股东大会讨论通过，通过后，企业才能公布正式的股利分派方案及实施的日期。

3. 股权登记日　这是由公司在宣告股利分派方案时确定的一个具体的日期。凡是在这指定日期之前取得公司股票的，就成为公司在册股东的投资者，可以享受公司分派的股利。而在指定日期之后取得股票的股东则无权享受已宣告发放的股利。

4. 除息日　在除息日,股票的所有权和领取股息的权利相分离,股利权利不再从属于股票,所以在这一天购入公司股票的投资者不能享有已宣布发放的股利。另外,由于失去了"附息"的权利,除息日的股价会下跌,下跌的幅度约等于分派的股息。

5. 股利发放日　这是指公司按公布的股利分派方案向股权登记日的在册股东实际支付股利的日期。

第四节　股票分割和股票回购

一、股票分割

（一）股票分割的含义

股票分割又称拆股,是指将一股股票拆分成多股股票的行为。如果上市公司认为自己公司的股票市场价格太高,不利于其良好的流动性,有必要将其降低时,就可以进行股票分割。例如,将其一分为二,即普通股股票股数翻番,每股净资产减半,以推动股价下降。

股票分割对公司的资本结构不会产生任何影响,一般只会使股票的总数增加,资产负债表中股东权益各项目的余额都保持不变,股东权益的总额也保持不变。因此,股票分割与股票股利非常相似,都是在不增加股东权益的情况下增加了股份的数量。两者的区别是,股票股利虽不会引起股东权益总额的变化,但股东权益构成项目之间的比例会发生变化;而股票分割之后,股东权益总额及其构成项目的金额都不会发生变化,变化的只是股票的面值。

（二）股票分割的作用

1. 股票分割可以促进股票的流通和交易　股票分割会使公司股票每股市价降低,易于增加该股票在投资者之间的换手,并且可以使更多的资金实力有限的潜在股东变成持股的股东,以促进股票的流通和交易。

2. 股票分割有助于提高投资者对公司的信心　股票分割可以向投资者传递公司发展前景良好的信息,提高了投资者对公司的信心。

3. 股票分割可以促进新股的发行　公司的股票价格太高,会使许多潜在的投资者不敢轻易对公司的股票进行投资。在新股发行之前,利用股票分割降低股票价格,可以促进新股发行。

4. 股票分割有助于公司并购政策的实施　股票市价高的公司要并购股票市价低的公司往往会有一定的难度。

例如,有A,B两个公司,A公司股票每股市价为30元,B公司股票每股市价为5元,A公司准备通过股票交换的方式对B公司实施并购。如果A公司以1股股票换取B公司的6股股票,可能会使B公司的股东在心理上难以承受,那么A公司可以先进行股票分割，将原来的股票1股分割为6股，然后再以1∶1的比例换取B公司股票，则B公司的股东在心理上会容易接受一些。

因此，通过股票分割的方式来改变被并购公司股票持有者的心理影响，将更有利于公司并购方案的实施。

二、股票回购

（一）股票回购的含义

股票回购是指上市公司出资将其发行的流通在外的股票以一定价格购买回来予以注销或作为库存股的一种资本运作方式。

我国《公司法》规定，公司不得收购本公司股份。但是，有下列情形之一的除外。① 减少公司注册资本。② 与持有本公司股份的其他公司合并。③ 将股份奖励给本公司职工。④ 股东因对股东大会作出公司合并、分立决议持异议，要求公司收购其股份的。

（二）股票回购的动机

在证券市场上，股票回购动机主要有以下六点，现分述如下。

1. 现金股利的替代　派发现金股利会对公司产生未来的派现压力，而股票回购属于非正常的股利政策，不会对公司产生未来的派现压力。而需要现金的股东可以选择出售股票，不需要现金的股东可以选择继续持有股票。因此，当公司有富余资金，但又不希望通过派现方式进行分配时，股票回购可以作为现金股利的一种替代。

2. 改变公司的资本结构　股票回购可以改变公司的资本结构，提高财务杠杆水平。无论是用现金回购还是举债回购股份，都会提高财务杠杆水平，改变公司的资本结构。在现金回购方式下，假定公司的负债规模不变，那么股票回购之后的权益资本在公司资本结构中的比重下降，公司的财务杠杆水平提高；而在举债回购股份的情况下，一方面是公司负债规模增加，另一方面是权益资本比重下降，公司财务杠杆水平更会明显提高。因此，当公司认为权益资本在资本结构中所占比例较大时，会为了调整资本结构而进行股票回购，从而在一定程度上降低整体资金成本。

3. 传递公司的信息以稳定或提高公司的股价　由于信息不对称和预期差异，证券市场上的公司股票价格可能被低估，而过低的股价将会对公司产生负面影响。因此，如果公司认为公司的股价被低估时，可以进行股票回购，以向市场和投资者传递公司真实的投资价值，稳定或提高公司的股价。这时，股票回购就是公司管理层向市场和投资者传递公司内部信息的一种手段。通常投资者会认为股票回购意味着公司认为其股票价值被低估而采取的应对措施。

4. 巩固既定控制权或转移公司控制权　许多股份公司的大股东为了保证其所掌握的股份公司控制权不被改变，往往采取直接或间接的方式回购股票，从而巩固既有的控制权。另外，有些公司的法定代表人并不是公司的大股东，为了保证不改变其在公司中的地位，也为了能在公司实现自己的意志，往往也采取股票回购的方式分散或削弱原控股股东的控制权，以实现控制权的转移。

5. 防止敌意收购　股票回购有助于公司管理层避开竞争对手企图收购的威胁，因为它可以使公司流通在外的股份数变少，股价上升，从而使收购方要获得控制公司的法定股份比例变得更为困难。而且，股票回购可能会使公司的流动资金大大减少，财务状况恶化，这样的结果也会减少竞争对手收购公司的兴趣。

6. 满足认股权的行使　在公司发行可转换债券、认股权证或施行经理人员股票期权计划及员工持股计划的情况下，采取股票回购的方式既不会稀释每股收益，又能满足认股权的行使。

（三）股票回购的影响

1. 股票回购对上市公司的影响　其对上市公司的影响主要有以下四个方面。

（1）可能会影响公司正常的生产经营活动及后续发展　股票回购需要大量资金支付回购的成本，容易造成资金紧张，资产流动性降低，影响公司的后续发展。公司进行股票回购必须以拥有资金实力为前提，如果公司负债率较高，再进行股票回购，将使公司的资产流动性恶化，偿债能力降低，将会使公司面临巨大的偿债压力，公司正常的生产经营活动及后续发展将会受到影响。

（2）削弱了对债权人利益的保障　公司进行股票回购，无异于股东退股和公司资本的减少，在一定程度上削弱了对债权人利益的保障。

（3）可能损害公司的根本利益　股票回购可能使公司发起人股东更注重创业利润的兑现，而忽视公司长远的发展，损害公司的根本利益。

（4）容易导致公司操纵股价　公司回购自己的股票，容易导致其利用内幕消息进行炒作，或操纵财务信息，加剧公司行为的非规范化，使投资者蒙受损失。

2. 股票回购对股东的影响　从投资者的角度看，股票回购与现金股利相比，不仅可以节约个人税收，而且具有更大的灵活性。因为股东对公司派发的现金股利是否接受没有可选择性，而对股票回购则具有可选择性，需要现金的股东可选择卖出股票，而不需要现金的股东则可继续持有股票。如果公司急于回购相当数量的股票，而对股票回购的出价太高，以至于偏离均衡价格，那么其结果会不利于选择继续持有股票的股东，因为回购行动后，股票价格会出现回归性下跌。

（四）股票回购的方式

公司回购股票有公开市场回购、要约回购和协议回购三种方式。

1. 公开市场回购　它是指公司在股票交易市场上以等同于任何潜在投资者的地位，按照公司股票当前的市场价格回购股票。这种方式的缺点是在公开市场回购时很容易推高股价，从而增加回购成本；另外交易税和交易佣金也是不可忽视的成本。

2. 要约回购　它是指公司在特定期间向市场发出以高出股票当前市场价格的某一价格，回购既定数量股票的要约。这种方式赋予所有股东向公司出售其所持股票的均等机会。与公开市场回购相比，要约回购通常被市场认为是更积极的信号，原因在于要约价格存在高出股票当前价格的溢价。但是，溢价的存在也使得回购要约的执行成本较高。

3. 协议回购　它是指公司以协议价格直接向一个或几个股东回购股票。协议价格通常低于当前的股票市场价格，尤其是在卖方首先提出的情况下。

思考题

一、简答题

1. 试述收益分配的基本原则。
2. 什么是股利政策？其最终目标是什么？
3. 试述股利分配两种流行的观点。
4. 分述剩余股利政策和固定或稳定增长股利政策的优缺点和适用性。
5. 分述固定股利支付率政策和低正常股利加额外股利政策的优缺点和适用性。
6. 公司应如何选择股利政策？
7. 公司应如何确定股利支付水平？
8. 股票股利对公司有哪些优点？
9. 分述股票回购对公司和股东的影响。
10. 股票回购有哪些方式？分述各种方式的定义。

二、名词解释题

收益分配　固定或稳定增长股利政策　固定股利支付率政策　低正常股利加额外股利政策　现金股利　股票股利　股票分割　股票回购

三、是非题

1. 收益分配要兼顾企业的投资者、债权人和企业员工各方面的切身利益。（ ）

2. 在确定收益分配时应考虑的法律因素中有资本保全约束、资本积累约束、股利分配约束和偿债能力约束。（ ）

3. 公司在确定收益分配政策时应当考虑现金流量、资产的流动性、盈利的稳定性、投资需求、筹资能力、筹资成本和通货膨胀因素。（ ）

4. 股利政策关系到公司在市场上，在投资者中间的形象，成功的股利政策有利于提高公司的市场价值。（ ）

5. 股利分配理论是指人们对股利分配的客观规律的科学认识与总结，其核心问题是股利政策与公司及股东的关系问题。（ ）

6. 代理理论认为股利政策有利于减缓管理者与股东之间的代理冲突，它是协调股东与管理者之间代理关系的一种约束机制。（ ）

7. 固定或稳定增长股利政策运用于处于稳定发展且财务状况稳定，或正处于成长期的公司。（ ）

8. 低正常股利加额外股利政策的优点是赋于公司较大的灵活性，使公司在现金股利发放上留有余地，并具有一定的弹性。 ( )

9. 股票分割后，使股票的数量增加，股东权益总额也相应增加。 ( )

10. 购票回购是指上市公司出资将其发行的流通在外的股票以一定价格购买回来作为库存股的一种资本运作方式。 ( )

11. 股票回购的动机有现金股利的替代、传递公司的信息以稳定或提高公司的股价，防止敌意收购等六点。 ( )

12. 股票分割使公司股票每股市价降低，易于增加股票在投资者之间的换手，以促进股票的流通和交易。 ( )

四、单项选择题

1. ________认为公司应当采用低利率政策。

A. “手中鸟”理论　　B. 信号传递理论

C. 所得税差异理论　　D. 代理理论

2. 在公司快速发展阶段，经营业务快速发展，投资需求大，宜采用________。

A. 剩余股利政策　　B. 低正常股利加额外股利政策

C. 固定股利支付率政策　　D. 固定或稳定增长股利政策

3. 在利润分配中，排列第一的项目是________。

A. 提取法定盈余公积金　　B. 提取任意盈余公积金

C. 向股东分配股利　　D. 弥补以前年度亏损

4. 下列内容________对股票股利优点的表述是错误的。

A. 可传递公司未来发展前景良好的信息

B. 不需向股东支付现金，却让股东在心理上取得投资回报的感觉

C. 可再次筹集资金

D. 降低公司的股价，促进股票的交易和流通

五、多项选择题

1. 企业确定收益分配政策时，应考虑法律因素、________。

A. 公司因素　　B. 股东因素　　C. 债务契约因素　　D. 通货膨胀因素

2. 确定收益分配政策的股东因素有控制权、________。

A. 稳定的收入　　B. 现金流量　　C. 税赋　　D. 投资机会

3. 股利相关理论有“手中鸟”理论、________。

A. 信号传递理论　　B. 代理理论　　C. 所得税差异理论　　D. 相关理论

4. 股份有限公司的股利政策主要有低正常股利加额外股利政策、________。

A. 稳定增长股利政策　　B. 固定股利支付率政策

C. 剩余股利政策　　D. 固定或稳定增长股利政策

5. 公司确定股利分配方案时，应考虑的内容有________。

A. 选择股利政策　　B. 确定股利支付水平

C. 确定股利支付时间　　D. 确定股利支付方式

6. 股票分割有：可以促进股票的流通和交易、________的作用。

A. 有助于提高投资者对公司的信心　　B. 可以促进新股的发行

C. 有助于公司并购政策的实现　　D. 有助于提高公司的声誉

7. 股票回购对上市公司的影响主要有可能会影响公司的正常经营活动及后续的发展、________。

A. 可能损害公司的根本利益　　B. 削弱了对债权人利益的保障

C. 可能影响公司的信誉　　D. 容易导致公司操纵股价

实 务 题

习 题 一

一、目的　练习剩余股利政策的应用。

二、资料　泰兴公司采取剩余股利政策。2018 年实现净利润3 180万元，2019 年的投资计划需要资金 4 500 万元，公司的目标资本结构为权益资本占 60%，债务资本占 40%，该公司的普通股为 4 000 万股。

三、要求　计算该公司投资方案所需权益资本额和每股普通股可发放的现金股利。

习 题 二

一、目的　练习对股票股利的分析。

二、资料

1. 2019 年 2 月 28 日，公兴公司有关账户余额为：股本4 000万元(系普通股 4 000 万股，每股面值 1 元)，资本公积 8 400 万元，盈余公积 2 600 万元，未分配利润 2 500 万元。3 月 27 日，该公司宣告将发放股票股利，原股东每持 10 股，发放 2 股，共发放股票股利 800 万股，每股面值 1 元。这样，“未分配利润”账户要转入“股本”账户 800 万元。

2. 2019 年 3 月 27 日，市南公司从年初至今持有公兴公司的普通股 60 万股，并分得股票股利。

三、要求

1. 根据“资料 1”，分析股票股利对股东权益的影响。

2. 根据“资料 2”，计算市南公司将分得的股票股利的数量，并分析股票股利对股东持股的影响。

第九章 财务分析

第一节 财务分析概述

一、财务分析的意义

财务分析是指以企业的财务报告及其他相关资料为主要依据，对企业的财务状况、经营成果和现金流量进行评价和剖析，反映企业在运营过程中的利弊得失和发展趋势，从而为改进企业的财务管理工作和优化经济决策提供重要的财务信息。

企业的生产经营活动主要表现为业务活动和财务活动。业务活动是指在生产经营活动中组织产品生产（或商品采购）和产品（或商品）销售的活动，财务活动是指在生产经营活动中资金筹集、资金投放、资金营运和资金分配等一系列形式的资金运动。业务活动和财务活动是经营活动的两个侧面，业务活动的开展而引起财务活动，而财务活动又促进或制约着业务活动，两者是相互依存，密不可分的。为了更好地组织财务活动，必须运用好财务分析这一财务管理的重要方法。通过加强财务分析，可以全面地评价和分析企业财务活动的过去，有效地控制财务活动过程，并能准确地预测企业财务活动的未来。因此财务分析对于企业的兴衰成败有着十分重要的意义，其具体的意义主要表现在以下四个方面。

（一）是评价企业财务状况、衡量经营业绩和现金流量的重要依据

通过对资产负债表及有关核算资料进行分析，可以了解企业的资产结构和负债水平是否合理，从而判断企业的偿债能力和营运能力的强弱，通过对利润表及有关核算资料进行分析，可以检查利润预算的完成情况和期间费用预算的执行情况，从而判断企业盈利能力的高低。通过对现金流量表的分析，可以了解企业本期净利润与经营活动中现金流量发生差异的原因，并可据以预测企业未来的现金流量。通过分析将影响财务状况、经营成果和现金流量的主观因素与客观因素、微观因素与宏观因素区分开来，以划清经济责任，合理评价经营者的工作业绩，并据此奖优罚劣，以促使经营者不断改进工作。

（二）是企业挖掘潜力、改进工作、实现理财目标的重要手段

企业理财的根本目标是努力实现企业价值最大化。通过财务指标的计算和分析，了解企业的盈利能力和资产周转状况，不断挖掘企业改善财务状况，扩大财务成果的内部潜力，充分认识未被利用的人力资源和物质资源，寻找利用不当的部分及原因，发现进一步提高利用效率的可能性，以便从各方面揭露矛盾、找出差距和寻求措施，促进

企业生产经营活动按照企业价值最大化的目标实现良性运行。

（三）是合理实施各种决策的重要步骤

企业的管理层、投资者、债权人均十分关注企业的发展趋势，这关系到他们的切身利益。通过对企业财务报告的分析，可以了解企业的盈利能力、偿债能力、营运能力和发展能力，可以判断出企业的发展趋势，预测其生产经营的前景及偿债能力，进而分析投资后的收益水平和风险程度，从而为企业管理层进行生产经营决策、投资者进行投资决策和债权人进行融资决策提供重要的依据，避免因决策错误给其带来重大损失。

二、财务分析信息的需求者及其要求

不同的财务分析信息需求者出于不同的利益考虑，会提出不同的要求。企业在组织财务分析时，必须考虑到以下有关方面的要求。

（一）企业所有者

所有者或股东，作为投资者，必然高度关心其资本的保值和增值状况，即对企业投资的回报率极为关注。对于一般投资者来讲，更关心企业提高股利的发放。而对于拥有企业控制权的投资者，考虑更多的是如何增强竞争实力、扩大市场占有率，降低财务风险和纳税支出，追求长期利益的持续、稳定增长。

（二）企业债权人

因为债权人不能参与企业剩余收益的分享，这就决定了其必然最为关注债权的安全性。因此，债权人要求企业提供企业是否有足够的支付能力，以保证其债务本息能够及时、足额地得以偿还的财务信息。

（三）企业经营决策者

为满足不同利益主体的需要，协调各方面的利益关系，企业经营者必须对企业经营理财的各个方面，包括营运能力、偿债能力、盈利能力及发展能力的全部信息予以详尽的了解和掌握，以便及时发现问题，采取对策，规划和调整市场定位目标和策略，以进一步挖掘潜力，为经济效益的持续稳定增长奠定基础。

（四）政府经济管理机构

政府对国有企业投资的目的，除关注投资所产生的经济效应外，还必须对投资的社会效益予以考虑。在谋求资本保全的前提下，期望能够同时带来稳定增长的财政收入。因此，政府考核企业经营状况，不仅需要了解企业资金占用的使用效率，预测财政收入增长情况，有效地组织和调整社会资源的配置，而且还要借助财务分析，检查企业是否存在违法违纪和浪费国有资产的问题，最后通过综合分析，对企业的发展后劲以及对社会的贡献程度进行分析考察。

三、财务分析的内容

尽管企业生产经营的行业不同，经营规模和经营特点各异，然而，作为运用价值形式进行的财务分析，归纳起来其分析的内容有偿债能力分析、营运能力分析、盈利能力分析、发展能力分析和综合财务分析,它们是相辅相成的关系。

（一）偿债能力分析

偿债能力分析是指对企业偿还到期债务能力所进行的分析。通过偿债能力分析,可以了解企业是否有足够的物质基础,以保证有足够的现金流入量来偿付各项到期的债务。

（二）营运能力分析

营运能力分析是指对企业的资产及所有者权益的运用能力所进行的分析。通过营运能力分析,可以了解企业是否合理地配置了资产,各种资产的周转运行是否顺畅,所有者权益是否充分地得以运用。

（三）盈利能力分析

盈利能力分析是指对企业资金增值的能力所进行的分析。通过盈利能力分析,可以了解企业资金增值能力的强弱,并为预测企业未来的资金增值能力提供依据。

（四）发展能力分析

发展能力分析是指企业在生存的基础上,对扩大规模、壮大实力的潜在能力的分析。通过发展能力分析,可以了解企业的营业收入、营业利润和净利润是否保持一定的增长速度,资本是否得到保值增值。

（五）综合财务分析

综合财务分析是指将偿债能力、营运能力、盈利能力和发展能力等各方面的财务指标综合起来,全面地对企业的财务状况进行的分析。通过综合财务分析,可以全面地了解企业的财务状况,掌握其发展趋势。并将企业的各项指标与行业的平均水平和先进水平相比较,从中找出差距,以利于提高企业的财务管理水平,并为企业财务预测和财务决策提供依据。

四、财务分析形式的分类

财务分析形式主要有以下两种分类,现分别予以阐述。

（一）按照财务分析的内容和范围划分

按照财务分析的内容和范围划分,财务分析的形式有全面分析、简要分析和专题分析三种。

1. 全面分析　　它是指对企业财务活动情况进行全面、系统和详细的分析。分析的内容和范围比较广泛,涉及的问题较多。通过全面分析,可以对企业财务管理情况进行系统的总结分析。这种分析通常在半年或年度定期进行。

2. 简要分析　　它是指对企业财务活动中的主要经济指标进行简明扼要的分析。通过简要分析可以揭示企业财务活动中的一些基本情况和存在的主要问题,以便及时采取措施,予以指导。这种分析通常在月度或季度定期进行。

3. 专题分析　　它是指对企业生产经营过程中出现特殊的、重大的或紧迫的财务问题进行的分析。专题分析具有针对性强，深入及时的特点。因此通过专题分析，可以总结某个经验或揭示某个问题，将对企业今后的经营和管理有较强的决策和对策价值。

（二）按照财务分析的目的划分

按照财务分析的目的划分，财务分析的形式有事前分析、事中分析和事后分析三种。

1. 事前分析　　它是指在企业财务活动开始之前，根据有关资料进行的预测分析。通过事前分析，可以对企业未来的财务活动作出科学的判断，从而为正确地进行财务决策和制订财务预算提供了依据。

2. 事中分析　　它是指在企业财务活动过程中进行的分析。通过事中分析，可以及时了解企业的各项财务指标的完成情况，发现偏差，及时予以调整，这对于保证财务预算的执行，实现财务决策具有重要作用。

3. 事后分析　　它是指对企业一定时期的财务活动结果进行的评价分析。通过事后分析，可以了解情况，总结经验，揭露问题，提出进一步加强企业的经营管理和提高经济效益的建议。

五、财务分析的方法

企业的财务活动是错综复杂的，并时刻受到企业内部和外部各种因素的影响。财务分析具有定量分析的特征，必须运用一些专门的技术方法进行分析。现分别阐述常用的三种分析方法。

（一）对比分析法

对比分析法又称比较分析法，是指将两期或连续数期相同的指标进行对比，以确定指标差异，并分析原因和寻求潜力的方法。对比分析法是使用最普遍的分析方法，它要求进行对比的财务指标，在时间单位上必须一致；在经营范围上要基本相同；财务指标包含的内容和项目必须一致。倘若存在不可比的情况，则应进行必要的调整，剔除不可比因素，使其具备可比性。对比分析法根据对比的对象不同，又可分为下列三种对比形式。

1. 本期实际指标与本期预期指标相对比　　通过对比可以确定实际指标与预期指标的差异，分析预期指标的完成程度。

【例】 广陵股份有限公司 2019 年 1 月份，飞船牌轿车单位成本对比分析资料如图表 9－1 所示。

图表 9－1

飞船牌轿车单位成本对比分析表

单位：元

指　　标	预计数	实际数	差异额	差异百分比(%)
飞船牌轿车单位成本	72 000	72 110	＋110	0.15

通过对比，表明该公司生产的飞船牌轿车单位成本比预计高 110 元，高了 0.15%，需要进一步分析原因，找出降低飞船牌轿车单位成本的途径。

2. 本期实际指标与上年同期或特定历史时期实际指标相对比　通过对比可以确定不同时期的差异，以分析研究企业生产经营活动变动的规律，并根据这种规律来预测今后的发展趋势。

3. 本期实际指标与同行业先进企业的实际指标相对比　通过横向对比，可以确定本企业与先进企业在经营管理上的差距，客观地评价企业的工作。并能促使企业学习先进，挖掘潜力，消除差距，以提高财务管理水平，提高经济效益。

（二）比率分析法

比率分析法是指通过财务指标之间的比率关系，来分析和评价企业财务状况、经营成果和现金流量，找出经营管理中存在问题的方法。以相对数形式表现的财务指标，均称为财务比率指标。财务比率能反映财务现象的本质特征，有更广泛的可比值。因此，比率分析法是财务分析中应用最多的方法，其通常有下列三种形式。

1. 相关比率分析　它是指将两个性质不同但相关的财务指标的数值进行对比，计算出相关比率，进而对财务活动状况进行的分析。相关比率有两种：一种是固定关系对比，如营业净利率和营业利润率等指标，均为有关财务指标与营业收入的对比关系；另一种是非固定关系对比，如流动比率、速动比率、资产负债率、净资产收益率、总资产收益率和社会贡献率等指标。采用相关比率分析方式，加大了分析的范围和深度，并从财务现象的相互联系和制约中，认识财务活动的基本规律。相关比率分析的计算公式如下：

$$\text{某项相关比率}=\frac{\text{某项财务指标的绝对数值}}{\text{另一项有联系的财务指标的绝对数值}}\times 100\%$$

2. 结构比率分析　它是指通过计算财务指标的各个组成部分数值占总体的比重，对其构成内容的变化，以及对财务指标的影响程度进行的分析。财务结构比率主要有流动资产结构比率、负债结构比率、利润结构比率、销售结构比率和存货资产结构比率等。结构比率分析的计算公式如下：

$$\text{某项结构比率}=\frac{\text{某项财务指标的部分数值}}{\text{某项财务指标的总体数值}}\times 100\%$$

3. 动态比率分析　它又称趋势比率分析，是指将不同时期同类财务比率进行动态分析，以揭示财务指标的变化及其发展趋势的一种分析。动态比率分析通常通过发展速度和增长速度两类指标来进行。

(1) 发展速度　它是指通过不同时期财务指标之比，以揭示其变动速度的一种指标。发展速度包括定基发展速度、环比发展速度和平均发展速度三种。各种发展速度的计算公式如下：

$$定基发展速度 = \frac{报告期指标值}{固定基期指标值} \times 100\%$$

$$环比发展速度 = \frac{报告期指标值}{上期指标值} \times 100\%$$

$$平均发展速度 = \sqrt[期数]{环比发展速度的连乘积}$$

（2）增长速度　它是指以财务指标的增加值与不同时期的财务指标之比的一种指标。增长速度用于揭示其增长率。增长速度包括定基增长速度、环比增长速度和平均增长速度三种，各种增长速度的计算公式如下：

$$定基增长速度 = \frac{报告期指标值 - 基期指标值}{基期指标值} \times 100\%$$

或

$$= 定基发展速度 - 1$$

$$环比增长速度 = \frac{报告期指标值 - 上期指标值}{上期指标值} \times 100\%$$

或

$$= 环比发展速度 - 1$$

$$平均增长速度 = 平均发展速度 - 1$$

【例】 光明股份有限公司营业收入动态比率分析如图表9－2所示。

图表 9－2

营业收入动态比率分析表

2018 年度　　金额单位：万元

年份 财务指标	2015	2016	2017	2018
营业收入	11 276.60	12 206.92	13 105.35	14 426.37
累计增加额		930.32	1 828.75	3 149.77
逐年递增额		930.32	898.43	1 321.02
定基发展速度(%)		108.25	116.22	127.93
环比发展速度(%)		108.25	107.36	110.08
定基增长速度(%)		8.25	16.22	27.93
环比增长速度(%)		8.25	7.36	10.08

$$平均发展速度 = \sqrt[3]{108.25\% \times 107.36\% \times 110.08\%} = 108.56\%$$

$$平均增长速度 = 108.56\% - 1 = 8.56\%$$

（三）因素分析法

因素分析法是指利用各种因素之间的依存关系，依次测定各种因素的变动对综合性财务指标影响程度的分析方法。在企业的经营活动过程中，财务指标具有高度的综合性，一种财务指标的变动往往是由于多种因素共同影响的结果。因此在财务分析时，不能仅仅满足于通过财务指标的对比，进行一般性的分析评价，而需要分析财务指标受各有关因素的影响程度，从而肯定成绩，找出差距，明确方向，改进工作。因素分析法有连环替代法和差额计算法两种。

1. 连环替代法　　它是指将影响财务指标的有关因素进行分解，用以测定每一因素对财务指标影响程度的分析方法。由于财务指标形成的差异是多种因素同时变化影响所致，为了测定各个因素各自变化对差异的影响程度，首先要确定影响指标变动的各个因素，并按照各因素之间的依存关系，编制分析公式，以确定替代顺序；其次是将其中一个因素作为可变因素，将其他因素暂时作为不变因素，依次替代，直至将各个因素都替换成变数为止。将各因素变动的影响值与该因素替代前的指标值相比较，其差异就是各种因素对所分析财务指标的影响程度。

(1) 连环替代法的计算程序　　其计算程序如下所述。

首先，确定影响财务指标变动的各个因素，并按照各因素之间的依存关系编制分析公式。其次，按照分析公式所列因素顺序，依次用各因素的实际数值替换其预计数值或基期数值，有几个因素就替换几次，每次替换后，要分别计算出各个因素的变动结果。再次，将每次替换所得的结果，与上次替换的结果相比较，其差额就是被替换因素的影响程度。最后，将各个因素的变动结果对财务指标的影响数额相加，其和就是被分析指标的实际数值与预计数值或基期数值的差异。

【例】　沪光股份有限公司 2019 年 3 月份生产甲产品耗用材料总额资料如图表 9-3 所示。

图表 9-3

甲产品耗用材料总额分析表

2019 年 3 月份

项　　目	计量单位	预计数	实际数	差　异
产量	件	500	520	+20
单位产品材料耗用量	千克	32	31	−1
材料单价	元	12	12.10	+0.1
耗用材料总额	元	192 000	195 052	+3 052

用连环替代法分析各有关因素对甲产品耗用材料总额的影响程度如下：

分析公式：耗用材料总额 = 产量 × 单位产品耗用量 × 材料单价

预计耗用材料总额 = 500 × 32 × 12 = 192 000(元)

第一次替代：520 × 32 × 12 = 199 680(元)

第二次替代：520 × 31 × 12 = 193 440(元)

第三次替代：520 × 31 × 12.10 = 195 052(元)

由于产量增加影响耗用材料总额 = 199 680 − 192 000 = 7 680(元)

由于单位产品材料耗用量节约影响耗用材料总额 = 193 440 − 199 680 = − 6 240(元)

由于材料单价提高影响耗用材料总额 = 195 052 − 193 440 = 1 612(元)

全部因素影响耗用材料总额 = 7 680 − 6 240 + 1 612 = 3 052(元)

结论：由于产量增加使耗用材料总额增加了 7 680 元；单位产品材料耗用量节约了 1 千克，使耗用材料总额减少了 6 240 元；材料单价上涨了 0.10 元，使耗用材料总额增加了 1 612 元。由此可见，今后降低甲产品耗用材料总额的主要途径是降低材料采购成本，从而降低材料单价。

(2) 运用连环替代法应遵循的原则　其具体原则如下所述。① 对于各因素的替代程序，在数量因素与质量因素同时存在时，应先替代数量因素，后替代质量因素；在只有数量因素或只有质量因素时，应先替代有利因素，后替代不利因素；在有多种数量因素和质量因素时，应先替代主导因素，后替代派生因素。② 不得任意变更替换程序，否则容易导致错误的结论。

2. 差额计算法　它是指利用各个因素的实际数值与预计数值或基期数值的差额，以测定每一因素对财务指标影响程度的分析方法。它是连环替代法的简化形式。

【例】 根据上例，用差额计算法分析各有关因素对耗用材料总额的影响程度如下：

替代产量因素影响耗用材料总额 = (520 − 500) × 32 × 12 = 7 680(元)

替代单位产品材料耗用量因素影响耗用材料总额 = 520 × (31 − 32) × 12 = − 6 240(元)

替代材料单价因素影响耗用材料总额 = 520 × 31 × (12.10 − 12) = 1 612(元)

全部因素影响耗用材料总额 = 7 680 − 6 240 + 1 612 = 3 052(元)

用差额计算法的结果与连环替代法计算的结果完全相同，而差额计算法的计算却较为简便。

第二节 偿债能力分析

偿债能力是衡量企业财务状况的重要标志，也是企业债权人最关心的问题。当投资报酬率大于借款利率时，负债经营将会增加投资人收益；而当负债过多时，却会增加企业的风险。因此，需要对企业所负的债务进行偿债能力分析，这对于了解企业的财务实力和资产变现能力，促使企业合理安排资金和提高资金使用效果有着重要的作用。偿债能力分析包括短期偿债能力分析和长期偿债能力分析两个部分，现分别阐述如下。

一、短期偿债能力分析

短期偿债能力是指企业流动资产对流动负债及时足额偿还的保证程度，是衡量企业当前的财务能力，特别是流动资产变现能力的重要标志。流动负债又称短期负债，是指企业在 1 年以内或者超过 1 年的一个营业周期内必须偿还的债务。在资产负债表中，流动负债与流动资产形成一种对应关系，通常流动负债是需要以流动资产来偿付的，因此可以通过分析流动资产与流动负债的关系来判断企业的短期偿债能力。评价短期偿债能力的指标主要有流动比率、速动比率、现金比率和现金流动负债比率。

（一）流动比率

流动比率是指企业的流动资产与流动负债的比率。它是用来衡量企业可以在短期内转变为现金的流动资产偿还到期流动负债的能力的。流动负债用于企业的短期生产经营活动，形成了企业的流动资产，因此企业需要以流动资产来作为偿还短期债务的基础。用流动比率来衡量资产流动性的大小，自然要求企业的流动资产在清偿流动负债后，仍有一定的余力去支付日常生产经营活动中的其他资金需求，所以流动比率必须大于100%，其计算公式如下：

$$流动比率=\frac{流动资产}{流动负债}\times 100\%$$

流动比率是评价企业短期偿债能力的重要指标。从债权人的角度来看，流动比率越高表明债务人短期偿债能力越强，则其债权的安全性也越高，发生坏账损失的风险和损失就越少。但是从企业财务管理的角度来看，过高的流动比率表明企业对资金未能有效地加以运用，从而影响了企业的盈利能力。而过低的流动比率，表明企业的短期偿债能力很弱，将会影响企业在社会上的信誉，使其资信度下降，失去债权人和投资者的信任，从而造成再度举债融资或筹资的困难。根据经验判断，流动比率保持在 200%左右比较适宜。在实际工作中，由于各个行业的生产经营性质和特点的不同，其资产流动性的要求也各异。因此，流动比率可以有不同的衡量标准，但这个标准必须兼顾企业与债权人双方的利益。

【例】 黄河股份有限公司 2017 年年末流动资产为 3 786 万元，流动负债为 1 936 万元；2018 年年末流动资产为 3 912 万元，流动负债为 1 942 万元，计算并分析该公司的流动比率如下：

$$2017\text{年流动比率}=\frac{3\,786}{1\,936}\times 100\%=195.56\%$$

$$2018\text{年流动比率}=\frac{3\,912}{1\,942}\times 100\%=201.44\%$$

计算结果显示，该公司 2017 年的流动比率为 195.56%，已接近 200%，而 2018 年的流动比率为 201.44%，比上年上升了 5.88%。显示的结果表明企业的短期偿债能力有了提高。这一比率既表明了企业有较强的短期偿债能力，又表明了企业对流动资产的运用适中；但在下一年度应适当压缩一下流动比率，将其控制在 200%左右，以充分发挥流动资金的运用效率。

然而，流动比率在评价企业短期偿债能力时，仍有一定的局限性，它未能揭示流动资产的构成内容。倘若企业管理层要蒙混债权人，可以人为地通过控制这一比率来影响企业的流动资产与流动负债的状况。例如，企业可以将在年终时要采购的材料故意推迟到下年初采购，或故意在年终决算前归还银行借款，等到下年初再重新借入，以调高流动比率。也可以将在年终前采购的材料，故意推迟到下年初入账，以调低流动比率。

（二）速动比率

速动比率是指企业的速动资产与流动负债的比率。而速动资产是指流动资产减去变现能力较差且不稳定的存货、预付款项、1 年内到期的非流动资产和其他流动资产后的余额。由于剔除了存货等变现能力较弱且不稳定的资产，因此，速动比率较流动比率能够更加准确和可靠地评价企业资产的流动性及其偿还短期负债的能力。其计算公式如下：

$$\text{速动比率}=\frac{\text{速动资产}}{\text{流动负债}}\times 100\%$$

$$\text{速动资产}=\text{流动资产}-\text{存货}-\text{预付款项}-\text{一年内到期的非流动资产}-\text{其他流动资产}=\text{货币资金}+\text{交易性金融资产}+\text{应收票据}+\text{应收账款}+\text{应收利息}+\text{应收股利}+\text{其他应收款}$$

根据经验判断，工业企业的速动比率在 100%左右比较适宜。在实际工作中，由于各个行业的经营特点不同，判断的标准也各异，工业企业的存货，从采购材料开始，要经过生产过程，等产品完工后才能出售，其变现速度较慢；而商业企业的存货，采购商品完毕后就可以出售，其变现速度较快，其速动比率要低得多。因此，如果企业存货周转顺畅，变现能力较强,即使速动比率较低,只要流动比率高,企业还是能偿还到期债务的。

【例】 黄河股份有限公司为工业企业,2017 年年末流动资产为3 786万元,其中:存货为 2 038 万元,预付款项为 4 万元,其他流动资产(待摊费用)为 3 万元,流动负债为 1 936万元。2018 年年末流动资产为 3 912 万元,其中:存货为 2 156 万元,预付款项为 5 万元,其他流动资产(待摊费用)为 1 万元,流动负债为 1 942 万元。计算并分析该公司的速动比率如下:

$$2017\text{ 年速动资产} = 3\,786 - 2\,038 - 4 - 3 = 1\,741(\text{万元})$$

$$2017\text{ 年速动比率} = \frac{1\,741}{1\,936} \times 100\% = 89.93\%$$

$$2018\text{ 年速动资产} = 3\,912 - 2\,156 - 5 - 1 = 1\,750(\text{万元})$$

$$2018\text{ 年速动比率} = \frac{1\,750}{1\,942} \times 100\% = 90.11\%$$

计算结果显示,该公司 2017 年的速动比率为 89.93%,而 2018 年的速动比率为 90.11%,2018 年比 2017 年上升了 0.18%。显示的结果表明,公司立即偿还流动负债的能力有了一定的提高,公司的速动比率仍然偏低,希望今后能提高至 100%左右。

(三) 现金比率

现金比率是指企业的现金资产与流动负债的比率。现金资产由货币资金和现金等价物两部分组成。现金等价物是指持有期限短、流动性强、易于转换为已知金额的现金。价值变动风险很小的投资,通常是指企业持有的、原定期限等于或短于 3 个月的债券投资,是交易性金融资产中的一部分。现金比率是用来衡量企业直接偿还流动负债的能力的。其计算公式如下:

$$\text{现金比率} = \frac{\text{货币资金} + \text{现金等价物}}{\text{流动负债}} \times 100\%$$

现金比率高,表明企业的直接偿还流动负债的能力强。然而,过高的现金比率却意味着企业筹集的流动负债未能有效运用;过低的现金比率则表明企业的直接偿还流动负债的能力弱。根据经验判断,认为现金比率在 25%左右比较适宜。

【例】 黄河股份有限公司 2017 年年末货币资金为 450 万元,现金等价物为 6 万元,流动负债为 1 936 万元;2018 年年末货币资金为 478 万元,现金等价物为 8 万元,流动负债为 1 942 万元。计算并分析该公司的现金比率如下:

$$2017\text{ 年现金比率} = \frac{450 + 6}{1\,936} \times 100\% = 23.55\%$$

$$2018\text{ 年现金比率} = \frac{478 + 8}{1\,942} \times 100\% = 25.03\%$$

计算结果显示，该公司 2017 年现金比率为 23.55%，显得略微偏低，经过 1 年努力后，2018 年现金比率为 25.03%，上升了 1.48%。显示的结果表明，企业直接偿还流动负债的能力有了显著的提高，现金比率较合理。

（四）现金流动负债比率

现金流动负债比率是指企业一定时期的经营活动现金净流量与流动负债的比率。它是从现金流量角度来衡量企业当期偿付流动负债的能力。

经营活动现金净流量是指一定时期内，由企业经营活动所产生的现金及其等价物的流入量与流出量的差额。现金流动负债比率是从现金流入和流出的动态角度对企业实际偿债能力进行考察。由于有利润的年份不一定有足够的现金来偿还债务，所以利用以收付实现制为基础的现金流量比率指标，能充分体现企业经营活动所产生的现金净流量可以在多大程度上保证当期流动负债的偿还，直观地反映出企业偿还流动负债的实际能力。用该指标评价企业偿债能力更为谨慎。该指标较大，表明企业经营活动产生的现金净流量较多，能够保障企业按时偿还到期债务。但也不是越大越好，太大则表示企业流动资金利用不充分，收益能力不强。现金流动负债比率的计算公式如下：

$$\text{现金流动负债比率} = \frac{\text{年经营活动现金净流量}}{\text{年末流动负债}} \times 100\%$$

【例】 黄河股份有限公司 2017 年年末流动负债为 1 936 万元，该年经营活动现金净流量为 1 860 万元。2018 年年末流动负债为 1 942 万元，该年经营活动现金净流量为 2 110万元，计算并分析该公司的现金流动负债比率如下：

$$2017\text{ 年现金流动负债比率} = \frac{1\,860}{1\,936} \times 100\% = 96.07\%$$

$$2018\text{ 年现金流动负债比率} = \frac{2\,110}{1\,942} \times 100\% = 108.65\%$$

计算结果显示，该公司 2017 年现金流动负债比率为 96.07%，而 2018 年的现金流动负债比率为 108.65%，比上年提高了 12.58%，表明公司的短期偿债能力有了增强。

二、长期偿债能力分析

长期偿债能力是指企业偿还长期负债的能力。进行长期偿债能力分析可以从两个方面进行。一方面可以将企业的负债总额与反映企业生产经营规模的资产总额结合起来分析。因为在企业的资产总额中，倘若负债比率大，将意味着企业的大部分经营风险由债权人承担，负债比率越高，企业无力偿还债务本息的可能性就越大。另一方面要与企业的利润联系起来。从长远的观点看，分析长期偿债能力时，不能不重视盈利能力，这是因为现金流入量最终取决于企业能够获得的利润，现金流出量最终取决于企业必须付出的费用。因此，分析企业长期偿债能力的指标主要有资产负债率、产权比率、有形净值负债比率、权益乘数和已获利息倍数等。

（一）资产负债率

资产负债率又称负债比率，它是指企业的负债总额与资产总额的比率。资产负债率是用来衡量企业利用债权人提供资金进行经营活动的能力，反映了债权人提供贷款的安全程度。其计算公式如下：

$$资产负债率 = \frac{负债总额}{资产总额} \times 100\%$$

企业的负债总额实质上体现的是企业长期债务趋势。流动负债是短期营业性债务，就企业的偿债责任来看，流动资产用于清偿流动负债，一般不会发生破产还债危机。而清偿长期负债则不同，必须以企业的全部资产作保证，一旦企业因经营不善或者丧失偿债能力，债权人可以依法要求企业破产清算，偿还债务，届时企业用于偿债的不仅仅是流动资产，而是包括长期资产在内的全部资产。

资产负债率是评价企业长期偿债能力的一个重要财务指标。它可以揭示企业的负债是否适度，从债权人的角度来看，希望企业的负债比率低一些，以保障债务安全。因为在企业破产清算时，资产变现所得往往低于其账面价值，倘若比率过高，债权人将会蒙受损失。但从企业所有者的角度来看，如果该指标较大，说明利用较少的自有资本投资形成了较多的生产经营用资产，不仅扩大了生产经营规模，而且在经营状况良好的情况下，还利用财务杠杆效应，取得了较多的收益。如果该指标较小，则表明企业对财务杠杆利用不够。但该指标过大，则表明企业的债务负担重，企业资金实力不强，这不仅对债权人不利，而且企业有濒临倒闭的危险。通常认为资产负债率在50%左右较为适宜。当资产负债率超过100%时，表明企业已资不抵债，陷入了财务困境。

【例】 黄河股份有限公司2017年年末资产总额为10 052万元，负债总额为4 660万元；2018年年末资产总额为10 332万元，负债总额为4 918万元。计算并分析该公司的资产负债率如下：

$$2017年资产负债率 = \frac{4\ 660}{10\ 052} \times 100\% = 46.36\%$$

$$2018年资产负债率 = \frac{4\ 918}{10\ 332} \times 100\% = 47.60\%$$

计算结果显示，该公司2017年年末的资产负债率为46.36%，2018年年末的资产负债率为47.60%，比去年上升了1.24%。显示的结果表明，公司对债权人的资金利用程度有了提高。这一资产负债率表明公司每47.60元的债务，有100元的资产作为偿还债务的后盾，说明公司仍有足够的长期偿债能力，也说明了目前公司的生产经营规模中有47.60%的资金是借入的。这一资产负债率还是比较适当的。

（二）产权比率

产权比率又称资本负债率，它是指企业负债总额与所有者权益总额的比率。它表明由债权人提供的资金与投资者提供的资金的相对关系，以及企业基本财务结构的强弱。产权比率是用来衡量所有者权益对债权人权益的保障程度。其计算公式如下：

$$产权比率=\frac{负债总额}{所有者权益总额}\times 100\%$$

产权比率低，表示债权人权益的保障程度高，承担的风险小。根据经验判断，认为产权比率保持在100%左右比较适宜。

【例】 黄河股份有限公司2017年年末负债总额为4 660万元，所有者权益总额为5 392万元；2018年年末负债总额为4 918万元，所有者权益总额为5 414万元。计算并分析该公司的产权比率如下：

$$2017年产权比率=\frac{4\,660}{5\,392}\times 100\%=86.42\%$$

$$2018年产权比率=\frac{4\,918}{5\,414}\times 100\%=90.84\%$$

计算结果显示，该公司2017年的产权比率为86.42%，2018年的产权比率为90.84%。显示的结果表明，产权比率虽然比2017年上升了4.42%，但公司仍有很强的长期偿债能力，公司对债权人权益的保障程度较高，财务风险也较小。

（三）权益乘数

权益乘数是指企业的资产总额与所有者权益总额的比值，权益乘数用以衡量企业的负债程度。它表明了资产总额是所有者权益总额的倍数，其计算公式如下：

$$权益乘数=\frac{资产总额}{所有者权益总额}$$

权益乘数也可以用年度资金平均总额与所有者权益平均总额计算，其计算公式如下：

$$权益乘数=\frac{(期初资产总额+期末资产总额)\div 2}{(期初所有者权益总额+期末所有者权益总额)\div 2}$$

在资产总额需要量既定的前提下，企业适当开展负债经营，相对减少所有者权益所占的份额，就可使权益乘数提高，这样能给企业带来较大的财务杠杆效应，但同时企业也需要承受较大的财务风险，因此企业要妥善地予以安排。

【例】 黄河股份有限公司2016年年末资产总额为9 856万元，所有者权益为5 372万元；2017年年末资产总额为10 052万元，所有者权益总额为5 392万元；2018年年末资产总额为 10 332 万元，所有者权益总额为 5 414 万元，计算并分析其权益乘数如下：

$$2017\text{ 年年末权益乘数} = \frac{(9\,856 + 10\,052) \div 2}{(5\,372 + 5\,392) \div 2} = 1.849\,5$$

$$2018\text{ 年年末权益乘数} = \frac{(10\,052 + 10\,332) \div 2}{(5\,392 + 5\,414) \div 2} = 1.886\,4$$

计算结果显示，该公司权益乘数 2017 年为 1.849 5，2018 年为 1.886 4，2018 年比 2017 年略有提高，表明该公司利用财务杠杆效应的强度也有所提高。

（四）已获利息倍数

已获利息倍数又称利息保障倍数，它是指一定时期内企业的息税前利润与利息支出的比率。企业对外借债的目的是获取必要的经营资金。其负债经营的原则是对债务所付出的利息必须小于使用这笔款项所能获取的利润，否则对外借款将得不偿失。因此，负债经营存在着债务利息可能超过债务资金所获盈利的风险。已获利息倍数是用来衡量这种风险的财务指标。其计算公式如下：

$$\text{已获利息倍数} = \frac{\text{息税前利润}}{\text{利息费用}}$$

$$\text{息税前利润} = \text{净利润} + \text{所得税费用} + \text{利息支出} = \text{利润总额} + \text{利息支出}$$

已获利息倍数指标反映的是从所借债务中获得的利润为所需支付的债务利息的倍数。它表明了企业以其经营业务获取的利润偿付债务利息的能力。倘若已获利息倍数较高，说明企业的利润为支付债务利息提供了足够的保障。当企业能够一贯按时、足额地支付债务利息，使企业在支付债务利息方面形成良好的资信度，那么企业就比较容易借到新债归还旧债，就能持续不断地运用债务资金；反之，倘若已获利息倍数较低，说明企业的利润难以为支付债务利息提供充分的保障，从而引起债权人的担心，使企业失去对债权人的吸引力。根据经验判断，企业的已获利息倍数保持在 3 倍左右即有良好的偿付能力。

【例】 黄河股份有限公司 2017 年净利润为 942 万元，所得税费用为 314 万元，利息支出为 516 万元；2018 年净利润为 1 005 万元，所得税费用为 335 万元，利息支出为 548 万元。计算并分析该公司的已获利息倍数如下：

$$2017\text{ 年已获利息倍数} = \frac{942 + 314 + 516}{516} = 3.43(\text{倍})$$

$$2018\text{ 年已获利息倍数} = \frac{1\,005 + 335 + 548}{548} = 3.45(\text{倍})$$

计算结果显示，该公司 2017 年已获利息倍数为 3.43 倍，2018 年已获利息倍数为 3.45 倍，2018 年比 2017 年增加了 0.02 倍，表明该公司有足够的能力偿付债务的利息。

在实际工作中，为了正确评价企业长期偿债能力的稳定性，通常需要连续计算几个会计年度的已获利息倍数，并且选择最低的指标来确定企业长期偿债能力的状况，以保证企业最低的偿债能力。因为不论企业经营状况如何，均要偿付债务的利息，以最低会计年度的已获利息倍数来评价企业的长期偿债能力，其可信度最高。

第三节 营运能力分析

营运能力是指企业基于外部市场环境的约束，通过内部人力资源和生产资料的配置组合而对财务目标实现所产生作用的大小。营运能力分析包括人力资源营运能力分析和生产资料营运能力分析两部分。现分别予以阐述。

一、人力资源营运能力分析

人作为生产力的主体和企业财富的原始创造者，其素质水平的高低对企业营运能力的形成状况具有决定性作用。而分析和评价人力资源营运能力的着眼点在于如何充分调动劳动者的积极性和能动性，从而提高其经营效率。人力资源营运能力通常采用劳动效率指标来进行分析。

劳动效率是指企业营业收入或净产值与平均职工人数的比率。其计算公式如下：

$$劳动效率=\frac{营业收入或净产值}{平均职工人数}$$

$$平均职工人数=\frac{期初职工人数+期末职工人数}{2}$$

【例】 黄河股份有限公司的营业收入 2017 年为 15 275 万元，2018 年为16 165万元；职工人数 2016 年年末为 199 人，2017 年年末为 201 人，2018 年年末为 205 人，计算并分析其劳动效率如下：

$$2017\text{ 年平均职工人数}=\frac{199+201}{2}=200(\text{人})$$

$$2017\text{ 年劳动效率}=\frac{15\,275}{200}=76.38(\text{万元/人})$$

$$2018\text{ 年平均职工人数}=\frac{201+205}{2}=203(\text{人})$$

$$2018\text{ 年劳动效率}=\frac{16\,165}{203}=79.63(\text{万元/人})$$

计算结果显示，该公司 2017 年劳动效率为 76.38 万元/人，2018 年劳动效率为 79.63 万元/人，2018 年比 2017 年增长了 3.25 万元/人，表明该公司的劳动效率有了较大的提高。

二、生产资料营运能力分析

企业拥有或者控制的生产资料表现为各项资产占用。因此，生产资料的营运能力实际上就是企业的总资产及其各个组成要素的营运能力。资产营运能力的强弱主要取决于资产的周转速度。资产周转速度通常用周转率和周转期表示。周转率是指企业在一定时期内资产的周转额与平均余额的比率，它反映了企业资产在一定时期的周转次数。周转次数越多，表明周转速度越快，资产营运能力越强；反之，则表明资产营运能力越差。而周转期是周转率的反指标，它是周转次数的倒数与计算期天数的乘积，反映资产周转一次所需要的天数。周转天数越少，表明周转速度越快，资产营运能力越强。

生产资料营运能力分析指标主要有应收账款周转率、存货周转率、流动资产周转率、固定资产周转率和总资产周转率。

（一）应收账款周转率

应收账款周转率是指企业一定时期内的营业收入（或销售收入）与应收账款平均余额的比率。该指标用来衡量企业应收账款变现速度的快慢及管理效率的高低。其计算公式如下：

$$\text{应收账款周转率}=\frac{\text{营业收入}}{\text{应收账款平均余额}}$$

$$\begin{matrix}\text{应收账款①}\\\text{平均余额}\end{matrix}=\frac{\text{应收账款期初余额}+\text{应收账款期末余额}}{2}$$

$$\begin{matrix}\text{应收账款周转期}\\\text{（周转天数）}\end{matrix}=\frac{\text{年度天数}}{\text{应收账款周转率}}$$

应收账款周转率是评价企业应收账款变现速度快慢及管理效率高低的一个重要财务指标。周转率高表明企业收账迅速，资产流动性强，可以减少收账费用和坏账损失，从而相对增加企业应收账款的投资收益。同时，将应收账款周转期与企业信用期限加以比较，还可以评价购货方的信用程度，以及企业原制定的信用条件是否适当。

【例】 黄河股份有限公司的营业收入 2017 年为 15 275 万元，2018 年为16 165万元；应收账款期末余额 2016 年为 978 万元，2017 年为 1 028 万元，2018 年为1 058万元。计算并分析应收账款周转率如下：

---

① 当企业的生产经营活动具有季节性时，那么根据应收账款（包括后文的存货、流动资产、固定资产净额和总资产）期初余额与期末余额之和的 1/2 作为应收账款平均余额将会产生较大的偏差。为了保证计算的准确性，应收账款平均余额可以通过将年初与年末的应收账款余额之和除以 2，再加上 1 月末至 11 月末的应收账款余额，除以 12 取得。

$$2017\text{年应收账款平均余额} = \frac{978 + 1\,018}{2} = 1\,003(\text{万元})$$

$$2017\text{年应收账款周转率} = \frac{15\,275}{1\,003} = 15.23(\text{次})$$

$$2017\text{年应收账款周转期} = \frac{360}{15.23} = 23.64(\text{天})$$

$$2018\text{年应收账款平均余额} = \frac{1\,028 + 1\,058}{2} = 1\,043(\text{万元})$$

$$2018\text{年应收账款周转率} = \frac{16\,165}{1\,043} = 15.50(\text{次})$$

$$2018\text{年应收账款周转期} = \frac{360}{15.50} = 23.23(\text{天})$$

计算结果显示，该公司2017年应收账款周转率为15.23次，周转期为23.64天，2018年应收账款周转率为15.50次，周转期为23.23天，2018年比2017年周转率增加了0.27次，周转期减少了0.41天，表明该公司应收账款变现的速度有所加快，管理的效率提高。

（二）存货周转率

存货周转率是指企业一定时期内的营业成本（或销售成本）与存货平均余额的比率。该指标用来衡量企业的销售能力和存货的周转速度。其计算公式如下：

$$\begin{matrix}\text{存货周转率}\\(\text{周转次数})\end{matrix} = \frac{\text{营业成本}}{\text{存货平均余额}}$$

$$\text{存货平均余额} = \frac{\text{存货期初余额} + \text{存货期末余额}}{2}$$

$$\begin{matrix}\text{存货周转期}\\(\text{周转天数})\end{matrix} = \frac{\text{年度天数}}{\text{存货周转率}}$$

存货周转率是评价企业生产经营各环节中存货营运效率的一个综合性指标。存货周转速度的快慢，不仅反映了企业采购、储存、生产和销售各个环节管理工作状况的好坏，而且对企业的偿债能力及盈利能力产生决定性的影响。存货周转率越高，表明其变现的速度越快，周转额越大，资金占用水平越低。

【例】 黄河股份有限公司的营业成本2017年为11 885万元，2018年为12 576万元；存货余额2016年年末为1 934万元，2017年年末为2 038万元，2018年年末为2 156万元。计算并分析存货周转率如下：

$$2017\text{年存货平均余额} = \frac{1\,934 + 2\,038}{2} = 1\,986(\text{万元})$$

$$2017\text{年存货周转率}=\frac{11\,885}{1\,986}=5.98(\text{次})$$

$$2017\text{年存货周转期}=\frac{360}{5.98}=60.20(\text{天})$$

$$2018\text{年存货平均余额}=\frac{2\,038+2\,156}{2}=2\,097(\text{万元})$$

$$2018\text{年存货周转率}=\frac{12\,576}{2\,097}=6(\text{次})$$

$$2018\text{年存货周转期}=\frac{360}{6}=60(\text{天})$$

计算结果显示，该公司2017年存货周转率为5.98次，周转期为60.2天，2018年存货周转率为6次，周转期为60天，2018年比2017年周转率加快了0.02次，周转期减少0.2天，表明该公司的销售能力和存货的周转速度有了提高。

（三）流动资产周转率

流动资产周转率是指企业一定时期内的营业收入与流动资产平均余额的比率。该指标用来衡量企业流动资产的使用效率。流动资产周转率的计算公式如下：

$$\begin{array}{c}\text{流动资产周转率}\\(\text{周转次数})\end{array}=\frac{\text{营业收入}}{\text{流动资产平均余额}}$$

$$\text{流动资产平均余额}=\frac{\text{流动资产期初余额}+\text{流动资产期末余额}}{2}$$

$$\begin{array}{c}\text{流动资产周转期}\\(\text{周转天数})\end{array}=\frac{\text{年度天数}}{\text{流动资产周转率}}$$

【例】 黄河股份有限公司营业收入2017年为15 275万元，2018年为16 165万元；流动资产余额2016年年末为3 702万元，2017年年末为3 786万元，2018年年末为3 912万元。计算并分析该公司的流动资产周转率如下：

$$2017\text{年流动资产平均余额}=\frac{3\,702+3\,786}{2}=3\,744(\text{万元})$$

$$2017\text{年流动资产周转率}=\frac{15\,275}{3\,744}=4.08(\text{次})$$

$$2017\text{年流动资产周转期}=\frac{360}{4.08}=88.24(\text{天})$$

$$2018\text{年流动资产平均余额}=\frac{3\,786+3\,912}{2}=3\,849(\text{万元})$$

$$2018\text{年流动资产周转率}=\frac{16\ 165}{3\ 849}=4.20(\text{次})$$

$$2018\text{年流动资产周转期}=\frac{360}{4.20}=85.71(\text{天})$$

计算结果显示，该公司 2017 年流动资产周转率为 4.08 次，周转期为 88.24 天，2018 年流动资产周转率为 4.20 次，周转期为 85.71 天，2018 年比 2017 年周转率加快了 0.12 次，周转期减少了 2.53 天，表明该公司流动资产的使用效率有了提高，营运能力有了加强。

（四）固定资产周转率

固定资产周转率是指企业一定时期内的营业收入与固定资产平均净额的比率。该指标用来衡量固定资产的利用效率。其计算公式如下：

$$\text{固定资产周转率}=\frac{\text{营业收入}}{\text{固定资产平均净额}}$$

$$\text{固定资产平均净额}=\frac{\text{固定资产期初余额}+\text{固定资产期末余额}}{2}$$

$$\text{固定资产周转期}=\frac{\text{年度天数}}{\text{固定资产周转率}}$$

固定资产周转率高，表明企业固定资产利用充分，同时也能表明企业固定资产投资得当，固定资产结构合理，能够充分发挥效率；反之，如果固定资产周转率不高，则表明固定资产使用效率不高，提供的生产成果不多，企业的营运能力不强。

运用固定资产周转率时，需要考虑固定资产因计提折旧和计提减值准备的影响，其净额在不断地减少，以及因更新重置，其净额突然增加的影响。同时，由于折旧方法的不同，可能影响其可比性，故在分析时，一定要剔除这些不可比因素。

【例】 黄河股份有限公司的固定资产净额 2016 年为 5 364 万元，2017 年为5 760 万元，2018 年为 5 880 万元，其他资料与上例相同，计算并分析固定资产周转率如下：

$$2017\text{年固定资产平均净额}=\frac{5\ 644+6\ 060}{2}=5\ 852(\text{万元})$$

$$2017\text{年固定资产周转率}=\frac{15\ 275}{5\ 852}=2.61(\text{次})$$

$$2017\text{年固定资产周转期}=\frac{360}{2.61}=137.93(\text{天})$$

$$2018\text{年固定资产平均净额}=\frac{6\ 060+6\ 180}{2}=6\ 120(\text{万元})$$

$$2018\text{ 年固定资产周转率}=\frac{16\,165}{6\,120}=2.64(\text{次})$$

$$2018\text{ 年固定资产周转期}=\frac{360}{2.64}=136.36(\text{天})$$

计算结果显示，该公司 2017 年固定资产周转率为 2.61 次，周转期为 137.93 天，2018 年固定资产周转率为 2.64 次，周转期为 136.36 天，2018 年比 2017 年固定资产周转率加快了 0.03 次，周转期减少了 1.57 天，表明固定资产利用效率有了提高。

（五）总资产周转率

总资产周转率是指企业一定时期内的营业收入与总资产平均余额的比率。该指标用来衡量企业全部资产的使用效率。总资产周转率越高，表明企业运用资产的效率越高，营运能力越强；反之，总资产周转率越低，表明企业运用资产的效率越低，营运能力也越弱。总资产周转率的计算公式如下：

$$\text{总资产周转率}=\frac{\text{营业收入}}{\text{总资产平均余额}}$$

$$\text{总资产平均余额}=\frac{\text{总资产期初余额}+\text{总资产期末余额}}{2}$$

【例】 黄河股份有限公司销售收入 2017 年为 15 275 万元，2018 年为 16 165 万元；总资产余额 2016 年年末为 9 856 万元，2017 年年末为 10 052 万元，2018 年年末为 10 332 万元。计算并分析该公司总资产周转率如下：

$$2017\text{ 年总资产平均余额}=\frac{9\,856+10\,052}{2}=9\,954(\text{万元})$$

$$2017\text{ 年总资产周转率}=\frac{15\,275}{9\,954}=1.534\,6(\text{次})$$

$$2017\text{ 年总资产周转期}=\frac{360}{1.534\,6}=234.59(\text{天})$$

$$2018\text{ 年总资产平均余额}=\frac{10\,052+10\,332}{2}=10\,192(\text{万元})$$

$$2018\text{ 年总资产周转率}=\frac{16\,165}{10\,192}=1.586\,0(\text{次})$$

$$2018\text{ 年总资产周转期}=\frac{360}{1.586\,0}=226.99(\text{天})$$

计算结果显示，该公司 2017 年总资产周转率为 1.534 6 次，总资产周转期为 234.59 天，2018 年总资产周转率为 1.586 0 次，总资产周转期为 226.99 天，2018 年比 2017 年周转率加快了 0.051 4 次，周转期减少了 7.6 天，表明该公司总资产的使用效率略有提高，营运能力略有增强。

第四节　盈利能力分析

盈利能力就是企业资金增值的能力。它通常体现为企业收益数额的大小与水平的高低。企业盈利能力分析包括企业盈利能力的一般分析和社会贡献能力分析两个方面。

一、企业盈利能力的一般分析

企业盈利能力的一般分析是指企业获取利润的能力。由于企业盈利能力的强弱决定了投资者投资收益的高低，影响了企业偿债能力的强弱，也综合地反映了企业组织生产经营活动和财务管理活动水平的高低，因此，它成了投资者、债权人和企业管理层都关心的中心问题。这样，企业盈利能力分析就显得格外重要。评价企业盈利能力分析的一般指标主要有营业利润率、营业净利率，营业毛利率、成本费用利润率、总资产净利率、总资产报酬率、净资产收益率、资本收益率和盈余现金保障倍数等九项。此外，股份有限公司还要加上每股收益、每股现金股利和市盈率等三项。

（一）营业利润率和营业净利率

营业利润率是指企业一定时期内营业利润与营业收入的比率。该指标用来衡量企业营业收入获取营业利润的能力。营业利润率越高，表明企业市场竞争力越强，发展潜力越大，从而盈利能力也就越强。营业利润率的计算公式如下：

$$营业利润率=\frac{营业利润}{营业收入}\times 100\%$$

营业净利率是指企业一定时期内的净利润与营业收入的比率。该指标用来衡量企业营业收入获取净利润的能力。营业净利率越高，说明企业盈利能力越强，经济效益也越好。营业净利率的计算公式如下：

$$营业净利率=\frac{净利润}{营业收入}\times 100\%$$

【例】 黄河股份有限公司营业利润 2017 年为 1 252 万元，2018 年为 1 342 万元，净利润 2017 年为 938 万元，2018 年为 1 005 万元；营业收入 2017 年为 15 275 万元，2018 年为 16 165 万元。计算并分析营业利润率和营业净利率如下：

$$2017年营业利润率=\frac{1\,252}{15\,275}\times 100\%=8.20\%$$

$$2018年营业利润率=\frac{1\,342}{16\,165}\times 100\%=8.30\%$$

$$2017\text{ 年营业净利率} = \frac{942}{15\,275} \times 100\% = 6.17\%$$

$$2018\text{ 年营业净利率} = \frac{1\,005}{16\,165} \times 100\% = 6.22\%$$

计算结果显示，该公司 2017 年营业利润率为 8.20%，2018 年营业利润率为 8.30%，2017 年营业净利率为 6.17%，2018 年营业净利率上升到 6.22%，表明该公司每 100 元营业收入 2018 年比 2017 年增加了 0.10 元营业利润，增加了 0.05 元的净利润。

（二）营业毛利率

营业毛利率是指毛利占营业收入的百分比。营业毛利率反映了企业营业收入的初始盈利能力，营业毛利率和营业收入相结合进行分析，可以评价企业对期间费用的承担能力。营业毛利率越高，说明企业盈利能力越强。营业毛利率的计算公式如下：

$$\text{营业毛利率} = \frac{\text{营业毛利}}{\text{营业收入}} \times 100\%$$

$$\text{营业毛利} = \text{营业收入} - \text{营业成本}$$

【例】 黄河股份有限公司营业收入 2017 年为 15 275 万元，2018 年为 16 165 万元；营业成本 2017 年为 11 885 万元，2018 年为 12 576 万元。计算并分析营业毛利率如下：

$$2017\text{ 年营业毛利} = 15\,275 - 11\,885 = 3\,390\text{（万元）}$$

$$2017\text{ 年营业毛利率} = \frac{3\,390}{15\,275} \times 100\% = 22.19\%$$

$$2018\text{ 年营业毛利} = 16\,165 - 12\,576 = 3\,589\text{（万元）}$$

$$2018\text{ 年营业毛利率} = \frac{3\,589}{16\,165} \times 100\% = 22.20\%$$

计算结果显示，该公司 2017 年营业毛利率为 22.19%，2018 年营业毛利率上升到 22.20%，表明该公司每 100 元营业收入 2018 年比 2017 年增加了 0.01 元营业毛利。

（三）成本费用利润率

成本费用利润率是指企业一定时期内的利润总额与成本费用总额的比率。该指标用来衡量企业由于各种经营耗费所带来的利润总额的多少。成本费用利润率越高，说明其各种经营耗费所带来的利润总额也越高。成本费用利润率的计算公式如下：

$$\text{成本费用利润率} = \frac{\text{利润总额}}{\text{成本费用总额}} \times 100\%$$

$$\text{成本费用总额} = \text{营业成本} + \text{税金及附加} + \text{销售费用} + \text{管理费用} + \text{财务费用}$$

【例】 黄河股份有限公司利润总额 2017 年为 1 256 万元，2018 年为 1 340 万元；营业成本2017年为11 871万元，2018年为12 576万元；税金及附加2017年为21万元，2018年为23万元；销售费用2017年为605万元，2018年为662万元；管理费用2017年为918万元，2018年为1 011万元；财务费用2017年为525万元，2018年为562万元。计算并分析成本费用利润率如下：

$$2017\text{年成本费用利润率}=\frac{1\ 256}{11\ 871+21+605+918+525}\times 100\%=9.01\%$$

$$2018\text{年成本费用利润率}=\frac{1\ 340}{12\ 576+23+662+1\ 011+562}\times 100\%=9.03\%$$

计算结果显示，该公司2017年成本费用利润率为9.01%，2018年成本费用利润率为9.03%，表明该公司每耗费100元成本费用总额，2018年比2017年增加利润总额0.02元。

（四）总资产净利率

总资产净利率是指企业一定时期内的净利润与总资产平均余额的比率。该指标是用来衡量企业总资产的综合利用效率的。总资产净利率越高，说明企业总资产的综合利用效率也越高。总资产净利率的计算公式如下：

$$\text{总资产净利率}=\frac{\text{净利润}}{\text{总资产平均余额}}\times 100\%$$

总资产净利率是一个综合性的指标，净利的多少与企业总资产的多少、总资产的结构、经营管理水平有着密切的关系。为了正确评价企业经济效益的高低、挖掘提高利润水平的潜力，可以用该项指标与本企业前期，与计划、与本行业平均水平和本行业内先进企业进行对比，分析形成差异的原因。影响总资产净利率高低的因素主要有：产品的价格、单位成本的高低、产品的产量和销售的数量以及资金占用量的大小等。

【例】 黄河股份有限公司净利润2017年为942万元，2018年为1 005万元；总资产平均余额2017年为9 954万元，2018年为10 192万元。计算并分析总资产净利率如下：

$$2017\text{年总资产净利率}=\frac{942}{9\ 954}\times 100\%=9.46\%$$

$$2018\text{年总资产净利率}=\frac{1\ 005}{10\ 192}\times 100\%=9.86\%$$

计算结果显示，该公司2017年总资产净利率为9.46%，2018年总资产净利率为9.86%，比上年提高了0.40%。也就是说，2018年企业每100元总资产比2017年增加收益0.40元，表明该公司总资产的综合利用效率有了一定的提高。

（五）总资产报酬率

总资产报酬率是企业一定时期内获得的报酬总额与总资产平均余额的比率。它是

反映企业资产综合利用效果的指标,也是衡量企业利用债权人和所有者权益总额所取得盈利的重要指标。其计算公式如下:

$$\text{总资产报酬率}=\frac{\text{净利润}+\text{所得税费用}+\text{利息支出}}{\text{总资产平均余额}}\times 100\%$$

总资产报酬率越高,表明企业总资产的利用效益越好,整个企业盈利能力越强,经营管理水平越高。

【例】 黄河股份有限公司的所得税费用 2017 年为 314 万元,2018 年为 335 万元;利息支出 2017 年为 516 万元,2018 年为 548 万元;其他资料同上例。计算并分析其总资产报酬率如下:

$$2017\text{ 年总资产报酬率}=\frac{942+314+516}{9\,954}\times 100\%=17.80\%$$

$$2018\text{ 年总资产报酬率}=\frac{1\,005+335+548}{10\,192}\times 100\%=18.52\%$$

计算结果显示,该公司 2017 年总资产报酬率为 17.80%,2018 年总资产报酬率为 18.52%,2018 年比 2017 年提高了 0.72%,表明该公司总资产的综合利用效益有了提高。

(六) 净资产收益率

净资产收益率是指企业一定时期内的净利润与净资产平均余额的比率。它是评价企业自有资本及其积累获取报酬水平的最具综合性与代表性的指标,是反映企业资本营运综合效益的指标。净资产是总资产减去负债的差额,属于投资者所有,其实质也就是所有者权益。因此,净资产收益率又称为所有者权益报酬率,在股份有限公司则称为股东权益报酬率。该指标用来衡量投资者投资的收益水平。净资产收益率越高,说明由投资者享有的净利润就越多,投资者投资的收益水平也就越高。净资产收益率的计算公式如下:

$$\text{净资产收益率}=\frac{\text{净利润}}{\text{所有者(股东)权益平均余额(净资产平均余额)}}\times 100\%$$

$$\begin{array}{c}\text{所有者(股东)权益平均余额}\\\text{(净资产平均余额)}\end{array}=\frac{\text{所有者(股东)权益期初余额}+\text{所有者(股东)权益期末余额}}{2}$$

【例】 黄河股份有限公司净利润 2017 年为 942 万元,2018 年为1 005万元;股东权益余额 2016 年年末为 5 372 万元,2017 年年末为5 392万元,2018 年年末为5 414万元。计算并分析其净资产收益率如下:

$$2017\text{ 年股东权益平均余额}=\frac{5\,372+5\,392}{2}=5\,382\text{(万元)}$$

$$2017\text{年净资产收益率}=\frac{942}{5\,382}\times 100\%=17.50\%$$

$$2018\text{年股东权益平均余额}=\frac{5\,392+5\,414}{2}=5\,403(\text{万元})$$

$$2018\text{年净资产收益率}=\frac{1\,005}{5\,403}\times 100\%=18.60\%$$

计算结果显示，该公司 2017 年净资产收益率为 17.50%，2018 年净资产收益率为 18.60%，2018 年比 2017 年提高了 1.10%。也就是说，每 100 元的净资产比上年增加了 1.10 元的净利润，表明公司运用净资产获取收益的能力有了增强。

（七）资本收益率

资本收益率是指企业一定时期内净利润与资本平均余额的比率。它是反映企业实际获得投资额回报水平的指标。其计算公式如下：

$$\text{资本收益率}=\frac{\text{净利润}}{\text{资本平均余额}}\times 100\%$$

$$\text{资本平均余额}=\frac{\text{实收资本(股本)期初余额}+\text{资本(股本)溢价}^{①}\text{期初余额}+\text{实收资本(股本)期末余额}+\text{资本(股本)溢价}^{①}\text{期末余额}}{2}$$

【例】 黄河股份有限公司 2016 年年末至 2018 年年末，每年年末的股本均为 3 500 万元，2016 年年末至 2018 年年末，每年年末的资本溢价均为 60 万元，其他资料同上例。计算其资本收益率如下：

$$2017\text{年、}2018\text{年资本平均余额}=3\,500+60=3\,560(\text{万元})$$

$$2017\text{年资本收益率}=\frac{942}{3\,560}=26.46\%$$

$$2018\text{年资本收益率}=\frac{1\,005}{3\,560}=28.23\%$$

计算结果显示，该公司 2017 年资本收益率为 26.46%，2018 年资本收益率为 28.23%，2018 年比 2017 年提高了 1.77%。也就是说，每 100 元的资本比上年增加了 1.77 元的净利润，表明企业投资额的回报水平有了提高。

（八）盈余现金保障倍数

盈余现金保障倍数是指企业一定时期内经营活动现金净流量与净利润的比值。它是反映企业当期净利润中现金收益的保障程度，真实反映了企业盈余的质量，是评价企业盈余状况的辅助指标。该指标越大，说明企业经营活动产生的净利润对现金的贡献越

① 系资本公积中的资本（股本）溢价。

大。其计算公式如下：

$$盈余现金保障倍数 = \frac{经营活动现金净流量}{净利润}$$

【例】 黄河股份有限公司的经营活动现金净流量 2017 年为 1 860 万元，2018 年为 2 010万元；其他资料同上例。计算并分析其盈余现金保障倍数如下：

$$2017\text{ 年盈余现金保障倍数} = \frac{1\ 860}{942} = 1.97(\text{倍})$$

$$2018\text{ 年盈余现金保障倍数} = \frac{2\ 010}{1\ 005} = 2(\text{倍})$$

计算结果显示，该公司 2017 年盈余现金保障倍数为 1.97 倍，2018 年盈余现金保障倍数为 2 倍，2018 年比 2017 年提高了 0.03 倍，表明经营活动产生的净利润对现金的贡献有了提高。

（九）每股收益

每股收益是指每股普通股享有的净利润。该指标用来衡量每一普通股的盈利水平。每股收益越高，每一股份所拥有的收益也越多。每股收益的计算公式如下：

$$每股收益 = \frac{净利润}{普通股股票股数}$$

【例】 黄河股份有限公司净利润 2017 年为 942 万元，2018 年为 1 005万元，2017 年和 2018 年均有 3 500 万股普通股股票。计算并分析每股普通股股票收益如下：

$$2017\text{ 年每净收益} = \frac{942}{3\ 500} = 0.27(\text{元})$$

$$2018\text{ 年每股收益} = \frac{1\ 005}{3\ 500} = 0.29(\text{元})$$

计算结果显示，该公司 2017 年普通股每股收益为 0.27 元，2018 年普通股股票每股收益上升至 0.29 元，2018 年比 2017 年增加了 0.02 元，表明普通股股票的收益有了增长。

（十）每股现金股利

每股现金股利是指每一普通股股票获取的现金股利额。由于现金股利的多少不仅取决于公司的盈利能力，还取决于公司的股利政策和现金流量状况，因此没有一个具体的评价标准。每股现金股利的计算公式如下：

$$每股现金股利 = \frac{支付普通股的现金股利}{普通股股票的流通股数}$$

【例】 黄河股份有限公司有 3 500 万股普通股股票，支付的普通股股票现金股利 2017 年为 590 万元，2018 年为 688 万元。计算并分析每股现金股利如下：

$$2017\text{年普通股股票现金股利}=\frac{590}{3\,500}=0.17(\text{元})$$

$$2018\text{年普通股股票现金股利}=\frac{688}{3\,500}=0.20(\text{元})$$

计算结果显示，该公司 2017 年普通股股票每股现金股利为 0.17 元，2018 年普通股股票每股现金股利为 0.20 元，2018 年比 2017 年增加了 0.03 元。

（十一）市盈率

市盈率是指普通股每股市价与每股收益的比率。其计算公式及内容在第六章第三节中作了阐述，不再重复。

市盈率反映了投资者对每元净利润所愿支付的价格，它可以用来衡量股票的投资报酬和风险。它是市场对公司的共同期望指标。市盈率越高，表明市场对公司的未来越看好。在市价确定的情况下，每股收益越高，市盈率就越低，投资风险就越小。在每股收益确定的情况下，市价越高，市盈率也就越高，风险也就越大。

【例】 黄河股份有限公司普通股股票每股市价 2017 年年末为 5.04 元，2018 年年末为 5.50 元，普通股股票每股收益 2017 年为 0.27 元，2018 年为 0.29 元。计算并分析其市盈率如下：

$$2017\text{年市盈率}=\frac{5.04}{0.27}=18.67(\text{倍})$$

$$2018\text{年市盈率}=\frac{5.50}{0.29}=18.97(\text{倍})$$

计算结果显示，该公司普通股股票 2017 年市盈率为 18.67 倍，2018 年上升为 18.97 倍，2018 年比 2017 年增加了 0.30 倍，表明投资者对该企业的未来盈利能力的评价有了提高。

（十二）每股净资产

每股净资产又称每股账面价值，是指企业净资产与普通股股票股数之间的比率。每股净资产反映了每一股份在企业账面上的价值，在企业性质相同、股票市价相近的条件下，每股净资产越高，企业的发展潜力和其股票的投资价值就越大，投资者所承担的风险就越小。每股净资产的计算公式如下：

$$\text{每股净资产}=\frac{\text{股东权益余额}}{\text{普通股股数}}$$

【例】 黄河股份有限公司股东权益余额 2017 年年末为 5 372 万元，2018 年年末为

5 392万元，普通股股票股数这2年均为3 500万股，计算并分析其每股净资产如下：

$$2017\text{年每股净资产}=\frac{5\ 372}{3\ 500}=1.534\ 9(\text{元})$$

$$2018\text{年每股净资产}=\frac{5\ 392}{3\ 500}=1.540\ 6(\text{元})$$

计算结果显示，该公司普通股股票每股净资产2017年为1.534 9元，2018年上升为1.540 6元，2018年比2017年仅增加了0.005 7元，表明该公司发展的潜力不大。

（十三）市净率

市净率是指普通股每股市价与每股净资产的比率。市净率是投资者用以衡量、分析个股是否具有投资价值的工具之一。在企业性质相同、股票市价相近的条件下，市净率越低，其股票的投资价值就越高。其计算公式如下：

$$\text{市净率}=\frac{\text{每股市价}}{\text{每股净资产}}$$

【例】 根据上两例的资料，计算并分析黄河股份有限公司的市净率如下：

$$2017\text{年市净率}=\frac{5.04}{1.534\ 9}=3.28(\text{倍})$$

$$2018\text{年市净率}=\frac{5.50}{1.540\ 6}=3.57(\text{倍})$$

计算结果显示，该公司普通股股票2017年市净率为3.28倍，2018年上升为3.57倍，2018年比2017年增加了0.29倍，表明该公司的市净率随着股票市价的上升而提高，从而降低了其投资价值。

二、社会贡献能力分析

企业开展生产经营活动，除了要考虑经济效益外，还要考虑社会效益，要考虑对社会贡献的程度。评价企业对社会贡献能力的指标有社会贡献率和社会积累率两项。

（一）社会贡献率

社会贡献率是指企业一定时期内对社会贡献总额与总资产平均余额的比率。社会贡献总额是指企业为社会创造或支付的价值总额。它包括支付的职工薪酬（包括工资、奖金及津贴和补贴、社会保险费、住房公积金等）、公益性救济捐赠支出、利息支出净额、应交及已交的增值税、消费税、城市维护建设税等各种税款（所得税除外）和教育费附加、应交及已交的所得税和净利润等。该指标是用来衡量企业运用全部资产为社会创造价值的能力的。其计算公式如下：

$$\text{社会贡献率}=\frac{\text{社会贡献总额}}{\text{总资产平均余额}}\times 100\%$$

【例】 黄河股份有限公司2017年发生职工薪酬3 749万元，公益性救济捐赠支出5万元，利息支出净额516万元，各种税款（所得税除外）及附加为560万元，所得税314万元，净利润942万元，总资产平均余额为9 954万元；2018年发生职工薪酬3 937万元，公益性救济捐赠支出8万元，利息支出净额548万元，各种税款（所得税除外）及附加595万元，所得税335万元，净利润1 005万元，总资产平均余额为10 192万元。计算并分析其社会贡献率如下：

$$\text{2017年社会贡献率}=\frac{3\,749+5+516+560+314+942}{9\,954}\times 100\%=61.14\%$$

$$\text{2018年社会贡献率}=\frac{3\,937+8+548+595+335+1\,005}{10\,192}\times 100\%=63.07\%$$

计算结果显示，该公司2017年社会贡献率为61.14%，2018年社会贡献率为63.07%，2018年比2017年提高了1.93%，表明该公司增强了为社会创造价值的能力。

（二）社会积累率

社会积累率是指企业一定时期内交纳国家财政各项税款总额与社会贡献总额的比率。企业交纳给国家财政的各项税款总额包括各种应交及已交的流转税及附加、所得税和其他税款。该指标用来衡量企业创造的社会贡献总额中交纳给国家财政的份额。其计算公式如下：

$$\text{社会积累率}=\frac{\text{交纳给国家财政税款总额}}{\text{社会贡献总额}}\times 100\%$$

【例】 黄河股份有限公司2017年交纳各种税款（所得税除外）及附加560万元，所得税314万元，社会贡献总额为6 086万元；2018年交纳各种税款（所得税除外）及附加595万元，所得税335万元，社会贡献总额为6 428万元。计算并分析社会积累率如下：

$$\text{2017年社会积累率}=\frac{560+314}{6\,086}\times 100\%=14.36\%$$

$$\text{2018年社会积累率}=\frac{595+335}{6\,428}\times 100\%=14.47\%$$

计算结果显示，该公司2017年社会积累率为14.36%，2018年社会积累率为14.47%，2018年比2017年提高了0.11%，表明该公司为国家财政收入的贡献有所增长。

第五节 发展能力分析

发展能力是指企业在生存的基础上，扩大规模和壮大实力的潜在能力。发展能力分析指标主要有营业增长率、资本保值增值率、资本积累率、总资产增长率、营业利润增长率和净利润增长率等。

一、营业增长率

营业增长率是指企业本年营业收入增长额与上年营业收入总额的比率。该指标是用来衡量企业经营状况和市场占有能力、预测企业经营业务拓展趋势的重要标志。不断增加的营业收入是企业生存的基础和发展的条件。营业增长率的计算公式如下：

$$营业增长率 = \frac{本年营业收入增长额}{上年营业收入} \times 100\%$$

$$本年营业收入增长额 = 本年营业收入 - 上年营业收入$$

营业增长率越高，表明营业收入增长速度越快，企业市场前景越好。若该指标小于零，则说明产品或服务不适销对路、质次价高，或在售后服务等方面存在问题，市场份额萎缩。

【例】 黄河股份有限公司的营业收入 2016 年为 14 560 万元，2017 年为15 275万元，2018 年为 16 165 万元。计算并分析其营业增长率如下：

$$2017\text{ 年营业收入增长额} = 15\,275 - 14\,560 = 715(\text{万元})$$

$$2017\text{ 年营业增长率} = \frac{715}{14\,560} = 4.91\%$$

$$2018\text{ 年营业收入增长额} = 16\,165 - 15\,275 = 890(\text{万元})$$

$$2018\text{ 年营业增长率} = \frac{890}{15\,275} = 5.83\%$$

计算结果显示，该公司 2017 年营业增长率为 4.91%，2018 年营业增长率为 5.83%，2018 年比 2017 年上升了 0.92%，表明该公司这两年的经营业务有一定的拓展，并呈上升趋势。

二、资本保值增值率

资本保值增值率是指企业扣除客观因素后的年末所有者(股东)权益总额与年初所有者(股东)权益总额的比率。该指标用于衡量企业资本保值增值的程度。资本保值增值率计算公式如下：

$$资本保值增值率 = \frac{扣除客观因素后的所有者(股东)权益期末总额}{所有者(股东)权益期初总额} \times 100\%$$

【例】 黄河股份有限公司股东权益期末总额 2016 年为 5 372 万元，2017 年为 5 392 万元，2018 年为 5 414 万元。计算并分析其资本保值增值率如下：

$$2017\text{ 年资本保值增值率} = \frac{5\,392}{5\,372} \times 100\% = 100.37\%$$

$$2018\text{年资本保值增值率} = \frac{5\ 414}{5\ 392} \times 100\% = 100.41\%$$

计算结果显示，该公司 2017 年资本保值增值率 100.37%，2018 年资本保值增值率为 100.41%，2018 年仅比 2017 年上升了 0.04%，表明该公司这两年资本保值增值能力较弱。

三、资本积累率

资本积累率是指企业本年所有者(股东)权益增长额与年初所有者(股东)权益的比率。该指标用来衡量企业当年资本的积累能力，是评价企业发展潜力的重要指标。其计算公式如下：

$$\text{资本积累率} = \frac{\text{本年所有者(股东)权益增长额}}{\text{所有者(股东)权益期初余额}} \times 100\%$$

$$\begin{matrix}\text{本年所有者(股东)}\\\text{权益增长额}\end{matrix} = \begin{matrix}\text{所有者(股东)}\\\text{权益期末余额}\end{matrix} - \begin{matrix}\text{所有者(股东)}\\\text{权益期初余额}\end{matrix}$$

【例】 根据上例资料，计算并分析黄河股份有限公司资本积累率如下：

$$2017\text{年股东权益增长额} = 5\ 392 - 5\ 372 = 20(\text{万元})$$

$$2017\text{年资本积累率} = \frac{20}{5\ 372} = 0.37\%$$

$$2018\text{年股东权益增长额} = 5\ 414 - 5\ 392 = 22(\text{万元})$$

$$2018\text{年资本积累率} = \frac{22}{5\ 392} = 0.41\%$$

计算结果显示，该公司 2017 年资本积累率为 0.37%，2018 年资本积累率为 0.41%，2018 年仅比 2017 年增加了 0.04%，表明该公司资本积累很慢。

四、总资产增长率

总资产增长率是指企业本年总资产增长额与年初总资产的比率。该指标用来衡量企业当年总资产的扩张能力。其计算公式如下：

$$\text{总资产增长率} = \frac{\text{本年总资产增长额}}{\text{总资产年初余额}} \times 100\%$$

$$\text{本年总资产增长额} = \text{总资产年末余额} - \text{总资产年初余额}$$

【例】 黄河股份有限公司总资产的年末余额 2016 年为 9 856 万元，2017 年为 10 052 万元，2018 年为 10 332 万元。计算并分析该公司的总资产增长率如下：

$$2017\text{年总资产增长额} = 10\ 052 - 9\ 856 = 196(\text{万元})$$

$$2017\text{年总资产增长率} = \frac{196}{9\ 856} = 1.99\%$$

$$2018\text{年总资产增长额} = 10\,332 - 10\,052 = 280(\text{万元})$$

$$2018\text{年总资产增长率} = \frac{280}{10\,052} = 2.79\%$$

计算结果显示，该公司 2017 年总资产增长率为 1.99%，2018 年总资产增长率为 2.79%，2018 年比 2017 年多增长 0.8%，表明该公司资产经营规模扩张速度较慢。

五、营业利润增长率

营业利润增长率是指企业本年营业利润增长额与上年营业利润总额的比率。该指标用来衡量企业的市场扩张能力。其计算公式如下：

$$\text{营业利润增长率} = \frac{\text{本年营业利润增长额}}{\text{上年营业利润总额}} \times 100\%$$

$$\text{本年营业利润增长额} = \text{本年营业利润总额} - \text{上年营业利润总额}$$

【例】 黄河股份有限公司营业利润总额 2016 年为 1 189 万元，2017 年为1 258万元，2018 年为 1 342 万元。计算并分析该公司营业利润增长率如下：

$$2017\text{年营业利润增长额} = 1\,258 - 1\,189 = 69(\text{万元})$$

$$2017\text{年营业利润增长率} = \frac{69}{1\,189} \times 100\% = 5.80\%$$

$$2018\text{年营业利润增长额} = 1\,342 - 1\,258 = 84(\text{万元})$$

$$2018\text{年营业利润增长率} = \frac{84}{1\,258} \times 100\% = 6.68\%$$

计算结果显示，该公司 2017 年营业利润增长率为 5.80%，2018 年营业利润增长率为 6.68%，2018 年比 2017 年多增长 0.88%，表明该公司市场扩张能力呈上升趋势。

六、净利润增长率

净利润增长率是指企业本年净利润增长额与上年净利润总额的比率。该指标用来衡量企业净利润的增长速度，其计算公式如下：

$$\text{净利润增长率} = \frac{\text{本年净利润增长额}}{\text{上年净利润总额}} \times 100\%$$

$$\text{本年净利润增长额} = \text{本年净利润总额} - \text{上年净利润总额}$$

【例】 黄河股份有限公司净利润总额 2016 年为 891 万元，2017 年为 942 万元，2018 年为 1 005 万元。计算并分析该公司净利润增长率如下：

$$2017\text{年净利润增长额} = 942 - 891 = 51(\text{万元})$$

$$2017\text{年净利润增长率} = \frac{51}{891} \times 100\% = 5.72\%$$

$$2018\text{年净利润增长额} = 1\,005 - 942 = 63(\text{万元})$$

$$2018\text{年净利润增长率}=\frac{63}{942}\times100\%=6.69\%$$

计算结果显示，该公司 2017 年净利润增长率为 5.72%，2018 年净利润增长率为 6.69%，2018 年比 2017 年多增长 0.97%，表明该公司净利润增长有加速的趋势。

第六节　财务综合分析

我们进行偿债能力、营运能力、盈利能力和发展能力分析所运用的财务指标，仅仅反映企业财务活动的某一侧面的信息，企业必须将那些孤立的财务指标相互联系起来，进行财务综合分析，全面系统地分析和评价企业的财务状况、经营成果和现金流量。

财务综合分析是指将偿债能力、营运能力、盈利能力和发展能力等各方面的分析纳入一个有机的整体之中，全面地对企业的财务状况、经营成果和现金流量进行剖析，从而对企业经济效益的优劣作出准确的评价与判断。

财务综合分析采用的方法主要有杜邦分析法和财务比率综合分析法两种，现分别予以阐述。

一、杜邦分析法

（一）杜邦分析法概述

杜邦分析法是指利用各个主要财务指标之间的内在联系，对企业综合经营理财及经济效益进行系统分析评价的方法。由于这种分析法是由美国杜邦公司创立并成功运用而得名，因此被称为杜邦分析法。

现将杜邦分析法有关分析指标的内在联系用公式列示如下：

$$\text{净资产收益率}=\frac{\text{净利润}}{\text{所有者(股东)权益}}=\frac{\text{净利润}}{\text{资产总额}}\times\frac{\text{资产总额}}{\text{所有者(股东)权益}}=$$

$$\text{总资产净利率}\times\text{权益乘数}$$

$$\text{总资产净利率}=\frac{\text{净利润}}{\text{营业收入}}\times\frac{\text{营业收入}}{\text{总资产平均余额}}=\begin{matrix}\text{营　业}\\\text{净利率}\end{matrix}\times\begin{matrix}\text{总资产}\\\text{净利率}\end{matrix}$$

将上列两个公式合并后得：

$$\text{净资产收益率}=\text{营业净利率}\times\text{总资产净利率}\times\text{权益乘数}$$

（二）杜邦分析法的运用

杜邦分析法通常运用图表展开分析，现将前述的黄河股份有限公司 2018 年的有关财务指标运用杜邦分析图如图表 9－4 所示。

图表 9-4

杜 邦 分 析

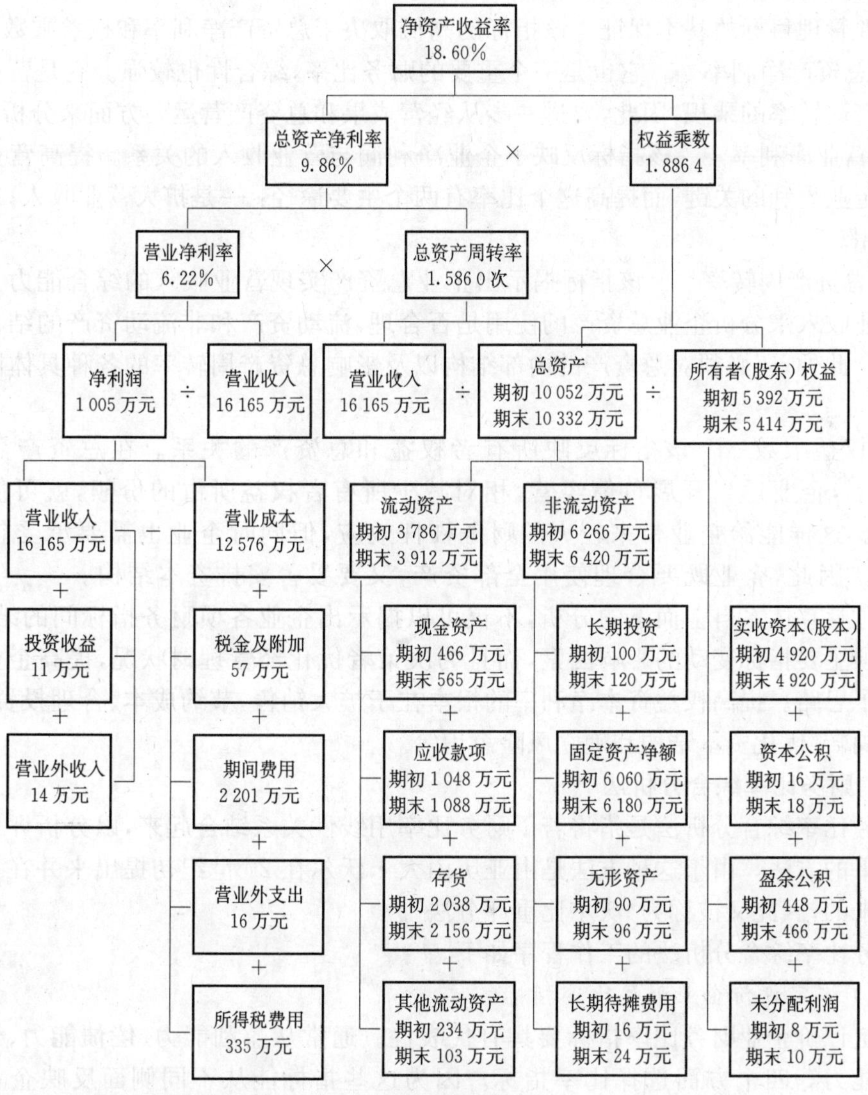

说明：①“现金资产”项目由货币资金和现金等价物组成。

②“交易性金融资产”账户除现金等价物外，没有发生 3 个月以上的债券投资和股票投资。

③“应收款项”项目由应收票据、应收账款和预付账款组成。

杜邦分析图显示了以下几种主要财务指标的关系。

1. 净资产收益率　　它是一个综合性最强的财务比率，是杜邦系统的核心。其他各项指标是围绕这一核心，通过研究彼此间的依存制约关系，来揭示企业的盈利能力及其前因后果的。财务管理的目标是使所有者财富最大化。净资产收益率反映所有者投入资金的盈利能力;反映企业筹资、投资和资产营运等活动的效率。提高净资产收益率是实现财务管理目标的基本保证。该指标的高低取决于总资产净利率和权益乘数。

2. 总资产净利率　它也是一个重要的财务比率,综合性也较强。它是营业净利率和总资产周转率的乘积,因此,要进一步从经营成果和总资产营运两方面来分析。

3. 营业净利率　该指标反映了企业净利润与营业收入的关系。提高营业净利率是提高企业盈利的关键,而提高这个比率有两个主要途径:一是扩大营业收入;二是降低成本费用。

4. 总资产周转率　该指标揭示出企业总资产实现营业收入的综合能力。企业要联系营业收入来分析企业总资产的使用是否合理,流动资产和非流动资产的结构安排是否恰当。此外,还必须对总资产的内部结构以及影响总资产周转率的各种具体因素进行分析。

5. 权益乘数　该指标反映所有者权益和总资产的关系。在总资产需要既定的前提下,企业适当开展负债经营,相对减少所有者权益所占的份额,就可使权益乘数提高。这样能给企业带来较大的财务杠杆效应,但同时企业也需要承受较大的风险压力。因此,企业既要合理使用全部资产,又要妥善安排资本结构。

通过杜邦体系自上而下的分析,不仅可以揭示出企业各项财务指标间的结构关系,查明各项主要指标变动的影响因素,而且为决策者优化经营理财状况,提高企业经营效益提供了思路。提高权益资本净利率的根本在于扩大销售,节约成本、合理投资配置、加速资金周转、优化资本结构和确立风险意识等。

二、财务比率综合分析法

财务比率综合分析法是指将若干财务比率用线性关系结合起来,以分析评价企业的信用水平的方法。由于这种方法是由亚历山大·沃尔在20世纪初提出来并在其基础上发展起来的,因此又被称为"沃尔比重评分法"。

财务比率综合分析法的工作程序如下。

(一) 选定评价企业财务比率指标

选定评价企业财务比率指标要具有代表性。通常从盈利能力、偿债能力、营运能力和成长能力等四个方面选择比率指标。因为这些指标能从不同侧面反映企业的财务状况。

(二) 确定各项比率指标的标准分

根据各项评价企业财务状况的比率指标的重要程度,按权重设定标准分,总分为100分。

(三) 确定各项评价指标的标准比率

确定各项评价指标的标准比率时,通常以企业所在行业的平均数、企业历史先进数、国家有关标准或者国际公认数为基准来加以确定。

（四）确定评价指标得分的上限和下限

由于各项评价指标存在着一定的内在联系，为减少重复影响，避免某一评价指标的异常变动而对总分造成不合理的影响，对各项评价指标进行评分时规定了上限和下限。上限可定为标准分值的1.5倍，下限可定为标准分值的0.5倍。

【例】 黄河股份有限公司确定净资产收益率的标准分为12分，计算该项指标的最高分和最低分如下：

$$净资产收益率最高分 = 12 \times 1.5 = 18(分)$$

$$净资产收益率最低分 = 12 \times 0.5 = 6(分)$$

（五）确定每分的比率差

在确定各项评价指标的标准比率、评价指标上限和下限的基础上，确定各项评价指标的每分的比率差，其计算公式如下：

$$每分的比率差 = \frac{行业最高比率 - 行业标准比率}{行业最高分 - 行业标准分}$$

【例】 黄河股份有限公司确定净资产收益率的标准比率为16%，标准分为12分；行业最高比率为22%，最高分为18分。计算每分的净资产收益率差如下：

$$每分的净资产收益率差 = \frac{22\% - 16\%}{18 - 12} = 1\%$$

现将黄河股份有限公司在确定的评价指标、标准分、标准比率、行业最高比率、最高分和最低分的基础上计算的各项评价指标的每分的比率差列示，见图表9-5。

图表9-5

评价指标综合分析评分标准

评价指标	标准分（分）	标准比率	行业最高比率	最高分（分）	最低分（分）	每分比率差
盈利能力指标	40					
净资产收益率	12	16%	22%	18	6	1%
总资产净利率	10	10%	14%	15	5	0.8%
营业净利率	10	6%	9%	15	5	0.6%

（续表）

评价指标	标准分（分）	标准比率	行业最高比率	最高分（分）	最低分（分）	每分比率差
成本费用利润率	8	9%	11%	12	4	0.5%
偿债能力指标	24					
资产负债率	10	50%	100%	15	5	10%
流动比率	10	200%	300%	15	5	20%
现金比率	4	25%	45%	6	2	5%
营运能力指标	24					
存货周转率	8	4.5 次	8 次	12	4	0.875 次
应收账款周转率	8	10 次	16 次	12	4	1.5 次
总资产周转率	8	1.8 次	3.6 次	12	4	0.45 次
成长能力指标	12					
营业增长率	6	6%	9%	9	3	1%
净利润增长率	6	5%	7.7%	9	3	0.9%

（六）计算各项评价指标的实际得分和实际总分

先计算各项评价指标的实际比率，然后将其与确定的标准比率进行比较，计算出比率差，进而计算出调整分数，将标准得分与调整分数相加即为实际得分，各项评价指标的实际得分之和为实际总分。这一系列工作通过编制评价指标综合分析表进行。

现根据前述的黄河股份有限公司 2007 年有关各项评价指标，编制评价指标综合分析表如图表 9－6 所示。

（七）对财务比率进行综合评价

财务比率的综合评价是根据已编制的评价指标综合分析表，将各类评价指标的实际得分和实际总分与各类评价指标的标准得分和标准总分进行比较，并作出综合评价。

从黄河股份有限公司的评价指标综合分析表来看，其实际总分为 108.882 9 分，高出行业平均水平 8.882 9 分，显示了该公司财务状况基本良好。进而从盈利能力指标分析，四项盈利能力指标标准得分为 40 分，而实际得分为 42.751 7 分；从营运能力指标分析，三项营运能力指标标准得分为 24 分，而实际得分为 28.905 4 分；从成长能力指标分析，两项成长能力指标标准得分为 12 分，而实际得分为13.387 8分。上述三类指标均高于行业平均水平。再从偿债能力指标来看，三项偿债能力指标标准得分为 24 分，而实际

图表 9-6

评价指标综合分析表

2018 年度

评价指标	标准比率	实际比率	比率差	每分比率差	调整分数	标准得分（分）	实际得分（分）
(1)	(2)	(3)	(4)＝(3)－(2)	(5)	(6)＝(4)÷(5)	(7)	(8)＝(7)＋(6)
盈利能力指标：					2.751 7	40	42.751 7
净资产收益率	16%	18.60%	2.60%	1%	2.5	12	14.5
总资产净利率	10%	9.86%	－0.14%	0.8%	－0.175	10	9.825
营业净利率	6%	6.22%	0.22%	0.6%	0.366 7	10	10.366 7
成本费用利润率	9%	9.03%	0.03%	0.5%	0.06	8	8.06
偿债能力指标：					－0.162	24	23.838
资产负债率	50%	47.60%	－2.40%	10%	－0.24	10	9.76
流动比率	200%	201.44%	1.44%	20%	0.072	10	10.072
现金比率	25%	25.03%	0.03%	5%	0.006	4	4.006
营运能力指标：					4.905 4	24	28.905 4
存货周转率	4.5 次	6 次	1.5 次	0.875 次	1.714 3	8	9.714 3
应收账款周转率	10 次	15.50 次	5.50 次	1.50 次	3.666 7	8	11.666 7
总资产周转率	1.8 次	1.586 次	－0.214 次	0.45 次	－0.475 6	8	7.524 4
成长能力指标：					1.387 8	12	13.387 8
营业增长率	6%	5.51%	－0.49%	1%	－0.49	6	5.51
净利润增长率	5%	6.69%	1.69%	0.9%	1.877 8	6	7.877 8
合计	—	—	—	—	8.882 9	100	108.882 9

得分为23.838分，仅这项指标略低于行业平均水平，说明偿债能力是该公司的薄弱环节。总之，从四类指标中的具体指标来看，应增强企业融通长期负债的能力，以提高资产负债率；要加速企业总资产的周转速度，以提高总资产周转率，使公司的财务状况向更好的方向发展。

思 考 题

一、简答题

1. 什么是财务分析？它有哪些重要的意义？

2. 试述财务信息的需求者及其要求。

3. 财务分析有哪些内容？分述各种财务分析的作用。

4. 什么是短期偿债能力？它有哪些分析指标？分述这些分析指标的定义。

5. 分述各种长期偿债能力指标的定义。

6. 企业一般盈利能力有哪些分析指标。

7. 评价企业社会贡献能力有哪些指标？分述这些分析指标的定义。

8. 发展能力有哪些分析指标？分述这些分析指标的定义。

9. 为何要进行财务综合分析？

10. 试述杜邦分析法的几种主要财务指标的关系。

11. 试述财务比率综合分析法的工作程序。

二、名词解释题

偿债能力分析　营运能力分析　盈利能力分析　发展能力分析　全面分析　对比分析法　比率分析法　因素分析法　营运能力　劳动效率　资产营运能力分析　应收账款周转率　存货周转率　总资产周转率　营业净利率　成本费用利润率　总资产净利率　总资产报酬率　净资产收益率　资本保值增值率　杜邦分析法　财务比率综合分析法

三、是非题

1. 企业通过加强财务分析，可以全面地分析企业财务活动的过去，有效地控制财务活动过程，并能准确地预测企业财务活动的未来。（　）

2. 综合财务分析是指将偿债能力、营运能力、盈利能力等各方面的财务指标综合起来，全面地对企业的财务状况进行分析的方法。（　）

3. 按照财务分析的目的划分，财务分析的形式有事前分析、事中分析和事后分析。（　）

4. 相关比率分析中的相关比率有固定关系对比和非固定关系对比两种。（　）

5. 采用因素分析法分析各个因素对经济指标的影响时，无论先替代哪一个因素，都得出相同的计算结果。（　）

6. 流动比率高，显示债务人短期偿债能力强，表明债务人有足够的现金偿还短期债务。（　）

7. 速动资产是指流动资产减去变现能力较差且不稳定的存货、预付款项、1年内到期的非流动资产后的余额。（　）

8. 产权比率是指用来衡量所有者权益对债权人债权的保障程度。产权比率越低，表明债权人权益

的保障程度也越低，其承担的风险就越大。 （ ）

9. 权益乘数用以衡量企业的负债程度。企业提高权益乘数能增强财务杠杆效应，同时也将承受较大的财务风险。 （ ）

10. 存货周转率是指企业的营业成本与存货平均余额的比率。 （ ）

11. 营业收入的增长幅度高于固定资产平均净额的增长幅度，将会提高固定资产周转率，表明企业营运能力有了增强。 （ ）

12. 要提高营业净利率有两个途径：一是增加营业收入；二是通过成本的结构分析，加强对成本的控制，以降低成本。 （ ）

13. 成本费用总额由营业成本、销售费用、管理费用和财务费用组成。 （ ）

14. 社会贡献总额是指企业交纳给国家财政的各项税款总额和实现的净利润。 （ ）

15. 财务综合分析采用的方法有杜邦分析法和财务比率综合分析法两种。 （ ）

16. 财务比率综合分析法通常从盈利能力、偿债能力、营运能力和成长能力四个方面选择比率指标。 （ ）

四、单项选择题

1. 偿债能力是________最关心的问题。

A. 企业所有者　B. 企业债权人　C. 企业经营决策者　D. 政府经济管理机构

2. 在计算速动资产时，要将流动资产扣除存货是因为其________。

A. 价值变动大　B. 变现能力较差

C. 不能用来偿还债务　D. 数额不易确定

3. 企业速动比率太低，表明其________。

A. 资产流动性很强　B. 流动资产占用过多　C. 短期偿债风险大　D. 短期偿债能力强

4. ________是用来衡量企业直接偿还流动负债能力的。

A. 速动比率　B. 现金比率　C. 流动比率　D. 现金流量比率

5. 资产负债率属于________指标。

A. 短期偿债能力分析　B. 生产资料营运能力分析

C. 长期偿债能力分析　D. 资产营运能力分析

6. ________属于企业盈利能力的一般分析中的一个综合性的指标。

A. 总资产报酬率　B. 净资产收益率　C. 总资产净利率　D. 营业净利率

7. 采用利润总额计算的盈利能力指标是________。

A. 总资产报酬率　B. 净资产收益率　C. 社会贡献率　D. 成本费用利润率

8. ________是一个综合性最强的财务分析指标，它是杜邦分析法的核心。

A. 净资产收益率　B. 总资产净利率　C. 总资产报酬率　D. 营业净利率

五、多项选择题

1. 财务分析的内容有偿债能力分析、盈利能力分析、________。

A. 经营能力分析　B. 营运能力分析　C. 发展能力分析　D. 财务综合分析

2. 按照财务分析的内容和范围划分，财务分析的形式有________。

A. 全面分析　B. 局部分析　C. 简要分析　D. 主题分析

3. 财务分析常用的分析方法有________。

A. 对比分析法　B. 比率分析法　C. 因素分析法　D. 连环替代法

4. 短期偿债能力分析的指标主要有速动比率、________。

A. 流动比率　B. 资产负债率　C. 现金比率　D. 现金流动负债比率

5. 长期偿债能力分析的指标主要有产权比率、________。

A. 资产负债率　B. 固定资产周转率　C. 已获利息倍数　D. 权益乘数

6. 生产资料营运能力分析指标主要有总资产周转率、流动资产周转率、________。

A. 净资产周转率　B. 固定资产周转率　C. 存货周转率　D. 应收账款周转率

7. 直接根据净利润计算盈利能力的指标有营业净利率、________。

A. 净资产收益率　B. 成本费用利润率　C. 总资产净利率　D. 资本收益率

8. 社会贡献总额包括支付职工薪酬、________和应交及已交的各种税款和教育费附加。

A. 净利润　B. 利息支出净额　C. 分派的现金股利　D. 公益性救济捐赠支出

9. 杜邦分析法运用的财务分析指标有净资产收益率、总资产净利率、营业净利率、________等。

A. 权益乘数　B. 成本费用利润率　C. 总资产报酬率　D. 总资产周转率

实 务 题

习 题 一

一、目的　练习财务分析方法。

二、资料　泰康公司有关财务分析资料如下所述。

1. 该公司 2019 年 2 月份生产的甲产品预计单位成本为 5 780 元，而实际发生的单位成本为 5 825元。

2. 该公司 2015—2018 年完成的营业收入指标如下：

2015 年为 9 898.80 万元；2016 年为 10 492.75 万元；2017 年为 11 229.20 万元；2018 年为 12 135.50 万元。

3. 该公司预计 2018 年 12 月份生产乙产品 100 件，单位产品材料耗用量 150 千克，每千克材料单价 16 元；而实际生产乙产品 108 件，单位产品材料耗用量为 145 千克，每千克材料单价为 16.80 元。

三、要求

1. 根据“资料 1”，对公司甲产品单位成本进行对比分析。
2. 根据“资料 2”，对公司的营业收入进行动态比率分析。
3. 根据“资料 3”，对公司乙产品耗用材料总额进行因素分析。

习 题 二

一、目的　练习偿债能力分析。

二、资料　新华股份有限公司有关资料如图表 9－7、图表 9－8 所示。

1. 资产负债表

图表 9 - 7

资产负债表

2018 年 12 月 31 日　　　　单位：万元

资　　产	期末余额	年初余额	负债和股东权益	期末余额	年初余额
流动资产：			流动负债：		
货币资金	502	456	短期借款	750	720
交易性金融资产	12	10	应付票据	118	165
应收票据	369	398	应付账款	377	456
应收账款	1 010	960	预收账款	2	4
预付款项	9	6	应付职工薪酬	19	18
应收利息	4	2	应交税费	27	25
其他应收款	10	30	应付股利	756	630
存货	2 222	2 106	其他应付款	15	16
其他流动资产	3	2	流动负债合计	2 064	2 034
流动资产合计	4 141	3 970	长期负债：		
非流动资产：			长期借款	1 400	1 200
持有至到期投资	125	110	应付债券	1 794	1 682
固定资产	6 902	6 420	长期负债合计	3 194	2 882
无形资产	64	60	负债合计	5 258	4 916
长期待摊费用	18	20	股东权益：		
非流动资产合计	7 109	6 610	股本	4 960	4 960
			资本公积	52	50
			盈余公积	840	558
			未分配利润	140	96
			股东权益合计	5 992	5 664
资产总计	11 250	10 580	负债和股东权益总计	11 250	10 580

2. 利润表

图表 9-8

利润表

2018 年度　　　　单位：万元

项　　目	本年金额	上年金额
一、营业收入	17 650.00	16 500.00
减：营业成本	13 420.00	12 545.00
税金及附加	68.00	63.00
销售费用	863.00	812.00
管理费用	1 210.00	1 146.00
财务费用	625.00	589.00
加：投资收益	14.00	12.00
二、营业利润	1 478.00	1 357.00
加：营业外收入	18.00	17.00
减：营业外支出	16.00	14.00
三、利润总额	1 480.00	1 360.00
减：所得税费用	370.00	340.00
四、净利润	1 110.00	1 020.00

3. 其他有关资料

(1) 资产负债表中交易性金融资产的数额全部为现金等价物。

(2) 2017 年经营活动现金净流量为 2 012 万元，2018 年经营活动现金净流量为 2 272 万元。

(3) 2016 年年末资产总计为 9 998 万元。

(4) 2016 年年末股东权益余额为 5 254 万元。

(5) 2017 年发生利息支出 550 万元，2018 年发生利息支出 576 万元。

三、要求

1. 根据“资料 1”“资料 3”的有关资料，进行短期偿债能力分析。

2. 根据“资料 1”“资料 2”“资料 3”的有关资料，进行长期偿债能力分析。

习 题 三

一、目的　练习营运能力分析。

二、资料　新华股份有限公司有关资料如下所述。

1. 2016 年年末职工人数为 200 人，2017 年年末职工人数为 204 人，2018 年年末职工人数为 210 人。

2. 2016 年年末应收账款余额为 912 万元。

3. 2016 年年末存货余额为 1 956 万元。

4. 2016 年年末流动资产余额为 3 840 万元。

5. 2016 年年末固定资产余额为 5 960 万元。

三、要求 根据习题二“资料 1”“资料 2”及本习题有关资料，进行营运能力分析。

习 题 四

一、目的 练习盈利能力分析。

二、资料 新华股份有限公司有关资料如下所述。

1. 2017 年和 2018 年均有普通股 4 960 万股。

2. 2016 年年末股本余额为 4 960 万元，2016 年年末资本公积为 50 万元。

3. 2016 年年末、2017 年年末和 2018 年年末资本公积的余额全部是资本溢价。

4. 2017 年支付普通股现金股利 596 万元，2018 年支付普通股现金股利 664 万元。

5. 2017 年年末普通股每股市价为 5.22 元，2018 年年末普通股每股市价为 5.80 元。

6. 2017 年发生职工薪酬为 3 988 万元、公益性救济捐赠支出为 6 万元、利息支出净额为 498 万元、各种税款（所得税除外）及附加为 753.20 万元；2018 年发生职工薪酬为 4 229 万元、公益性救济捐赠支出为 9 万元、利息支出净额为 515 万元、各种税款（所得税除外）及附加为 819.80 万元。

三、要求

1. 根据习题二“资料 1”“资料 2”及习题三和本习题有关资料，进行企业（含股份有限公司）盈利能力的一般分析。

2. 根据习题二“资料 2”及习题三和本习题有关资料，进行社会贡献能力分析。

习 题 五

一、目的 练习发展能力分析。

二、资料 新华股份有限公司有关资料如下所述。

1. 2016 年取得营业收入为 15 590 万元。

2. 2016 年营业利润总额为 1 259 万元，净利润为 946 万元。

三、要求 根据习题二“资料 1”“资料 2”“资料 3”和本习题资料，进行发展能力分析。

习 题 六

一、目的 练习财务综合分析。

二、资料 新华股份有限公司有关资料如下所述。

1. 习题二至习题四计算的有关财务指标。

2. 习题二“资料 1”。

三、要求

1. 根据习题二至习题四计算的有关财务指标，采用杜邦分析法进行财务综合分析。

2. 根据习题二至习题五计算的有关财务指标，采用财务比率综合分析法进行财务综合分析。标准比率、每分比率差和标准得分见本教材第 302 页图表 9-6。

第十章 企业并购、重整与清算

第一节 企业兼并与收购

一、企业兼并与收购的含义

企业兼并是指一个企业以现金、证券或其他形式购买取得其他企业的产权，使其他企业丧失法人资格或改变法人实体，并取得对这些企业决策控制权的经济行为。

企业收购是指企业用现金、债券或股票购买另一家企业的部分或全部资产或股权，以获得该企业控股权的经济行为。收购的对象一般有两种：股权和资产。收购股权与收购资产的主要差别在于：收购股权是购买一家企业的股份，收购方将成为被收购方的股东，因此要承担该企业的债权和债务；而收购资产则仅仅是一般资产的买卖行为，由于在收购目标公司资产时并未收购其股份，收购方无须承担其债务。

（一）企业兼并与收购的相同点

企业兼并与收购的相同点主要表现在两个方面。

1. 基本动因相似　　企业兼并与收购的动因是为了扩大企业市场占有率；或者是为了扩大经营规模，实现规模经营；或者是为了拓宽企业经营范围，实现分散经营或综合化经营。总之，都是为了增强企业实力而采取的外部扩张策略或途径。

2. 以企业产权为交易对象　　企业兼并与收购都是通过资本运行以企业的产权作为交易的对象的。

（二）企业兼并与收购的区别

企业兼并与收购的区别主要表现在以下三个方面。

1. 法人实体不同　　在兼并中，被兼并的企业作为法人实体不复存在；而在收购中，被收购的企业可仍以法人实体存在，其产权可以是部分转让。

2. 承担的风险不同　　兼并后，兼并企业成为被兼并企业新的所有者和债权、债务的承担者，是资产、债权和债务的一同转换；而在收购中，收购企业是被收购企业的新股东，以收购出资的股本为限承担被收购企业的风险。

3. 财务状况和经营状况不同　　兼并多发生在被兼并企业财务状况不佳、生产经营停滞或半停滞之时，兼并后一般需要调整其生产经营，以及重新组合其资产；而收购多发生在被收购企业财务状况和生产经营状况正常，产权流动比较平和的情况下。

由于在运作中兼并与收购的共性远远超过其区别，它们常作为同义词一起使用，统称为“并购”，泛指在市场机制作用下某企业为了获得其他企业的控制权而进行的产权交易活动。我们在以后的讨论中就不再强调两者的区别，并将并购一方称为“买方”或“并购企业”，被并购一方称为“卖方”或“目标企业”。

二、企业并购的分类

企业并购活动的形式多种多样，按照不同的标准可以有多种不同的分类，以下阐述两种主要的分类。

（一）按并购的出资方式分类

按并购的出资方式的不同，可分为出资购买资产式并购、出资购买股票式并购、以股票换取资产式并购和以股票换取股票式并购四种。

1. 出资购买资产式并购　　它是指收购公司使用现金购买目标公司全部或绝大部分资产而实现的并购。以现金购买资产形式的并购，被收购公司按购买法或权益合并法计算价值并入收购公司，原有法人地位及纳税户头消失。这种并购类型主要适用于非上市公司。

2. 出资购买股票式并购　　它是指收购公司使用现金或债券等方式购买目标公司一部分股票，以实现控制目标公司资产及经营权而实现的并购。出资购买股票可以通过一级市场进行，也可以通过二级市场进行。通过市场出资购买目标公司股票是一种简便易行的并购方法，但因为受到有价证券法规信息披露原则的制约，如购进目标公司股份达到一定比例，或达至该比例后持股情况再有相当变化，都须履行相应的报告及公告义务；在持有目标公司股份达到相当比例时，更要向目标公司股东发出公开收购要约等。所有这些要求都容易被人利用，哄抬股价，而使并购成本剧增。收购公司如果通过发行债券的方式筹集资金进行并购，则容易背上巨大的债务负担。

3. 以股票换取资产式并购　　它是指收购公司向目标公司发行自己的股票以交换目标公司的大部分资产而实现的并购。通常收购公司同意承担目标公司的债务责任，但双方亦可以作出特殊约定，如收购公司有选择地承担目标公司的部分债务责任。

4. 以股票换取股票式并购　　它是指收购公司直接向目标公司股东发行收购公司所发行的股票，以交换其所持有目标公司的大部分股票而实现的并购。通常交换的股票数量应至少达到收购公司能控制目标公司的足够表决权数。这样目标公司就成为收购公司的子公司，也可能会通过解散而并入收购公司中。但不论在哪种情况下，目标公司的资产都会在收购公司的直接控制下。

（二）按并购双方产业的联系分类

按并购双方产业的联系不同，可分为横向并购、纵向并购和混合并购三种。

1. 横向并购　　它是指属于同一行业、生产同类产品或经营同类服务项目的企业之间发生的并购行为。例如，两个汽车制造厂的合并和两个航空公司的合并等。这种并购投资的目的主要是确立或巩固企业在行业内的优势地位，扩大市场份额，形成规模效应。

2. 纵向并购　　它是指对生产工艺或经营方式上有前后关联的企业之间发生的并购行为。它是在生产、销售的连续性过程中互为购买者和销售者(即生产经营上互为上下游关系)的企业之间的并购。例如,加工制造企业并购与其有原材料、运输和贸易联系的企业。这种并购的目的是组织专业化生产和实现产销一体化,扩大生产经营规模,加强生产过程各个环节的配合,加速生产流程,缩短生产周期,节省成本和费用。

3. 混合并购　　它是指对处于不同产业领域,产品属于不同市场,且与其产业部门之间不存在特别生产技术联系的企业之间发生的并购行为,如化工企业并购机械制造企业,从而产生多种经营的企业。这种并购的主要目的是通过分散投资和多样化经营降低企业风险,达到资源互补、优化组合和扩大市场活动范围等。

三、企业并购的动因

(一) 谋求规模效应

企业通过并购可以集中资本,扩大生产经营规模,使企业能更有效地使用设备,便于开发和使用先进技术;通过并购,使各职能部门的集中和组合,调整管理部门的力量和配置,消除以前各企业的管理自成一套、人浮于事的浪费现象,充分发挥各职能部门人员的作用;企业规模的扩大,使得企业可以集中进行筹资和投资决策,有效降低企业在资金运作方面的交易成本,提高资金运营效率。总之,并购有利于公司实现规模化经营,获得直接或间接的规模效益。

(二) 实现多元化经营

企业通过各种方式的并购,可以利用原有企业的管理经验、原料来源、销售渠道和已占有的市场,可以缓和商业周期的不利波动,减少企业经营的不稳定性,实现多元化经营,以降低经营风险,使企业获得比较稳定的发展。

(三) 提高发展速度

企业通过并购可以以较小的投资获得较大的生产能力或经营能力,尽快占领市场,提高发展速度。而且并购可以使企业得到先进的管理、技术和优秀的人才,这些都是企业发展所必不可少的。

(四) 改善财务状况

由于现金收支或资本结构失衡及其他原因陷入财务困境的企业,如能与一个稳定的、有发展潜力的,资金充足、偿债能力强的企业合并,不仅可以改善财务状况,而且可能因此而增强其投资吸引力。

(五) 合理避税和避免破产

一个经营亏损、陷入困境但不愿破产的企业被一个财务状况极佳、获利水平很高的企业并购后,前者可以避免破产,继续生存;后者可以抵减利润、减少税负并扩充业务,增加未来的盈利能力。

四、并购目标企业的价值评估

价值评估是指买卖双方对标的(股权或资产)作出的价值判断。目标企业价值评估的方法主要有资产价值基础法、现金流量折现法和收益法三种。

(一) 资产价值基础法

资产价值基础法指通过对目标企业的资产进行估价来评估其价值的方法。确定目标企业资产的价值,关键是选择合适的资产评估价值标准。目前国际上通行的资产评估价值标准主要有账面价值、市场价值和清算价值三种。

1. 账面价值　　它是指会计核算中账面记载的资产价值。例如,对于股票来说,资产负债所揭示的企业某时点所拥有的资产总额减去负债总额即为公司股票的账面价值(账面净资产),再减去优先股价值,即为普通股价值。这种估价方法不考虑现时资产市场价格的波动,也不考虑资产的收益状况,因而是一种静态的估价标准。

2. 市场价值　　它是指将资产视为一种商品在市场上公开竞争,在供求关系平衡状态下确定的价值。当公司的各种证券在证券市场上进行交易时,它们的交易价格就是这种证券的市场价值。它可以高于或低于账面价值。

市场价值法通常将股票市场上与企业经营业绩相似的企业最近平均实际交易价格作为估算参照物,或以企业资产和其市值之间的关系为基础对企业估值。其中最著名的是托宾的Q模型,即一个企业的市值与其资产重置成本的比率。其计算公式如下:

$$Q = \frac{\text{企业市值}}{\text{资产重置成本}}$$

$$\text{企业价值} = \text{资产重置成本} + \text{增长机会价值} = Q \times \text{资产重置成本}$$

一个企业的市场价值超过其重置成本,意味着该企业拥有某些无形资产,拥有保证企业未来增长的机会。超出的价值被认为是利用这些机会的期权价值。但是Q值的选择比较困难。即使企业从事相同的业务,其资产结构也会有很大的不同。此外,对企业增长机会的评价并非易事。在实践中,被广泛使用的是Q值的近似值——"市净率",它等于股票市值与企业净资产值的比率。

【例】 鸿兴工厂的各项资产的重置成本合计是5 000万元,其市净率是1.6,计算其企业价值如下:

$$\text{鸿兴工厂市场价值} = 5\,000 \times 1.6 = 8\,000(\text{万元})$$

3. 清算价值　　它是指在企业出现财务危机而破产或停业清算时,将企业中的实物资产逐个分离而单独出售的资产价值。清算价值是在企业作为一个整体已经丧失增值能力情况下的资产估价方法。

(二) 现金流量折现法

现金流量折现法是指根据目标企业被并购后预测各年的自由现金流量,按照一定的折现率所折算的现值，作为确定目标企业价值基础，评估其价值的方法。自由现金流量是指目标企业在履行了所有的财务责任(如偿付债务利息、支付优先股股利等)并满足了企业再投资需要之后的现金流量。即使这部分现金流量全部支付给普通股股东也不会危及目标企业的生存与发展。对目标企业现金流量的预测期一般为5年至10年，预测期越长，预测的准确性越差。现金流量折现法的计算公式如下：

$$TV=\sum\frac{FCF_t}{(1+i)^t}+\frac{V_t}{(1+i)^t}$$

公式中 TV 表示并购后目标企业的价值；

FCF_t 表示在 t 时期内目标企业的自由现金流量；

V_t 表示 t 时刻目标企业的终值；

i 表示折现率(一般为并购后目标企业的加权平均资金成本，或并购企业确定的最低资金报酬率)。

【例】 东方公司拟在2019年年初收购目标企业天虹公司。2018年天虹公司的营业收入为1 000万元，固定资本增长额为13.08万元，营运资本增长额为3.17万元。经测算收购后6年的自由现金流量为：前5年的营业收入每年增长8%，第6年的营业收入增长2%。营业利润率(含税)为5%，所得税税率为25%，固定资本增长率和营运资本增长率分别为7%和4%，加权平均资金成本为10%。第6年年末天虹公司的终值为300万元，计算天虹公司的价值。

(1) 计算各年的自由现金流量　详细资料如图表10-1所示。

图表10-1

自由现金流量计算表　　单位：万元

年　度	2019	2020	2021	2022	2023	2024
营业收入	1 080	1 166.40	1 259.71	1 360.49	1 469.33	1 498.72
营业利润	54	58.32	62.99	68.02	73.47	74.94
所得税费用	13.50	14.58	15.75	17.01	18.37	18.74
增加固定资本	14.00	14.98	16.03	17.15	18.35	19.63
增加营运资本	3.30	3.43	3.57	3.71	3.86	4.01
自由现金流量	23.20	25.33	27.64	30.15	32.89	32.56

(2) 计算天虹公司的价值　具体计算如下：

$$TV=\frac{23.20}{(1+10\%)^1}+\frac{25.33}{(1+10\%)^2}+\frac{27.64}{(1+10\%)^3}+\frac{30.15}{(1+10\%)^4}+\frac{32.89}{(1+10\%)^5}+\frac{32.56}{(1+10\%)^6}+\frac{300}{(1+10\%)^6}=291.77(\text{万元})$$

因此，如果东方公司能够以291.77万元或更低的价格购买天虹公司，那么这一并购活动从价格上讲将是合理的。

总之，现金流量折现法以现金流量预测为基础，充分考虑了目标公司未来创造现金流量能力对其价值的影响，这对企业并购决策具有现实的指导意义。但是，这一方法的运用对决策条件与能力的要求较高，且易受预测人员主观意识（乐观或悲观）的影响。所以，合理预测未来现金流量以及选择折现率的困难与不确定性可能影响现金流量折现法的准确性。

（三）收益法

收益法又称市盈率法，它是指根据目标企业的收益和标准市盈率评估确定其价值的方法。收益法使用的收益指标在性质上是目标企业在被收购以后持续经营可能取得的净利润，通常采用其最近3年净利润的平均值。标准市盈率通常可供选择的有以下三种：在并购时点目标企业的市盈率；与目标企业具有可比性的企业的市盈率；目标企业所处行业的平均市盈率。选择标准时必须确保在风险和成长性方面的可比性。目标企业价值的计算公式如下：

$$目标企业的价值 = 估价收益指标 \times 标准市盈率$$

【例】 武康公司拟横向兼并同行业的江浦公司，两个公司的长期负债利率均为10%，所得税税率均为25%。双方的基本情况如图表10-2、图表10-3所示。

由于并购双方处于同一行业，从并购企业角度出发，预期目标企业未来可达到同样的市盈率是合理的，所以武康公司可以选择其自身的市盈率为标准市盈率。

图表10-2

简化资产负债表

2018年12月31日　　　　单位：万元

资　产	武康公司	江浦公司	负债和股东权益	武康公司	江浦公司
流动资产	3 200	1 000	流动负债	1 200	500
长期资产	2 000	500	长期负债	1 000	200
			股东权益		
			股本	2 500	600
			留存收益	500	200
			股东权益合计	3 000	800
资产总计	5 200	1 500	负债和股东权益总计	5 200	1 500

图表 10-3

经营业绩及其他指标表

金额单位：万元

指　　标	武康公司	江浦公司
2018 年度经营业绩：		
息税前利润	700	120
减：利息	100	20
税前利润	600	100
减：所得税费用	150	25
净利润	450	75
其他指标：		
资本收益率＝息税前利润÷(长期负债＋股东权益)(％)	17.5	12
利润增长率(％)	12	10
近 3 年平均净利润	350	68
市盈率	18	15

(1) 以江浦公司近 3 年净利润的平均值为指标　采用江浦公司近 3 年净利润的平均值作为估价收益指标，计算江浦公司价值如下：

江浦公司近 3 年税后利润的平均值 ＝ 68(万元)

江浦公司的价值 ＝ 68 × 15 ＝ 1 020(万元)

(2) 以并购后的净利润为指标　如果江浦公司并购后能够获得与武康公司同样的资本收益率，将以此计算出的江浦公司并购后的净利润作为估价收益指标，计算江浦公司价值如下：

江浦公司的资本额 ＝ 长期负债 ＋ 股东权益 ＝ 200 ＋ 800 ＝ 1 000(万元)

并购后江浦公司：

资本收益 ＝ 1 000 × 17.5％ ＝ 175(万元)

减：利息 ＝ 200 × 10％ ＝ 20(万元)

税前利润总额 ＝ 175 － 20 ＝ 155(万元)

减：所得税费用 ＝ 155 × 25％ ＝ 38.75(万元)

净利润 ＝ 155 － 38.75 ＝ 116.25(万元)

江浦公司的价值 ＝ 116.25 × 18 ＝ 2 092.50(万元)

采用收益法估算目标企业的价值，以投资为出发点，着眼于未来经营收益，并在测算方面形成了一套较为完整有效的科学方法，因而为各种并购价值评估广泛使用，尤其适用于通过证券二级市场进行并购的情况。但在该方法的使用中，不同估价收益指标的选择具有一定的主观性，而且我国股市建设尚不完善，投机性较强，股票市盈率普遍偏高，适当的市盈率标准难以取得，所以，在我国当前情况下，很难完全运用收益法对目标企业进行准确估价。

以上各种对目标企业的估价方法，并无绝对的优劣之分。并购企业对不同方法的选用应主要根据并购的动机而定，并且在实践中可将各种方法交叉使用，从多角度评估目标企业的价值，以降低估价风险。

五、企业并购的风险

企业并购是高风险经营，财务管理人员应在关注其各种收益和成本的同时，更重视并购过程中的各种风险。

（一）营运风险

营运风险是指并购方在并购完成后，可能无法使整个企业集团产生预期的规模效应，提高发展速度等各种动因，难以实现规模经济和经验共享互补的风险。通过并购形成的新企业因规模过于庞大而产生规模不经济，甚至整个企业集团的经营业绩都为被并购进来的新企业所拖累。

（二）信息风险

在并购战中，信息是非常重要的，知己知彼，百战不殆。真实与及时的信息可以大大提高并购企业行动的成功率。但实际并购中因贸然行动而失败的案例不少，这就是经济学上所称的“信息不对称”的结果。

（三）融资风险

企业并购需要大量的资金，所以并购决策会同时对企业资金规模和资本结构产生重大影响。在实践中，企业并购动机不同，以及目标企业并购前资本结构不同，还会造成并购所需的长期资金与短期资金、权益资金与债务资金投入比率的种种差异。与并购相关的融资风险具体包括资金是否可以保证需要、融资方式是否适应并购动机和现金支付是否会影响企业正常的生产经营等。

（四）反收购风险

通常被收购的企业对收购行为往往持不欢迎和不合作的态度，尤其在面临敌意并购时，被收购企业可能会“宁为玉碎，不为瓦全”，不惜一切代价布置反收购战役，其反收购措施可能是各种各样的。这些反收购行动将会对收购方构成相当大的风险。

（五）法律风险

我国目前的收购规则规定，收购方持有一家上市公司5%的股票后，必须公告并暂停买卖，以后每递增5%就要重复该过程，当持有某种股票30%股份后即被要求发出全面收购要约。这套程序造成的收购成本之高，收购风险之大，收购程度之复杂，足以使收购者气馁，反收购则相对比较轻松。

总之，并购风险非常复杂和广泛，企业应谨慎对待，多谋善选，尽量避免风险，将风险消除在并购的各个环节中，最终实现并购的成功。

第二节　企业重整

一、企业重整的意义

企业重整是指当企业陷入财务危机不能清偿到期债务时，在法院主持下由债务人与债权人达成协议，制定重整计划，规定在一定期限内，债务人按一定的方式全部或部分清偿债务，同时债务人可以依法继续经营其业务的经济行为。

重整的目的是使已经陷入财务危机，但仍有转机和重建价值的企业避免破产清算，使该企业能够消除破产的原因，摆脱经济困境，重新获得经营能力，恢复生机，实现债务的清偿。因此，企业重整有以下三个重要意义。

（一）企业重整能减少社会财富的损失和因破产而转为失业人员的数量

由于企业破产后，企业原有的资产将廉价拍卖，特别是固定资产一旦拆卸变卖，其清算价格将远远低于其净值，有的可能成为废品，社会财富将会遭受极大的损失。同时，企业破产将会使企业的职工成为失业人员，从而给社会造成压力。企业通过重整就可以避免这些情况的发生。

（二）企业重整给正达到破产界限的企业争取生存的最后机会

企业进行重整，通过与债权人达成的和解协议获得宽限债务偿还的期限或减免部分债务，为企业提供了一种较为宽松的外部环境，同时企业又面临着破产的压力，只要还有一线希望，这种压力就能转化成强大的动力，从而激发企业的内在活力，为企业走出困境创造了有利的条件。

（三）企业重整使濒临破产的企业复苏能减少债权人和股东的损失

被申请破产的企业通常是资不抵债的，即使资产还略大于债务，但是宣告破产后，资产拍卖变现时将大为贬值，破产债权往往只有很小的一部分能够得以收回。按照破产程序，未能清偿的那很大的一部分债款将被一笔勾销，债权人往往会遭受较大的损失，企业所有者的损失将更大。如果达到破产界限的企业通过重整，重新恢复正常，在一定的延长期限内全部或大部分清偿债务，这样债权人的损失显然要比立即宣告债务人破产所带来的损失小得多，企业的所有者也将减少损失，从中获益。

二、企业重整的方式

企业重整按是否通过法律程序分，可分为非正式重整和正式重整两种。

(一) 非正式重整

当企业只是面临暂时性的财务危机时,债权人通常更愿意直接与企业联系,帮助企业恢复和重新建立较坚实的财务基础,以避免因进入正式法律程序而发生的庞大费用和冗长的诉讼时间。

非正式重整主要是指债务展期与债务和解。债务展期是指推迟到期债务要求付款的日期;而债务和解则是指债权人自愿同意减少债务人的债务,包括同意减少债务人偿还的本金数额,或同意降低利率,或同意将一部分债权转化为股权,或将上述几种选择混合使用。

企业在经营过程中发生财务困难时,债务的延期或到期债务的减免都会为财务发生困难的企业赢得时间,使其调整财务,避免破产。而且债务展期与债务和解均属非正式的挽救措施,是债务人与债权人之间达成的协议,既方便又简捷。因此,当企业发生财务困难时,首先想到的便是债务展期与债务和解。

债务展期与债务和解作为挽救企业经营失败的两种方法,都能使企业继续经营并避免法律费用。虽然债务展期或债务和解会使债权人暂时无法收取账款而发生一些损失,但是,一旦债务人从困境中恢复过来,债权人不仅能如数收取账款,进而还能给企业带来长远效益。因此,债务展期与债务和解的方法在实际工作中被普遍采用。

当企业拟采用债务展期或债务和解的措施来渡过难关时,首先,由企业即债务人向有关管理部门提出申请,召开由企业和其债权人参加的会议;其次,由债权人任命一个由1～5人组成的委员会,负责调查企业的资产和负债情况,并制定出一项债权调整计划,就债权的展期或债务的和解作出具体安排;最后,召开债权人和债务人会议,对委员会提出的债务展期或债务和解或债务展期与债务和解兼而有之的财务安排进行商讨并取得一致意见,达成最终协议,以便债权人和债务人共同遵循。

通常债权人同意债务展期或债务和解,表明债权人对债务人很有信心,相信债务人能够走出财务困境并有益于债权人。然而,在债务展期或债务和解后等待还款的一段期间里,由于企业经营的不确定性,随时会发生新的问题而导致债权人利益受损。因此,为了对债务人实施控制,保护债权人利益,在实施债务展期或债务和解后,债权人通常应采取下列措施:① 坚持实行某种资产的转让或由第三者代管。② 要求债务企业股东转让其股票到第三者代管账户,直至根据展期协议还清欠款为止。③ 债务企业的所有支票应由债权人委员会会签,以保持回流现金用于还清欠款。

非正式重整可以为债务人和债权人双方都带来一定的好处。首先,这种做法避免了履行正式手续所需发生的大量费用,所需要的律师、会计师的人数也比履行正式手续要少得多,使重整费用降至最低点。其次,非正式重整可以减少重整所需要的时间,使企业在较短的时间内重新进入正常经营的状态,避免了因冗长的正式程序使企业迟迟不能进行正常经营而造成的企业资产闲置和资金回收推迟等浪费现象。再次,非正式重整使谈判有更大的灵活性，有时更易达成协议。

但是，非正式重整也存在着一些弊端，主要表现为：当债权人人数很多时，可能难以达成意见一致；没有法院的正式参与，协议的执行缺乏法律保障。

（二）正式重整

破产法中建立的重整制度，允许企业在破产时进行重整，但需经过法院裁定，因此涉及正式的法律程序。企业在其正常的经营活动中，有时会由于企业自身的经营条件或企业外部环境的各种原因无法如期偿还债务，从而陷入暂时的财务困难，这时，便可以通过与其债权人协商达成协议后，按照法定的程序对企业进行重整。企业重整可通过一定的法律程序改变企业的资本结构，合理地解决其所欠债权人的债务，以便企业摆脱所面临的财务困难并继续经营。

正式重整是指在法院受理债权人的申请破产案件的一定时期内，经债务人及其委托人申请，与债权人会议达成和解协议，对企业进行整顿和重组的一种制度。在正式重整中，法院起着重要的作用，特别是要对协议中的企业重整计划的公正性和可行性作出判断。

依照规定，在法院批准企业重整之后不久，应成立债权人会议，债权人会议是指协调和形成全体债权人共同意志，通过对重整或破产程序的参与和监督来体现全体债权人共同的利益的自治性机构。依法申报债权的债权人为债权人会议的成员。债权人会议的主要职责是：审查有关债权的证明材料；确认债权有无财产担保；讨论通过改组计划；保护债权人的利益；确保债务企业的财产不至流失。债务人的法定代表必须列席债权人会议，回答债权人的询问。我国还规定了应当有工会的代表参加债权人会议。

三、企业重整的程序

（一）向法院提出重整申请

债务人或者债权人可以依照破产法的规定，直接向法院申请对债务人进行企业重整，届时应当提提交重整申请书和有关证据，经法院审查，对符合破产法规定的重整申请，应当裁定债务人重整。

（二）提交企业重整计划草案

债务人或者管理人应当自法院裁定债务人重整之日起 6 个月内同时向法院和债权人会议提交重整计划草案，债务人或者管理人未按期提出重整计划草案的，法院应当裁定终止重整程序，并宣告债务人破产。

重整计划草案是对企业现有债权和股权的清理和变更作出安排，重整企业资本结构，提出未来的经营方案与实施办法。通常制定重整计划草案需要包括下述四项内容。

1. 估算重整企业的价值　这是非常困难的一步，常采用的方法是收益现值法，即：① 估算企业未来的销售收入。② 分析企业未来的经营环境，以便预测企业未来的收益与现金流量。③ 确定用于未来现金流量折现的折现率。④ 用确定的折现率对未来企业的现金流入量进行折现，以估算出企业的价值。

【例】 兴中股份有限公司陷入财务失败、濒临破产的境地，获准进行重整。通过重整后，该公司预期未来 10 年的年度现金净流量为3 160万元，该行业的平均资本报酬率水平为 10%，以其作为折现率，重估该公司总价值计算如下：

$$兴中股份有限公司总价值 = \frac{3\,160}{10\%} = 31\,600（万元）$$

2. 调整资本结构　　进入重整的企业往往负债比率过高，承担着沉重的利息，资本结构极不合理，因此需要进行调整，以便为企业经营创造一个合理的财务状况。调整的方法主要是降低资产负债率，其主要措施有以下三点。

(1) 以资产抵偿债务、减免部分债务和利息　　企业可以在债权人会议上与债权人协商，以存货等资产抵偿部分债务，或者请求债权人减免部分债务和利息，以减轻企业偿债的压力，为企业重整创造了有利的条件。

【例】 兴中股份有限公司财务状况恶化、陷入濒临破产的境地，需要进行重整，重整前的资产负债表如图表 10－4 所示。

图表 10－4

资产负债表

2018 年 12 月 31 日　　　　单位：万元

资　　产	金　　额	负债和股东权益	金　　额
货币资金	96	短期借款	7 000
应收票据	215	应付票据	360
应收账款	1 520	应付账款	9 310
其他应收款	19	应交税费	54
存货	15 279	其他应付款	27
固定资产	12 945	长期借款	9 000
无形资产	57	负债合计	25 751
		股本	5 000
		资本公积	220
		盈余公积	160
		未分配利润	−1 000
		股东权益合计	4 380
合　　计	30 131	合　　计	30 131

$$资产负债率 = \frac{25\,751}{30\,131} \times 100\% = 85.46\%$$

2018 年 12 月 31 日，经与债权人协商后，达成如下协议：债权人同意延期偿还债务，并同意公司以 1 000 万元存货抵偿 1 000 万元应付账款；其他应付款中，债权人同意减免公司 2 万元债务，但必须立即清偿其余的 25 万元债务；银行同意减免公司所欠短期借款和长期借款债务的 2%，并达成和解协议。通过账务处理后，重新编制资产负债表如图表 10 - 5 所示。

图表 10 - 5

资产负债表

2018 年 12 月 31 日　　单位：万元

资　　产	金　　额	负债和股东权益	金　　额
货币资金	71	短期借款	6 860
应收票据	215	应付票据	360
应收账款	1 520	应付账款	8 310
其他应收款	19	应交税费	54
存货	14 279	长期借款	8 820
固定资产	12 945	负债合计	24 404
无形资产	57	股本	5 000
		资本公积	220
		盈余公积	160
		未分配利润	−678
		股东权益合计	4 702
合　　计	29 106	合　　计	29 106

表中：

货币资金 = 96 − 25 = 71(万元)

存货 = 15 679 − 1 000 = 14 679(万元)

短期借款 = 7 000 × (1 − 2%) = 6 860(万元)

应付账款 = 9 310 − 1 000 = 8 310(万元)

长期借款 = 9 000 × (1 − 2%) = 8 820(万元)

未分配利润 = − 1 000 + 2 + 7 000 × 2% + 9 000 × 2% = − 678(万元)

$$资产负债率 = \frac{24\ 404}{29\ 106} \times 100\% = 83.85\%$$

通过以存货抵偿部分债务和减免部分债务后，该公司的资产负债率由 85.46% 下降为 83.85%。

(2) 将债务转化为资本　　它是指企业将其债务转换为资本。企业将通过与债权人协商，要求其放弃债权而享有股权，从而企业将债务转换为资本。而从债权人的角度来看，却是将债权转换为股权。

（3）原投资者追加投资　　原投资者也可以通过追加投资，以改善企业的财务状况，降低资产负债率。这样，有利于企业走出困境，同时也有利于债权人对企业的重整树立信心，容易达成和解协议，使企业能顺利地进入重整阶段。

3. 实现企业资本结构的转换　　企业新的资本结构确定之后，用新的证券替换旧的证券。要做到这一点，需要将企业各类债权人和权益所有者按照求偿权的优先级别分类统计。同一级别的债权人或权益所有者在进行资本结构调整时享有相同的待遇，通常，具有优先级别的债权人或权益所有者得到妥善安排之后，不具有优先级别的债权人或权益所有者才能得到安置。

【例】　兴中股份有限公司与银行达成减免2%的债务后，又进一步达成将长期借款中的4 500万元转为3 000万股普通股股票，每股面值1元。同时，老股东以现金认购新发行的1 000万股普通股股票，认购价每股1.50元，收到现金1 500万元。通过账务处理后，重新编制资产负债表如图表10－6所示。

图表10－6

资产负债表

2019年1月2日　　单位：万元

资　　产	金　　额	负债和股东权益	金　　额
货币资金	1 571	短期借款	6 860
应收票据	215	应付票据	360
应收账款	1 520	应付账款	8 310
其他应收款	19	应交税费	54
存货	14 279	长期借款	4 320
固定资产	12 945	负债合计	19 904
无形资产	57	股本	9 000
		资本公积	2 220
		盈余公积	160
		未分配利润	－678
		股东权益合计	10 702
合　　计	30 606	合　　计	30 606

表中：

货币资金＝71＋1 500＝1 571（万元）

长期借款＝8 820－4 500＝4 320（万元）

股本 = 5 000 + 3 000 + 1 000 = 9 000(万元)

资本公积 = 220 + 1 500 + 500 = 2 220(万元)

$$资产负债率 = \frac{19\ 904}{30\ 606} \times 100\% = 65.03\%$$

通过调整资本结构，该公司的资产负债率由达成和解协议时的83.85%下降为65.03%；现金资产由71万元上升为1 571万元。这样，使公司的财务状况大为改观，减轻了公司沉重的利息负担，为公司的重整成功创造了有利的条件。

4. 重整计划的措施　重整计划通常还包括以下四项措施：① 如果企业现有的管理人员不称职，可对企业管理人员进行调整，选择有能力的管理人员替代原有的管理人员对企业进行管理，补充聘用新的经理和董事。② 对企业的存货及其他有关资产进行分析，对那些已经贬值的存货及其他资产的价值进行调整，以确定企业资产的当前价值，这也是重整企业资本结构、重新安排企业债权和股权的基础。③ 改进企业的生产、营销和广告等各项工作，改善经营管理方法；提高企业各个环节、各个职能部门之间的有效运转和协调配合；提高企业的工作效率。④ 必要时还需要制定新产品开发计划和设备更新计划，以提高生产能力。

（三）法院裁定批准重整计划

法院收到重整计划草案后，召开债权人会议，经债权人表决通过后，债务人或管理人应当向法院提出批准重整计划的申请，经法院审查后，裁定批准。

（四）执行企业重整计划

重整计划由债务人负责执行，由管理人监督重整计划的执行。监督期届满时，管理人应当向法院提交监督报告。

（五）经法院认定宣告终止重整

终止重整通常发生于下面几种情况。① 企业经过重整后，能按协议及时偿还债务，法院宣告终止重整。② 重整期满，不能按协议清偿债务，法院宣告破产清算而终止重整。③ 重整期间，不履行重整计划，欺骗债权人利益，致使财务状况继续恶化，法院终止企业重整，宣告其破产清算。

四、企业重整的决策

企业濒临破产时面临一项财务决策，即是通过清算而使企业解体，或者通过财务重整而使企业生存下去。这项财务决策的正确与否直接关系到企业的生死存亡，故必须慎重进行。企业重整与破产清算财务决策的重要区别有：

首先，是企业重整价值与清算价值之比较。重整价值是指企业通过整顿、重整后所恢复的价值，包括设备的更新、过时存货的处理，以及对经营管理所做的种种改善等；而清算价值则是指依企业使用的资本资产专门化程度所确定的价值，包括该资产的变现价值，以及在清算过程中所发生的资产清理费用及法律费用。通常，以重整价值大于清算价值作为重整优先考虑的条件。

其次，法院或债权人对企业重整的认可是以重整计划是否具备公平性和可行性为依据的。公平性是指在企业重整过程中对所有的债权人一视同仁，按照法律和财产合同规定的先后顺序，对各债权人的求偿权予以确认，不能违背法律。可行性是指重整应具备的相应条件，主要包括债权人与债务人两个方面。为了使重整可行，债务人一般应具备如下条件：一是必须具有良好的道德信誉，在整个重整过程中，债务人不能欺骗债权人，如非法变卖企业财产以充作私用，损害债权人利益；二是债务人能提供详细的重整计划，以表明其有足够的把握使重整成功；三是债务人所处的经营环境有利于债务人摆脱困境，取得成功。为了使重整可行，重整必须经债权人会议讨论通过，债权人同意并愿意帮助债务人重建财务基础。如果企业的重整计划不具备公平性和可行性，未获法院批准的，将被宣告破产清算。

第三节 企 业 清 算

一、企业清算的分类

企业清算是指在企业按照章程规定解散、破产或者其他原因终止经营时，为了结束债权、债务和其他各种经济关系，保护债权人、所有者等利益相关者的合法权益，由专门的工作机构依法对企业财产进行清查、估价、变现，清理债权、债务，分配剩余财产的行为。企业清算按其原因不同可分为解散清算和破产清算两种。

（一）解散清算

解散清算是指企业非资不抵债、无力偿还债务等原因而进行的清算。导致企业解散清算的原因主要有：公司章程规定的营业期限届满或公司章程规定的其他解散事由出现（如经营目的已达到而不需继续经营，或目的无法达到且公司无发展前途等）；公司的股东大会决定解散；企业合并或者分立需要解散；公司违反法律或者从事其他危害社会公众利益的活动而被依法撤销；发生严重亏损，或投资一方不履行合同、章程规定的义务，或因外部经营环境变化而无法继续经营。

（二）破产清算

破产清算是指对被法院裁决破产的企业的财产和债务进行的清算。其情形是企业不能清偿到期债务，并且企业的负债总额大于其资产总额，被迫依法宣告破产。

二、企业破产清算

（一）企业破产的意义

企业破产是指企业不能清偿到期债务，并且资产不足以清偿全部债务，或者明显缺乏清偿能力的，由法院宣告终止经营活动，并将企业的全部资产按照法定的原则公平地偿还债权人的行为。由于市场竞争激烈，为了保护债权人的权益，有必要对生产落后、经营不善而严重亏损，并且不能清偿到期债务的企业实施破产。这样，可以激励企业积极采用新技术，在保证产品质量的前提下尽可能地降低成本，提高经营管理水平，从而促进市场经济的高度发展。

（二）破产界限

当企业资不抵债，亦无债务展期或债务和解或重整的可能性时，企业实际上已破产。

破产界限也就是破产原因，它是指企业在何种情况下被申请或者申请破产。根据《中华人民共和国企业破产法》（以下简称《破产法》）规定，企业不能清偿到期债务，并且资产不足以清偿全部债务，或者明显缺乏清偿能力的，依法宣告破产。这里清楚地规定了破产的两个条件，一是企业不能清偿到期债务，二是资不抵债。两个条件同时具备才构成企业破产的界限。

在理解法定企业破产界限时，应注意以下两点：① 债务到期不能偿还，除指不能以现金偿还外，还包括不能以债权人指定的其他方式偿还，或没有足够的财产作担保，也没有良好的信誉可以借到新债来偿还到期债务。如果债务人能及时筹措到一笔新债来偿还到期债务时，即使债务人的债务已超过了资产，也不能认定已经破产。② 不能清偿债务通常是指债务人对全部或部分主要债务在可以预见的一定时间内持续不能清偿，而不是因资金周转一时不灵而暂时停止支付。

（三）企业破产清算的一般程序

企业破产清算要经过破产申请阶段、重整阶段和破产清算阶段。

1. 破产申请阶段　本阶段经过提出破产申请、法院受理申请和债权人申报债权三个过程，现分别予以阐述。

（1）提出破产申请　企业破产首先得提出申请，企业的债权人和债务人都可以作为企业破产的申请人。企业不能清偿到期债务，债权人可以向人民法院提出对债务人破产清算的申请。债权人提出破产申请时，除了提交破产申请书外，还要提交证明债权关系存在的收据、有效法律文书、债务人不能偿还到期债务、债权担保凭证等证据。债务人经上级主管部门同意后，也可以向人民法院申请宣告破产。债务人提出破产申请时，除了提交破产申请书外，还要提交初步的资不抵债的证据。法院自收到破产申请书之日起，通常在 15 日内裁定是否受理。

（2）法院受理申请　人民法院受理破产申请的，应当自裁定作出之日起 5 日内将裁定告知书送达申请人。倘若破产申请书是债权人提交的，法院应当自裁定作出之日起 5 日内送达债务人。债务人应当自裁定送达日起 15 日内，向法院提交财务状况说明书、债务清册、债权清册、有关财务报告以及职工工资的支付和社会保险费用的交纳情况。法院应当自裁定受理破产申请之日起 25 日内通知已知的债权人，并予以公告。

（3）债权人申报债权　法院受理破产申请后，应当确定债权人申报债权的期限，债权人申报期限自法院发布受理破产申请公告之日起计算，最短不少于 30 天，最长不得超过 3 个月。债权人应在规定的期限内向法院申报债权，说明债权的数额和有无财产担保，并提交有关证明材料。逾期未申报债权的，视为自动放弃债权。

2. 重整阶段　债权人申请对债务人进行破产清算的，在法院受理破产申请后，宣告债务人破产前，债务人或者出资额占债务人注册资本 10%以上的出资人可以向法院申请重整。法院经审查认为重整申请符合破产法规定的，应当裁定债务人重整，并予以公告。债务人应当自法院裁定债务人重整之日起 6 个月内，同时向法院和债权人会议提交重整计划草案。人民法院应当自收到重整计划草案之日起 30 日内召开债权人会议，对重整计划进行表决，该草案经债权人会议通过之日起 10 日内，债务人应当向法院提交批准重整计划的申请，并经法院审查认为符合破产法规定的，应当自收到申请之日起，30 日内裁定批准，终止重整程序，并予以公告。重整计划未获得通过，或者已通过的重整计划未获得批准，法院应当裁定终止重整程序，并宣告债务人破产。

3. 破产清算阶段　本阶段得经过企业破产宣告，指定管理人、接管破产企业，编报、实施破产财产分配方案，报告清算工作和注销破产企业等六个过程。现分别加以阐述。

(1) 宣告企业破产　人民法院对于企业的破产申请进行审理，对达到破产界限的企业作出宣告破产的裁定。

(2) 指定管理人　管理人是指在进入破产程序以后，根据法院的指定而负责破产财产的管理、处分和业务经营，以及破产方案的拟定和执行的人。其主要职责：接管债务人的财产、印章和财簿、文书等资料；调查债务人财产状况，制作财产状况报告；决定债务人内部管理事务；决定债务人的日常开支和其他必要开支；在第一次债权人会议召开之前，决定继续或停止债务人的营业、管理和处分债务人的财产；代表债务人参加诉讼、仲裁或者其他法律程序；提议召开债权人会议；法院认为管理人应当履行的其他职责。

管理人可以由有关部门、机构的人员组成的清算组或者依法设立的律师事务所、会计师事务所和破产清算事务所等社会中介机构担任。

法院根据债务人的实际情况，可以在征询有关社会中介机构意见后，指定该机构具备相关专业知识并取得执业资格的人员担任管理人。

(3) 接管破产企业　管理人接管破产企业的一切财产，并负责破产财产的清点、登记、造册、处理和分配等。破产财产是指被宣告破产的债务人的财产。

(4) 编报、实施破产财产分配方案　管理人在清理、处置破产财产并验证破产债权后，应在确定企业破产财产的基础上拟订破产财产的分配方案，经债权人会议通过，并报请人民法院裁定，在优先清偿破产费用后，再将破产债权按一定的债务清偿顺序进行比例分配。破产费用是指破产案件的诉讼费用，管理、变价和分配债务人财产的费用以及管理人执行职务的费用、报酬和聘用工作人员的费用。破产债权是指法院受理破产申请时对债务人享有的债权。

(5) 报告清算工作　管理人在破产财产分配完毕之后，应当及时向法院提交破产财产分配报告，并提请人民法院裁定终结破产程序。破产程序的终结有两种情况：

第一种情况是破产财产不足以支付破产费用，人民法院应当宣布破产程序终结。

第二种情况是破产财产分配完毕，由管理人提请人民法院终结破产程序。管理人按照破产分配方案在破产财产分配完毕时，立即向人民法院提出关于破产财产分配完毕的报告，提请法院终结破产程序。法院接到此报告后，应及时作出破产程序的裁定，并公告此裁定，破产程序即为终结。

(6) 注销破产企业　管理人应当自破产程序终结之日起10日内持法院终结破产程序的裁定向破产人的原登记机关办理注销登记手续。

三、企业解散清算

(一) 企业解散清算的一般程序

1. 确定清算人或成立清算组　根据我国《公司法》的有关规定，公司应在公布解散的15天之内成立清算小组，有限责任公司的清算组由股东组成，股份有限公司的清算组则由董事会或者股东大会确定的人员组成。逾期不成立清算组进行清算的，债权人可以申请人民法院指定的有关人员组成清算组进行清算。人民法院应当受理该申请，并及时组织清算组进行清算。清算组的职权包括：清理公司财产，分别编制资产负债表及财产清单；通知或者公告债权人；处理与清算有关的公司未了结的业务；清缴所欠税款；清理债权、债务，处理公司清偿债务后的剩余财产；代表公司参与民事诉讼活动。

2. 债权人进行债权登记　清算组应当自成立之日起10日内通知债权人，并于60日内在报纸上公告，债权人应当自接到通知之日起30日内，未接到通知的自公告之日起45日内向清算组申报其债权。债权人申报债权，应当说明债权的有关事项，并提供证明材料，清算组应当对债权进行登记。

3. 编制资产负债表及财产清单　清算组在清理公司财产、编制资产负债表和财产清单后，如果发现公司资不抵债的，应当依法向法院申请宣告破产。

4. 制定清算方案　在对公司资产进行估价的基础上，制定清算方案。清算方案包括清算的程序和步骤、财产定价方法和估价结果、债权收回和财产变卖的具体方案、债务的清偿顺序、剩余财产的分配以及对公司遗留问题的处理等。

5. 执行清算方案　该程序包括以下四项内容。

(1) 清算财产的范围及作价　清算财产包括宣布清算时企业的全部财产以及清算期间取得的资产。清算财产的作价一般以账面净值为依据，也可以重估价值或者变现收入等为依据。

(2) 确定清算损益　企业清算中发生的财产盘盈、财产变价净收入、因债权人原因确实无法归还的债务，以及清算期间的经营收益等作为清算收益；发生的财产盘亏，确实无法收回的债权，以及清算期间的经营损失等作为清算损失；发生的清算费用优先从现有财产中支付；清算终了，清算收益大于清算损失和清算费用的部分，依法交纳所得税。

(3) 债务清偿及其顺序　　企业财产支付清算费用后，按照下列顺序清偿债务：应付未付的职工工资、社会保险费用和法定补偿金、交纳所欠的税费；清偿公司的债务。同一顺序不足清偿的，按照比例清偿。

(4) 分配剩余财产　　企业清偿债务后的剩余财产的分配原则，一般应按照合同、章程的有关条款处理，充分体现公平、对等，照顾各方利益。其中，除公司章程另有规定外，有限责任公司按照股东的出资比例分配；股份有限公司按照股东持有股份的比例进行分配；国有企业，其剩余财产要上缴财政。

6. 办理清算的法律手续　　企业清算结束后，应编制清算后的资产负债表和利润表，经企业董事会或职工代表大会批准后宣布清算结束。其后，清算机构提出的清算报告连同清算期间内收支报表和各种财务账册，经中国注册会计师审计后，一并报主管财政机关，并向工商行政管理部门办理公司注销手续，向税务部门注销税务登记。

(二) 清算组成员的决定机关

解散清算的清算组成员在不同情况下由不同机关决定，现分别予以阐述。

1. 自愿解散清算　　当自愿进行解散清算时，有限责任公司由股东组成清算组，股份有限公司由股东大会确定清算组成员。

2. 破产清算　　当破产清算时，应由法院指定的管理人负责清算。

四、企业解散清算的实施

(一) 清算财产的界定和变现

1. 清算财产的界定　　清算财产是指企业在清算程序终结前拥有的全部财产以及应当由企业行使的其他财产权利。它由宣告清算时企业经营管理的全部财产，包括各种流动资产、固定资产、对外投资以及无形资产；企业宣告清算后到清算程序终结前所取得的财产，包括债权人放弃优先受偿的权利、清算财产转让价值超过其账面净值的差额部分；投资方认缴的出资额未实际投入而应补足的部分；清算期间分回的投资收益和取得的其他收益；应当由清算企业行使的其他财产权利等组成。

企业下列财产应区别情况处理：一是担保财产，依法生效的担保物或抵押标的不属于清算财产，担保物的价款超过其所担保的债务数额的，超过部分属于清算财产。二是公益福利性设施，企业的职工住房、学校、托儿园(所)、医院等福利性设施，原则上不计入清算财产；但无需续办并能整体出让的，可计入清算财产。三是职工集资款，属于借款性质的视为清算企业所欠职工工资处理，利息按中国人民银行同期存款利率计算；属于投资性质的视为清算财产，依法处理。四是党、团和工会等组织占用清算企业的财产，属于清算财产。

2. 清算财产的变现　　清算财产需要变现以偿还债务。财产变现分为单项资产变现和综合资产“一揽子”变现。如果企业合同或章程规定或投资各方协商决定，企业解散时需对现有财产物资，债权、债务进行重新估价，并按重估价转移给某个投资方时，则清算组应按重估价值对企业财产作价。

（二）清算债务的界定和清偿

1. 清算债务的界定　　清算债务是指经清算组确认的至企业宣告解散止清算企业的各项债务。企业清算债务主要包括下列各项：解散宣告前设立的无财产担保债务；宣告时未到期的债务，视为已到期的债务减去未到期利息后的债务；债权人放弃优先受偿权利的有财产担保的债务；有财产担保债务其数额超过担保物价款未受偿部分的债务；保证人代替企业偿还债务后，其代替偿还款为企业清算债务；清算组解除企业未履行合同致使其他当事人受到损害的，其损害赔偿款为企业清算债务；等等。但下列费用不得作为企业清算债务：宣告日后的债务；债权人参加清算程序按规定应自行负担的费用；债权人逾期未申报的债权；超过诉讼时效的债务。

2. 债务的清偿　　企业清算财产变现后，先用于支付清算费用、应付未付的职工工资和社会保险费用，交纳所欠的税款，剩余部分用于偿还债务。如果清算财产不足以偿还全部债务，则按我国《破产法》规定的顺序进行清偿。

（三）清算费用与清算损益

1. 清算费用　　它是指企业清算过程中所发生的各项支出。清算费用应当从清算财产中优先拨付，一般随时发生随时支付。清算财产不足以支付清算费用的，清算程序相应终结，未清偿的债务不再清偿。

清算费用的开支范围包括：清算期间职工生活费；清算财产管理、变卖和分配所需费用；破产案件诉讼费用；清算期间企业设施和设备维护费用、审计评估费用；为债权人共同利益而支付的其他费用，包括债权人会议会务费、解散企业催收债务差旅费及其他费用。企业清算组应严格按照经债权人会议审核的开支范围和标准拨付清算费用。

2. 清算收益　　企业清算中发生的财产盘盈、财产变价净收入、因债权人原因确定无法归还的债务，以及清算期间的经营收益等计入企业清算收益。

企业清算终了，清算收益大于清算损失、清算费用的部分，依法交纳所得税。

（四）剩余财产的分配

企业清偿债务后剩余财产的分配，一般应按合同，章程的有关条款处理，充分体现公平、对等原则，均衡各方利益。

清算后各项剩余财产的净值，不论实物或现金，均应按投资各方的出资比例或者合同、章程的规定分配。其中，有限责任公司除公司章程另有规定外，按投资各方出资比例分配。股份有限公司按照优先股股份面值对优先股股东优先分配，其后的剩余部分再按照普通股股东的股份比例进行分配。如果企业剩余财产尚不足全额偿还优先股股东，则按照各优先股股东所持比例分配。如果是国有企业，则其剩余财产应全部上缴财政。

【例】 泰正有限责任公司决定解散清算，组建了清算组，清算组接管了该公司。经清理登记后，确定了该公司的清算财产与清算债务和股东权益，据以编制清算财产与清算债务和股东权益汇总表如图表10－7所示。

图表 10－7

清算财产与清算债务和股东权益汇总表

单位：万元

清算财产	金额	清算债务和股东权益	金额
货币资金	150.00	短期借款	2 000.00
应收票据	220.00	应付票据	360.00
应收账款	360.00	应付账款	540.00
其他应收款	10.00	应付职工薪酬	10.00
存货	2 100.00	应交税费	110.00
固定资产	2 600.00	其他应付款	20.00
		长期借款	400.00
		清算债务合计	3 440.00
		股本	1 920.00
		盈余公积	80.00
		股东权益合计	2 000.00
总计	5 440.00	总计	5 440.00

1. 编制清算财产变现表　　清算财产变现后，编制清算财产变现表如图表10－8所示，以反映可用于债务清偿的金额。

图表 10－8

清算财产变现表

单位：万元

清算财产	账面价值	变现金额
货币资金	150.00	150.00
应收票据	220.00	215.00
应收账款	360.00	342.80
其他应收款	10.00	9.20
存货	2 100.00	2 050.00
固定资产	2 600.00	2 113.00
合计	5 440.00	4 880.00

2. 清偿债务　　清算财产变现后的 4 880 万元，按法律规定的清偿顺序先支付清算费用 120 万元，清偿各种债务 3 440 万元后，剩余财产1 440万元。

3. 计算剩余财产分配率　　计算剩余财产分配率如下：

$$剩余财产分配率 = \frac{1\,440}{1\,920} \times 100\% = 75\%$$

计算结果表明，投资者仅能收回 75％的股权。

4. 编制剩余财产分配表　　根据剩余财产分配率 75％，分配剩余财产如图表 10－9 所示。

图表 10－9

剩余财产分配表

单位：万元

股　东	股　本	剩余财产分配率(％)	实际分配款
甲股东	1 000.00	75	750.00
乙股东	920.00	75	690.00
合　计	1 920.00	75	1 440.00

5. 企业终止　　剩余财产分配完毕，清算组应当编制清算报告，经股东会或股东大会确认，并报送登记机关，申请注销企业登记，公告企业终止。

思　考　题

一、简答题

1. 试述企业兼并与企业收购的相同点和区别。
2. 试述企业并购的分类。
3. 资产评估的价值标准有哪三种？分述这三种价值标准的定义。
4. 什么是收益法？收益法使用的收益指标是什么？
5. 什么是企业重整？企业重整有哪些重要意义？
6. 债权人同意债务展期或债务和解后应采取哪些措施？
7. 什么是正式重整？其债权人会议的主要职责是什么？
8. 试述企业重整的程序。
9. 试述企业重整与破产清算财务决策的重要区别。
10. 试述在理解法定企业破产界限时的注意事项。
11. 试述企业破产清算的一般程序。

12. 试述企业解散清算的一般程序。

13. 什么是清算财产？它由哪些内容组成？

14. 什么是清算债务？它包括哪些内容？如何进行清偿？

15. 什么是清算费用？试述其开支范围。

二、名词解释题

企业兼并　企业收购　价值评估　资产价值基础法　现金流量折现法　自由现金流量　营运风险　债务展期　债务和解　企业清算　解散清算　破产清算　企业破产　破产界限

三、是非题

1. 企业兼并与收购的区别主要表现在法人实体不同、基本动因不同、财产状况和经营状况不同。（　）

2. 纵向并购的目的主要是确立或巩固企业在行业中的优势地位，扩大市场份额，形成规模效应。（　）

3. 目标企业价值评估的方法主要有资产价值基础法、现金流量折现法和收益法。（　）

4. 确定目标企业资产价值的关键是选择合适的资产评估价值标准。（　）

5. 对目标企业现金流量的预测期一般为5～10年，预测期越长，预测的准确性越好。（　）

6. 现金流量折现法充分考虑了目标公司未来创造现金流量能力对其价值的影响，这对企业并购决策具有现实的指导意义。（　）

7. 债务展期与债务和解均属非正式的挽救措施，是债务人与债权人之间达成的协议，既方便又简捷。（　）

8. 企业重整调整资本结构的主要措施有以资产抵偿债务、减免部分债务和利息，将债务转化为资本和原债务人追加投资。（　）

9. 在通常情况下，以重整价值大于清算价值作为企业重整优先考虑的条件。（　）

10. 企业破产是指企业已资不抵债，亦无债务展期、和解、重整可能性的破产。（　）

11. 破产费用是指破产案件的诉讼费用、管理和变价债务人财产的费用，以及管理人执行职务的费用、报酬和聘用工作人员的费用。（　）

12. 清算终了，清算收益大于清算损失和清算费用的部分，应依法交纳所得税。（　）

四、单项选择题

1. ________是以投资为出发点，着眼于未来经营收益估算目标企业的价值。

A. 资产价值基础法　B. 收益法　C. 现金流量折现法　D. 清算价格法

2. 企业重整计划应采用________来估算重整企业价值。

A. 收益法　B. 现金流量折现法　C. 收益现值法　D. 资产价值基础法

3. ________是指依企业使用的资本资产专门化程度所确定的价值。

A. 重整价值　B. 破产价值　C. 重估价值　D. 清算价值

五、多项选择题

1. 企业并购的出资方式有出资购买资产式并购、________等。

A. 出资购买股票式并购　B. 以股票换取资产式并购

C. 以资产换取股票式并购　D. 以股票换取股票式并购

2. 企业并购的动因有谋求规模效应、实现多元化经营、提高发展速度、________等。

A. 合理避税　　B. 改善财务状况　　C. 避免破产　　D. 垄断市场

3. 企业并购过程中，存在营运风险、反收购风险、________等。

A. 财务风险　　B. 信息风险　　C. 融资风险　　D. 法律风险

4. 企业重整的意义是________。

A. 给正达到破产界限的企业争取生存的最后机会

B. 能减少社会财富的损失和因破产而转为失业人员的数量

C. 能增强正达到破产界限的企业在市场上的竞争能力

D. 使濒临破产的企业复苏能减少债权人和股东的损失

5. 制定重整计划草案包括________等内容。

A. 实现企业资本结构的转换　　B. 估算重整企业的价值

C. 重整计划的措施　　D. 调整资本结构

6. 企业破产清算要经过________等阶段。

A. 破产申请阶段　　B. 债权人申报债权阶段

C. 重整阶段　　D. 破产清算阶段

7. 企业清算中发生的________作为清算损失。

A. 财产盘亏　　B. 确实无法收回的债权

C. 清算费用　　D. 清算期间的经营损失

实 务 题

习 题 一

一、目的　练习目标企业的价值评估。

二、资料

1. 天辰公司拟在2019年年初收购目标企业江陵公司。2018年，江陵公司的销售收入为1 100万元，固定资本增长额为14.26万元，营运资本增长额为3.45万元。经测算，收购后6年的自由现金流量为：前5年的销售收入每年增长9%，第6年的销售收入增长3%，销售利润率(含税)为5%，所得税税率为25%，固定资本增长率和营运资本增长率分别为8%和5%，加权资本成本为10%，第6年年末江陵公司的终值为360万元。

2. 京华公司拟横向兼并同行业的汉阳公司，两个公司的长期负债利率均为10%，所得税税率均为25%，双方的简化资产负债表和经营业绩及其他指标表如图表10－10、图表10－11所示。

三、要求

1. 根据“资料1”，用现金流量折现法对目标企业进行价值评估。

2. 根据“资料2”，采用汉阳公司近3年净利润的平均值作为估价收益指标，用收益法计算其价值。

3. 根据“资料2”，采用京华公司的资本收益率作为估价收益指标，用收益法计算汉阳公司的价值。

图表 10－10

简化资产负债表

2018 年 12 月 31 日　　　　单位：万元

资　产	京华公司	汉阳公司	负债和股东权益	京华公司	汉阳公司
流动资产	3 600	1 250	流动负债	1 400	400
长期资产	2 800	750	长期负债	1 500	300
			股东权益		
			股本	2 850	1 000
			留存收益	650	300
			股东权益合计	3 500	1 300
资产总计	6 400	2 000	负债和股东权益总计	6 400	2 000

图表 10－11

经营业绩及其他指标表

金额单位：万元

指　　标	京华公司	汉阳公司
2011 年经营业绩：		
息税前利润	850	160
减：利息	150	30
税前利润	700	130
减：所得税费用	175	32.50
净利润	525	97.50
其他指标：		
资本收益率(%)	17	10
利润增长率(%)	14	8
近 3 年平均净利润	375	72
市盈率	17	14

习 题 二

一、目的 练习企业重整的安排。

二、资料 南北股份有限公司陷入濒临破产的境地，获准进行重整。

1. 重整前资产负债表如下图表 10－12 所示。

图表 10－12

资产负债表

2018 年 12 月 31 日　　　　单位：万元

资　　产	金　　额	负债和股东权益	金　　额
货币资金	62	短期借款	7 600
应收票据	224	应付票据	450
应收账款	1 360	应付账款	8 120
其他应收款	22	应交税费	36
存货	13 320	其他应付款	30
固定资产	12 516	长期借款	8 800
无形资产	48	负债合计	25 036
		股本	3 000
		资本公积	180
		盈余公积	152
		未分配利润	－816
		股东权益合计	2 516
合　　计	27 552	合　　计	27 552

2. 经在债权人会议上与债权人协商后，债权人同意延期偿还债务，并同意公司以 1 180 万元存货抵偿 1 180 万元应付账款；应付账款中，有一债权人同意减免公司 3 万元债务，但必须立即清偿其余的 27 万元债务；银行同意减免本公司所欠短期借款和长期借款债务的 2%，并达成和解协议。

3. 公司又进一步与银行协商，将长期借款中的 2 800 万元转为 2 000 万股普通股股票，每股面值 1 元，同时老股东以现金认购新发行的 1 200 万股普通股股票，认购价每股 1.40 元，收到现金 1 680 万元。

三、要求

1. 根据"资料 1""资料 2"，编制达成和解协议后的资产负债表，并分别计算达成和解协议前后的资产负债率。

2. 根据"资料 3"及达成和解协议后的资产负债表，编制调整结构后的资产负债表，并分析其财务状况。

习 题 三

一、目的　练习以清算财产清偿各种债务。

二、资料　广庆有限责任公司决定解散清算,组建了清算组,接管了该公司。

1. 经清理后,确定了该公司的清算财产与清算债务和股东权益,其汇总表如图表 10－13 所示。

图表 10－13

清算财产与清算债务和股东权益汇总表

单位:万元

清算财产	金　额	清算债务和股东权益	金　额
货币资金	42	短期借款	2 250
应收票据	250	应付票据	410
应收账款	310	应付账款	630
其他应收款	20	应付职工薪酬	15
存货	2 480	应交税费	120
固定资产	3 148	其他应付款	25
		长期借款	500
		清算债务合计	3 950
		股本	2 200
		盈余公积	100
		股东权益合计	2 300
总　　计	6 250	总　　计	6 250

2. 清算财产变现结果为货币资金 42 万元、应收票据 242 万元、应收账款 296 万元、其他应收款 18 万元、存货 2 430 万元、固定资产2 766 万元。

3. 发生清算费用 150 万元。

4. 该公司的甲、乙、丙 3 个股东的股本分别为 900 万元,800 万元和 500 万元。

三、要求

1. 根据"资料 1""资料 2",确定清算财产的变现金额。

2. 根据"资料 1""资料 2""资料 3"及清算财产的变现金额,按照法定顺序清偿各种债务,确定剩余财产。

3. 根据"资料 4"分配已确定的剩余财产。

附录　是非题、单项选择题、多项选择题答案

第一章　总论

是非题

1. × 2. √ 3. × 4. × 5. × 6. √ 7. √ 8. ×

单项选择题

1. C 2. C 3. A

多项选择题

1. ABCD 2. ACD 3. ACD 4. ABD 5. BCD 6. ABC

第二章　资金时间价值和风险价值

是非题

1. √ 2. × 3. √ 4. × 5. × 6. √

单项选择题

1. B 2. A 3. C 4. D 5. C

多项选择题

1. ABC 2. ABCD 3. AD 4. CD

第三章　筹资管理

是非题

1. √ 2. × 3. × 4. × 5. × 6. √ 7. × 8. × 9. √ 10. ×

11. × 12. √ 13. × 14. × 15. × 16. √

单项选择题

1. B 2. C 3. B 4. A 5. D 6. A 7. B 8. A

多项选择题

1. ABCD　2. ACD　3. ABC　4. ABD　5. ACD　6. ABCD　7. ACD　8. ABC
9. AC　10. ABD

第四章　综合资金成本和资本结构

是非题

1. ×　2. √　3. ×　4. ×　5. √　6. ×　7. √　8. ×　9. ×　10. ×

单项选择题

1. A　2. D　3. B　4. D

多项选择题

1. ACD　2. BCD　3. ABC　4. ABD　5. AD　6. AB　7. ACD

第五章　项目投资

是非题

1. ×　2. √　3. ×　4. ×　5. ×　6. √　7. √　8. ×　9. √　10. ×
11. √　12. √　13. ×　14. ×

单项选择题

1. D　2. D　3. C　4. A

多项选择题

1. CD　2. ABD　3. ACD　4. BCD　5. BD　6. ABC

第六章　证券投资

是非题

1. ×　2. √　3. √　4. ×　5. ×　6. √　7. ×　8. √　9. ×　10. √
11. ×　12. ×　13. ×　14. ×

单项选择题

1. A　2. B　3. A　4. D　5. C　6. B

多项选择题

1. BCD　2. ABCD　3. BC　4. ABC　5. ABD　6. ACD　7. BCD

第七章　营运资金

是非题

1. ×　2. ×　3. ×　4. ×　5. √　6. √　7. ×　8. √　9. ×　10. √

11. ×　12. √　13. ×　14. √　15. ×　16. √　17. √

单项选择题

1. C　2. D　3. C　4. A　5. B　6. D　7. B　8. D

多项选择题

1. ABD　2. ACD　3. BCD　4. AC　5. ACD　6. ABC　7. ABD　8. AC

9. ABD　10. ABD　11. ACD

第八章　收益分配

是非题

1. √　2. ×　3. ×　4. √　5. ×　6. √　7. ×　8. ×　9. ×　10. ×

11. √　12. √

单项选择题

1. C　2. B　3. D　4. C

多项选择题

1. ABCD　2. ACD　3. ABC　4. BCD　5. ABD　6. ABC　7. ABD

第九章　财务分析

是非题

1. ×　2. ×　3. √　4. √　5. ×　6. ×　7. ×　8. ×　9. √　10. ×

11. √　12. ×　13. ×　14. ×　15. √　16. √

单项选择题

1. B　2. B　3. C　4. B　5. C　6. C　7. D　8. A

多项选择题

1. BCD　2. ACD　3. ABC　4. ACD　5. ACD　6. BCD　7. ACD　8. ABD

9. AD

第十章　企业并购、重整与清算

是非题

1. ×　2. ×　3. √　4. √　5. ×　6. √　7. √　8. ×　9. √　10. ×

11. ×　12. √

单项选择题

1. B　2. C　3. D

多项选择题

1. ABD　2. ABC　3. BCD　4. ABD　5. ABCD　6. ACD　7. ABD

附表一

复利终值

n \ i	1%	2%	3%	4%	5%
1	1.010 0	1.020 0	1.030 0	1.040 0	1.050 0
2	1.020 1	1.040 4	1.060 9	1.081 6	1.102 5
3	1.030 3	1.061 2	1.092 7	1.124 9	1.157 6
4	1.040 6	1.082 4	1.125 5	1.169 9	1.215 5
5	1.051 0	1.104 1	1.159 3	1.216 7	1.276 3
6	1.061 5	1.126 2	1.194 1	1.265 3	1.340 1
7	1.072 1	1.148 7	1.229 9	1.315 9	1.407 1
8	1.082 9	1.171 7	1.266 8	1.368 6	1.477 5
9	1.093 7	1.195 1	1.304 8	1.423 3	1.551 3
10	1.104 6	1.219 0	1.343 9	1.480 2	1.628 9
11	1.115 7	1.243 4	1.384 2	1.539 5	1.710 3
12	1.126 8	1.268 2	1.425 8	1.601 0	1.795 9
13	1.138 1	1.293 6	1.468 5	1.665 1	1.885 6
14	1.149 5	1.319 5	1.512 6	1.731 7	1.979 9
15	1.161 0	1.345 9	1.558 0	1.800 9	2.078 9
16	1.172 6	1.372 8	1.604 7	1.873 0	2.182 9
17	1.184 3	1.400 2	1.652 8	1.947 9	2.292 0
18	1.196 1	1.428 2	1.702 4	2.025 8	2.406 6
19	1.208 1	1.456 8	1.753 5	2.106 8	2.527 0
20	1.220 2	1.485 9	1.806 1	2.191 1	2.653 3
21	1.232 4	1.515 7	1.860 3	2.278 8	2.786 0
22	1.244 7	1.546 0	1.916 1	2.369 9	2.925 3
23	1.257 2	1.576 9	1.973 6	2.464 7	3.071 5
24	1.269 7	1.608 4	2.032 8	2.563 3	3.225 1
25	1.282 4	1.640 6	2.093 8	2.665 8	3.386 4
26	1.295 3	1.673 4	2.156 6	2.772 5	3.555 7
27	1.308 2	1.706 9	2.221 3	2.883 4	3.733 5
28	1.321 3	1.741 0	2.287 9	2.998 7	3.920 1
29	1.334 5	1.775 8	2.356 6	3.118 7	4.116 1
30	1.347 8	1.811 4	2.427 3	3.243 4	4.321 9

系数表

公式 $(1+i)^n$

6%	7%	8%	9%	10%
1.060 0	1.070 0	1.080 0	1.090 0	1.100 0
1.123 6	1.144 9	1.166 4	1.188 1	1.210 0
1.191 0	1.225 0	1.259 7	1.295 0	1.331 0
1.262 5	1.310 8	1.360 5	1.411 6	1.464 1
1.338 2	1.402 6	1.469 3	1.538 6	1.610 5
1.418 5	1.500 7	1.586 9	1.677 1	1.771 6
1.503 6	1.605 8	1.713 8	1.828 0	1.948 7
1.593 8	1.718 2	1.850 9	1.992 6	2.143 6
1.689 5	1.838 5	1.999 0	2.171 9	2.357 9
1.790 8	1.967 2	2.158 9	2.367 4	2.593 7
1.898 3	2.104 9	2.331 6	2.580 4	2.853 1
2.012 2	2.252 2	2.518 2	2.812 7	3.138 4
2.132 9	2.409 8	2.719 6	3.065 8	3.452 3
2.260 9	2.578 5	2.937 2	3.341 7	3.797 5
2.396 6	2.759 0	3.172 2	3.642 5	4.177 2
2.540 4	2.952 2	3.425 9	3.970 3	4.595 0
2.692 8	3.158 8	3.700 0	4.327 6	5.054 5
2.854 3	3.379 9	3.996 0	4.717 1	5.559 9
3.025 6	3.616 5	4.315 7	5.141 7	6.115 9
3.207 1	3.869 7	4.661 0	5.604 4	6.727 5
3.399 6	4.140 6	5.033 8	6.108 8	7.400 2
3.603 5	4.430 4	5.436 5	6.658 6	8.140 3
3.819 7	4.740 5	5.871 5	7.257 9	8.954 3
4.048 9	5.072 4	6.341 2	7.911 1	9.849 7
4.291 9	5.427 4	6.848 5	8.623 1	10.834 7
4.549 4	5.807 4	7.396 4	9.399 2	11.918 2
4.822 3	6.213 9	7.988 1	10.245 1	13.110 0
5.111 7	6.648 8	8.627 1	11.167 1	14.421 0
5.418 4	7.114 3	9.317 3	12.172 2	15.863 1
5.743 5	7.613 2	10.062 7	13.267 7	17.449 4

n \ i	11%	12%	13%	14%	15%
1	1.110 0	1.120 0	1.130 0	1.140 0	1.150 0
2	1.232 1	1.254 4	1.276 9	1.299 6	1.322 5
3	1.367 6	1.404 9	1.442 9	1.481 5	1.520 9
4	1.518 1	1.573 5	1.630 5	1.689 0	1.749 0
5	1.685 1	1.762 3	1.842 4	1.925 4	2.011 4
6	1.870 4	1.973 8	2.082 0	2.195 0	2.313 1
7	2.076 2	2.210 7	2.352 6	2.502 3	2.660 0
8	2.304 5	2.476 0	2.658 4	2.852 6	3.059 0
9	2.558 0	2.773 1	3.004 0	3.251 9	3.517 9
10	2.839 4	3.105 8	3.394 6	3.707 2	4.045 6
11	3.151 8	3.478 5	3.835 9	4.226 2	4.652 4
12	3.498 5	3.896 0	4.334 5	4.817 9	5.350 3
13	3.883 3	4.363 5	4.898 0	5.492 4	6.152 8
14	4.310 4	4.887 1	5.534 8	6.261 3	7.075 7
15	4.784 6	5.473 6	6.254 3	7.137 9	8.137 1
16	5.310 9	6.130 4	7.067 3	8.137 2	9.357 6
17	5.895 1	6.866 0	7.986 1	9.276 5	10.761 3
18	6.543 6	7.690 0	9.024 3	10.5752	12.375 5
19	7.263 3	8.612 8	10.197 4	12.055 7	14.231 8
20	8.062 3	9.646 3	11.523 1	13.743 5	16.366 5
21	8.949 2	10.803 8	13.021 1	15.667 6	18.821 5
22	9.933 6	12.100 3	14.713 8	17.861 0	21.644 7
23	11.026 3	13.552 3	16.626 6	20.361 6	24.891 5
24	12.239 2	15.178 6	18.788 1	23.212 2	28.625 2
25	13.585 5	17.000 1	21.230 5	26.461 9	32.919 0
26	15.079 9	19.040 1	23.990 5	30.166 6	37.856 8
27	16.738 6	21.324 9	27.109 3	34.389 9	43.535 3
28	18.579 9	23.883 9	30.633 5	39.204 5	50.065 6
29	20.623 7	26.749 9	34.615 8	44.693 1	57.575 5
30	22.892 3	29.959 9	39.115 9	50.950 2	66.211 8

（续表）

16%	18%	20%	25%	30%
1.160 0	1.180 0	1.200 0	1.250 0	1.300 0
1.345 6	1.392 4	1.440 0	1.562 5	1.690 0
1.560 9	1.643 0	1.728 0	1.953 1	2.197 0
1.810 6	1.938 8	2.073 6	2.441 4	2.856 1
2.100 3	2.287 8	2.488 3	3.051 8	3.712 9
2.436 4	2.699 6	2.986 0	3.814 7	4.826 8
2.826 2	3.185 5	3.583 2	4.768 4	6.274 9
3.278 4	3.758 9	4.299 8	5.960 5	8.157 3
3.803 0	4.435 5	5.159 8	7.450 6	10.606 5
4.411 4	5.233 8	6.191 7	9.313 2	13.785 8
5.117 3	6.175 9	7.430 1	11.641 5	17.921 6
5.936 0	7.287 6	8.916 1	14.551 9	23.298 1
6.885 8	8.599 4	10.699 3	18.189 9	30.287 5
7.987 5	10.147 2	12.839 2	22.737 4	39.373 8
9.265 5	11.973 7	15.407 0	28.421 7	51.185 9
10.748 0	14.129 0	18.488 4	35.527 1	66.541 7
12.467 7	16.672 2	22.186 1	44.408 9	86.504 2
14.462 5	19.673 3	26.623 3	55.511 2	112.455 4
16.776 5	23.214 4	31.948 0	69.388 9	146.192 0
19.460 8	27.393 0	38.337 6	86.736 2	190.049 6
22.574 5	32.323 8	46.005 1	108.420 2	247.064 5
26.186 4	38.142 1	55.206 1	135.525 3	321.183 9
30.376 2	45.007 6	66.247 4	169.406 6	417.539 1
35.236 4	53.109 0	79.496 8	211.758 2	542.800 8
40.874 2	62.668 6	95.396 2	264.697 8	705.641 0
47.414 1	73.949 0	114.475 5	330.872 2	917.333 3
55.000 4	87.259 8	137.370 6	413.590 3	1 192.533 3
63.800 4	102.966 6	164.844 7	516.987 9	1 550.293 3
74.008 5	121.500 5	197.813 6	646.234 9	2 015.381 3
85.849 9	143.370 6	237.376 3	807.793 6	2 619.995 6

附表二

复利现值

n \ i	1%	2%	3%	4%	5%
1	0.990 1	0.980 4	0.970 9	0.961 5	0.952 4
2	0.980 3	0.961 2	0.942 6	0.924 6	0.907 0
3	0.970 6	0.942 3	0.915 1	0.889 0	0.863 8
4	0.961 0	0.923 8	0.888 5	0.854 8	0.822 7
5	0.951 5	0.905 7	0.862 6	0.821 9	0.783 5
6	0.942 0	0.888 0	0.837 5	0.790 3	0.746 2
7	0.932 7	0.870 6	0.813 1	0.759 9	0.710 7
8	0.923 5	0.853 5	0.789 4	0.730 7	0.676 8
9	0.914 3	0.836 8	0.766 4	0.702 6	0.644 6
10	0.905 3	0.820 3	0.744 1	0.675 6	0.613 9
11	0.896 3	0.804 3	0.722 4	0.649 6	0.584 7
12	0.887 4	0.788 5	0.701 4	0.624 6	0.556 8
13	0.878 7	0.773 0	0.681 0	0.600 6	0.530 3
14	0.870 0	0.757 9	0.661 1	0.577 5	0.505 1
15	0.861 3	0.743 0	0.641 9	0.555 3	0.481 0
16	0.852 8	0.728 4	0.623 2	0.533 9	0.458 1
17	0.844 4	0.714 2	0.605 0	0.513 4	0.436 3
18	0.836 0	0.700 2	0.587 4	0.493 6	0.415 5
19	0.827 7	0.686 4	0.570 3	0.474 6	0.395 7
20	0.819 5	0.673 0	0.553 7	0.456 4	0.376 9
21	0.811 4	0.659 8	0.537 5	0.438 8	0.358 9
22	0.803 4	0.646 8	0.521 9	0.422 0	0.341 8
23	0.795 4	0.634 2	0.506 7	0.405 7	0.325 6
24	0.787 6	0.621 7	0.491 9	0.390 1	0.310 1
25	0.779 8	0.609 5	0.477 6	0.375 1	0.295 3
26	0.772 0	0.597 6	0.463 7	0.360 4	0.281 2
27	0.764 4	0.585 9	0.450 2	0.346 8	0.267 8
28	0.756 8	0.574 4	0.437 1	0.333 5	0.255 1
29	0.749 3	0.563 1	0.424 3	0.320 7	0.242 9
30	0.741 9	0.552 1	0.412 0	0.308 3	0.231 4

系数表

公式 $\frac{1}{(1+i)^n}$

6%	7%	8%	9%	10%
0.943 4	0.934 6	0.925 9	0.917 4	0.909 1
0.890 0	0.873 4	0.857 3	0.841 7	0.826 4
0.839 6	0.816 3	0.793 8	0.772 2	0.751 3
0.792 1	0.762 9	0.735 0	0.708 4	0.683 0
0.747 3	0.713 0	0.680 6	0.649 9	0.620 9
0.705 0	0.666 3	0.630 2	0.596 3	0.564 5
0.665 1	0.622 7	0.583 5	0.547 0	0.513 2
0.627 4	0.582 0	0.540 3	0.501 9	0.466 5
0.591 9	0.543 9	0.500 2	0.460 4	0.424 1
0.558 4	0.508 3	0.463 2	0.422 4	0.385 5
0.526 8	0.475 1	0.428 9	0.387 5	0.350 5
0.497 0	0.444 0	0.397 1	0.355 5	0.318 6
0.468 8	0.415 0	0.367 7	0.326 2	0.289 7
0.442 3	0.387 8	0.340 5	0.299 2	0.263 3
0.417 3	0.362 4	0.315 2	0.274 5	0.239 4
0.393 6	0.338 7	0.291 9	0.251 9	0.217 6
0.371 4	0.316 6	0.270 3	0.231 1	0.197 8
0.350 3	0.295 9	0.250 2	0.212 0	0.179 9
0.330 5	0.276 5	0.231 7	0.194 5	0.163 5
0.311 8	0.258 4	0.214 5	0.178 4	0.148 6
0.294 2	0.241 5	0.198 7	0.163 7	0.135 1
0.277 5	0.225 7	0.183 9	0.150 2	0.122 8
0.261 8	0.210 9	0.170 3	0.137 8	0.111 7
0.247 0	0.197 1	0.157 7	0.126 4	0.101 5
0.233 0	0.184 2	0.146 0	0.116 0	0.092 3
0.219 8	0.172 2	0.135 2	0.106 4	0.083 9
0.207 4	0.160 9	0.125 2	0.097 6	0.076 3
0.195 6	0.150 4	0.115 9	0.089 5	0.069 3
0.184 6	0.140 6	0.107 3	0.082 2	0.063 0
0.174 1	0.131 4	0.099 4	0.075 4	0.057 3

n \ i	11%	12%	13%	14%	15%	16%	17%	18%
1	0.900 9	0.892 9	0.885 0	0.877 2	0.869 6	0.862 1	0.854 7	0.847 5
2	0.811 6	0.797 2	0.783 1	0.769 5	0.756 1	0.743 2	0.730 5	0.718 2
3	0.731 2	0.711 8	0.693 1	0.675 0	0.657 5	0.640 7	0.624 4	0.608 6
4	0.658 7	0.635 5	0.613 3	0.592 1	0.571 8	0.552 3	0.533 7	0.515 8
5	0.593 5	0.567 4	0.542 8	0.519 4	0.497 2	0.476 1	0.456 1	0.437 1
6	0.534 6	0.506 6	0.480 3	0.455 6	0.432 3	0.410 4	0.389 8	0.370 4
7	0.481 7	0.452 3	0.425 1	0.399 6	0.375 9	0.353 8	0.333 2	0.313 9
8	0.433 9	0.403 9	0.376 2	0.350 6	0.326 9	0.305 0	0.284 8	0.266 0
9	0.390 9	0.360 6	0.332 9	0.307 5	0.284 3	0.263 0	0.243 4	0.225 5
10	0.352 2	0.322 0	0.294 6	0.269 7	0.247 2	0.226 7	0.208 0	0.191 1
11	0.317 3	0.287 5	0.260 7	0.236 6	0.214 9	0.195 4	0.177 8	0.161 9
12	0.285 8	0.256 7	0.230 7	0.207 6	0.186 9	0.168 5	0.152 0	0.137 2
13	0.257 5	0.229 2	0.204 2	0.182 1	0.162 5	0.145 2	0.129 9	0.116 3
14	0.232 0	0.204 6	0.180 7	0.159 7	0.141 3	0.125 2	0.111 0	0.098 5
15	0.209 0	0.182 7	0.159 9	0.140 1	0.122 9	0.107 9	0.091 0	0.083 5
16	0.188 3	0.161 3	0.141 5	0.122 9	0.106 9	0.098 0	0.081 1	0.070 8
17	0.169 6	0.145 6	0.125 2	0.107 8	0.092 9	0.080 2	0.069 3	0.060 0
18	0.152 3	0.130 0	0.110 8	0.094 6	0.080 8	0.069 1	0.059 2	0.050 8
19	0.137 7	0.116 1	0.098 1	0.082 9	0.070 3	0.059 6	0.050 6	0.043 1
20	0.124 0	0.103 7	0.086 8	0.072 8	0.061 1	0.051 4	0.043 3	0.036 5
21	0.111 7	0.092 6	0.076 8	0.063 8	0.053 1	0.044 3	0.037 0	0.030 9
22	0.100 7	0.082 6	0.068 0	0.056 0	0.046 2	0.038 2	0.031 6	0.026 2
23	0.090 7	0.073 8	0.060 1	0.049 1	0.040 2	0.032 9	0.027 0	0.022 2
24	0.081 7	0.065 9	0.053 2	0.043 1	0.034 9	0.028 4	0.023 1	0.018 8
25	0.073 6	0.058 8	0.047 1	0.037 8	0.030 4	0.024 5	0.019 7	0.016 0
26	0.066 3	0.052 5	0.041 7	0.033 1	0.026 4	0.021 1	0.016 9	0.013 5
27	0.059 7	0.046 9	0.036 9	0.029 1	0.023 0	0.018 2	0.014 4	0.011 5
28	0.053 8	0.041 9	0.032 6	0.025 5	0.020 0	0.015 7	0.012 3	0.009 7
29	0.048 5	0.037 4	0.028 9	0.022 4	0.017 4	0.013 5	0.010 5	0.008 2
30	0.043 7	0.033 4	0.025 6	0.019 6	0.015 1	0.011 6	0.009 0	0.007 0

（续表）

19%	20%	22%	24%	25%	26%	28%	30%
0.840 3	0.833 3	0.819 7	0.806 5	0.800 0	0.793 7	0.781 3	0.769 2
0.706 2	0.694 4	0.671 9	0.650 4	0.640 0	0.629 9	0.610 4	0.591 7
0.593 4	0.578 7	0.550 7	0.524 5	0.512 0	0.499 9	0.476 8	0.455 2
0.498 7	0.482 3	0.451 4	0.423 0	0.409 6	0.396 8	0.372 5	0.350 1
0.419 0	0.401 9	0.370 0	0.341 1	0.327 7	0.314 9	0.291 0	0.269 3
0.352 1	0.339 9	0.303 3	0.275 1	0.262 1	0.249 9	0.227 4	0.207 2
0.295 9	0.279 1	0.248 6	0.221 8	0.209 7	0.198 3	0.177 6	0.159 4
0.248 7	0.232 6	0.203 8	0.178 9	0.167 8	0.157 4	0.138 8	0.122 6
0.209 0	0.193 8	0.167 0	0.144 3	0.134 2	0.124 9	0.108 4	0.094 3
0.175 6	0.161 5	0.136 9	0.116 4	0.107 4	0.099 2	0.084 7	0.072 5
0.147 6	0.134 6	0.112 2	0.093 8	0.085 9	0.078 7	0.066 2	0.055 8
0.124 0	0.112 2	0.092 0	0.075 7	0.068 7	0.062 5	0.051 7	0.042 9
0.104 2	0.093 5	0.075 4	0.061 0	0.055 0	0.049 6	0.040 4	0.033 0
0.087 6	0.077 9	0.061 8	0.049 2	0.044 0	0.039 3	0.031 6	0.025 4
0.073 6	0.064 9	0.050 7	0.039 7	0.035 2	0.031 2	0.024 7	0.019 5
0.061 8	0.054 1	0.041 5	0.032 0	0.028 1	0.024 8	0.019 3	0.015 0
0.052 0	0.045 1	0.034 0	0.025 8	0.022 5	0.019 7	0.015 0	0.011 6
0.043 7	0.037 6	0.027 9	0.020 8	0.018 0	0.015 6	0.011 8	0.008 9
0.036 7	0.031 3	0.022 9	0.016 8	0.014 4	0.012 4	0.009 2	0.006 8
0.030 8	0.026 1	0.018 7	0.013 5	0.011 5	0.009 8	0.007 2	0.005 3
0.025 9	0.021 7	0.015 4	0.010 9	0.009 2	0.007 8	0.005 6	0.004 0
0.021 8	0.018 1	0.012 6	0.008 8	0.007 4	0.006 2	0.004 4	0.003 1
0.018 3	0.015 1	0.010 3	0.007 1	0.005 9	0.004 9	0.003 4	0.002 4
0.015 4	0.012 6	0.008 5	0.005 7	0.004 7	0.003 9	0.002 7	0.001 8
0.012 9	0.010 5	0.006 9	0.004 6	0.003 8	0.003 1	0.002 1	0.001 4
0.010 9	0.008 7	0.005 7	0.003 7	0.003 0	0.002 5	0.001 6	0.001 1
0.009 1	0.007 3	0.004 7	0.003 0	0.002 4	0.002 0	0.001 3	0.000 8
0.007 7	0.006 1	0.003 8	0.002 4	0.001 9	0.001 5	0.001 0	0.000 6
0.006 4	0.005 1	0.003 1	0.002 0	0.001 5	0.001 2	0.000 8	0.000 5
0.005 4	0.004 2	0.002 6	0.001 6	0.001 2	0.001 0	0.000 6	0.000 4

附表三

年金终值

n \ i	1%	2%	3%	4%	5%
1	1.000 0	1.000 0	1.000 0	1.000 0	1.000 0
2	2.010 0	2.020 0	2.030 0	2.040 0	2.050 0
3	3.030 1	3.060 4	3.090 9	3.121 6	3.152 5
4	4.060 4	4.121 6	4.183 6	4.246 5	4.310 1
5	5.101 0	5.204 0	5.309 1	5.416 3	5.525 6
6	6.152 0	6.308 1	6.468 4	6.633 0	6.801 9
7	7.213 5	7.434 3	7.662 5	7.898 3	8.142 0
8	8.285 7	8.583 0	8.892 3	9.214 2	9.549 1
9	9.368 5	9.754 6	10.159 1	10.582 8	11.026 6
10	10.462 2	10.949 7	11.463 9	12.006 1	12.577 9
11	11.566 8	12.168 7	12.807 8	13.486 4	14.206 8
12	12.682 5	13.412 1	14.192 0	15.025 8	15.917 1
13	13.809 3	14.680 3	15.617 8	16.626 8	17.713 0
14	14.947 4	15.973 9	17.086 3	18.291 9	19.598 6
15	16.096 9	17.293 4	18.598 0	20.023 6	21.578 6
16	17.257 9	18.639 3	20.156 9	21.824 5	23.657 5
17	18.430 4	20.012 1	21.761 6	23.697 5	25.840 4
18	19.614 7	21.412 3	23.414 4	25.645 4	28.132 4
19	20.810 9	22.840 6	25.116 9	27.671 2	30.539 0
20	22.019 0	24.297 4	26.870 4	29.778 1	33.066 0
21	23.239 2	25.783 3	28.676 5	31.969 2	35.719 3
22	24.471 6	27.299 0	30.536 8	34.248 0	38.505 2
23	25.716 3	28.845 0	32.452 9	36.617 9	41.430 5
24	26.973 5	30.421 9	34.426 5	39.082 6	44.502 0
25	28.243 2	32.030 3	36.459 3	41.645 9	47.727 1
26	29.525 6	33.670 9	38.553 0	44.311 7	51.113 5
27	30.820 9	35.344 3	40.709 6	47.084 2	54.669 1
28	32.129 1	37.051 2	42.930 9	49.967 6	58.402 6
29	33.450 4	38.792 2	45.218 9	52.966 3	62.322 7
30	34.784 9	40.568 1	47.575 4	56.084 9	66.438 8

系数表

公式 $\frac{(1+i)^n-1}{i}$

6%	7%	8%	9%	10%
1.000 0	1.000 0	1.000 0	1.000 0	1.000 0
2.060 0	2.070 0	2.030 0	2.090 0	2.100 0
3.183 6	3.214 9	3.246 4	3.278 1	3.310 0
4.374 6	4.439 9	4.506 1	4.573 1	4.641 0
5.637 1	5.750 7	5.866 6	5.984 7	6.105 1
6.975 3	7.153 3	7.335 9	7.523 3	7.715 6
8.393 8	8.654 0	8.922 8	9.200 4	9.487 2
9.897 5	10.259 8	10.636 6	11.028 5	11.435 9
11.491 3	11.978 0	12.487 6	13.021 0	13.579 5
13.180 8	13.816 4	14.486 6	15.192 9	15.937 4
14.971 6	15.783 6	16.645 5	17.560 3	18.531 2
16.869 9	17.888 5	18.977 1	20.140 7	21.384 3
18.882 1	20.140 6	21.495 3	22.953 4	24.522 7
21.015 1	22.550 5	24.214 9	26.019 2	27.975 0
23.276 0	25.129 0	27.152 1	29.360 9	31.772 5
25.672 5	27.888 1	30.324 3	33.003 4	35.949 7
28.212 9	30.840 2	33.750 2	36.973 7	40.544 7
30.905 7	33.999 0	37.450 2	41.301 3	45.599 2
33.760 0	37.379 0	41.446 3	46.018 5	51.159 1
36.785 6	40.995 5	45.762 0	51.160 1	57.275 0
39.992 7	44.865 2	50.422 9	56.764 5	64.002 5
43.392 3	49.005 7	55.456 8	62.873 3	71.402 7
46.995 8	53.436 1	60.893 3	69.531 9	79.543 0
50.815 6	58.176 7	66.764 8	76.789 8	88.497 3
54.864 5	63.249 0	73.105 9	84.700 9	98.347 1
59.156 4	68.676 5	79.954 4	93.324 0	109.181 8
63.705 8	74.483 8	87.350 8	102.723 1	121.099 9
68.528 1	80.697 7	95.338 8	112.968 2	134.009 9
73.639 8	87.346 5	103.965 9	121.135 4	148.630 9
79.058 2	94.460 8	113.283 2	136.307 5	164.494 0

i / n	11%	12%	13%	14%	15%
1	1.000 0	1.000 0	1.000 0	1.000 0	1.000 0
2	2.110 0	2.120 0	2.130 0	2.140 0	2.150 0
3	3.342 1	3.374 4	3.406 9	3.439 6	3.472 5
4	4.709 7	4.779 3	4.849 3	4.921 1	4.993 4
5	6.227 8	6.352 8	6.480 3	6.610 1	6.742 4
6	7.912 9	8.115 2	8.322 7	8.535 5	8.753 7
7	9.783 3	10.039 0	10.404 7	10.730 5	11.066 8
8	11.859 4	12.299 7	12.757 3	13.232 8	13.726 8
9	14.164 0	14.775 7	15.415 7	16.085 3	16.785 8
10	16.722 0	17.548 7	18.419 7	19.337 3	20.303 7
11	19.561 4	20.654 6	21.814 3	23.044 5	34.349 3
12	22.713 2	24.133 1	25.650 2	27.270 7	29.001 7
13	26.211 6	28.029 1	29.984 7	32.088 7	34.351 9
14	30.094 9	32.392 6	34.882 7	37.581 1	40.504 7
15	34.490 4	37.279 7	40.417 5	43.042 4	47.580 4
16	39.189 9	42.753 3	46.671 7	50.980 4	55.717 5
17	44.500 8	48.883 7	53.739 1	59.117 6	65.075 1
18	50.395 9	55.749 7	61.725 1	68.394 1	75.836 4
19	56.939 5	63.439 7	70.749 4	78.969 2	88.211 8
20	64.202 8	72.052 4	80.946 8	91.024 9	102.443 6
21	72.265 1	81.698 7	92.469 9	104.768 4	118.810 1
22	81.214 3	92.502 6	105.491 0	120.436 0	137.631 6
23	91.147 9	104.602 9	120.204 8	138.297 0	159.276 4
24	102.174 2	118.155 2	136.831 5	158.658 6	184.167 8
25	114.413 3	133.333 9	155.619 6	181.870 8	212.793 0
26	127.998 8	150.333 9	176.850 1	208.332 7	245.712 0
27	143.078 6	169.374 0	200.840 6	238.499 3	283.568 8
28	159.817 3	190.698 9	227.949 9	272.889 2	327.104 1
29	178.397 2	214.582 8	258.583 4	312.093 7	377.169 7
30	199.020 9	241.332 7	293.199 2	356.786 8	434.745 1

(续表)

16%	18%	20%	25%	30%
1.000 0	1.000 0	1.000 0	1.000 0	1.000 0
2.160 0	2.180 0	2.200 0	2.250 0	2.300 0
3.505 6	3.572 4	3.640 0	3.812 5	3.990 0
5.066 5	5.215 4	5.368 0	5.765 6	6.187 0
6.877 1	7.154 2	7.441 6	8.207 0	9.043 1
8.977 5	9.442 0	9.929 9	11.258 8	12.756 0
11.413 9	12.141 5	12.915 9	15.073 5	17.582 3
14.240 1	15.327 0	16.499 1	19.841 9	23.857 7
17.518 5	19.085 9	20.798 9	25.802 3	32.015 0
21.321 5	23.521 3	25.958 7	33.252 9	42.619 5
25.732 9	28.755 1	32.150 4	42.566 1	56.405 3
30.850 2	34.931 1	39.580 5	54.207 7	74.327 0
36.786 2	42.218 7	48.496 6	68.759 6	97.625 0
43.672 0	50.818 0	59.195 9	86.949 5	127.912 5
51.659 5	60.965 3	72.035 1	109.686 8	167.286 3
60.925 0	72.939 0	87.442 1	138.108 5	218.472 2
71.763 0	87.068 0	105.930 6	173.635 7	285.013 9
84.140 7	103.740 3	128.116 7	218.044 6	371.518 0
98.602 3	123.413 5	154.740 0	273.555 8	483.973 4
115.379 7	146.628 0	186.688 0	342.944 7	630.165 5
134.840 5	174.021 0	225.025 6	429.680 9	820.215 1
157.415 0	206.344 8	271.030 7	538.101 1	1 067.279 6
183.601 4	244.486 8	326.236 9	673.626 4	1 388.463 5
213.977 6	289.494 5	392.484 2	843.032 9	1 806.002 6
249.214 0	342.603 5	471.981 1	1 054.791 2	2 348.803 3
290.088 3	405.272 1	567.377 3	1 319.489 0	3 054.444 3
337.502 4	479.221 1	681.852 8	1 650.361 2	3 971.777 6
392.502 8	566.480 9	819.223 3	2 063.951 5	5 164.310 9
456.303 2	669.447 5	984.068 0	2 580.939 4	6 714.604 2
530.311 7	790.948 0	1 181.881 6	3 227.174 3	8 729.985 5

附表四

年金现值

n \ i	1%	2%	3%	4%	5%
1	0.990 1	0.980 4	0.970 9	0.961 5	0.952 4
2	1.970 4	1.941 6	1.913 5	1.886 1	1.859 4
3	2.941 0	2.883 9	2.828 6	2.775 1	2.723 2
4	3.902 0	3.807 7	3.717 1	3.629 9	3.546 0
5	4.853 4	4.713 5	4.579 7	4.451 8	4.329 5
6	5.795 5	5.601 4	5.417 2	5.242 1	5.075 7
7	6.728 2	6.472 0	6.230 3	6.002 1	5.786 4
8	7.651 7	7.325 5	7.019 7	6.732 7	6.463 2
9	8.566 0	8.162 2	7.786 1	7.435 3	7.107 8
10	9.471 3	8.982 6	8.530 2	8.110 9	7.721 7
11	10.367 6	9.786 8	9.252 6	8.760 5	8.306 4
12	11.255 1	10.575 3	9.954 0	9.385 1	8.863 3
13	12.133 7	11.348 4	10.635 0	9.985 6	9.393 6
14	13.003 7	12.106 2	11.296 1	10.563 1	9.898 6
15	13.865 1	12.849 3	11.937 9	11.118 4	10.379 7
16	14.717 9	13.577 7	12.561 1	11.652 3	10.837 8
17	15.562 3	14.291 9	13.166 1	12.165 7	11.274 1
18	16.398 3	14.992 0	13.753 5	12.659 3	11.689 6
19	17.226 0	15.678 5	14.323 8	13.133 9	12.085 3
20	18.045 6	16.351 4	14.877 5	13.590 3	12.462 2
21	18.857 0	17.011 2	15.415 0	14.029 2	12.821 2
22	19.660 4	17.658 0	15.936 9	14.451 1	13.163 0
23	20.455 8	18.292 2	16.443 6	14.856 8	13.488 6
24	21.243 4	18.913 9	16.935 5	15.247 0	12.798 6
25	22.023 2	19.523 5	17.413 1	15.622 1	14.093 9
26	22.795 2	20.121 0	17.876 8	15.982 8	14.375 2
27	23.559 6	20.706 9	18.327 0	16.329 6	14.643 0
28	24.316 4	21.281 3	18.764 1	16.663 1	14.898 1
29	25.065 8	21.844 4	19.188 5	16.983 7	15.141 1
30	25.807 7	22.396 5	19.600 4	17.292 0	15.372 5

系数表

公式 $\frac{1-(1+i)^{-n}}{i}$

6%	7%	8%	9%	10%
0.943 4	0.934 6	0.925 9	0.917 4	0.909 1
1.833 4	1.808 0	1.783 3	1.759 1	1.735 5
2.673 0	2.624 3	2.577 1	2.531 3	2.486 9
3.465 1	3.387 2	3.312 1	3.239 7	3.169 9
4.212 4	4.100 2	3.992 7	3.889 7	3.790 8
4.917 3	4.766 5	4.622 9	4.485 9	4.355 3
5.582 4	5.389 3	5.206 4	5.033 0	4.868 4
6.209 8	5.971 3	5.746 6	5.534 8	5.334 9
6.801 7	6.515 2	6.246 9	5.995 2	5.759 0
7.360 1	7.023 6	6.710 1	6.417 7	6.144 6
7.886 9	7.498 7	7.139 0	6.805 2	6.495 1
8.383 8	7.942 7	7.536 1	7.160 7	6.813 7
8.852 7	8.357 7	7.903 8	7.486 9	7.103 4
9.295 0	8.745 5	8.244 2	7.786 2	7.366 7
9.712 2	9.107 9	8.559 6	8.060 7	7.606 1
10.105 9	9.446 6	8.851 4	8.312 6	7.823 7
10.477 3	9.763 2	9.121 6	8.543 6	8.021 6
10.827 6	10.059 1	9.371 9	8.755 6	8.201 4
11.158 1	10.335 6	9.603 6	8.950 1	8.364 9
11.469 9	10.594 0	9.818 1	9.128 5	8.513 6
11.764 1	10.835 5	10.016 8	9.292 2	8.648 7
12.041 6	11.061 2	10.200 7	9.442 4	8.771 5
12.303 4	11.272 2	10.371 1	9.580 2	8.883 2
12.550 4	11.469 3	10.528 8	9.706 6	8.984 7
12.783 4	11.653 6	10.674 8	9.822 6	9.077 0
13.003 2	11.825 8	10.810 0	9.929 0	9.160 9
13.210 5	11.986 7	10.935 2	10.026 6	9.237 2
13.406 2	12.137 1	11.051 1	10.116 1	9.306 6
13.590 7	12.277 7	11.158 4	10.198 3	9.369 6
13.764 8	12.409 0	11.257 8	10.273 7	9.426 9

i / n	11%	12%	13%	14%	15%
1	0.900 9	0.892 9	0.885 0	0.877 2	0.869 6
2	1.712 5	1.690 1	1.668 1	1.646 7	1.625 7
3	2.443 7	2.401 8	2.361 2	2.321 6	2.283 2
4	3.102 4	3.037 3	2.974 5	2.913 7	2.855 0
5	3.695 9	3.604 8	3.517 2	3.433 1	3.352 2
6	4.230 5	4.111 4	3.997 5	3.888 7	3.784 5
7	4.712 2	4.563 8	4.422 6	4.283 3	4.160 4
8	5.146 1	4.967 6	4.798 8	4.638 9	4.487 3
9	5.537 0	5.328 2	5.131 7	4.946 4	4.771 6
10	5.889 2	5.650 2	5.426 2	5.216 1	5.018 8
11	6.206 5	5.937 7	5.686 9	5.452 7	5.233 7
12	6.492 4	6.194 4	5.917 6	5.660 3	5.420 6
13	6.749 9	6.423 5	6.121 8	5.842 4	5.583 1
14	6.981 9	6.628 2	6.302 5	6.002 1	5.724 5
15	7.190 9	6.810 9	6.462 4	6.142 2	5.847 4
16	7.379 2	6.974 0	6.603 9	6.265 1	5.954 2
17	7.548 8	7.119 6	6.729 1	6.372 9	6.047 2
18	7.701 6	7.249 7	6.839 9	6.467 4	6.128 0
19	7.839 3	7.365 8	6.938 0	6.550 4	6.198 2
20	7.963 3	7.469 4	7.024 8	6.623 1	6.259 3
21	8.075 1	7.562 0	7.101 6	6.687 0	6.312 5
22	8.175 7	7.644 6	7.169 5	6.742 9	6.358 7
23	8.266 4	7.718 4	7.229 7	6.792 1	6.398 8
24	8.348 1	7.784 3	7.282 9	6.835 1	6.433 8
25	8.421 7	7.843 1	7.330 0	6.872 9	6.464 1
26	8.488 1	7.895 7	7.371 7	6.906 1	6.490 6
27	8.547 8	7.942 6	7.408 6	6.935 2	6.513 5
28	8.601 6	7.984 4	7.441 2	6.960 7	6.533 5
29	8.650 1	8.021 8	7.470 1	6.983 0	6.550 9
30	8.693 8	8.055 2	7.495 7	7.002 7	6.566 0

（续表）

16%	18%	20%	25%	30%
0.862 1	0.847 5	0.833 3	0.800 0	0.769 2
1.605 2	1.565 6	1.527 8	1.440 0	1.360 9
2.245 9	2.174 3	2.106 5	1.952 0	1.816 1
2.798 2	2.690 1	2.588 7	2.361 6	2.166 2
3.274 3	3.127 2	2.990 6	2.689 3	2.435 6
3.684 7	3.497 6	3.325 5	2.951 4	2.642 7
4.038 6	3.811 5	3.604 6	3.161 1	2.802 1
4.343 6	4.077 6	3.837 2	3.328 9	2.924 7
4.606 5	4.303 0	4.031 0	3.463 1	3.019 0
4.833 2	4.494 1	4.192 5	3.570 5	3.091 5
5.028 6	4.656 0	4.327 1	3.656 4	3.147 3
5.197 1	4.793 2	4.439 2	3.725 1	3.190 3
5.342 3	4.909 5	4.532 7	3.780 1	3.223 3
5.467 5	5.008 1	4.610 6	3.824 1	3.248 7
5.575 5	5.091 6	4.675 5	3.859 3	3.268 2
5.668 5	5.162 4	4.729 6	3.887 4	3.283 2
5.748 7	5.222 3	4.774 6	3.909 9	3.294 8
5.817 8	5.273 2	4.812 2	3.927 9	3.303 7
5.877 5	5.316 2	4.843 5	3.942 4	3.310 5
5.928 8	5.352 7	4.869 6	3.953 9	3.315 8
5.973 1	5.383 7	4.891 3	3.963 1	3.319 3
6.011 3	5.409 9	4.909 4	3.970 5	3.323 0
6.044 2	5.432 1	4.924 5	3.976 4	3.325 4
6.072 6	5.450 9	4.937 1	3.981 1	3.327 2
6.097 1	5.466 9	4.947 6	3.984 9	3.328 6
6.118 2	5.480 4	4.956 3	3.987 9	3.329 7
6.136 4	5.491 9	4.963 6	3.990 3	3.330 5
6.152 0	5.501 6	4.969 7	3.992 3	3.331 2
6.165 6	5.509 8	4.974 7	3.993 8	3.331 7
6.177 2	5.516 8	4.978 9	3.995 0	3.332 1

丁元霖最新财会系列丛书

商品流通企业会计	定价：48.50 元
商品流通企业会计习题与解答	定价：33.00 元
商品流通企业会计模拟实习	定价：32.00 元
商品流通企业会计模拟实习解答	定价：14.00 元
旅游饮食服务业会计	定价：45.00 元
旅游饮食服务业会计习题与解答	定价：24.00 元
银行会计	定价：48.00 元
银行会计习题与解答	定价：28.00 元
外贸会计	定价：48.00 元
外贸会计习题与解答	定价：28.80 元
物流企业会计	定价：42.80 元
物流企业会计习题与解答	定价：22.00 元